미덕이란 무엇인가

# 미덕이란 무엇인가

앙드레 콩트-스퐁빌
조한경 옮김

**Petit traité des grandes vertus**

by André Comte-Sponville

Copyright © Presses Universitaires de France, 1999
Korean translation copyright © 2012 by Kachi Publishing Co., Ltd.
All rights reserved.
This Korean edition was published by arrangement with Presses Universitaires de France through Sibylle Books Literary Agency, Seoul.

이 책의 한국어판권은 시빌 에이전시를 통한 저작권자와의 독점계약에 의해서 (주)까치글방에 있습니다. 저작권법에 따라서 한국 내에서 보호를 받는 저작물이므로 무단전재 및 무단복제를 금합니다.

역자 조한경(趙漢卿)
서울대학교 불어불문학과 학사, 석사, 박사 졸업. LG 연암재단 해외파견 교수 역임. 현재 전북대학교 인문대학 프랑스학과 교수.
옮긴 책 : 『초현실주의』, 『에로티즘』, 『비평과 인식』, 『유럽 의식의 위기』(1, 2), 『노인과 인형』, 『소수집단의 문학을 위하여, 카프카론』.
지은 책 : 『프랑스 근대문학의 이해』(공저), 『「라모의 조카」 해설 및 주석』, 『서양문예사조』(공저), 『한국어한자-불어사전』(공저), 『103인의 현대사상』.

## 미덕이란 무엇인가

저자 / 앙드레 콩트-스퐁빌
역자 / 조한경
발행처 / 까치글방
발행인 / 박종만
주소 / 서울시 종로구 행촌동 27-5
전화 / 02 · 735 · 8998, 736 · 7768
팩시밀리 / 02 · 723 · 4591
홈페이지 / www.kachibooks.co.kr
전자우편 / kachisa@unitel.co.kr
등록번호 / 1-528
등록일 / 1977. 8. 5
초판 1쇄 발행일 / 1997. 12. 6
개역판 1쇄 발행일 / 2012. 2. 10

값 / 뒤표지에 쓰여 있음

ISBN 978-89-7291-496-9  03190

차례

개역판 역자 서문　7

1 예의　　15
2 성실　　25
3 신중　　41
4 절제　　51
5 용기　　57
6 정의　　76
7 후의　　108
8 연민　　129
9 자비　　145
10 감사　　162
11 겸손　　171
12 단순　　181
13 관용　　191
14 순수　　211
15 유순　　223
16 정직　　235
17 유머　　253
18 사랑　　266

주　　349
인명 색인　　390

# 개역판 역자 서문[*]

이 책은 '예의', '자비', '사랑' 등의 열여덟 가지 미덕을 논하는 아름다운 책이다. 아름다운? 그렇다. 아름답다. 미덕(美德)은 우선 문자 그대로 아름다운 덕이라는 의미의 단어이다. 그뿐만 아니라 미덕은 바로 우리 인간의 아름다운 삶의 방향을 제시해주는 지침이다.

어원적으로 보면 미덕이 반드시 아름다움을 의미하는 것은 아니었다. 미덕이라는 의미의 영어 버추(virtue), 프랑스어 베르튀(vertu)는 라틴어 비르투스(virtus)에서 파생한 단어들이고, 그리스어로는 아레테(areté)이다. 그런데 이들 단어들은 한결같이 원래는 능력 또는 잠재력을 의미하는 단어들이었다. 따라서 미덕을 어원적인 의미에서 보면 미덕의 본질은 능력 또는 잠재력에 있었으며, 인간과는 무관하게 쓰인 단어들이었다.

능력과 잠재력은 모든 사물에 해당된다. 약초와 약은 병을 고쳐주는 역할을 제대로 할 때 미덕이 있다. 독약과 사약은 마시는 사람을 즉시 죽게 할 때 좋은 독약이고 사약일 수 있으며, 그럴 때 미덕이 있다고 한다. 칼은 날카롭고 튼튼할 때 미덕이 있다. 따라서 사물의 미덕은 누가 무슨 목적으로 어디에 사용하는가와는 상관이 없다. 예컨대 칼은 주방장이 사용하는 칼도 있고, 강도

---

[*] "제1판 역자 서문"을 일부 수정하여 "개역판 역자 서문"으로 다시 썼다.

가 사용하는 칼도 있는데, 주방장이 사용하는 칼이든 강도가 사용하는 칼이든 미덕이 있는 칼은 잘 드는 칼이다. 독약은 사람을 가리지 않는다. 훌륭하고 선한 사람이 마셨다고 약효가 나타나지 않는다거나, 나쁜 사람이 마셨다고 약효가 나타난다거나 하지 않는다. 소크라테스가 마신 독당근은 이내 소크라테스를 죽게 했다. 따라서 일차적인 의미로 본 미덕은 어떻게 사용되고 어떤 결과를 얻는가와는 무관하다. 사물들은 아무런 판단 없이 사용될 뿐인 것이다. 그러나 수단으로서의 사물과 주체로서의 인간은 달라야 한다.

그러면 인간의 미덕, 능력, 훌륭함은 어떤 점에서 찾아야 할까? 인간은 사물과 다르며, 다른 동물과도 다르다는 것이 일반적인 인식이다. 아리스토텔레스는 인간의 훌륭한 점을 이성에서 찾았다. 이성이야말로 인간과 다른 동물을 구분시키는 본질적인 특질이라는 것이다. 그러나 다른 점은 이성만이 아니다. 인간은 만드는 동물(Homo faber)이라는 점에서 다른 동물과 구분된다. 또한 인간은 타고난 손발 외에 도구를 사용한다는 점에서도 다른 동물과 뚜렷이 구분된다. 그런가 하면 인간은 놀이하는 동물(Homo ludens)이다. 다른 동물들에게서도 놀이하는 동작을 찾아볼 수 있고, 다른 동물들에게도 놀이가 없는 것은 아니지만, 인간은 유난히 놀이에 열중한다. 1998년 프랑스 월드컵 본선진출은 우리를 너무나도 흥분시켰다. 공 하나를 놓고 그렇게 열심히 뛰어다니는 다른 동물을 볼 수 있을까? 뛰는 선수들은 물론이고, 경기장의 관중 그리고 전국의 시청자들이 자기 일을 뒷전으로 미뤄놓고 축구 중계가 나오는 텔레비전 앞에 모여들었다. 그뿐만 아니라 인간은 종교적 동물(Homo religios)이라는 점에서 다른 동물과 뚜렷이 구분된다. 아주 원시적인 형태의 종교 즉 미신에서부터, 발달된 형태의 종교인 기독교, 불교 등에 이르기까지 인간의 종교는 다양하며, 동양과 서양의 구분 없이, 고대와 현대의 구분 없이 인간세계에는 종교가 있었다. 어디 인간의 다른 점이 그뿐일까? 인간의 습관은 다른 동물의 습관과 다르며, 인간의 교육은 다른 동물의 교육과 다르며, 인간의 욕망은 다른 동물의 욕망과 다르다.

그렇다면 인간의 미덕은 사물이나 다른 동물의 미덕과 달라야 한다. 아리스토텔레스에 의하면 미덕이란 인간의 획득된 지속적 존재 방식이다. 몽테뉴는 "인간을 올바르게 제대로 길러내는 일보다 정당하고 아름다운 일은 없다"고 했다. 스피노자도 거의 같은 견해이다. 스피노자에 의하면, 자연적인 미덕이란 없다. 따라서 미덕은 인간적 차원에서 교육되어야 할 아름다운 어떤 것이다. 그러나 거기에 그치면 안 된다. 미덕은 말하자면 우리의 존재 방식이자, 올바르게 행동할 수 있는 역량이다.

미덕은 그것을 아는 것만으로 충분하지 않다. 가치와 선으로서의 미덕은 명상의 대상이 아니라, 실천의 대상이다. 따라서 실천을 전제로 하는 미덕은 하나의 절대적, 추상적 존재가 아닌 다수의 구체적 형태들로 드러난다. 물론 각각의 미덕들은 서로 무관하지 않지만, 그럼에도 그것들은 우리 개개인이 각각 개별적이듯이 개별적이며 복수적이다. 이 책은 바로 그런 다양한 미덕들을 다루고 있다. 그러나 온갖 미덕들을 하나도 빠짐없이 언급하거나, 그중 어느 하나에 대해서 샅샅이 살피거나 하는 일은 불가능하다. 그래서 저자 앙드레 콩트-스퐁빌은 많은 미덕들 중에서도 그가 특히 중요하다고 생각하는 미덕들 또는 중요한 자리를 차지해야 한다고 생각하는 미덕들을 추려서 다루고 있다.

그러면 많은 미덕들 중 어떻게 열여덟 가지 미덕만을 최종적으로 다루게 되었을까? 저자는 고민 끝에 서른 가지쯤의 미덕의 목록을 작성했다고 한다. 그러나 서로 중복의 가능성이 있는 것들 중 하나씩을 배제시키고, 또 덜 절실한 것들을 몇 가지 제외시키고 보니 열여덟 가지 미덕이 남았다고 한다. 전체적으로 보면, 이 책은 도덕으로 자리잡았다고 볼 수는 없는 '예의'로 시작해서 도덕과는 더욱 거리가 먼 '사랑'으로 끝난다. 물론 저자의 고백에 의하면, 순서는 임의적인 것이며 어떤 필연성도 없다. 순서는 어떤 때에는 직관에 의해서, 다른 때에는 교육적 이유에 의해서, 또다른 때에는 미학적 또는 윤리적 이유에 의해서 정해졌다는 것이다. 그러나 중요한 것은 순서가 아니라 실천이다. 미덕에 관한 "한 권의 작은 책"이 도덕적 체계를 세울 수는 없다. 그래서 저자는 이 책을 이론적인 것보다는 실천적인 것이 되게 하고 싶었고, 사변보다는 가능한 한 살아 있는 것이 되게 하려고 애썼다고 한다. 도덕을 논할 때 실천과 삶보다 중요한 것이 또 어디 있을까? 저자의 겸손에도 불구하고, 역자가 보기에 이 책은 결코 작은 책이 아니다.

대체적으로 책은 그 책을 읽을 잠재 독자를 어느 정도 예상하고 쓰인다. 그리고 작가는 그가 정한 잠재 독자의 수준에 맞는 글을 써야 한다. 독자는 지정된 한 사람일 수도 있고, 익명의 다수일 수도 있다. 교내 신문처럼 특정 집단일 수도 있고, 성서처럼 인류 전체일 수도 있다. 또는 어린아이일 수도 있고, 성인일 수도 있다. 따라서 글은 그것을 읽을 독자의 상황을 고려해야 한다. 어린아이들을 상대로 성인물을 쓸 수는 없으며, 어른들을 상대로 유치한 동화 수준의 글을 써서도 안 된다. 이 책의 저자는 일반인을 대상으로 이 책을 썼다고 고백한다. 그러나 때로 저자의 의도는 빗나가기 일쑤이다. 문학 작품도 애초에 의도한 것과는 다른 작품이 나오는 경우가 있는가 하면, 논문도 최종 탈고 때에는 애초의 계획과는 다른 논문이 되어 나오기도 한다. 예컨대 생텍쥐페리는 『어린 왕자(*Le Petit Prince*)』를 한때 어린아이였던 레옹 베르트에게 헌사하고 있다. 작가는 한때 어린아이였던 모든 성인들을 레옹 베르트라고 불렀으며, 따라서 『어린 왕자』는 모든 성인을 위한 소설이다. 그러나 어디 그 소설이 어른만의 소설이던가? 『어린 왕자』는 어린아이가 읽어도 좋은 너무나도 아름다운 동화이며, 어른이 읽어도 좋은 훌륭한 미덕의 소설이다.

이 책의 저자 앙드레 콩트-스퐁빌은 이 책을 일반인을 상대로 한 미덕의 책이라고 소개한다. 물론 이 책은 능력을 아름답게 실천하기 위하여, 올바른 삶을 살기 위하여 노력하는 성인들에게 필요한 책이다. 그러나 역자가 보기에 이 책은 그보다는 특히 지적 성장 과정에 있는 고등학생 또는 대학생들에게 절실한 책이다. 인간은 습관과 교육의 동물이라고 했다. 한번 어떤 나쁜 습관이 들면, 그 습관을 버리기는 여간 힘들지 않다. 기성인들은 이미 나름의 교육에 의해서 각자의 인격이 결정된 상태이며, 자신만의 습관을 벗어나기가 힘들다. 정신에도 얼굴이 있어서 우리가 그 얼굴을 볼 수 있다면, 노인들은 주름이 많은 정신의 얼굴을 가지고 있을 것이다. 특히 할머니들은 골다공증에 시달리며, 그렇지 않더라도 뼈가 한번 부러지면 회복이 어렵고, 회복이 된다고 하더라도 긴 시간이 필요하다. 반면에 젊은이의 뼈는 유연성이 있어서 쉽게 부러지지도 않으며, 부러지더라도 회복이 빠르다. 정신도 마찬가지이다. 젊은 정신은 유연해서 잘못을 바로잡기도 쉽고, 행여 부러지더라도 회복이 빠르다. 그런 점에서 이 책은 유연성이 없는 기성인들보다는 아직 형성 단계에 있는 또는 형성되었다고 하더라도 고치기가 어렵지 않은 청년들이 읽어야 할 책이다.

역자의 주장을 증명이라도 하듯이, 이 책은 프랑스에서도 일반인들보다는 젊은이들에게 더 많이 읽혔으며, 특히 프랑스의 대학입학 자격고사인 바칼로레아(baccalauréat)의 철학 시험 준비서로 많이 읽혔다. 그만큼 이 책은 미덕적일 뿐만 아니라, 논리적이기도 하다.

또한 이 책은 일반인이 읽기에는 때로 지나치다 싶을 정도로 인용이 많다. 저자는 이 책을 우아하기보다는 유용한 책으로 만들고 싶어서였다고 밝히고 있다. 같은 이유로 저자는 원전을 밝혔고, 그러다 보니 주석이 여럿 달리는 경우가 발생했다. 물론 주석은 주석일 뿐이다. 그리고 주석에 신경 쓰지 않으면, 이 책은 쉬운 책이다. 학문적 목적이 없는 독자는 주석에 전혀 신경 쓰지 않아도 무방하다.

나는 이 책을 번역하면서 많은 감동을 받았다. 아마도 내가 특히 미덕이 부족한 사람이어서, 아니 사랑이 부족한 사람이어서 그랬는지도 모르겠다. 미덕을 논하는 이 책이 역설적이게도 특히 강조하는 것은 사랑이다. 18장 중 방대한 분량의 마지막 장을 차지하는, 그래서 결론이라고도 할 수 있는 사랑은, 그러나 시작이자 끝이며 모든 것이다. 사실 우리는 어느 항목을 읽어도 사랑을 읽을 수 있으며, 사랑은 이 책을 쓴 저자의 핵심 주제이기도 하다. 솔직히 우리에게는 사랑이 부족하다. 그리고 저자가 수없이 반복하고 있듯이, 사랑만 있으면 미덕은 필요 없다.

저자는 틈만 나면 사랑을 강조한다. 그러나 사랑은 강제로 되는 것이 아니다. 미덕은, 역설적이지만, 바로 사랑이 부재한 자리에 필요한 것이다. 용서의 미덕, 자비의 미덕도 마찬가지이다. 부모는 누가 명령하지 않아도 자식을 사랑한다. 그러나 자식은 성장하면서 달라진다. 처음에는 절대적 존재로 비치던 아버지의 권위는 차츰 퇴색하는 것같이 보인다. 옛날에는 모든 것을 감싸 안아주던 어머니가 초라해 보이기 시작한다. 우리는 어느 사이엔가 어머니와 아버지를 비판적인 시각으로 보기 시작하고, 그러다 보면 부모의 잘못이 보이기 시작한다. 아니, 어머니와 아버지를 도저히 용서할 수 없는 지경에 이르기까지 한다. 이때 저자는 말한다. 사랑하라. 사랑할 수 없거든, 용서하라. 그러면서 부모를 용서할 줄 아는 자식들을 축복한다. 저자의 외침은 70세 노모를 모시고 있는 나를 향한 소리처럼 들렸다. 용서해야지! 이 얼마나 건방진 소리인가! 그러나 이 얼마나 실천적인 소리인가!

그리고 나도 언젠가 자식들의 용서를 빌어야 한다. 초판 번역의 서문에서 나는 당시 "내게는 아홉 살 난 아들 은상이와 여덟 살 난 딸 은샘이가 있다"고 하면서 후일 이 번역서를 "10년 후 청년이 되어 있을 그들에게 주고 싶다"고 약속했다. 그리고 10년이 지난 지금 개역판을 위해서 많은 교정을 보았다.

이제 개역판이 나오면 그들에게 이 책을 주어야겠다. 그리고 초판 당시에는 아직 태어나지 않았던 딸아이에게도 말해야겠다. 은상, 은샘, 은빛! 너희 부모가 무능해 보이고 결함이 많아서 사랑할 수 없거든, 한때 너희들을 절대적으로 사랑한 부모를 용서해달라고. 나도 그리고 엄마도 너희들을 사랑한다. 그리고 너희 엄마는 정말 얼마나 너희를 위해서 희생했는지, 내가 그 증인이라고.

이 책의 원전은 제목이 *Petit traité des Grandes Vertus*(PUF, 1995)이며, 저자는 앙드레 콩트-스퐁빌(André Comte-Sponville)이다. 이 책을 다시 번역하면서 가장 배려를 한 것은 오해가 없는 한 한자를 병기하지 않는 것이었고, 글을 읽을 때 독자를 멈칫거리게 만들 괄호들은 가능한 한 제거해버렸다.

# 1 예의

예의(禮儀, politesse, politeness)가 미덕인가? 그렇다. 예의도 미덕이며 아마도 나머지 모든 미덕의 기원일 것이다. 그러나 동시에 예의는 "그것도 미덕인가?"라고 물을 정도로 빈약하고, 피상적이고, 논란의 여지가 많은 미덕이기도 하다. 그렇다고 해도, 같은 이름의 두 여자를 구분할 때 큰 아무개 작은 아무개 하듯이 일단 예의를 작은 미덕이라고 부르자. 예의는 도덕과 상관없고, 도덕은 예의와 상관없다. 예의 바른 나치가 있다고 해서 우리가 나치즘을 좋아할 수는 없다. 예의 바른 나치가 끔찍한 과거의 역사를 바꿀 수 있을까? 물론 아니다. 이처럼 아무것도 아닌 것이 예의이다. 형태만의 미덕, 꼬리표만 있는 미덕, 장식뿐인 미덕! 그러므로 예의는 오직 미덕의 외양일 뿐이다.

예의도 하나의 가치인 것만은 분명하다. 그렇더라도 그것은 모호하며 그 자체로는 빈약한, 더 나아가 최악의 것도 최상의 것처럼 덮어버릴 수 있는 수상쩍은 가치로서, 무엇인가를 숨기기 위한 인위와 장식의 다른 말이다. 우리는 인위적인 것, 장식적인 것을 불신한다. 디드로는 어딘가에서 위인들의 "무례한 예의"라는 말을 했는데, 소인배들의 천하고 비굴한 예의, 즉 표현을 바꾸면, 말없는 멸시와 비굴한 복종에 대해서도 언급해야 했을 것 같다.

더 나쁜 것이 있다. 공손한 악한이다. 그는 불손한 악한보다 오히려 비위를 더욱 상하게 한다. 위선 때문일까? 그 때문은 아닐 것 같다. 왜냐하면 어차피 예의는 도덕이 아니니까. 그는 악을 예의로 포장한 파렴치한이다. 그런 자가 왜 충격적으로 보일까? 대립된 양면성 때문에? 그럴지도 모른다. 그러나 더 중요한 것은 그에게는 미덕의 외양만 있을 뿐 실체가 없기 때문이다. 그것이 다름 아닌 위선이 아니던가. 우리는 아예 처음부터 공손한 태도를 보여주는 악한을 설정했다. 공손하게 보이는 사람을 우리는 공손하다고 말할 수 있다. 예의의 경우에는 외양이 바로 미덕의 실제이다. 예의라는 것은 전적으로 외양을 통해서 나타난다. 그러므로 충격은 외양의 미덕과 나머지 미덕의 대립, 외양의 미덕과 많은 악습 또는 악한의 실체라고 할 수 있는 악의와의 대립에서 온다. 대립은 따로 떼어놓고 보면 도덕이라기보다는 미학이다. 일반적으로 대립은 끔찍스러운 비난보다는 갑작스러운 놀라움을 자극한다. 그러나 우리가 말하는 대립은 윤리 차원의 대립이다. 악한은 적어도 예의 교육을 받은 것이다. 역설적이게도 교육은, 용서받을 수도 있었을 악한을, 용서받는 것은 차치하고 더욱 혐오스럽게 만든다. 공손한 악한은 미개인이 아니다. 미개인은 용서할 수 있다. 공손한 악한은 길들여지지 않은 짐승과도 다르다. 물론 짐승이나 미개인이 우리를 놀라게 할 수 있지만, 우리는 그들이 길들여지지 않아서일 뿐이라고 설명하면서 이해할 수가 있다. 반면, 문명 또는 교육의 혜택을 받고 자란 악한은 다르다. 그는 그 때문에 용서받을 수 없다. 버르장머리 없는 어떤 사람이 있다고 가정하자. 그가 천성적으로 그런 것인지 아니면 교육을 잘못 받아서 그런 것인지 단정 지을 수는 없다. 그러나 교육을 받고 자란 세련된 어떤 사람이 잔인하다면, 그는 변명의 여지가 없다. 흰 장갑에 묻은 피가 더욱 선명하게 보이듯이, 잔인성은 문명의 바탕에서 더 잘 드러난다. 나치가 좋은 예이다. 누구나 알 수 있듯이, 독일인의 추함은 거기에서 드러난다. 그 야만성과 문명의 혼합, 어떤 때에는 짐승 같은가 하면 어떤 때에는 세련된 그 잔인성. 그럼에도 여전히 잔인하기는 마찬가지인, 그리고 세련됨 때문에 더욱 벌받아야 마땅한 나치. 인간이기 때문에 더욱 비인간적인, 문명의 혜택을 입었기 때문에 더욱 야만적으로 보이는 추함이 거기 있다. 우리는 무례한 사람을 짐승 같다고, 무지하다고, 교양이 없다고 비난한다. 그러나 책임은 황폐한 성장 배경이나 잘못된 사회 환경 탓으로 돌릴 수 있다. 그러나 예의를 갖출 줄 아는 사람에 대해서는 그렇게 할 수 없다. 예의는 그 점에서 민족 또는 개인의 죄를 물을 수 있는 잣대가 될 수 있으며, 실패한 사회가 아닌—실패 때문이라면 변명거리라도 있지 않을까—가 아닌 성공한 사회의 죄를 직접 물을 수 있는 아주 중대한 상황으로 작용한다. 어떤 사람을 두고 "그가 **성공했어!**"라고 말하곤 하는데, 사실 그 말은 논란의 여지를 남기는 말이다. 독일 사회에서 성공한 나치즘이라고 말한다면 그것은 바로 베토벤을 연주하면서 수용소의 어린아이들을 무참히 죽인 독일과 나치즘을 의미하는 것이 아니던가! 장켈레비치는 여기에 독일 문화에서라는 말을 보탤 것이다. 그러나 그 말은 단지 장켈레비치나 그와 동시대의 사람들만이 할 수 있는 말이다.

약간 빗나갔는데, 일부러 그런 것이다. 무엇보다도 중요한 것은 예의에 속지 않는 것이다. 예의는 미덕이 아니며, 어떤 미덕의 자리도 차지할 수 없다.

그렇다면 왜 예의가 마치 다른 모든 미덕의 기원인 것처럼 맨 앞자리를 차지하고 있는가? 미덕은 항상 다른 것을 전제하며, 거기에는 모순이 없다. 애초에는 미덕이 없었으며, 내 생각이지만, 미덕의 본질은 미덕이 아닌 것이 맨 앞자리를 차지하는 데에 있다.

왜 맨 앞자리인가? 한 개인을 예로 들어 그 개인을 시간적으로 고찰해보자. 막 태어난 신생아에게는 도덕이 없다. 젖먹이 어린아이도 그렇고, 한참 자란 어린아이도 여전히 마찬가지이다. 반면 어느 정도 자란 어린아이에게는 금기가 있다. "그러지 마, 그건 더러워, 그건 나빠, 그건 흉해, 그건 해로워……" 또는 "그건 위험해"가 그렇다. 이어서 어린아이는 무엇이 나쁜 것 또는 실수이고, 무엇이 위험한 것 또는 위험인지를 금방 구분하게 될 것이다. 아이는 실수할 수 있다. 그러나 실수는 해를 끼치지는 않는 것으로서, 특히 실수를 저지른 사람에게는 잘못일 뿐, 심각한 위험을 부르는 잘못은 아니다. 그렇다면 왜 그것을 금하는가? 단순히 더럽고, 흉하고, 나쁘기 때문이다. 아이에게는 현상만 있을 뿐 권리는 없다. 또는 권리도 하나의 현상일 뿐이다. 아이에게는 허용된 것과 금지된 것, 할 수 있는 것과 할 수 없는 것이 있을 뿐이다. 좋은가? 나쁜가? 판단에 앞선 또는 판단에 근거를 제공하는 규칙만 있으면 족하다. 그러나 그때의 규칙은 관습 외에 다른 근거가 없다. 예의의 규칙이란 현상의 규칙, 형식뿐인 규칙에 다름 아니다. 상소리 하지 않기, 사람들의 말을 막지 않기, 밀어붙이지 않기, 도둑질하지 않기, 거짓말하지 않기……. 그런 모든 금기들은 어린아이에게는 거의 비슷하게, "그건 안 좋아!"라는 말로 들린다. 예의란 말하자면 관습, 제정된 규칙, 규범화된 외양을 따르고, 세상과 세상의 방식을 따르는 것이다. 이 주장은 칸트와는 반대되지만, 이 부분에서는 칸트도 반박할 수 없을 만큼 사회학자들이 명백히 옳다.

칸트에 의하면, 주변의 많은 일들 가운데 해야 할 일과 해서는 안 될 일을 제대로 알기란 극히 어렵다. 그러나 어린아이가 유년기에 해야 할 일이 있다면, 아니 인간이 되는 길이 있다면 바로 그 둘을 구분하는 길뿐이다. 칸트조차 "인간은 오직 교육을 통해서 인간이 될 수 있다. 사실 인간이란 교육의 결과 외에 다름 아니다"[1]라고 말한다. "동물을 인간으로"[2] 개조하는 것은 다름 아닌 계율이다. 이보다 더 잘 말할 수는 없다. 관습은 가치보다 더 앞서 있고, 복종은 존경보다 더 앞서 있고, 모방은 의무보다 더 앞서 있다. 그러므로 도덕—"그럴 수는 없어!"—보다 앞서 있는 것은 예의—"그렇게 해서는 안

돼!"—이다. 마음과는 상관없는 예의조차도 마찬가지이지만, 도덕이 하루아침에 이루어지지 않듯이 마음 깊은 곳으로부터 우러나오는, 그래서 외양과 이해관계로부터 자유로운 내재적 예의는 더더욱 하루아침에 이루어지지 않는다. 그러나 예의가 우선 확보되지 않는다면 어떻게 도덕이 자리잡을 수 있겠는가? 올바른 행동보다 올바른 태도가 행동을 이끌어갈 수 있어야 한다. 도덕은 다른 말로 하면 자기 자신에 대한 또는 자기와 다른 사람 간의 영적(靈的) 예절, 내재적 삶의 에티켓, 의무의 법전, 본질적 의식(儀式)이다. 반면 예의의 다른 말은 육적 도덕, 행동의 윤리학, 사회적 삶의 법전, 비본질적 의식이다. 칸트는, 돈은 없는 것보다는 있는 것이 낫지만, 그것을 진짜 황금처럼 여기는 것은 그것을 없애는 것만큼이나 어리석은 짓[3]이라고 한다. 그는 또한 예의란 미덕의 외양에 불과한 잔돈에 지나지 않지만, 미덕을 보기 좋게 하는 것은 바로 그것이라고 말한다.[4] 덕을 갖춘 아이로 자라려면 우선 그런 외양과 상냥함이 있어야 하지 않을까?

말하자면 미덕은 당연히 가장 낮은 차원의 예의로부터 출발한다. 어떤 미덕도 자연스러운 것은 없으며 **후천적**이다. 그러면 전에 그렇지 않았던 사람이 그렇게 되기 위해서는 어떻게 해야 하는가? 아리스토텔레스는 "실천을 위해서는 배워야 하고, 배움은 실천을 통해서 이루어진다"[5]고 한다. 그러면 배우지 않았다면 어떻게 실천하는가? 여기에 순환논리가 끼어드는데, 그것을 벗어나게 해주는 것은 선험 또는 예의밖에 없다. 그러나 선험은 우리의 능력 범위 밖이다. 반면 예의는 범위 내에 있다. "우리가 올바르게 되는 것은 올바른 행동을 행함으로써이다."[6] 아리스토텔레스는 계속해서 말한다. "우리가 절제 있는 사람이 되는 것은 절제 있는 행동을 함으로써이다. 그리고 우리가 용감한 사람이 되는 것은 용감한 행동을 함으로써이다." 그러나 올바르지 않다면 어떻게 올바른 행동을 할 수 있는가? 절제 없는 사람이 어떻게 절제 있는 행동을 할 것이며, 용감하지 않은 사람이 어떻게 용감한 행동을 할 것인가? 습관을 통해서라고 아리스토텔레스는 대답한다. 그러나 그런 대답은 너무 부족한 대답이다. 쉽게 설명할 수는 없지만 습관은 습관을 붙여야 할 선행적인 어떤 것의 존재를 전제하기 때문이다. 칸트는 좀더 선명하다. 그에 의하면, 어린아이가 본능적으로 할 수 없는 일은 "다른 사람들이 대신 보여주어야" 하며, 그렇게 "한 세대가 다른 세대를 가르쳐야"[7] 한다. 말하자면 계율 또는 모방이 미덕을 부른다. 올바른 관습과 태도도 가정의 계율에서 출발한다. 그러나 기왕이면 강압적이기보다는 규범적인 계율, 질서보다는 상냥한 사회를 목적으로 하는 계율, 경찰의 계율이 아닌 예의의 계율이면 더욱 좋다. 우리가 미덕의 사람이 되려면, 미덕의 계율을 지키고 흉내내야 한다. "예의가 항상 친절, 공정성, 연민, 감사를 고취시키는 것은 아니지만, 속으로는 그렇지 않을지라도 겉으로나마 사람을 그렇게 보이게 만들어준다"[8]라고 라 브뤼예르는 말한다. 어른에게 전부일 수 없는 예의가 어린아이에게는 필요한 이유가 거기에 있다. "괜찮으시다면" 또는 "죄송해요"라는 말은 상대방에 대한 존중의 외적 표현이며, "고맙습니다"라는 말은 감사의 외적 표현이다. 존중과 감사는 바로 그렇게 시작한다. 예술이 자연을 모방하고 자연이 예술을 모방하듯이 도덕은 예의를 모방하며, 예의는 다시 도덕을 모방한다. 칸트는 말한다. "어린아이들에게 의무에 대해서 말하는 것은 쓸데없는 짓이다."[9] 그의 말은 옳다. 그러나 그렇다고 해서 아이들에게 예의를 가르치는 일을 그만둘 수야 없지 않은가? 예의가 아니라면 우리가 의무에 대해서 배울 수 있는 것이 무엇이란 말인가? 우리가 도덕적으로 될 수 있다면—도덕 또는 심지어 부도덕이라는 말이 가능하려면 일단 우리가 도덕적인 사람이어야 한다—그것은 미덕을 통해서가 아니라 교육을 통해서이며, 선 때문이 아니라 형식 때문이며, 도덕을 통해서가 아니라 예의를 통해서이며, 가치의 존중을 통해서가 아니라 관습을 통해서이다. 도덕은 인위이자 인공물이다. 사람은 미덕을 흉내냄으로써 덕을 갖춘 사람이 될 수 있다. "사람은 어떤 역할을 하다 보면 어색하게나마 한동안 어떤 모습을 취한다. 예의도 마찬가지이다. 의도적으로 예의를 갖추다 보면 마침내 나름의 예의를 찾기에 이른다"10)고 칸트는 말한다. 예의는 도덕에 선행하며 도덕을 가능하게 한다. 칸트는 그것을 "겉치레" 그러나 미덕을 돕는 겉치레라고 한다.11) 일단은 "선한 태도"를 취하는 것이 중요하다. 겉치레에 만족하기 위해서가 아니라 모방의 대상 즉 미덕에 이르기 위해서이다.12) 칸트는 계속해서, "다른 사람들에게 보여주는 선한 태도조차 우리에게 의미가 없지 않다. 왜냐하면 존경할 수 없다고 할지라도 존경하는 태도를 취하다 보면 정말 존경할 수도 있기 때문이다"13)라고 쓰고 있다. 그런 태도 없이 도덕은 전달될 수도 바로잡아질 수도 없다. "도덕적 기질은 모방의 행동에서 나온다"14)고 아리스토텔레스는 말한다. 예의는 미덕의 외관이고 미덕은 바로 거기에서 비롯된다.

　예의는 도덕의 모습을 드러나게 할 뿐만 아니라 도덕이 필요한 상황을 제시함으로써, 도덕을 순환논리에서 건져준다. 예의를 배제해보자. 그러면 사람이 덕이 있는 사람이 되기 위해서는 덕성을 갖춰야 한다고 말을 해야 한다. 예의를 제대로 아는 사람과 단순히 공손하고 겸손한 사람 사이의 차이는 대체로 극히 미미하다. 사람은 대개 모방하는 대상을 닮게 된다. 예의를 갖추다 보면 우리는 부지불식간에 도덕적으로 변한다. 부모들은 안다. 아이들을 길러내는 것은 부모들이다. 물론 예의만 갖추면 만사형통이고, 그것이 본질이라는 말은 아니다. 흔히 말하는 잘 자랐다는 말은 우선은 예의 바르다는 말이다. 우리는 아이들이 "해주시겠어요", "고맙습니다", "죄송합니다"라는 말을 하게 하려고 수천 번씩 꾸짖는다. 무슨 소리인가, 그것이 어찌 수천 번에 그치겠는가! 그러나 그것이 오직 예의만을 위해서 그런 것인가! 편집증이나 속물

근성 때문에 그러겠는가! 상대방을 존중하는 마음은 훈련을 통해서 배우는 것이다. 훈련이라는 단어는 누구에게나 기분 나쁜 것이다. 그러나 사람이 훈련 없이 살 수 있는가? 사랑만으로는 아이들을 제대로 길러낼 수도 없으며, 상냥하고 귀여운 아이들로 자라게 할 수도 없다. 예의만으로는 더더욱 안 된다. 그 둘이 동시에 필요한 이유가 거기에 있다. 가정교육은 바로 그 둘, 말하자면 아직은 도덕이 아닌 가장 작은 미덕으로서의 예의와 역시 도덕이라고 할 수 없는 가장 큰 미덕으로서의 사랑의 사이에 있다. 이제 언어 훈련만 남는다. 그러나 알랭이 말했듯이 예의는 기호의 예술이며, 어법은 예의를 돋보이게 해주는 어떤 것이다.15) 어법은 그것이 지켜질 때에만 유효하다. 『르 봉 위자주(Le Bon Usage)』(불어에서 '위자주'는 관습을 위미하는 말이기도 하고, 관용어, 관용어법 또는 단순히 어법을 뜻하는 말이기도 하다. 그래서 좋다는 뜻의 형용사와 합쳐진 '르 봉 위자주'는 올바른 삶의 지침서가 될 수도 있고, 올바른 어법을 정리한 책의 제목이 될 수도 있다/역주)는 올바른 삶을 가르치는 책의 제목이 될 수도 있었을 것이다. 그러나 그것은 그르비스라는 사람이 지은 아주 유명하고도 훌륭한 문법책의 제목이다. 다른 사람들이 행동하듯이 행동하고, 다른 사람들이 말하듯이 말하라. 두 경우 모두 고쳐준다는 말을 쓰는데, 최소한의 당연한 예의를 일컫는 동의어인 듯하다. 미덕과 문체는 훨씬 더 나중의 일이다.

그러므로 예의는 미덕이 아니라, 어른들의 경우에는 미덕을 모방하는 또는 어린아이들의 경우에는 미덕을 준비하는 흉내내기이다. 예의는 나이에 따라서 본질이 바뀌는 것은 아니겠지만, 최소한 중요성만큼은 바뀐다. 예의는 어린 시절에는 본질이지만 어른이 되면 비본질적인 것으로 변한다. 악동이 좋은 것은 아니다. 그러나 사악한 어른과 비교할 수는 없다. 우리는 더 이상 어린아이가 아니다. 우리는 사랑하고 판단하고 원할 줄 알며······미덕을 갖출 능력, 사랑을 할 능력이 있다. 그런 능력들은 예의가 대신할 수 없는 것들이다. 공손한 이기주의자보다는 물론 상스럽더라도 관대한 사람이 나으며, 세련된 부랑자보다는 덜 세련되었더라도 정직한 사람이 낫다. 예의란 표현에 지나지 않는 것이라고 알랭은 말한다.16) 말하자면 예의는 몸이며, 중요한 것은 마음, 영혼이라는 말이 된다. 때로는 지나치게 완벽성을 추구하다가 예의가 거추장스러울 때도 있다. "정직하다고 하기에는 너무나 공손한"이라는 말을 하곤 하는데, 정직성은 때로 썩 유쾌하지만은 않으며 감정을 상하게 하거나 아프게 할 수 있다. 물론 정직한 사람들 중에도, 유리창—결코 완전히 투명하지는 않은—너머로만 자신의 모습을 보여주는 죄수처럼 진실과 예의를 전혀 분간하지 못한 채 평생을 예의라는 감옥에 갇혀 사는 사람들도 적지 않다. 예의는 지나치게 받들다 보면 진실의 반대편 자리를 차지할 수 있다. 규칙의 노예가 되어서 지나치게 예절을 잘 지키고 관습을 잘 따르는 겉멋 들린 아이들은 징그러운 애어른으로 보인다. 그런 아이들은 사람들을 남자와 여자가 되게 해주는 사춘기—예의를 우습게 알며 관습을 내팽개친 채 오직 사랑만을 사랑하는 사춘기, 아름다운 것과 신기한 것만을 사랑하는 그 거침없는 사춘기—가 없는 아이들이다. 물론 그 아이들이 어른이 되면서 더욱 관대해지고, 더욱 지혜로워질 수도 있을 것이다. 그러나 선택을 해야 한다면—아무리 애를 먹인다고 할지라도—성장을 위해서는 사춘기를 겪는 아이가 지나치게 복종적인 아이보다는 낫다. 그리고 공손해지기 위한 정직보다는 정직해지기 위한 공손이 낫다.

  예절이 삶은 아니다. 예의는 도덕이 아니다. 그러나 그렇다고 예의가 아무것도 아닌 것은 아니다. 예의는 큰 것들을 준비하는 하나의 작은 출발이다. 그것은 섬기는 신이 없는 예배, 군주가 없는 궁중 예법, 조상 없이 지내는 제사와도 같다. 그것은 텅 빔뿐인 텅 빔의 형태이다. 예의가 예의로 차 있다면, 예의가 자신에게만 몰두해서 자신 외에 다른 것이 끼어들 여지가 없다면, 그런 예의는 자신의 태도에 기만당하는 예의이며, 예의가 지키기로 한 원래의 규칙을 어기는 예의인 것이다. 예의는 스스로 충분한 것이 아니며, 그래서 예의는 자족하면 모자란 것이 된다.

예의는 미덕이 아니라 하나의 자질, 단순한 형태적 자질이다. 그 자체로만 본다면, 예의는 부차적인 것이고 보잘것없는 것이고 심지어 의미 없는 것이기도 하다. 예의는 미덕 또는 지혜 곁에 있을 때면 마치 없는 것처럼 처신해야 한다. 예의의 표현 방식은 은근함이 생명이다. 지자(智者), 덕자(德者)는 예의를 알아야 한다. 그것은 너무나 자명한 사실이다. 사랑조차도 형식을 완전히 벗어날 수는 없다. 아이들을 그토록 사랑하는, 그렇게 사랑하면서도 내용이 아닌 외적 태도 때문에 끊임없이 그들을 꾸짖곤 하는 부모들한테서 아이들이 배워야 할 것은 바로 그런 것이다. 철학자들은 과연 일차적 형식이 전부인가 아닌가, 예의와 도덕이 과연 구분 가능한 것인가 아닌가를 위해서 논의할 것이다. 관습을 지키는 일이 가장 중요하고, 오직 예의가 전부라고 볼 수도 있다. 그러나 나는 그렇게 믿지 않는다. 사랑과 친절 그리고 연민이 관습과 맞선다. 예의는 전부가 아니다. 예의는 거의 아무것도 아니다. 예의뿐이라면 사실 인간은 거의 동물에 가깝다.

# 2 성실

 과거는 끝났고 미래는 아직 오지 않았다. 망각과 즉흥은 자연의 일이다. 봄만큼 즉흥적인 것이 있을까? 그리고 그것보다 빨리 사라지는 것이 있을까? 신선한 그러나 헛된 반복. 봄은 그토록 쉽게 사라지고 또 반복한다. 그러나 반복은 자연을 새롭게 하는 듯하지만, 기실 거의 새롭게 하는 것이 없다. 진정한 모든 창작, 진정한 모든 창조는 기억을 전제한다. 이는 세계의 기억(지속)이라는 말을 한 베르그송의 견해이다. 그 기억은 신일 수도 있겠지만, 신은 아니다. 자연은 자신이 신이라는 것을 잊어버렸다. 또는 신은 자연 속에서 자신을 잊어버렸다. 우주에도 역사가 있다면—물론 우주의 역사는 있다—그 역사는 무질서와 우연으로 점철된, 즉흥적인 것 외에 달리 계획도 없고 기억도 없는 역사일 것이다. 그것은 작품과는 정반대의 것으로서 오직 우연의 충동만으로 이루어진 것이리라. 있음직하지 않은 희한한 어떤 사건과도 같이. 지속과 반복은 변화를 부르며 시작하는 것은 끝이 있다. 불안정이 규칙이다. 망각이 규칙이다. 현실은 어느 순간이든 항상 새롭다. 전적인 영원한 새로움, 그것이 바로 세상이다.

 자연은 거대한 망각이며 또한 물질이다. 사실 물질은 망각 자체이다. 기억이 있다면 정신의 기억이 있을 뿐이다. 망각은 최초의 단어였듯이 과정의 단어였으며 마지막 단어가 될 것이다. 시간이라는 왕세자는 결코 말더듬이는 아니다. 그는 말을 하지도 않지만 침묵하지도 않으며, 말을 만들어내지도 않지만 반복하지도 않는다. 변덕스러움, 잘 잊어버림, 천진스러움이 왕세자의 특성이다. 자연은 불성실하며, 계절은 변덕쟁이이다.

그리고 다른 한쪽에 정신이라는 것, 기억이라는 것이 있다. 비록 무게도 지속성도 없고, 그래서 사라져 없어질 어떤 것보다 약해 보이지만 그럼에도 불구하고 추억을 통해서 살아남는 정신! 정신은 기억이며, 기억 외에 다른 아무 것도 아닐지 모른다. 자신의 생각들을 기억해내는 사유로서의 정신, 원하는 것을 기억해내는 의지로서의 정신. 그러나 누구도 같은 사유를 반복할 수는 없으며, 같은 의지를 다시 가질 수도 없다. 그렇다면 기억이 없는 새로운 생각, 결심이란 어떤 것일까? 육체가 현재의 현재라면, 현재라는 말의 이중적 의미—과거가 우리에게 물려준 어떤 것은 우리 안에 머문다—로 볼 때 정신은 과거의 현재이다. 성 아우구스티누스가 소위 "과거의 현재"[1)]라고 부른 것이 바로 정신이다. 정신은 바로 거기에서 시작한다. 염려하는 정신, 성실의 정신.

우리가 떨치려야 떨칠 수 없는 것이 있으니 미래에 대한 염려이다. 미래에 대한 염려는 우리의 천성이기도 하다. 현자나 미친 사람이 아니라면 아무도 미래가 있다는 사실을 잊어버리지 못할 것이다. 그런가 하면 사악한 사람이 아니라면 자신의 미래만을 생각할 수는 없을 것이다. 물론 인간은 이기적이다. 그러나 생각보다는 그렇게 이기적이지 않다. 아이를 못 가진 사람들조차도 다음 세대를 걱정하며 그런 걱정은 아름다운 걱정이다. 담배가 자신의 건강에 얼마나 해로운지에 대해서는 전혀 걱정하지 않는 사람도 오존층의 구멍에 대해서는 걱정한다. 자신은 돌보지 않으면서 다른 사람을 염려하는 것이다. 누가 그를 비난할 것인가? 미래가 기억나면 나는 만큼 우리는 오히려 현재를 잘 잊지 않던가! 우리는 미래를 무시할 수 없다.

미래는 우리를 사로잡은 채 불안에 떨게 한다. 미래의 힘은 불안에 있다. 그와는 반대로 과거는 끝났다. 우리가 걱정할 아무것도, 기다릴 아무것도 없는 것이 과거이다. 그렇다고 과거가 헛된 것은 결코 아니다. "시간의 태풍 너머, 기억의 깊은 항구." 에피쿠로스의 유명한 잠언이다. 망각은 안전한 항구이다. 어렴풋한 기억들 때문에 고통을 받는 신경증 환자가 있다면, 프로이트의 치료법에 의하면 그 환자의 육체적 건강은 망각을 섭취하는 데에 있다. "신은 인간으로 하여금 망각을 망각하지 않게 하셨다!"[2]고 어떤 시인은 쓰고 있다. 니체는 생명과 행복이 진정 어디에 있는지 잘 알고 있었다. "동물을 보라! 거의 기억 없이도 행복하게 살지 않는가. 아니, 망각이 없는 삶은 차라리 불행하다." 삶의 지침처럼 들린다. 그러나 생명이 또는 행복이 과연 삶의 목적일까? 그러면 동물을, 식물을, 돌을 부러워해야 할 텐데……. 물론 부러워할 수야 있겠지만 그 부러움에만 매달려야 할까? 정신은 어쩌란 말인가? 인간성은 어쩌란 말인가? 위생과 건강만을 생각해야 할까? 건전한[3] 사고(思考)라는 말의 역량과 한계는 거기에 있다. 비록 정신이 병일지라도 또는 비록 인간성이 불행일지라도, 그 병과 불행은 우리의 몫이다. 그것들은 바로 우리이며, 우리는 바로 그것들에 의해서 우리일 수 있는 것이다. 과거를 일거에 쓸어 없애려고 들지 말자. 인간의 인간다움은 사유에 있다. 사유의 아름다움은 기억에 있다. 건망증이 심한 사고도 사고일 수는 있겠지만, 그것은 정신을 결여한 사고이다. 건망증이 심한 욕망도 욕망일 수는 있겠지만, 그것은 의지도 마음도 영혼도 없는 욕망이다. 모든 학문이 또는 모든 동물이 그렇다고 말할 수는 없겠지만 어떤 학문 또는 어떤 동물은 얼마나 성실한가! 그러나 학문과 동물은 마음도 영혼도 없는 욕망의 예들이다. 인간만이 오직 기억에 의해서 정신을 보증받으며, 성실성에 의해서 인간성을 보증받는다. 인간이여, 기억하기를 게을리 하지 말지니!

성실한 정신, 그것이 바로 정신이다.

나는 문제를 멀리에서부터 풀어왔다. 성실(誠實, fidélité, fidelity)의 문제는 그만큼 엄청난 문제였기 때문이다. 성실성은 다른 가치들과는 다른 미덕이다. 성실성은 다른 미덕들을 돕는 역할을 하는 미덕이다. 정의를 지키는 사람들에게 성실성이 없다면 그 정의가 무슨 소용일까? 평화를 지키는 사람들에게 성실성이 없다면 그 평화가 무슨 소용일까? 자유정신을 가진 사람들에게 성실성이 없다면 그 자유가 무슨 소용일까? 진리를 지키는 사람들에게 성실성이 없다면 그 진리가 무슨 소용일까? 물론 그런 진리도 진리는 진리일 테지만 그것은 어떤 미덕도 낳지 못하는 가치 없는 진리일 것이다. 망각 없이는 건강도 없다. 반면에 성실성 없이는 미덕도 없다. 그러므로 건강과 도덕은 함께 건져야 한다. 아무것도 잊지 않는 것이 최고라고 할 수도 없고, 아무것에나 성실한 것이 최고도 아니다. 건강이 최고인 것도 아니고, 덕성(德性)이 최고라고 할 수도 없다. "중요한 것은 숭고함이 아니다. 성실하고 진지해야 한다."[4] 바로 그것이다. 성실성은 기억의 미덕이며, 미덕으로서의 기억 자체이다.

그렇다면 그 기억은 어떤 유의 기억인가? 또는 무엇을 기억하는 기억인가? 그리고 어떤 조건에서의 기억이며, 어느 정도까지의 기억인가? 반복하면, 아무것에나 성실한 것이 중요한 것은 아니라고 했다. 그것은 성실성이 아니라 과거 지향주의이고, 쓸데없는 집착, 고집, 광신(狂信)이다. 아리스토텔레스에 의하면 모든 다른 미덕은 두 가지 극단을 대립시키는 반면 성실성이라는 미덕은 지나친 변덕과 지나친 고집을 똑같이 거부한다. 중용인가? 굳이 말하자면 그럴 것이다. 그러나 그것은 미온적인 사람들 또는 경박한 사람들이 말하는, 약간은 변덕스럽고 약간은 고집스러운 중용과는 다르다. 그것을 이해하려면 산꼭대기를 생각하면 될 것이다. 미덕은 심연을 끼고 도는 능선이 아닐까?[5]

성실성은 변덕도 고집도 아니다. 성실성은 바로 그 사이에 있다.

그러면 성실성은 성실성에 의한 성실성을 위한 스스로의 가치가 있는 것인가? 결코 그렇지 않다. 성실성은 그것만으로는 가치가 될 수 없다. 성실성을 가치 있게 하는 것은 언제나 그 대상이다. 우리는 옷을 갈아입듯이 친구를 바꾸지 않는다. 아리스토텔레스의 말이다.[6] 지나치게 사악한 친구를 예외로 하면, 친구에게 성실하지 못한 것은 책망거리이다. 반면 옷에 집착하는 것은 웃음거리가 된다.[7] 성실성으로 모든 것을 용서받지는 못한다. 나쁜 것에 성실한 것은 성실하지 못한 것보다 나쁘다. 나치 단원들은 히틀러에게 충성을 서약했다. 그러나 죄악에 대한 성실성은 죄악이다. 그리고 장켈레비치에 의하면 "아둔함에 성실한 것은 또 하나의 아둔함을 보태는"[8] 행위이다. 학생으로서 조금은 고집스러운 성실성을 위해서 장켈레비치를 조금 길게 인용하는 것을 용서해주기 바란다.

성실성은 훌륭한 것인가, 아닌가? 경우에 따라서 다르다. 다시 말하자면 어떤 가치에 대해서 성실하느냐가 문제이다. 무엇에 대해서 성실한가?……아무도 원한을 미덕이라고 할 사람은 없을 것이다. 증오든 분노든 마찬가지이다. 모욕에 대한 기억도 나쁜 성실성이다. 성실성은 좋다 나쁘다와 같은 수식어로 끝나지 않는다. 아무것도 아닌 사소한 것 또는 대수롭지 않은 일에 대한 성실성도 있다. 이것은 쓸데없는 고집이다.……우리가 미덕이라고 부르는 성실성은 이러나저러나 상관없는 성실성이 아니라 훌륭한 성실성 또는 위대한 성실성이다.[9]

성실성도 여러 가지이다. 성실한 매력, 성실한 미덕, 성실한 의지.[10] 그러나 기억과 성실성은 다를 수 있다. 성실성에도 불구하고 잊을 수 있으며, 기억함에도 불구하고 불성실할 수 있다. 그뿐만 아니라 불성실도 사실은 기억을 전제한다. 성실이나 불성실은 우리가 기억하는 어떤 것에 대한 성실과 불성실이다. 장켈레비치의 표현을 빌리면, 성실성이란 "같음의 미덕"[11]이다. 세상의 모든 것은 변하며, 그런 세상에서 같을 수 있다면 그것은 오직 기억과 의지를 통해서이다. 아무도 같은 강물에서 두 번 목욕할 수는 없으며, 같은 여자를 두 번 사랑할 수도 없다. 파스칼을 인용해보자. "그가 지금 사랑하는 여자는 10년 전에 사랑하던 여자가 아니다. 나는 이렇게 생각한다. 그녀는 더 이상 과거의 그녀가 아니고, 그 또한 과거의 그가 아니라고. 그는 젊었다. 그녀도 그랬다. 그러나 지금의 그녀는 전혀 그렇지 않다. 그는 아직도 과거의 그녀를 사랑하고 있는지도 모른다."[12] 성실성은 같음의 미덕이며, 같음이 존재할 수 있다면 또는 버틸 수 있다면 그것은 다름 아닌 성실성을 통해서이다.

내가 어제의 내가 아님에도 어제의 약속을 지키는 것은 왜일까? 성실성 때문이다. 몽테뉴에 의하면 한 개인의 진정한 근본은 바로 거기에 있다고 한다. "내 존재의 근본, 정체성의 근본은 순전히 도덕적이다. 그것은 내가 스스로 맹세한 약속을 지킬 때 얻어진다. 나는 실제적으로는 더 이상 어제의 내가 아니다. 내가 어제의 나와 같을 수 있다면, 그것은 내가 그렇게 시인하기 때문이며 과거의 한 부분을 나의 것으로 받아들이기 때문이며 현재의 약속을 영원한 나의 것으로 지킬 것을 인정하기 때문이다."[13] 자기 자신에 대한 성실성이 없이는 도덕적 주체를 생각할 수 없으며, 불성실이라는 말도 바로 그 때문에 성립한다. 성실성이 기억의 미덕이라면 불성실은 기억의 부족 또는 결핍이라기보다는 태만이다. 기억이 전부일 수는 없다. 좋은 기억력이 반드시 좋은 것일 수는 없으며 정확한 기억이 항상 존경스러운 것일 수는 없다. 기억의 미덕은 기억 이상이며 기억의 성실성은 정확성 이상이다. 성실성은 망각의 반대말이 아니라 경박하고 타산적인 변덕의 반대말이며 배반과 배신과 변절의 반대말이다. 성실성은 모든 미덕이 타고 올라가야 할 언덕이다. 물론 성실성은 망각과 대립적이다. 역으로 망각은 불성실의 결과이다. 불성실한 사람은 일단 기억하기를 거부하며, 그런 다음 거부한 사실조차 기억에서 지워 없애지 않던가. 승리하면서 버림받는 것이 불성실이라면, 잠깐의 승리라고 할지라도 살아남으려고 안간힘을 쓰는 가운데 승리하는 것이 성실성이다. 부연하면, 성실성은 망각 또는 배반에 대한 끝도 없는 전투를 통해서만 승리를 얻는다. 장켈레비치에 의하면, 성실성은 필사적이다.[14] 역시 참 적절한 용어이다. "모든 것들을 집어삼킬 듯이 밀물처럼 밀려드는 망각과 그것을 이겨내려는 필사적인, 그럼에도 간헐적인 저항을 할 뿐인 기억이 벌이는 싸움은 한결같지 않다. 용서를 주창하는 사람들은 우리에게 잊으라고 하면서 전혀 쓸모없는 충고만 하는가 하면, 건망증이 심한 사람들은 누가 부탁하지 않아도 잘 잊는다. 그러나 과거는 우리에게 연민과 감사를 요구한다. 현재나 미래가 저절로 존재한다면, 과거는 연민과 감사와 더불어 존재한다."[15] 그렇다. 기억의 의무는 바로 거기, 과거에 대한 연민과 감사에 있다. 성실은 고된 의무이며, 까다로운 의무이며, 시효가 따로 없는 의무이다.

 물론 그 의무는 정도의 차이가 있다. 내가 방금 인용한 책에서 장켈레비치는 나치의 집단 수용소와 유대 민족의 수난에 대해서 언급한다. 그 수난은 절대적 수난이었던 만큼, 기억은 절대적 기억이어야 한다. 우리는 첫사랑에 대해서 또는 어린 시절 한때 열광했던 배우들이나 가수들에 대해서 그와 같은 정도로 성실할 수는 없으며, 성실성을 보인다고 해도 성실의 이유는 다르다. 성실성은 가치가 있는 것에만, 그리고 양으로 환산할 수 있는 성질의 것은 아니지만 가치에 비례하여 바쳐져야 한다. 성실성의 우선적인 대상은 고통, 사심 없는 용기, 사랑 등이다. 여기에서 고통이 가치일 수 있는가 하는 의혹이 고개를 든다. 물론 그 자체로 보면 아니다. 또는 거기에 가치가 있다고 해도 부정적인 가치뿐이다. 고통은 악이며, 고통을 속죄의 방법으로 삼는다면 그것은 착각이다. 그러나 고통이 가치일 수는 없겠지만, 고뇌하는 모든 삶은 가치가 있다. 고통은 받아 마땅한 사랑을 요구하기 때문이다. 기독교인들의 사랑, 부처의 자비, 스피노자의 연민(commiseratio)이 그럴 텐데, 고통을 겪는 사람을 사랑하는 것은 위대하고 아름다운 것을 사랑하는 것보다 훨씬 더 숭고하다. 그리고 고통당하는 사람은 사랑받을 자격과 가치가 있다. 가치에 대한 성실성이든 아니면 어떤 사람에 대한 성실성이든 성실성은 사랑에 의한 그리고 사랑에 대한 성실성이다. 지나치게 제한적 의미로 사용하는 경우 사랑은 육체적 관계만을 의미할 수 있는데, 사랑의 의미를 오해하지만 않는다면 성실성은 성실한 사랑에 다름 아니라고 말할 수 있다. 모든 사랑이 성실하다는 말은 아니다. 성실성이 사랑의 동의어로 여겨질 수 없는 이유는 거기에 있다. 그러나 성실성은 어떤 성실성이든 매력이 있으며, 그것이 좋아 보이고 사랑스럽게 여겨지는 것은 바로 그 때문이다. 증오에 대한 성실성? 그것은 성실성이 아니라, 원한이며 악착이다. 성실성에 대한 성실성, 차원이 다른 여러 성실성에 대한 성실성!

성실성을 필요로 하는 항목들을 열거하면 끝이 없을 것이다. 그래서 나는 사고, 도덕, 부부에 한정해서 성실성을 언급하고 넘어가려고 한다.

   사고에 성실성이 필요하다는 것은 너무 자명한 이야기이다. 우리는 아무렇게나 사고하지 않는다. 아무렇게나 하는 사고는 사고가 아니다. 궤변론자들이 즐기는 변증법적 사고도 나름의 규칙과 요구 그리고 정반합의 모순율에 성실하기 때문에 사고일 수 있는 것이다. "변증법과 견강부회를 혼동해서는 안 된다"고 사르트르는 말한다. 시작부터 끝까지 놀라운 성실성과 엄격성을 보여주는 헤겔의 대저 『논리학(*Wissenchaft der Logik*)』에서 알 수 있듯이, 성실성과 견강부회를 구분할 수 있게 해주는 것은 성실성이다. 더 일반적으로 말하면, 어떤 사고가 공허 즉 수다에 빠지지 않는 길은 잊지 않으려는 노력, 유행이나 흥미에 현혹되지 않으려는 노력, 순간 또는 권력의 유혹에 빠지지 않으려는 노력에 있다. "사고란 그것이 어떤 것이든 우리가 노력하지 않으면 언제라도 길을 잃어버릴 위험이 있다. 기억이 없는 사고는 없으며 망각과의 싸움이 없는 사고, 망각의 위험이 없는 사고는 없다."[16] 마르셀 콩슈의 말이다. 성실성이 없이는 사고도 없다는 말이다. 사고하기 위해서는 기억을 해야 할 뿐만 아니라 기억하려는 의지를 가져야 한다. 기억은 아직 의식만을 인정하는 단계이며, 의식이 아직 사고는 아니다. 성실성은 바로 기억하려는 의지로서의 미덕이다.

성실성은 또한 과거에 사고한 것을 계속 사고하려는 의지이다. 그 의지는 기억해내려는 의지, 바꾸지 않으려는 의지이다. 옳기도 하고 그르기도 하다. 옳은 부분을 보자. 기억이 정신 또는 개념의 골동품처럼 취급된다면 그 기억은 아무 가치가 없는 기억이다. 자신의 사고에 성실한 사람은 그런 사고를 가졌던 사실을 기억해내야 할 뿐만 아니라 지금도 그것을 생생하게 간직하고 있어야 한다. 그는 과거의 사고를 기억해야 할 뿐만 아니라, **지금도 같은 사고를 하려고 노력해야 한다**. 그러나 옳지 않은 부분도 있다. 예컨대 혼신을 다해서 과거의 사고를 지키려고 하는 일은 필요한 경우의 토론, 실험, 반성을 거부할 수 있는 소지가 있기 때문이다. 진리보다도 자신의 사고에 성실한 것은 사고 자체에 대해서 불성실한 것이며, 어떤 명분에도 불구하고 그런 태도는 자신을 궤변론자로 만들고 만다. 무엇보다도 진실에 충실하고 볼 일이다! 성실성이 신앙, 더 나아가서 광신과 차이가 있다면 그런 점에서이다. 사고에 대해서 성실하다는 것은 사고의 전환을 거부하는 독단주의도 아니며, 오직 그 사고에만 집착하는 신앙도 아니며, 사고를 절대 진리로 떠받드는 광신도 아니다. 성실성이란 아무 명분도 이유도 없이 생각을 바꾸는 것을 거부하는 태도이며, 일단 명확하고도 견고하게 확인된 진리는 우리가 항상 검증만 하고 있을 수는 없으므로 다른 검증 과정에서 그렇지 않은 경우로 드러나기 전까지는 진리로 지키는 태도를 의미한다. 그러므로 독단주의도 안 되지만 변덕도 안 된다. 사람들에게는 사고를 바꿀 권리가 있다. 그러나 그래야 할 때에 그래야 한다. 일단 진리에 성실하자. 그런 다음 진리의 기억, 진리의 수호에 성실하자. 그것이 성실한 사고이며, 사고 그 자체이다.

그러나 학문은 다르다. 나의 이 말이 이해가 될 것이라고 믿는다. 성실성은 학자들의 일이 아니며 학문 분야의 일도 아니다. 결과를 놓고 볼 때 학문은 현재를 살며 언제나 첫걸음을 잊어버린다. 반대로 철학은 처음부터 끝까지 첫걸음을 줄기차게 좇는다. 뉴턴이 읽고 또 읽은 물리학자가 있던가? 어떤 철학자치고 아리스토텔레스를 즐겨 읽지 않던가? 학문은 발전하며, 잊는다. 철학은 명상하며, 기억한다. 철학보다 사고에 대한 성실성을 더 잘 지키는 것이 또 있을까?

자, 이제 도덕으로 가보자. 도덕은 성실성과 무관하지 않다. 도덕의 본질은 거기에 있다고 해도 과언이 아니다. 그러나 칸트는 그 둘의 일치를 부정한다. 예컨대 친구 간의 또는 부부 간의 의무 등 의무는 사실 성실성으로 환원되지 않는다. 도덕적 규칙은 초시간적이며 우리에게 언제나 성실보다는 복종을 요구한다. 도대체 무엇에 성실하라는 말인가? 의무의 지시에 성실하라고? 그것은 쓸데없는 요구이다. 왜냐하면 의무는 이미 성실성과는 상관없이 강제적이기 때문이다. 의무 앞에서는 다른 것에 성실하라고 하는 말도 별 의미가 없다. 왜냐하면 의무만이 절대적으로 중요하기 때문이다. 칸트는 의무가 부과하는 성실성, 예컨대 약속에 대한 성실성, 부부의 성실성 등을 의무의 특수한 한 경우로 보며 그래서 그에게서는 성실성이 의무로 귀결된다. 칸트의 경우에는 성실성이 도덕적 규칙을 따르는 것이지 도덕적 규칙이 성실성을 따르는 것은 아니다.

칸트가 이해하는 의미의 도덕적 규칙은 보편적, 절대적, 초시간적, 무조건적 규칙으로, 말하자면 시간과 공간을 초월해서 절대적 지배권을 행사하는 실천적 이성이다. 그러나 우리가 과연 그런 이성을 도대체 체험할 수 있으며, 알 수 있는가? 과연 누가 그런 이성의 존재를 믿을 것인가? 보편적이고도 절대적인 도덕적 규칙, 즉 도덕의 객관적 근거가 있다면 칸트는 옳을 것이다. 그러나 나는 그런 것이 있다고 보지 않는다. 그러면 도덕적일 필요마저 사라지는가? 아니다. 우리의 시대는 도덕의 절대적 진리를 믿지 않는다고 해도, 우리에게 도덕적이어야 할 의무를 지게 한다. 그렇다면 이제부터는 무슨 이름으로 미덕을 추구한다는 말인가? 성실성의 이름으로. 성실성에 대한, 성실성에 의해서! 독일의 이성에 대한 유대인의 정신이 바로 그것이다. 사실 독일의 이성을 야만에서 구한 유일한 것은 유대인의 정신이었다. 베르그송은 칸트에 대해서 반론을 제기한다. 도덕을 이성 즉 무모순율에 대한 경배 위에 건설하려는 생각보다 더 순박한 생각이 있을까라고![17] 위대한 논리학자 장 카바예스도 베르그송과 비슷한 말을 한다. 물론 도덕은 합리적이어야 하고 보편적 또는 적어도 보편화가 가능해야 한다. 그러나 이성만이 전부는 아니다. "강한 충동이 작용하면 무모순율은 무력해지며 찬란한 명증들은 그 빛을 잃는다. 기하학은 아무도 구원하지 못했다."[18] 기하학은 미덕이 아니다. 야만은 문명보다 일관성이 없는가? 호의에 비해서 탐욕이 덜 논리적인가? 호의와 문명의 논리가 야만과 탐욕의 논리를 이길 수 있을까? 그것은 분명히 아니다. 물론 이성을 거부하자는 말은 아니다. 그렇게 한다면 정신도 살아남지 못할 테니까. 다만 중요한 것은 진리에 대한 성실성이라고 할 이성과, 규칙 또는 사랑에 대한 성실성이라고 할 도덕을 혼동하지 말자는 것이다. 둘은 물론 짝을 이룰 수 있다. 나는 짝을 이룬 그 둘을 정신이라고 부른다. 그럼에도 불구하고 이성과 도덕은 하나로 환원될 수 없는 둘이다. 다시 말하자면 참이 아닌 도덕도 있다. 어떤 도덕은 인식은 가능하지만, 가치를 입증할 수 없다. 그러나 도덕은 인식이 중요한 것이 아니라 의지가 중요하다. 그리고 도덕은 우리 앞에 있는 초시간적인 것이 아니라, 우리 뒤에 있는 역사적인 것이다. 도덕에 기초가 있을 수 없지만 그럼에도 어떤 기초를 생각한다면 바로 성실성이 아닐까 한다. 우리는 성실성의 이름으로 보편적 도덕의 초시간적 규칙이 아니라 역사적 가치를 존중하며, 개별적 형태로 우리 안에 존재하는 과거―그것이 인류의 과거(우리를 야만으로부터 벗어나게 해준 문화나 문명)이든, 아니면 우리 자신과 우리 부모의 개별적 과거(우리의 도덕을 다른 사람들의 그것과 다르게 해주는 프로이트의 초자아 또는 각자의 교육)이든―를 추억한다. 우리는 성실성의 이름으로 신적인 규칙이 아니라 인간적인 규칙, 보편적인 규칙이 아니라 개별적인 규칙(그것이 비록 보편화시킬 수 있는 규칙이고, 또 당연히 보편화시켜야 하는 것이기는 하지만), 초시간적인 규칙이 아니라 역사적인 규칙을 지켜야 한다. 역사에 대한 성실성, 문명에 대한 성실성, 이성의 빛에 대한 성실성, 인간의 인간성에 대한 성실성! 중요한 것은 인류가 이루어온 것을 배반하지 않고, 지금까지의 우리를 있게 한 것을 배반하지 않는 것이다.

도덕은 예의로 시작한다고 나는 앞에서 말했다.[19] 도덕은 비록 성질은 변할지 몰라도 성실성을 통해서 지속된다. 그동안 행해진 것과 지금 해야 할 일이 있다면, 우선해야 할 일은 사람들이 그동안 행해온 것이다. 올바른 태도와 행동이 있다면 올바른 태도가 우선이다. 일단 품성이 좋아야 한다. 선행은 그다음이다. 사랑에 대한 성실성, 모범에 대한 성실성, 신뢰에 대한 성실성, 의무에 대한 성실성, 인내에 대한 성실성, 초조에 대한 성실성, 규칙에 대한 성실성……. 어머니의 사랑. 아버지의 규칙. 나는 무엇을 새로 개발하기보다는 도식화하고 있다. 그리고 누구나 그런 것들에 대해서는 어느 정도 알고 있다. 의무, 금기, 후회, 올바로 행동하고 난 뒤의 만족감, 잘 행동해보려는 의지, 다른 사람에 대한 존경……. 스피노자가 말했듯이, 그런 것들은 모두 "최고 수준의 교육과 관계하는"[20] 것들이지만, 교육을 받지 않았다고 거기에서 면제될 수는 없다. 물론 이는 사랑과 진리에 비하면 온전할 수도 없고 본질일 수도 없는 도덕에 불과할지 모른다. 그러나 현자 또는 성인이 아닌 바에야 어떻게 도덕을 무시할 수 있을까? 그리고 성실성을 무시하고 어떻게 도덕을 생각할 수 있을까? 모든 도덕의 근본으로서의 성실성은 "가치 전복"의 반대말이다. "우리는 이전의 모든 도덕성의 상속자이기를 바라며, 출혈을 해가면서까지 다시 시작하고 싶어하지는 않는다. 우리의 모든 행동은 이전 형태의 도덕성에 대한 반항일 뿐, 도덕성 자체를 뒤집을 수는 없다."[21] 니체의 말이다. 반항과 상속도 여전히 성실성인가? 아니, 반항마저 해야 하는가? 누구에게? 소크라테스에게? 에픽테토스에게? 4복음서(신약성서의 「마태오의 복음서」, 「마르코의 복음서」, 「루가의 복음서」, 「요한의 복음서」/역주)의 예수 그리스도에게? 몽테뉴에게? 스피노자에게? 누가 그럴 수 있으며, 누가 그렇게 하려고 하겠는가? 인간성을 거부하지 않고는 거부할 수 없는 가치들을 성실히 지킨 이들이 저들 아닌가? "나는 (율법을) 폐하러 온 것이 아니라……." 예수의 말씀이다. 그리고 그 말씀은 신앙을 벗어나서 이해하면, 더욱 아름답고 절박하게 느껴진다. 신에 대한 성실성이 아니라 인간에 대한 성실성, 생물학적 인간이 아니라 문화적 가치를 가진 인간의 정신에 대한 성실성. 금세기에는 스탈린의 **천년 왕국**(찬양할 내일 또는 찬양하게 될 내일)이라는 미명하에 온갖 야만이 자행된다. 우리가 거기에 저항할 수 있었던 것은 오직 과거에 대한 어느 정도의 성실성 때문이 아니었나 하는 생각을 나는 지울 수가 없다. 야만은 불성실이다. 즐거운 장래는 오직 옛날의 가치들에 의해서만 바람직한 것이 될 수 있다. 마르크스의 관점이 그런 관점이었고, 마르크스주의자들이 비로소 이해하기 시작한 것이 바로 그것이다. 미래의 도덕은 없다. 문화가 그렇듯이 모든 도덕은 과거로부터 온다. 도덕은 오직 성실한 도덕 외에 다른 것은 있을 수 없다.

　부부관계. 그것은 또다른 이야기이다. 성실성이라는 말을 상대방의 육체에 대한 배타적 사용만을 의미하는 좁은 틀에 근거해서, 성실한 사람들과 성실하지 않은 사람들을 양쪽으로 가르는 일은 본질과는 상당히 거리가 있는 현상의 문제인 듯하다. 왜 한 사람만을 사랑해야 하는가? 왜 한 사람만을 욕망해야 하는가? 사상에 성실하다는 말은 한 가지 사상만을 가진다는 말은 아니지 않은가? 얼마나 다행인가! 성실한 우정도 단 하나의 친구만을 가진다는 말은 아니다. 친구, 사상 등은 배타적 성실성을 요구하지 않는다. 그런데 왜 사랑만은 그렇지 않을까? 사람들은 도대체 무슨 이유로 상대를 배타적으로 차지하려고 하는 것일까? 그래야 살기가 편하고, 안전하고, 쉽고, 한마디로 행복해서일까? 가능한 이야기이다. 사랑이 유지되는 한 그렇다고 말할 수 있다. 그러나 사랑의 본질은 그것이 아니다. 선택은 각자의 문제이며, 각자의 능력에 따라 다르다. 각자 또는 부부마다의 문제이다. 진리는 배타적 성실성보다 더 고급의 가치이며, 사랑은 사랑에(새로운 사랑에) 의해서보다는 거짓에 의해서 배반당하는 경우가 많다. 다른 사람들은 나와는 다르게 생각할 수도 있을 것이다. 나 역시 다른 때에는 다르게 생각할 수도 있다. 그러나 지금 내 생각으로는, 본질은 거기에 있지 않다. 서로 나름대로 성실하면서도 즉 사랑에 성실하며, 말에 성실하고, 함께 누리기로 한 삶에 성실하면서도 자유를 즐기는 부부들이 있다. 그러나 많은 다른 사람들은 어찌나 소름 끼칠 정도로 빈틈없이 성실한 삶을 사는지, 둘 다 차라리 그것을 원하지 않을 정도이다. 그 정도에 이르면 이제 그것은 성실성이 아니라 질투며, 사랑이 아니라 고통이다. 그런 것들이 내가 다루는 주제는 아니다. 성실성은 연민이 아니다. 성실성과 연민은 서로 다른 두 가지 미덕인가? 그렇다. 그것들은 분명히 서로 다른 두 가지 미덕이다. 고통을 겪지 않게 하는 것이 하나의 미덕이라면, 배반하지 않는 것은 또다른 미덕이다. 성실성은 바로 후자를 말한다.

본질은 무엇이 부부를 부부이게 하는가를 아는 것이다. 아무리 반복한다고 해도 단순한 성적 관계가 부부를 부부이게 해줄 수는 없다. 그렇다면 상당 기간을 함께 사는 것이 부부를 부부이게 할까? 그것도 그렇지 않다. 내가 아는 한, 부부란 사랑과 지속을 전제한다. 부부는 성실성을 전제한다. 부부는 사랑에 대한 기억을 통해서 지속되며, 그리고 비록 부부를 만들어주기에는 너무 순간적이고, 부부를 갈라서게 하는 역할을 아주 잘하는 것이 열정이기는 하지만 그래도 의지를 가지고 열정을 이어갈 때 지속되지 않던가. 결혼이 의미하는 것은 바로 열정일 것이며, 이혼이 의미하는 것은 열정의 중단일 것이다. 그러나 그것이 전부는 아니다. 이혼 후에 다른 남자와 재혼한, 내가 아는 한 여자 친구가 내게 말하기를, 자신은 어떤 점에서는 첫 남편에게 여전히 성실하다는 것이었다. "나는 우리가 함께 살았던 삶, 우리의 역사, 우리의 사랑에 성실하며, 나는 그 모든 것을 부인하고 싶지 않다"는 것이 그녀의 설명이었다. 사실 어떤 부부도 그런 성실성이 없이는, 신뢰와 감사가 함께하는 역사가 없이는 관계가 유지될 수 없을 것이다. 나이 든 부부들이 오직 사랑을 꿈꿀 뿐인 젊은 부부들보다 더 행복한 감동적인 사랑을 나눌 수 있는 것은 바로 그런 것들 때문이다. 부부의 성실성은 내게는 다른 어떤 것보다 값지고 본질적인 것으로 보인다. 사랑이 식었다고, 시들해졌다고 가슴 아파할 일이 아니다. 그런 일은 언제라도 일어날 수 있는 일이다. 갈라서는 경우도 있겠고 계속해서 함께 사는 경우도 있겠지만, 부부가 부부로 남을 수 있는 것은 예전의 사랑, 함께 나눈 사랑에 대한 성실성에 의해서이며, 과거의 사랑에 대한 의도적인 회상과 그 사랑에 대한 감사에 의해서이다. 성실성이란 성실한 사랑을 의미한다고 나는 말했다. "근대적인" 부부거나 "자유" 부부거나 간에, 부부는 마찬가지이다. 성실성이란 이미 있었던 사랑을 유지시키는 사랑, 사랑에 대한 사랑, 말하자면 과거의 사랑을 의도적으로 유지하는 현재의 사랑이다.

내가 당신을 사랑한다고, 다른 누구도 사랑하지 않겠다고 어떻게 맹세할 수 있겠는가? 어느 누가 그런 맹세를 할 수 있다는 말인가? 그리고 더 이상 사랑하지 않는데 사랑한다고 거짓말하거나 사랑의 짐을 지우거나 지는 일이 무슨 득이 되겠는가? 그러나 과거를 부인하거나 인정하지 않는 일은 옳지 못하다. 현재를 사랑하기 위해서 과거를 부인할 필요가 있는가? 그래서 나는 당신께 맹세한다. 영원히 사랑하겠다는 것이 아니라, 우리가 함께 나눈 사랑에 성실하겠노라고.

자유연애가 불성실한 사랑 그 자체는 아니다. 불성실한 사랑이란 망각 증세가 심한 사랑이고, 배반을 즐기는 사랑이다. 과거의 사랑을 잊거나 증오하는 사랑은 바로 그 순간 현재의 자신을 잊는, 증오하는 사랑이다. 그것도 사랑이라고 할 수 있을까?

지금 사랑할 수 있거든 나를 사랑해주오. 하지만 우리의 사랑을 잊지 말아주오.

# 3 신중

 예의가 미덕의 근원이라면, 성실은 미덕의 원칙이라고 했다. 그렇다면 신중(愼重, prudence)은 무엇일까? 신중은 요컨대 미덕의 조건이라고 할 수 있는 것이다. 신중 그 자체가 미덕일 수 있는가? 전통적으로는 그렇다고 본다. 많은 미덕 중 우리가 신중을 먼저 다루는 이유는 거기에 있다.
 신중은 고대와 중세에서 지키던 네 가지 근본적인 미덕 중 하나였다.[1] 그러나 신중은 가장 무시당한 미덕 중 하나일 것이다. 신중은 근대인의 입장에서 보면 도덕보다는 심리학과, 의무보다는 계산과 관계가 더 깊다. 칸트도 신중은 미덕으로 보지 않는다. 그의 설명에 의하면, 신중은 교활하고 명석한 자애심 외에 다른 것이 아닌 것으로서, 단죄할 수는 없지만 가설적 가치 외에 다른 가치가 없는 것이다.[2] 자신의 건강을 보살피는 신중한 태도를 보자. 그러나 거기에 과연 무슨 가치가 있을까? 신중은 도덕이기에는 지나치게 이익이 앞선다. 반면 의무는 지나치게 절대적이어서 신중을 배척한다. 여기까지가 칸트의 주장이다. 그렇다고 칸트가 가장 근대적이고 가장 옳다는 말은 물론 아니다. 그는 예를 들면 심지어 살인자가 당신의 친구를 쫓아와서 그를 죽일 생각으로 당신 집에 그가 숨어 있느냐고 물어보는 경우에조차 진실을 말해야 한다고 하면서, 단연코 진실을 말하는 것은 어느 상황에서든 그리고 어떤 결과를 초래하든 절대 의무라고 주장한다. 칸트에 의하면 죄 없는 사람을 구하는 문제가 걸려 있는 경우나 심지어 자기 자신의 목숨이 걸려 있는 경우에조차도 신중보다는 의무를 우선시해야 한다.[3] 나는 우리의 목숨을, 우리의 친구나 친지를 희생시켜야 할 의무가 어떤 의무인지 도저히 생각나지도 않으며, 그래서 그런 주장은 도저히 인정할 수 없다. 막스 베버가 반문한 것처럼, 그런 확신의 윤리학은 오히려 우리를 당혹스럽게 한다. 인간성, 상식, 친절, 연민을 희생시키는 절대 원칙이라는 것이 있을까! 도저히 납득이 가지 않는다. 우리는 우리 자신을 의심하듯이 도덕을 의심하는 법을 배웠다. 절대적인 도덕일수록 더욱 그래야 한다. 우리는 확신의 윤리보다는 막스 베버가 말한 소위 책임의 윤리를 선호한다. 책임의 윤리란, 사실 그러기가 쉽지는 않지만, 원칙을 배반하지 않으면서 행동의 결과를 예측하는 윤리이다.[4] 어떤 행동은 순수한 의도와 상관없이 엄청난 재난을 초래할 수 있다. 동기가 순수하다고 해서 반드시 최악의 사태를 막는 것은 아니다. 그러므로 결과는 무시한 채 순수한 동기에 만족하는 태도는 벌을 받아야 한다. 책임의 윤리는 우리의 의도 또는 원칙에 대해서 책임을 져야 할 뿐만 아니라, 할 수 있는 한 행위의 결과를 예측하고, 그 결과에 대해서도 책임을 져야 하는 윤리이다. 그것이 바로 신중의 윤리이며, 가치가 있는 유일한 윤리이다. 게슈타포에게는 유대인이나 레지스탕스를 내주기보다는 거짓말을 해야 한다. 무슨 명분으로 그러느냐고? 인간을 위한, 인간에 의한, 최선의 정당한 선택을 위한 신중의 이름으로 그래야 한다. 도덕치고 현실에 적용되지 않는 도덕은 없지만, 신중의 미덕은 더욱 그렇다. 다른 미덕들은 신중이 보태지지 않는다면 자칫 지옥을 건설할 뿐이다.

나는 앞서 고대인들에 대해서 이야기했다. 사실 신중이라는 단어는 너무도 역사로 가득 차 있어서 애매한 단어가 되기 십상이다. 그리고 신중은 오늘날의 도덕 용어집에서는 거의 사라져버린 용어이기도 하다. 그러나 그렇다고 해서 그것이 필요 없다는 말은 아니다.

좀더 자세히 살펴보자. 라틴인들은 그리스어의 프로네시스(phronèsis, 특히 소크라테스와 스토아주의자들이 쓴 프로네시스)를 프루덴티아(prudentia)로 번역했다. 소크라테스의 프로네시스는 무슨 의미였을까? 아리스토텔레스의 설명에 의하면 프로네시스는 진리, 인식, 이성과의 관련 때문에 지적인 미덕이었다. 신중이란 보편적 상황이 아닌 어떤 특별한 상황에서 무엇이 옳고 그른지에 대해서 여유를 가지고 곰곰이 생각한 다음, 올바르다고 판단되는 바를 행동에 옮길 줄 아는 인간의 성향이다.5) 그것은 흔히 말하는 양식(良識)일 수 있지만, 좋은 의도에 사용되는 양식이다. 또는 지성이라고도 할 수 있을 텐데, 그 경우의 지성은 미덕적인 지성이다. 신중이 나머지 모든 미덕의 조건이라는 말은 그런 의미에서이다. 어떤 미덕도 신중 없이는 갈 길을 잃으며, 선이라는 목적에 어떻게 도달해야 할지를 알지 못한다. 성 토마스 아퀴나스에 의하면, 네 가지 주요 미덕들 중에서도 신중은 나머지 셋을 인도하는 미덕이라고 한다.6) 신중을 결한 절제, 용기, 정의가 어찌 갈 길을 알겠으며, 목표에 이르겠는가? 신중이 없는 미덕은 눈먼 미덕 또는 우유부단한 미덕이 될 것이다. 신중을 결여한 정의로운 사람은 정의를 사랑하되 실제로는 정의를 앞뒤 없이 행사할 것이며, 신중을 결여한 용기 있는 사람은 용기를 앞뒤 없이 휘두를 것이다. 역으로 나머지 셋이 없는 신중은 빈 껍질이고, 교활함 외에 다른 것이 아닐 것이다. 신중은 겸손한 도구라는 측면이 있다. 신중은 자신과는 무관한 목적에 소용되며, 오직 방법만을 선택한다.7) 그러나 바로 거기에 아무것도 대신할 수 없는 신중만의 독특함이 있다. 어떤 행동도, 그리고 그 행동을 통해서 드러나는 어떤 미덕도 신중을 요구한다.8) 신중은 군림하는 것이 아니라 통치한다. 군림하는 미덕이 있다면 정의와 사랑이 아닐까? 그러나 통치 없는 왕국을 생각하기도 힘들다. 정의를 사랑하는 것만으로는 정의로운 사람이 될 수 없으며, 평화를 사랑하는 것만으로는 평화주의자가 될 수 없다. 거기에 깊은 숙고, 올바른 판단, 훌륭한 행동이 함께해야 한다. 용기가 신중을 채워준다면, 신중은 용기를 결정한다.

　스토아주의자들은, 그들의 말을 인용하면 "행동에 옮기고, 옮기지 않고"9)에 관한 학문이라는 하나의 학문을 찾아내는데, 아리스토텔레스는 학문이 필요의 몫이라면 신중은 우연의 몫이라는 점을 들어서 학문으로서의 신중의 정당성을 거부한다.10) 신중은 불안정, 위험, 우연, 미지를 전제한다. 신은 신중을 기할 필요가 없을 것이다. 그러나 인간은 신중을 기하지 않을 수 없다. 신중이 학문일 수는 없어도 과학이 메우지 못한 자리를 메워주는 어떤 것일 수는 있다. 숙고란 어떤 것이 훌륭한 선택인지 아무런 증명도 가능하지 않은 선택 앞에서 하는 것이다. 중요한 것은 일단 목적이 훌륭해야 하며, 그다음은 그 훌륭한 목적에 이를 훌륭한 방법을 찾는 것이다. 자식들을 사랑하기만 한다고 훌륭한 아버지가 되는 것은 아니며, 그들의 행복을 빌기만 한다고 그들이 행복해질 수는 없다. 콜뤼슈에 의하면, 지성을 동반하지 않고는 사랑도 가능하지 않다. 그리스인들도 그 점에 대해서는 아마도 우리보다 더 잘 알고 있었던 듯하다. 프로네시스는 어떤 실천적 지혜를 의미한다. 행동의, 행동을 위한, 행동 속의 지혜이다. 그러나 아리스토텔레스는 올바로 살기 위한 올바른 행동, 덕을 갖춘 행복이 전부일 수는 없다고 보며, 그래서 그는 신중이 지혜(진정한 지혜 [sophia]) 자체를 대신할 수는 없다고 한다. 고대의 철학자들과 비교해볼 때, 아리스토텔레스는 그 부분에 관한 한 옳다.11) 미덕이 행복을 가져다줄 수 없듯이, 행복이 곧 미덕은 아니지 않은가. 그러나 그럼에도 신중은 그 둘 모두에 필요하며, 지혜조차도 신중을 무시할 수는 없다. 신중이 없는 지혜는 미친 지혜? 아니, 지혜가 아닐 것이다.

　신중에 관한 한, 본질을 건드린 사람은 에피쿠로스가 아닌가 싶다. 그에 의하면, 신중이란 이로운 것과 불리한 것을 비교해서 적절한 것만을 선택하는 것이다.12) 욕망들 중에 어떤 욕망을 어떤 방법을 통해서 충족시킬 것인가를 적절히 선택하는 신중은 "철학보다도 더 값진 것이며", 바로 거기에서 "모든 미덕이 비롯된다."13) 실천할 줄 모른다면 진리가 무슨 소용인가? 정의로운 행동을 못한다면 정의가 무슨 소용인가? 아무 소득도 없는 정의를 도대체 외칠 이유가 있는가? 단지 양태적인 예의와는 달리 신중은 현실적인 삶의 지혜일 뿐만 아니라, 삶을 즐기는 예술이다. 때때로 우리에게 더 큰 불편을 초래할 것 같으면 우리는 쾌락을 포기하는 일이 있으며, 더 큰 고통을 피할 수 있다면 또는 나중에 더 큰 기쁨을 얻을 수 있다는 보장만 있으면 지금의 고통은 참을 수 있다고 에피쿠로스는 설명한다. 예컨대 우리가 치과에 가서 이를 뽑거나 일터에 가서 일을 하는 것은 그후에 오거나 그것이 가져다줄 간접적 기쁨을 위해서이며, 그런 것을 예상하고 계산하는 일을 하는 것이 바로 신중이다.14) 어떻게 보면 신중은 우리가 머지않아 대면할 미래를 고려하는 미덕이라는 점에서 언제나 시간적인, 이따금은 때를 기다리는 미덕이다. 그런 점에서 신중은 희망과 관계하는 것이 아니라, 의지와 관계한다. 현재적이라는 점에서는 다른 모든 미덕들과 다름이 없지만, 신중의 미덕은 특히 예측하고 예상하는 미덕이라는 점에서 다른 미덕들과 다르다. 신중한 사람은 지금 일어나는 일에 대해서뿐만 아니라, 일어날 일에 대해서도 조심스럽게 예측한다. 그는 조심성이 있으며, 조심을 한다. 키케로에 의하면, 프루덴티아(prudentia)는 예측하다 또는 대비하다라는 의미의 프로비데레(providere)에서 파생되었다.15) 신중은 지속, 불안한 미래, 적절한 때(그리스인들이 말하는 카이로스[kairos])에 관한 미덕이며, 인내와 예측의 미덕이다. 우리는 순간에 만족하며 살 수 없다. 항상 간편한 쾌락만을 추구하며 살 수는 없다. 현실은 규칙과 장애와 우회의 길들을 제안한다. 신중이란 욕망과는 달리 그런 현실의 규칙과 장애와 우회의 길들을 고려하는 명철한 합리적 기술이다. 꿈을 좇는 낭만주의자들은 입을 삐죽거릴 것이다. 그러나 사업가들은 다르다. 사업가는 불가능한 것, 예외적인 것을 이루는 데에는 신중 외에 다른 길이 없다고 본다. 신중은 충동에서 행동을, 뜨거운 가슴에서 영웅을 분리시키는 어떤 것이다. 근본적으로 보면, 신중은 프로이트가 말한 현실의 원리이거나 또는 적어도 현실과 일치하는 미덕이다. 현실의 제약과 불안을 지혜롭게 파악해가면서 가장 많이 누리되, 가장 덜 고통 받아야 한다. 아리스토텔레스의 지혜의 미덕이 다시 발견되는 곳은 이 지점이다. 동물에게 본능이 있고, 신에게 섭리가 있다면, 키케로가 말했듯이, 인간에게는 신중이 있다.[16)]

그러므로 고대인들의 신중(phronèsis, prudentia)은 그 의미가 오늘날 우리가 의미하는 '위험의 단순한 모면'을 훨씬 더 능가한다. 그래도 둘이 전혀 관계가 없는 것은 아니며, 아리스토텔레스 또는 에피쿠로스의 눈으로 보면 오늘날 의미하는 신중은 고대인이 말한 신중의 의미를 벗어나지 못한다. 무엇을 선택해야 하고 피해야 하는가를 결정하는 것이 신중이다. 위험은 대체적으로 피해야 할 것을 말하며, 근대적인 예방의 의미로서의 신중은 바로 피해야 할 어떤 것을 제대로 짚어내는 태도이다. 그러나 그렇다고 해서 맞서지 않을 수 없는, 때로는 오히려 끌어안아야 할 위험이 없지 않은데, 고대적인 의미에서 "위험과 결정의 미덕"[17)]으로서의 신중은 거기에서 비롯되었다. 근대적인 의미의 신중은 고대적인 의미의 신중을 폐지하는 것이 아니라, 오히려 그것에 의존한다. 신중함이란 두려움도 아니고 비겁함도 아니다. 신중함이 없는 용기가 만용 또는 광기라면, 용기가 없는 신중함은 다른 말로 하면 소심함일 뿐이다.

용어의 근대적 의미로 볼 때에도 신중은 여전히 미덕의 조건임을 알 수 있다. 신중은 오직 살아 있는 사람들만의 일이다. 죽은 사람들에게도 신중이 있다면 과거에 그랬을 뿐이다. 그래서, 살아 있는 사람들 또는 살아남은 사람들은 신중한 사람들이다. 지나친 경솔은 결코 머지않아 죽음을 부른다. 미덕을 갖추었다고 한들 무슨 소용이 있겠는가? 미덕이 어떻게 빛을 보겠는가? 나는 예의에 대해서 말하다가 어린아이는 아직 무엇이 잘못이나 실수이고 무엇이 불행, 고통, 위험인지를 구분하지 못한다고 했다. 마찬가지이다. 부모의 억압에 눌린 어린아이는 도덕과 신중을 본질로만 이해할 뿐 제대로 구분하지 못한다. 그러나 우리는 우리 부모의 신중성 덕분에 또는 우리 자신의 신중함 덕분에 이렇게 자랐다. 그리고 이제는 그 둘의 차이를 알게 되었으며 또 무엇이 도덕과 신중을 차이 나게 하는지도 알 수 있을 것 같다. 둘을 전혀 구분하지 못한다면 그것은 대단한 잘못이다. 반면에 그 둘을 항상 대립시킨다면 그 또한 큰 잘못이다. 신중은 조언자이며, 도덕은 지휘자라고 칸트는 말했다.[18] 그렇다면 우리에게는 둘 다 필요하다. 훌륭한 목적은 적절한 수단을 통해서 달성될 때 완전한 미덕이 될 수 있듯이, 신중은 바람직한 목적에 사용될 때에만 미덕이 될 수 있다. 그렇지 않으면 목적은 그저 좋은 생각으로 머물고 말며 신중은 교활함에 지나지 않는다. 그렇기 때문에, 아리스토텔레스에 의하면, "신중 없이 선한 사람이 되기도 불가능하고, 미덕 없이 신중한 사람이 되기도 힘들다. 미덕이 목적을 고려하는 것이라면, 신중은 방법만을 생각하는 것이기 때문이다."[19] 신중 자체가 미덕이 될 수는 없다. 그러나 어떤 미덕도 신중을 무시할 수는 없다. 경솔한 운전자는 위험할 뿐만 아니라 다른 사람의 생명을 소중히 여기지 않는다는 점에서 도덕적으로 벌을 받아 마땅한 사람이다. 반대로 다른 사람의 건강을 염려해서 혹은 자신이 병이 들지도 모르기 때문에 걱정스러운 마음에 조심스러운 성생활을 한다면 그것도 도덕적 태도일 수 있을까? 동의하에 이루어지기만 한다면 성인끼리의 자유로운 성행위는 잘못이랄 것은 없다. 반면에 부주의는 잘못이다. 에이즈가 무서운 오늘날, 문제는 잘못된 성행위 또는 쾌락의 추구 자체가 아니다. 정작 문제는 다른 사람에게 입힐 수도 있는 위험이다. 그래서 오늘날에는 과거에는 전혀 문제될 것 없는 행위도 문제가 될 수 있다. 경솔한 성행위는 부도덕한 성행위 즉 미덕을 결여한 성행위라고 말할 수 있다. 어떤 영역에서건 마찬가지이다. 아이들을 사랑하고 그들의 행복을 기원하면서도 실수를 저지르는 경솔한 아버지들이 있다. 그런 아버지들의 미덕과 사랑에는 있어야 할 어떤 것이 빠져 있는 것이다. 피할 수도 있었을 어떤 비참한 일이 일어난다면, 물론 아버지가 절대적으로 책임질 일은 아니라고 하더라도 그렇다고 마음이 편할 수는 없을 것이다. 무엇보다도 아이를 다치지 않게 보호했어야 한다. 신중이란 바로 그런 것이며, 그런 신중이 없다면 어떤 미덕도 의미 없고 쓸데없는 것이 되고 말 것이다.

나는 앞에서 신중은 위험을 막지도 못하고, 피하게 해주지도 못한다고 했다. 등산가 또는 선원의 경우를 보자. 신중한 태도는 그들의 직업의 일부이다. 우리는 쾌락의 원칙을 대체적으로 욕망 또는 사랑이라고 부른다. 그러나 그것을 어떻게, 무슨 방법으로, 어떻게 조심하면서 얻을 것인가 하는 현실의 원칙이 있는데, '신중했다'고 하는 말은 현실의 원칙을 존중하면서 가장 잘 결정했을 때 우리가 할 수 있는 말이다.

성 아우구스티누스에 의하면, "신중이란 올바른 선택에 대한 사랑이다."[20] 무엇을 선택한다는 말인가? 대상인가? 아니다. 대상은 욕망만으로도 얻을 수 있다. 여기에서의 선택은 대상을 얻거나 보호하는 방법의 선택을 말한다. 광적인 사랑에 빠진 가운데에서도 지혜롭게 처신하는 딸과 어머니의 총명. 부녀는 처신해야 할 바를 알 것이고, 올바르다고 판단되는 당연한 처신을 할 것이다. 지적 미덕을 아는 사람은 오류의 위험을 안다. 부녀의 인간성 그리고 우리의 인간성은 그런 염려에서 비롯된다. 사랑은 그들을 인도하고, 신중은 그들의 길을 밝게 비추어줄 것이다.

신중은 인류의 길도 비추어주는가! 우리는 이미 신중이 미래와 관련된 미덕임을 알았다. 미래를 잊는 것은 위험할뿐더러 부도덕하다. 신중은 역설적 표현이지만, 미래에 대한 기억이다. 또는 달리 말하면 기억 그 자체가 미덕일 수는 없으므로 신중은 미래에 대한 역설적, 필연적 성실성이다. 아이들의 장래를 지켜주고 싶은 부모들이라면 그것을 모르지 않을 것이다. 아이들의 장래를 대신 살아주기 위해서가 아니라, 아이들에게 올바른 방법을 가르쳐주고, 아이들 자신이 장래를 살아갈 수 있도록 하기 위해서. 미래의 인류에게 권리와 행복을 안겨줘야 할 오늘날의 인류는 그 점을 이해해야 할 책임이 있다.[21] 더 많은 권한은 더 많은 책임을 요구한다. 오늘날을 사는 우리의 책임은 어느 때보다 무겁다. 우리는 우리의 삶뿐만 아니라 우리 아이들의 삶을, 그리고 기술의 발달과 더불어 그것이 가져다줄 폐해를 생각한다면 앞으로도 무궁하게 있을 인류 전체의 삶을 책임지고 있는 것이다. 예컨대 생태학은 신중과 무관하지 않으며, 도덕과 무관하지 않다. 환경에 관한 한 신중은 지나침이 없다. 지나치다고 생각하면 착각이다. 신중은 근대의 어떤 미덕보다도 더 중요한 미덕이며, 근래에 더욱 절실해진 미덕이다.

나는 신중을 응용의 도덕이라고 했는데, 용어의 두 가지 의미에서 그렇게 말했다. 즉 신중은 한편으로는 논리적 또는 추상적 도덕과 반대이며, 다른 한편으로는 태만의 도덕과 반대이다. 태만의 도덕이라는 말은 신중이 얼마나 중요한 것인가를 반증하는 말이며, 신중은 또한 열정 때문에 항상 경솔한 광신으로부터 그리고 도덕 자체로부터 도덕을 보호하기 위해서도 필요한 미덕이다. 선의 이름으로 얼마나 많은 끔찍한 일들이 자행되었던가? 미덕의 이름으로 얼마나 많은 죄악들이 저질러졌던가? 그런 죄악들은 관용을 범하는 그리고 대부분 신중을 어기는 범죄들이다. 맹목적인 선을 경계하자. 원칙에 지나치게 얽매이기보다는 개인을 생각할 필요가 있으며, 의도에 충실하기보다는 결과를 염려할 필요가 있다.

신중이 없는 도덕은 허망한 또는 위험한 도덕이 될 수 있다. 네 자신을 경계하라[22]고 스피노자는 말했다. 신중을 권하는 금언이다. 사실 경계가 없는 도덕, 주저함이 없는 도덕이 있다면, 그런 도덕은 경계할 필요가 있다. 선의가 최선은 아니다. 양심이 면죄부가 될 수도 없다. 간단히 말해서, 도덕만으로는 미덕이 될 수 없다. 지성과 명철이 필요하다. 유머가 환기시키고, 신중이 지시하는 것이 바로 그것이다.

도덕의 소리만을 듣는 것은 경솔하다. 그리고 경솔한 것은 부도덕하다.

# 4 절제

절제(節制, tempérance, temperance)란 즐기지 않는다거나 가능한 한 가장 적게 즐기는 것이 아니다. 그것은 미덕이 아니라 슬픔이고, 절제가 아니라 금욕이며, 자제가 아니라 무능이다. 그것에 대한 아주 아름다운, 그러면서도 본질을 말하고 있는 스피노자의 주석이 있다. 스피노자가 쓴 글 중에 이보다 더 향락주의적인 글은 아마도 없을 것이다. "쾌락을 금하는 것은 오직 음산한 미신일 뿐이다. 사실 배고픔과 목마름을 달래는 일이나 우울을 벗어나는 일은 마찬가지가 아닐까? 이는 나의 규칙이자 확신이다. 나의 무기력과 나의 고통을 기뻐할 신은 없으며, 나를 시기하는 사람 외에 그것을 바랄 이는 없다. 그리고 나의 눈물, 고통, 두려움, 내적 무능의 흔적을 미덕으로 볼 사람은 아무도 없으리라. 오히려 우리가 얻는 기쁨이 크면 그만큼 우리는 완전에 가까워질 것이며, 또 그만큼 더 신적 자연에 가까워질 수밖에 없다. 그러므로 사물을 활용하여, 할 수 있는 한 거기에서 기쁨을 얻는 것은 지혜로운 사람의 일이다."[1] 절제의 의미는 "싫증이 나도록 그래서는 안 된다"는 말이다. 절제는 싫증과는 거리가 멀다. 오히려 절제는 가능한 한 덜 즐기는 것이 아니라, 가능한 한 많이 즐기는 것이다. 성욕의 자제와 절제는 더 순수한 또는 더 완전한 쾌락을 보증한다. 밝고, 통제되고, 발전된 취향이 절제이다. 스피노자는 같은 주석에서 다음과 같이 계속해서 말하고 있다. "체력과 원기의 회복에 필요하다면, 음식을 기분 좋을 만큼 적당히 먹는 일은 지혜로운 사람의 일이며, 그는 또한 푸른 초목의 향과 멋, 장신구, 음악, 운동, 구경거리 그리고 다른 사람에게 해를 주지 않고 누릴 수 있는 다른 모든 것들을 누릴 수 있다."[2] 절제란 우리가 쾌락의 노예가 되는 대신, 주인이 되게 해주는 자제의 다른 말이다. 절제는 자유로운 향유(享有)로서, 자유마저도 누릴 수 있게 해주는 한 차원 높은 향유이다. 담배를 피우지 않을 수 있다면, 담배 피우는 즐거움이 얼마나 클 것인가! 술의 노예가 되지 않는다면, 술 마시는 즐거움이 얼마나 클 것인가! 쾌락은 자유로운 만큼 더욱 순수할 수 있으며, 통제된 만큼 더욱 즐거울 수 있다. 더 나아가, 덜 매인 만큼 더욱 편안하다. 그것이 쉬운 일일까? 물론 아니다. 그렇다면 가능한 일일까? 항상 그렇지는 않겠지만, 어떤 경우 또는 어떤 사람에게는 가능하다고 본다. 절제가 훌륭한 미덕일 수 있다면, 바로 그런 점 때문이다. 절제는 아리스토텔레스가 말한 능선으로서, 무절제와 무감각, 지독한 방탕과 창백한 절제, 폭음 폭식과 식욕 부진이라는 두 심연을 끼고 도는 능선이다.[3] 육체를 짊어져야 한다면, 얼마나 불행한가! 육체를 즐기고 행사한다면, 얼마나 행복한가!

　무절제한 사람은 어디에나 주인을 모시고 다니는 노예나 마찬가지이다. 육체의, 욕망의, 습관의, 아니면 자신의 장점 혹은 약점의 노예라는 말이다. 에피쿠로스는 절제와 자제(sophrosunè)라는 용어를 쓴 아리스토텔레스나 플라톤과는 달리 얽매이지 않음(autarkeia)이라는 용어를 쓰는데, 그 점에서는 그가 옳은 듯하다. 그러나 엄밀히 말하면, 둘은 동전의 양면과도 같아서 떼려야 뗄 수 없는 관계이다. "우리는 얽매이지 않음을 하나의 선으로 본다. 적은 것을 가지고 살기 위해서가 아니라, 많이 가지지 못했을 때 적은 것을 가지고도 살아가기 위해서이다. 구하려고 해도 구할 수 없는 것은 포기하고, 쉽게 얻을 수 있는 최소의 것으로 최대의 쾌락을 얻을 수 있다면, 그 사람은 최소의 것을 가지고도 풍요를 누릴 수 있는 것이다."[4] 극빈의 나라가 아니고는 물과 빵이 모자라지는 않는다. 그러나 아무리 풍요한 나라에서도 금과 사치품은 부족하다. 그렇다고 거기에 불만을 느낀다면, 어떻게 행복할 수 있겠는가? 우리의 욕망이 끝을 모른다면, 어떻게 만족이 있을 수 있겠는가? 에피쿠로스는 오히려 약간의 치즈와 마른 생선을 가지고도 향연을 베푼 사람이었다. 배고플 때 먹는 음식보다 우리를 행복하게 하는 것이 있을까! 배고프고 난 다음의 포만감만큼 행복한 일이 또 있을까! 자연의 요구에 순응하는 것보다 더한 자유가 있을까! 절제는 얽매이지 않음에 이르기 위한 방법이며, 얽매이지 않음은 행복에 이르기 위한 길이다. 절제한다는 것은 적은 것에 만족할 줄 아는 힘이다. 여기에서 중요한 것은 적은 것 자체가 아니라 절제할 줄 아는 힘이다.

그러므로 절제는 신중처럼 그리고 모든 다른 미덕들처럼 누릴 줄 아는 기술과 관련된다. 절제란 말하자면 자신에 대한 욕망의 작업이며, 살아 있는 사람의 작업이다. 절제는 한계의 극복을 목표하는 대신, 오히려 한계를 존중한다. 절제는 다른 어떤 것보다도 푸코가 자신에 대한 **염려**라고 부른 것을 우선시하는 태도이다. 그래서 그것은 도덕이라기보다 윤리이며,[5] 의무라기보다는 양식이다. 절제도 일종의 신중이다. 다만 쾌락에만 적용되는 신중이라는 점에서 다를 뿐이다. 가능한 한 최대로 누리고 볼 일이다. 다만 대상의 수만 늘려서 그렇게 하는 것이 아니라, 감각과 의식의 강도를 높여서 그렇게 하는 것이다. 그토록 많은 여자가 필요했던 돈 후안은 불쌍하다! 많이 마셔야만 하는 알코올 의존증 환자는 불쌍하다! 많이 먹어야만 하는 폭식증 환자는 불쌍하다! 에피쿠로스는 육체의 요구를 충족시킴으로써 얻을 수 있는 쾌락을, 그것이 자연스러운 것일 때에는 얼마든지 취하라고 가르친다. 목마름을 가시게 하는 것보다 간단한 것이 어디 있겠는가? 극도의 기근이 있을 때를 제외하면

배[腹]와 성을 만족시키는 일보다 쉬운 일이 어디 있겠는가?[6] 우리의 욕망은 제한을 받고 있지만, 기실 우리는 그런 제한을 행복하게 알아야 한다. 탐욕스러운 것은 우리의 몸이 아니다. 우리를 결핍에 시달리게 하고 불만과 불행에 시달리게 하는 것은 끝없는 욕망이라는 상상의 병이다. 우리는 욕망이 큰데도 위가 작다고 나무란다. 어처구니없는 일이다. 지혜로운 사람은 오히려 "두려움에 푯말을 세우듯이, 욕망에 푯말을 세운다."[7] 육체의 푯말, 절제의 푯말! 그러나 무절제한 사람들은 그것을 무시하고 건너가려고 한다. 배고프지 않으면 토해내고라도 먹고, 목마르지 않으면 짭짤한 땅콩을 먹거나 또는 독한 술을 마셔서라도 갈증을 생산하고야 만다. 사랑에 물리면 포르노 잡지에 몰두한다. 그러나 그런 사람이야말로 쾌락으로부터 자유롭기는커녕 다름 아닌 쾌락 때문에 그것의 포로가 되고 만다. 그런 사람들은 포만 속에서 더한 결핍을 느낄 것이며, 마침내는 결핍의 노예가 될 것이다. 아무것도 먹거나 마시고 싶지 않은 것처럼 슬픈 일이 있을까! 만족을 모르는 그들은 더 원하고 더 원하고 **지나치도록** 원할 것이다. 방탕아들이 불쌍한 것은 바로 그 때문이다. 알코올 중독자들이 불행한 것은 바로 그 때문이다. 폭식증 환자처럼 안타까운 사람이 또 있을까? 몸을 가눌 수 없을 정도로 너무 많이 먹은 그는 "너무 많이 먹었나봐" 하고 쓰러지듯이 말한다! 몽테뉴를 인용해보자. "무절제는 관능의 흑사병이다. 반대로 절제는 관능의 맛을 돋우는 향료이다." 절제는 쾌락을 "가장 감미로운 상태로 맛볼 수 있게 해주는" 미덕이다.[8] 폭식증 환자와 다르게, 미식가는 양보다 질을 택한다. 미식가의 일차적인 단계이다. 현자는 더 높은 본질에 다가간다. 현자에게 중요한 것은 쾌락을 불러일으키는 음식의 질보다 그가 얻는 쾌락의 질이다. 어느 모로 보면 미식가이되, 고급 미식가이다. 그는 자기 자신에 탐닉하는, 나 자신 또한 다른 음식과 마찬가지로 하나의 음식이므로 자신의 삶을 탐닉하는, 그리고 먹고, 마시고, 느끼고, 사랑하는 데에서 오는 익명의 비인격적 쾌락을 즐기는 미식가이다. 그는 탐미주의자가 아니라 감식가(鑑識家)이다. 쾌락은 취향에서 오며, 취향은 욕망에서 온다는 사실을 그는 잘 알고 있다. "일단 배고픔의 고통을 이겨내기만 하면, 소찬도 성찬에 못지않은 즐거움을 준다. 한참 배고플 때 먹는 물과 보리빵처럼 맛있는 것이 또 있을까. 그러므로 식이요법은 과식과는 비교할 수 없이 건강에도 좋으며, 우리를 능동적인 사람이 되게 해주는가 하면, 이따금 먹는 비싼 음식을 누구보다도 맛있게 먹을 수 있게 해주고, 운명 앞에서도 두려움이 없게 해준다." 에피쿠로스의 말이다.[9] 에피쿠로스가 살던 사회든 우리가 지금 살고 있는 발달된 사회든 필수품은 얼마든지 쉽게 구할 수 있는 반면, 필수품이 아닌 것은 구하기도 어렵고 지키기도 어렵다. 그러나 어느 누군들 사치품을 외면한 채 필수품에만 만족할까? 있다면 현자뿐이다. 쾌락이 있을 때에는 쾌락의 강도를 높여주며, 쾌락이 없을 때에는 그 자리를 대신해주는 것이 절제이다. 그렇게 살면 언제나 또는 거의 언제나 쾌락이 있는 셈이다. 살아 있다는 것은 얼마나 큰 기쁨인가! 아무것도 놓치지 않는다는 것은 얼마나 큰 기쁨인가! 쾌락의 주인이 된다는 것은 얼마나 큰 기쁨인가! 지혜로운 에피쿠로스주의자는 자신의 관능을 강도 높게, 아니 폭넓게 경작한다. 그를 끌어당기고 그를 행복하게 해주는 것이면 족하다. 최고가 아니라 최선이면 족하다. 루크레티우스의 말처럼 그는 "아주 작은 것에 만족하면서 산다." "그 작은 것이 달아날 리는 없을 테니",[10] 비록 그 작은 것마저 사라진다고 해도 그 정도의 것은 저절로 회복될 테니 그는 행복하다. 사는 것만으로 충분한 사람에게 무엇이 또 필요하겠는가? 행복한 가난의 비결을 발견한 사람이 있다면, 그는 성 프란체스코일 것이다. 풍요로운 우리의 사회에서는 기근이나 금욕으로보다는 무절제로 죽거나 고통당하는 사람들이 더 많다. 중요한 교훈이 아닐 수 없다. 절제는 모든 시대의 미덕이며, 특히 풍요로운 시대에는 어느 시대보다도 더욱 그렇다. 어려운 시기에 필요한 용기와 달리, 절제는 예외적인 미덕이 아니다. 절제는 일상적인 겸허의 미덕이다. 그것은 예외의 미덕이 아니라 규칙의 미덕이며 영웅의 미덕이 아니라 절도(節度)의 미덕이다. 절제의 미덕은 랭보가 예찬한 온갖 방향으로의 탈주와는 반대이다. 철학자보다는 시인을, 현자보다는 어린아이를 더 선호하는 우리의 시대가 놓치고 있는 중요한 미덕은 바로 절제라는 미덕이다. "나 요즘 조심하고 있어"라고 말하면서 사람들은 절제를 오직 건강 요법으로만 알 뿐, 미덕이라는 사실을 까맣게 잊고 산다. 그저 의사이기 때문에 의사를 시인보다 훨씬 더 떠받드는 불쌍한 시대! 성 토마스 아퀴나스에 의하면 절제와 비교할 때 신중은 더 필요한 미덕이며, 용기와 정의는 더 찬양받는 미덕이라는 점에서 절제가 그것들보다 높은 자리를 차지하지는 않지만 그럼에도 절제는 중요한 미덕의 하나이며,[11] 때로는 지키기 어렵다는 이유로 다른 미덕들보다 훌륭한 미덕으로 간주되기도 한다고 한다. 절제는 먹고 마시는 개인과 사랑에 열중하는 종족의 삶에 절실한, 그래서 그만큼 통제하기도 어려운 욕망들과 관계한다.[12] 문제는 그 욕망들을 제거한다는 말이 아니다.[13] 무감각은 결함이다. 중요한 것은 그것이 아니라, 할 수 있는 한 그것들을 통제하고, 시계 또는 자동차의 속도를 조절하듯이 조절하고, 그것들의 균형 또는 조화 또는 화목을 유지하는 일이다. 절제는 생명 충동의 의지적 조절이며, 스피노자가 말하듯이 생존 능력에 대한 건전한 긍정이며, 특히 애정 또는 식욕의 무분별한 충동을 조절하는 영적 능력이다.[14] 절제는 감정이 아니다. 그것은 능력이고, 미덕이다.[15] 알랭의 말을 빌리면, 절제는 "어떤 종류의 도취도 뛰어넘는 미덕"[16]이다. 그래서 그것은 미덕의 도취조차도, 심지어 자신에 대한 도취조차도 뛰어넘어야 한다. 거기에서 절제는 겸허를 만난다.[17]

# 5 용기

용기는 사회와 관련된 것도 아니고, 시대와 관련된 것도 아니고, 참 희한하게도 고작 개인과 관련된 것이다. 그런데도 가장 일반적으로 찬사를 받는 미덕이 있다면 아마 용기(勇氣, courage)일 것이다. 용기는 어디서에나 찬사를 받는 반면 비겁함은 어디서에나 멸시를 받는다. 용기는 그 형태와 내용이 아주 다양하다. 그래서 어떤 문명에서든 나름의 두려움이 있듯이 어떤 문명에서든 나름의 용기가 있다. 다만 한 가지 변함없는 것이 있으니, 아니 거의 그렇다고 볼 수 있는데, 두려움을 극복하는 능력으로서의 용기가 비겁함이나 용렬함보다는 가치 우위를 점한다는 사실이다. 용기는 영웅의 미덕이다. 영웅에게 찬사를 보내지 않을 사람이 있을까?

그러나 보편성이 증명해주는 것은 아무것도 없으며, 보편성은 오히려 의심스럽기조차 하다. 보편적으로 찬사를 받는 용기가 기실 사악한 사람들과 못된 사람들이 추앙하는 대상이기도 하기 때문이다. 과연 그들을 훌륭한 판관이라고 할 수 있을까? 사람들은 미덕이 아닌 아름다움에는 찬사를 보내면서, 미덕 중의 하나인 친절은 무시한다. 미덕은 찬사를 필요로 하는 구경거리가 아니다. 원칙은 미덕이 일반적인 것이 되는 것이다. 그러나 그 말은 미덕이 성공을 거두었다거나 보편화되었다는 말은 아니다.

용기는 선에든 악에든 봉사할 뿐 그것들의 성질을 바꾸지는 못한다. 사악함은 용기와 무관하게 사악하다. 광신은 용감해도 광신이다. 과연 악을 위한 용기, 악에 의한 용기가 미덕일 수 있을까? 그렇게 생각하기는 힘들다. 살인자나 나치의 용기에 찬사를 보내야 할까? 그들이 조금만이라도 비겁했더라면, 그들은 악을 덜 저질렀을 것이다. 악에 봉사할 수도 있는 미덕, 가치와 무관한 가치는 도대체 어떤 미덕, 어떤 가치일까?

볼테르는 "용기는 미덕이 아니라, 위인에게나 악한에게나 공통된 하나의 자질일 뿐이다"[1]라고 말한다. 그러므로 용기란 훌륭한 것이기는 하되, 그 자체로는 도덕도 부도덕도 아닌 상태의 것이다. 역시 선과 악에 함께 사용될 수 있는 지성이나 힘도 그렇다. 비록 찬사를 받는다고 해도 그것들은 여전히 도덕과는 무관하다. 용기가 그 이상의 무엇을 가지고 있는지에 대해서는 아직 장담하지 못하겠다. 나쁜 사람을 하나 가정해보자. 영리한 사람이든 바보 같은 사람이든, 건장한 사람이든 깡마른 사람이든 상관없다. 그런 자질들이 그의 도덕적 가치에 변화를 주는 것은 아니니까. 그런데도 이런저런 육체적 결함 때문에 어떤 사람은 성격이 변할 수 있고, 어리석음 때문에 어떤 사람은 나쁜 사람이 된 경우도 있다. 소위 정상참작을 하자면 그렇다는 말이다. 그가 그렇게 어리석지 않았다면 그리고 절름발이가 아니었다면, 그런 나쁜 짓을 할 수 있었을까? 지성과 힘은 한 개인의 천함을 감추어주기보다는 오히려 강조하며, 그것을 아주 못되고 벌 받아 마땅한 것으로 만든다. 그러나 용기는 그렇지 않다. 용기는 그 자체로, 심지어 나쁜 사람에게서 발견되는 경우에조차 윤리적 가치를 가진다. 이때 윤리적 가치를 가진다는 말은 용기가 반드시 미덕이라는 말이 아니다. 두 사람의 나치가 있다. 그들은 모든 점에서 같지만, 한 사람은 비겁한 반면 다른 한 사람은 용감하다고 하자. 이 경우 후자는 전자보다 훨씬 더 위험할지도 모른다. 이때 대답하기 어려운 질문이 하나 제기된다. 과연 이때 누가 더 죄가 많고, 더 비열하고, 더 가증스럽다고 말할 수 있을까? 어떤 사람을 두고 "그는 잔인하고 비겁해"라고 한다면, 이때의 두 형용사는 서로 어울린다. 그러나 "그는 잔인하고 용감해"라고 한다면, 이때의 두 형용사는 서로 어울리지 않는다. 그렇더라도 대답이 쉽지 않은 다른 질문이 하나 또 떠오른다. 과연 당신은 제2차 세계대전 때의 일본군 자폭 비행사를 간단히 증오하고 멸시할 수 있겠는가?

그러나 우리를 너무 먼 곳으로 끌고 가는 전쟁에 관한 이야기는 잠시 유보해두기로 하자. 그보다는 평화 시에 피서객들을 가득 실은 여객기를 폭파시킨 두 사람의 테러리스트가 있다고 생각해보자. 그중 한 사람은 지상의 비행기를 폭파시킨다. 그는 아무런 위험도 겪지 않는다. 다른 한 사람은 깊이 생각한 끝에 다른 승객들과 함께 비행기 안에 남아서 죽기로 결심한다. 이때 더 멸시를 받을 사람이 있다면 누구인가? 논의를 이 예에서 풀어가자. 두 사람에게서 비슷한 동기, 예컨대 이데올로기적 동기를 가정할 수 있으며, 그들의 행동은 희생자들 입장에서 보면 비슷한 결과를 가져올 것이다. 그리고 누구나 인정할 수 있듯이 그 결과는 너무 심각한 것이어서, 어떤 동기에도 불구하고 테러리스트들은 용서받을 수 없다. 따라서 이 두 범죄는 도덕적으로 벌 받아 마땅하다. 그러나 두 테러리스트 중 한 사람은 어떤 위험도 겪지 않으려고 했다는 점에서 비겁하다는 비난을 면할 수 없으며, 다른 한 사람은 자신이 죽음으로써 용감했다는 말이라도 듣게 된다. 둘 사이에 무슨 차이가 있는가? 반복하지만, 희생자들 입장에서 보면 달라지는 것이라곤 없다. 그러나 폭탄을 장치한 두 사람을 비교해보면? 한 사람은 비겁한 반면, 한 사람은 용감하다. 그렇다면 여기에서의 용기는 도덕인가, 미덕인가, 아니면 성격인가? 우리가 든 예들은 심리학 또는 성격의 문제를 제기한다. 그러나 그것에 도덕과 관련된 한

가지 사실을 보태야 한다. 영웅적인 테러리스트는 적어도 자신을 희생시킴으로써 자신의 동기가 욕심과는 무관한 것임을, 즉 성실성을 보여주었다. 그러나 그가 만약 그 나쁜 짓을 통해서—이런저런 광신도가 그럴 텐데—잃는 것보다 얻는 것을, 예컨대 행복한 영생을 생각하고 그런 짓을 한 사실이 그의 일기에서 밝혀진다면, 물론 순수한 것은 아닐지라도 우리가 그에게서 느낀 일종의 경외는 경감될 수도 있으며 심지어는 사라져버릴 수도 있다. 이기주의가 당당하게 활보하며 그 때문에 도덕성은 자취를 감추는 용기의 예가 그런 예이다. 이 사람의 용기는 우리가 흔히 보는 치한의 용기와는 다르지만 그럼에도 그의 용기는 자신의 이해관계에 얽힌 용기, 즉 모든 도덕적 가치를 상실한 채 자신의 사후 세계를 위해서 죄 없는 사람들을 무차별하게 희생시키는 이기주의적 용기이다. 반면 무신론자를 생각해보자. 그가 자신의 삶을 포기한다면, 그에게서 어떻게 천박한 다른 동기를 찾을 수 있겠는가? 이해관계를 벗어난 용기야말로 영웅주의적 용기이다. 비록 그의 행동이 가치 있는 행동은 아니라고 할지라도, 그 개인은 적어도 어떤 가치를 보여주고 있는 것이다.

위의 예는 우리가 어떤 용기를 높이 사는지 잘 밝혀주고 있다. 우리는 결국 자기희생, 무엇보다도 이기주의적 동기가 배제된 위험의 감수, 이타적인 것은 아니라고 할지라도 적어도 무사무욕(無私無慾)한, 자신에 대한 집착으로부터 벗어난, 어느 정도는 초연한 형태의 용기를 존중한다. 도덕적 차원에서 용기에 대하여 존중할 만한 부분이 있다면 바로 그 부분이다. 길거리에서 어떤 사람이 당신을 빠져나갈 구멍도 주지 않고 공격해댄다고 해보자. 당신은 최선을 다하여 방어하든지, 아니면 살려달라고 빌든지 해야 할 것이다. 이것은 전략의 문제 또는 기질의 문제이다. 사람들은 전자의 방식을 더 훌륭하고 남자답다고 할 것이다. 그러나 훌륭한 것과 도덕은 별개이며, 남자다움이 미덕은 아니다. 반대로 길거리를 가다가 당신은 여자가 구조를 요청하는 소리를 들을 수 있다. 건달이 여자를 강간하려는 것이다. 이때 당신이 보여주는 용기는 당신의 성격을 말해주는 것인 동시에, 당신의 도덕적 책임감, 다시 말해서 당신의 미덕을 가늠하는 잣대가 된다. 간단히 말해서 용기는 적어도 부분적으로나마 다른 사람을 위해서 사용될 때, 개인의 직접적인 이기적 욕심에서 어느 정도 벗어나 있을 때 **도덕적**으로 또는 **사회적**으로 높이 떠받들어졌고 또 떠받들어질 이유가 있다. 죽음을 두려워하지 않는 무신론자의 용기가 용기 중의 용기라고 할 수 있는 이유는 바로 거기에 있다.[2] 왜냐하면 무신론자는 구체적으로 긍정적인 어떤 보상도 기대하지 않기 때문이다. 나는 "직접적", "구체적", "긍정적"이라는 단어들을 썼는데, 왜냐하면 자아란 그만큼 벗어나기가 힘든 것이기 때문이다. 영웅조차도 영광을 추구한 것이 아니냐 또는 양심의 가책을 피하려고 한 것이 아니냐는 의심을 받을 수 있고, 또는 미덕을 행하면서 나중에 올 자신의 행복 또는 안녕을 간접적으로라도 생각하지 않았겠느냐는 의혹을 받을 수 있다. 누구도 자아를 버릴 수는 없다. 아무도 쾌락의 원칙을 벗어나지는 못한다. 그러나 다른 사람에게 봉사하면서 쾌락을 느끼고 호의를 베풀면서 편안함을 느끼는 사람이 있다면, 그는 이타심의 정의, 미덕의 원칙 자체를 보여주는 사람이다.

칸트에 의하면 자기애는 비록 영원한 단죄의 대상은 아닐지라도, 모든 악의 근원인 것만은 틀림없다.[3] 반면 타인의 사랑은 모든 선의 근원이다. 그러나 그런 식으로 말한다면 그 둘을 너무 갈라놓는 꼴이 된다. 네 이웃을 네 몸과 같이 사랑하라는 복음서의 말씀과 같이 자기애가 없으면 남을 사랑할 수도 없다. 그럼에도 불구하고 자기 자신밖에 모르는 사람과 어떤 때에는 이해관계를 떠나서 다른 사람을 사랑할 줄 아는 사람 사이, 또는 받을 줄밖에 모르는 사람과 줄 줄 아는 사람 사이, 그리고 순수 절정의 무책임한 지독한 이기주의와 이타심 또는 호의와의 사이에는 엄청난 차이가 있다.

용기로 돌아가서 말을 이어보자. 내가 든 예에서 몇 가지를 떠올려보자. 말하자면, 우선 심리적 차원에 머무는 용기가 미덕이 되기 위해서는 다른 사람을 위한 것이어야 하거나 또는 보편적이고 호의적인 명분을 얻어야 한다. 두 번째, 성격의 차원에 머무는 용기는 달리 이해하면 두려움에 둔한 용기이다. 무서움을 못 느끼기 때문일 수도 있고 또는 무서움을 즐기기 때문일 수도 있다. 싸움꾼 또는 깡패에게서 볼 수 있는 그런 성격적인 용기는 무모한 용기이고, 「터미네이터 I」의 아널드 슈워제네거처럼 난폭한 액션 영화 주인공의 용기이다. 그러면 그런 용기는 도덕과 전혀 무관한가? 이 질문은 그렇게 간단한 답변할 질문이 아니다. 이기주의의 원칙에서 행동하는 상황이라고 해도 나의 용감한 행동, 예컨대 나를 이유 없이 공격하는 사람에게 애걸하는 대신 그와 싸우는 일은 더한 통제력, 더한 위엄, 더한 자유를 과시하는 행동일 수 있으며, 그런 행동은 도덕적으로 의미가 있는 자질로서의 용기를 증명하는 행동일 수 있다. 용기는 본질적으로 도덕적인 것은 아님에도 불구하고, 도덕을 있게 하는 또는 도덕이 효력을 가지게 하는 근본에 자리잡는다. 온통 두려움에 떠는 사람은 의무를 행사하기도 어렵다. 이기적 행동이라고 할지라도, 용기가 때때로 사람들의 존중을 받는 이유는 거기에 있다. 용기는 존경을 자아낸다. 도덕적인 차원에서 증명하는 것은 아무것도 없으므로 물론 위험천만한 매혹이지만, 용기는 그래도 단순한 본능 또는 두려움을 벗어날 수 있게 해주며 자아 또는 두려움에 대한 통제력을 가지게 한다는 점에서 매혹적이다. 통제력이라고 했는데, 통제력은 언제나 도덕적인 것은 아니다. 그래도 통제력은, 이때의 조건은 충분조건이 아닌 필요조건이지만, 모든 도덕의 조건이다. 두려움은 이기주의에서 온다. 비겁함도 이기주의에서 온다. 그러나 심리적인 초기 단계의 용기가 아직 미덕일 수는 없다. 그리고 초기 단계의 미덕이 아직 도덕은 아니다. 고대인들은 용기에서 남성의 징후를 찾았다. 용기를 의미하는 그리스어

안드레이아[andreia]와, 마찬가지 의미의 라틴어 비르투스[virtus]는 둘 다 어원적으로는 남자를 지칭하는 것이었다. 오늘날의 많은 사람들도 거기에 동의할 것이다. "용기가 있다" 또는 "용기가 없다"고 말할 때 사람들은 도덕보다는 신체적인 측면을 더 염두에 두고 말한다. 그러나 우리가 신체적 용기, 전사의 용기를 잘못 생각하면 안 된다. 여자도 그런 용기는 보여줄 수 있다. 자명한 사실이다. 그러나 그런 용기가 도덕적으로 증명하는 것은 아무것도 없다. 그 용기는 정직한 사람들에게서 발견할 수 있듯이, 형편없는 건달한테서도 발견할 수 있다. 칸트라면 병적 용기, 데카르트라면 열정적 용기라고 했을[4] 그 용기는 물론 대개 유익한 것이기는 하되 아직 도덕적인 가치에 대한 분별이 없는 상태의 용기이다. 은행 강도짓은 위험을 감수해야 하는 용기가 필요한 짓이다. 그러나 그렇다고 그 행위가 도덕적인 것은 아니다. 용기가 도덕적인 것이 되려면 특별한 상황, 예컨대 행위의 동기와 관련된 상황을 요구하며, 항상 이해관계를 벗어난 이타적 또는 호의적 형태여야 한다. 물론 용기는 어느 정도는 두려움에 대한 무감각, 용기에 대한 일정한 성향을 배제하지는 않는다. 그러나 그렇다고 용기가 반드시 그런 것들을 전제하는 것은 아니다. 두려움이 없다고 곧 용기는 아니다. 더 강하고도 넓은 의지로 두려움을 극복할 수 있는 역량이 바로 용기이다. 이제 용기는 더 이상 단순한 생리가 아니라, 위험 앞에서의 영혼의 힘이다. 이제 용기는 더 이상 열정이 아니라 미덕이며 모든 것의 조건이다. 이제 우리가 말하는 용기는 잔인한 사람의 용기가 아니라 부드러운 사람의, 영웅의 용기를 의미한다.

　나는 용기를 모든 미덕의 조건이라고 했다. 나는 어디인가에서도, 아마도 신중의 항목이 아니었나 하는 생각이 드는데, 그런 말을 한 적이 있다. 왜 모든 미덕들이 많은 미덕들 중 오직 어떤 하나에 의해서 좌우될까? 신중하지 못한 미덕은 아마도 맹목적인 또는 광적인 미덕이 될 것이다. 반면 용기가 없는 미덕은 허망한 또는 유치한 미덕이 될 것이다. 신중을 결여한 정의는 불의와 어떻게 싸워야 할지 모를 것이다. 용기를 결여한 정의는 아예 불의에 대항하여 싸우지도 못할 것이다. 신중을 결여한 정의는 목적을 이루기 위한 방법을 모를 것이고, 용기를 결여한 정의는 위험 앞에서 꼬리를 내릴 것이다. 그러므로 행동하는 정의야말로 진정한 정의라고 한다면, 신중하지 못한 사람과 비겁한 사람은 둘 다 정의로울 수 없다. 모든 미덕은 용기가 그리고 신중이 전제되어야 한다. 어떻게 두려움이 용기와 신중을 대신할 수 있겠는가?

성 토마스 아퀴나스의 설명도 이와 크게 다르지 않다. 약간 다르기는 하지만, 신중과 마찬가지로, 영혼의 힘 또는 용기라는 의미의 포르티투도(fortitudo)도 미덕들 중의 하나인 동시에, 위험 앞에서 "모든 미덕들의 조건"[5]으로 작용하는 미덕이다. 그러므로 아리스토텔레스가 말한 "굳건하고 확고한 행동", 소위 영혼의 힘을 요구하는 용기는 다른 미덕들을 중심축처럼 붙잡는 보편적 미덕, 기본적 미덕이라고 할 수 있으며, 더 나아가서 키케로가 말한 "위험과 대적하고, 고통을 이길 만한"[6] 특별한 미덕, 말하자면 용기이기도 하다. 왜냐하면 용기는 비겁함의 반대말인 동시에, 나태 또는 무기력의 반대말이기 때문이다. 그렇다면 전자의 용기와 후자의 용기가 같은 용기일까? 아닐 것이다. 위험은 노동과는 다르고, 두려움은 피로와는 다른 것일 테니까. 그러나 휴식, 쾌락에 초점이 모이는 일차적 또는 동물적 충동을 극복해야 한다는 점에서는 두 경우 모두 공통점이 있다. 미덕은 노력의 결과이며, 은총 또는 사랑과는 달리 미덕은 항상 노력의 결과이다. 미덕은 또한 용기이다. "비겁하다"라는 단어가 "어떤 모욕보다도 더한 모욕"[7]인 이유는, 알랭에 의하면, 바로 거기에 있다. 비겁함이 인간에게 가장 해로운 것이어서가 아니라, 용기 없이는 자신의 경우든 다른 사람의 경우든 최악의 것에 대적할 수가 없기 때문이다.

이제 용기가 진리와 어떤 관계를 맺고 있는지를 알아볼 차례이다. 플라톤은 『라케스(*Laches*)』 또는 『프로타고라스(*Protagoras*)』에서는 용기를 지식으로 또는 『국가(*Politeia*)』에서는 견해로 풀어보려고 많은 시도를 해보지만, 시원스러운 답은 찾지 못한다. 그의 설명에 의하면, 용기는 "두려워해야 할 것들과 그렇지 않은 것들을 구분해내는 지식" 또는 "두려워해야 할 것과 그렇지 않은 것들에 대한 정당하고도 올바른 견해"[8]이다. 그러나 플라톤은 여기에서 용기는 두려움을 전제하며 두려움과 맞서야 하는 미덕이라는 사실을 잊고 있다. 거짓 위험 앞에서 용기를 보여줄 수 있는 사람이 진짜 위험 앞에서는 용기를 보여주지 못할 수도 있다. 용기에는 확인된 두려움이든 아니든, 정당한 두려움이든 아니든, 옳은 두려움이든 아니든 두려움이 잣대이다. 과학이 대체적으로 위안은 될 수 있지만 결코 아무에게도 용기를 주지 못할 때, 돈키호테는 물레방아 앞에서 용기를 보여주었다. 지성주의를 이보다 더 거역하는 미덕은 없다. 무식한 영웅이 얼마나 많았던가? 비겁한 지식인은 또 얼마나 부지기수였던가? 현자들은 또 어떤가? 그들은 철저히 비겁하다 보니 아무것도 두려울 것이 없었다. 에피쿠로스와 스피노자가 무엇을 두려워했던가? 용기란 차라리 거추장스러운 것이었다. 철학자들? 철학자들은 사고를 위해서 용기가 필요했을 것이다. 그 점은 인정된다. 그러나 그것은 사고가 그들에게 용기를 줄 수 있었다는 말은 아니다. 과학 또는 철학은 때때로 두려움을 극복하게 해줄 수는 있다. 그러나 그것은 두려움을 없애준다는 말이 아니다. 용기는, 반복하지만, 두려움의 부재가 아니다. 용기란 두려움을 대적해서 그것을 극복하고 통제하는 것이지, 두려움을 없앤다는 말은 아니다. 두려움은 여전히 그리고 당연하게 남아 있다. 예컨대 현대인에게 일식(日蝕)은 우리가 얻은 지식 덕분에 이제 더 이상 두려움의 대상이 아니다. 따라서 일식은 우리에게 아무런 용기도 고취시키지 못한다. 아무것도 아닌 일식은 용기가 있는지 없는지 확인할 기회마저 주지 않는다. 마찬가지로 우리가 만약 에피쿠로스처럼 '죽음은 우리에게 아무것도 아니다'라고 생각한다면 또는 플라톤처럼 '죽음은 우리가 바라 마지않는 것이다'라고 생각한다면, 우리는 더 이상 죽음에 관한 생각을 이기기 위한 용기가 필요 없다. 전자의 태도는 과학으로, 후자의 태도는 지혜 또는 신앙으로 충분히 가능한 태도들이다. 그러나 과학, 지혜 또는 신앙만으로 충분할 수 없을 때 필요한 것이 다름 아닌 용기이다. 어떤 때에는 그것들이 없기 때문에, 다른 어떤 때에는 그것들이 있음에도 불구하고 우리의 고뇌를 삭이기에는 역부족이기 때문에 용기는 필요하다. 지식, 지혜 또는 견해는 두려움의 대상들을 제시하거나 걷어갈 수는 있지만 용기 자체를 가지게 해주지는 못한다. 다만 그것들은 용기를 사용할 기회 또는 면제받을 기회를 줄 수 있을 뿐이다.

장켈레비치는 특히 그 점을 잘 파악한다. 용기는 지식의 문제가 아니라 결정의 문제이며,[9] 견해의 문제가 아니라 행동의 문제이다. 용기에 관한 한 이성만으로 충분할 수 없는 이유는 거기에 있다. "합리적 사고는 무슨 일을 해야 하는지를 가르쳐준다. 그러나 합리적 사고는 행동을 지시하지는 않는다. 합리적 사고는 사고한 대로 행동하게 하지도 않는다."[10]

우리 안의 이성은 두려움도 고뇌도 모른다. 그래서 이성은 두려움이 없다. 그러나 카바예스도 잘 알고 있었듯이, 행동도 의지도 이성만으로는 안 된다.[11] 기하학적인 용기가 있을 수 없듯이, 용감한 과학도 있을 수 없다. 고문을 받을 텐데도 입증해서는 안 될 것을 입증하는 사람이 있을까? 그런 입증이 가능할까? 그런 상황에서의 입증을 충분한 입증으로 믿을 사람이 있을까? 카바예스의 경우든, 다른 사람의 경우든 이성은 마찬가지이다. 그러나 의지는 다르다. 그리고 위험과 고통 앞에서 가장 단호하고 가장 절실한 의지의 다른 말인 용기 또한 다르다.

이성은 어떤 것이건 일반적이다. 반면 용기는 어떤 것이건 개별적이다. 이성이 익명이라면, 용기는 개인적이다. 고통을 받거나 싸우는 일에 용기가 필요하듯이 사고를 하는 일도 용기가 필요하다. 왜일까? 아무도 우리를 대신해서 고통을 받을 수도 싸울 수도 없듯이, 아무도 우리를 대신해서 사고할 수는 없기 때문이다. 이성만으로는, 진리만으로는 충분할 수 없다. 사고는 우리를 전율하게 하는 두려움, 편안한 거짓, 값싼 환상에 매달리고 싶은 모든 충동을 극복해야 가능한 것이기 때문에 사고에도 용기가 필요하다. 지적인 용기란 두려움에 무릎 꿇기를 거부하는, 진리 외에 다른 어떤 것에도 복종을 거부하는, 무시무시한 어떤 것에도 두려움을 느끼지 않는 용기이다.

소위 명철성이라고 하는 지적 용기는 진리만으로는 충분할 수 없는 용기이다. 모든 진리는 영원하다. 반면 용기는 시간성과 끝이 있으며, 지속적 시간 속에서만 의미가 있다. 신은 용기가 필요 없을 것이다. 에피쿠로스나 스피노자가 말한 불멸의 영원한 선(善)에 의지하여 사는 현자가 있다면, 그 현자도 마찬가지일 것이다.[12] 그러나 현실은 그와는 다르다. 우리에게 용기가 필요한 것은 바로 그 때문이다. 살아서 버티기 위해서는 용기가 필요하다. 살든지 죽든지 견디기 위한, 싸우기 위한, 저항하기 위한, 끈기를 위한 용기가 필요하다. 스피노자에 의하면, **영혼의 견고성**(animositas)이란 "오직 이성의 지시만을 따라서 자기 존재를 지속시키려는 욕망"[13]의 다른 말이다. 그러므로 용기는 이성 안에 있는 것이 아니라, 욕망 안에 있는 것이다. 그러므로 용기는 지시 안에 있는 것이 아니라, 노력 안에 있는 것이다. 문제는 삶에 대한 인내, 엘뤼아르가 **지속을 위한 지독한 욕망**이라고 노래한 인내이며, 모든 용기는 의지의 소관이다.[14]

용기가 출발의 미덕인지, 그리고 오직 본질적으로 출발에 그치는 미덕인지 아닌지에 대해서 나는 확신이 없다.[15] 그러나 "돈처럼 저축할 수 있는 것도 아니고 자본화할 수 있는 것도 아닌"16) 용기가 지속될 수 있다면, 그것은 지속을 오직 끊임없는 재도전, 피로에도 불구하고 두려움에도 불구하고 오히려 그래서 더욱 필요하며 항상 어려운 노력의 거듭된 시작, 재개(再開)로 이해할 때이다. "그러므로 우리는 용기를 통해서 두려움을 벗어날 필요가 있다. 두려움을 벗어날 때, 우리는 행동할 수 있으며 사고할 수 있다."17) 알랭의 말이다. 두려움은 우리를 마비시키며, 어떤 행동도, 심지어 도피하는 행동조차도 어느 정도는 두려움을 벗어나야 가능하다. 반면 용기는 두려움을 이긴다. 용기는 적어도 두려움을 이기려고 노력하며, 그 노력 자체가 용기이다. 용기가 없다면, 무슨 미덕이 가능할 것이며, 무슨 삶이 가능할 것이며, 무슨 행복이 가능할 것인가? 강한 영혼의 소유자는, 스피노자에 의하면 "올바로 행동하려고 노력하며, 항상 기뻐하려고 노력한다."18) 온갖 장애물에도 불구하고 노력한다면, 그 노력 자체가 용기인 것이다.

    모든 미덕이 그렇듯이, 용기도 현재에만 적용되는 것이다. 과거에 용기가 있었다는 말은 지금도 용기가 있다는 말이 아니며, 앞으로 용기가 있을 것이라는 말도 아니다. 물론 용기가 있었다는 과거의 사실은 고무적인 사실로서 긍정적인 지표 구실을 할 수 있다. 인식의 대상으로서의 과거는 단지 신앙, 희망 또는 상상의 대상에 지나지 않는 미래보다 도덕적으로는 더 의미가 있다. 어떤 것을 내일 또는 미구의 언젠가 주겠다고 한다면 그것은 너그러운 태도가 아니다. 다음 주에 또는 10년 뒤에는 용기를 가지겠다고 한다면, 그것은 용기가 아니다. 그런 것들은 의지의 기획, 몽상의 결정, 상상의 미덕에 지나지 않는다. 아리스토텔레스 혹은 아리스토텔레스의 이름으로 말한 제자의 『큰 도덕』에는 이런 말이 쓰여 있다. "위험이 앞으로 2년 후에나 닥쳐올 것을 알고 용감한 척하는 사람은 정작 위험에 직면하면 두려움에 죽고 만다."19) 상상적 영웅은 현실적 겁쟁이이다. 이 부분을 인용한 장켈레비치는 거기에 다음과 같은 적절한 말을 덧붙인다. "용기는 진행 중인 순간의 의도이다." 그래서 용감한 순간이란 "가까운 미래와 맞닿아 있는 지점" 자체이며, 간단히 말해서, 용감하려면 내일이나 조금 뒤가 아니라 "**바로 지금**"[20] 그래야 한다는 것이다. 맞는 말이다. 그러나 가까운 미래, 바로 있을 미래와 맞닿아 있는 진행 중인 그 순간이라는 것이 무엇인가? 지금 진행 중인 현재 외에 다른 것일 수 있을까? 아직 있지도 않은 어떤 것 때문에 또는 아직 있지도 않은 어떤 것의 극복을 위해서 용기가 필요한가? 나치즘도, 세상의 종말도, 나의 탄생도, 나의 죽음도 내게 용기의 대상은 아니다. 죽음에 대한 생각은 그것이 지금 닥친 것이라면 용기의 대상일 수 있다. 어떤 각도에서 보면 나치즘 또는 세상의 종말에 대한 생각도 그럴 수 있다. 그러나 생각은 사물 자체와는 달라서 용기가 훨씬 덜 필요하다. 상상 속의 위험 또는 시효를 상실한 위험만을 대적하는 영웅처럼 우스운 영웅이 있을까? 그러나 장켈레비치는 "이미 위험이 완전히 실현되었다면, 그래서 그것을 피할 가능성의 끈도 끊어지고 극도의 불안도 끝났다면, 위험이 불행으로 변해서 이제 더 이상 위험으로 여겨지지 않는다면, 용기가 차지할 공간과 숨 쉴 공기는 더 이상 없다"[21]고 덧붙인다. 정말 그럴까? 육체적, 정신적 고통을 치른 다음에는 또는 이미 불구자가 되었거나 또는 상(喪)을 당한 상황에서는 용기가 더 이상 필요 없다는 말인가? 그렇다면 용기는 어떤 상황에서 필요한 것인가? 장 물랭과 카바예스는 미구에 있을지 모를 어떤 위험보다도 현재의 고문과 고통을 이겨내야 했다. 지금 당하는 고문보다 더한 위험, 현재보다 혹독한 미래를 그들은 상상할 수 없었다. 선택이 있다면 두려움을 벗어나느냐 아니면 두려움 속에 머무느냐, 둘 중 하나였다. 물론 모든 선택이 그렇듯이, 이 선택도 미래와 관련해서만 의미가 있다. 현재는 순간과는 달리 어쩌면 지속이며, 성 아우구스티누스가 말한 것처럼, 언제나 과거를 벗어나서 미래를 향하는 팽창이다. 따라서 용기란 우리가 처한 이 긴장, 과거와 미래, 기억과 의지 사이의 그 찢김을 그대로 유지시키기 위해서 또 견디고 지속시키기 위해서 필요하다는 것이다. 인생이란 용기이며, 스피노자가 말한, 살려는 노력으로서의 코나투스(conatus)이다. 그러나 살려는 노력은 결코 녹록치 않은 현재이다. 미래가 두려움이라면, 미래에 대한 현재의 두려움까지 포함해서 현재는 견디는 것이다. 그리고 위험, 공포 또는 장켈레비치가 말한 위협을 대처할 때 용기가 필요하듯이, 불행, 고통 또는 고뇌의 현실 앞에서도 우리는 그에 못지않은 용기가 필요하다. 고문을 당할 처지에 있는 사람이 있다고 가정해 보자. 또는 죽음을 기다리는 말기 암 환자가 있다면 어떨까? 아들을 잃은 어머니는 또 어떤가? "용기를 가져라"라고 사람들은 말한다. 그 말도 물론 모든 충고와 마찬가지로 미래에 관계되지만, 그럼에도 불구하고 여기에서의 용기는 위험이나 위협에 대비한 용기가 아니다. 여기에서 말하는 용기는 현재의 불행, 지금 끈질기게 지속되고 있기 때문에 앞으로도 계속 현재로 남을 불행을 견디는 데에 필요한 용기이다. 과거와 죽음은 뒤집을 수 없다. 반면 불리한 조건을 이기려면 그리고 실패 또는 실수를 견디려면 용기가 필요하다. 그래서 용기는 우선 눈앞에서 지속 중인 현재와 관계되며, 현재의 연장 외에 다름 아닌 미래와도 관계된다. 맹인은 눈이 밝은 사람보다 더한 용기가 필요하다. 단지 맹인의 생명이 더 위험해서만은 아니다. 그 이유에 대해서는 좀더 나중에 밝히기로 하자. 고통이 두려움보다 더하면, 그것을 이기기 위해서는 그만큼 더 용기가 필요하다. 용기는 고통, 두려움과 절대적 관계에 있다. 고문을 예로 들어보자. 고문은 극단적인 두려움의 대상이다. 죽음에 대한 두려움, 고문에 대한 두려움은 둘 다 절박한 두려움의 대상이다. 지금 당하는 고문보다 더 어렵고 그래서 그만큼 더 용기가 필요한 고문은 앞으로 있을 고문이다. 죽는 것이 두렵기는 하지만, 죽음의 고통을 견디기보다는 차라리 자살을 선택하는 사람이 있지 않은가? 우리는 고문 때문에 자살을 선택한 많은 사람을 알고 있으며, 많은 다른 사람들이 자살할 방법이 없어서 괴로워했다. 아마도 자살도 용기가 필요할 것이다. 그러나 죽음을 선택하는 용기는 고문을 이겨내는 용기보다는 덜한 용기일 것이다. 죽음을 선택하는 용기도 용기 중의 용기이다. 그러나 여기서 오해가 없기를 바란다. 죽음을 선택하는 용기가 용기 중의 용기라는 내 말은 그것이 용기의 한 가지 원형 또는 모델이라는 말이지 가장 훌륭한 용기라는 말은 아니다. 죽음이 너무나 간단한 것이듯이, 죽음의 용기도 간단한 용기이다. 죽음이 절대적이듯이, 죽음의 용기도 말하자면 절대적 용기이다. 그러나 그렇다고 해서 죽음의 용기가 가장 훌륭한 용기일 수 없는 것은, 죽음보다 더한 불행이 있기 때문이다. 최악의 불행은 견디기 어려운, 그러면서도 그치지 않는 현재의 고통과 공포이다. 죽음이라는 잠재적 위험을 견디는 것보다 현재의 견딜 수 없는 고통을 이기는 일이 훨씬 더 많은 아니면 적어도 그만큼의 용기를 필요로 하지 않을까?

간단히 말해서, 용기는 미래에의 두려움만이 아니라 현재와 관계하며, 의지, 더 나아가서는 희망과 관계한다. 스토아주의자들의 철학은 그들이 그런 사실을 알고 있었음을 반증한다. 신자들은 우리와 관계없는 것만을 희망할 뿐, 우리에게 가능한 것은 희망하지 않는다. 희망이 신자들만의 미덕이라면, 용기가 모든 사람의 미덕인 것은 바로 그 때문이다. 용감한 사람이 되기 위해서는 어떻게 해야 하는가? 원하기만 하면 된다.[22] 달리 말하자면, 그렇게 되어야 한다. 희망만으로는 안 된다. 겁쟁이들만이 희망으로 만족한다.

이 말은 우리를 절망의 용기라는 그 유명한 주제로 건너가게 한다.

"사람들이 가장 과감하고 용감한 행동을 할 때는 가장 위험하고 가장 절망적인 상황에 빠졌을 때이다"[23]라고 데카르트는 쓰고 있다. 데카르트가 여기서 희망과 용기를 혼동해서 그 둘이 같은 대상을 가진다고 주장하는 것은 아니다. 데카르트의 위의 말은 용기가 희망을 배제하는 것은 아니라는 말이다.24) 죽음 앞에서 영웅은 영광을 희망할 수 있고, 사후에 얻을 사상의 승리를 희망할 수 있다. 그러나 그런 희망은 그의 용기의 목적일 수는 없으며, 용기를 대신할 수도 없다. 겁쟁이들도 영웅들 못지않게 승리를 희망한다. 그리고 모르기는 몰라도 겁쟁이가 도망간다면, 그것은 오직 일신의 안전을 도모하기 위해서이다. 그런 희망은 용기가 아니며, 안된 이야기이지만, 용기를 줄 수도 없다.

물론 희망이 아무것도 아닌 것만은 아니다. 희망은 용기를 북돋울 수도 있고, 희망을 유지시킬 수도 있다. 맞는 말이다. 아리스토텔레스가 이미 지적했듯이, 죽기 살기로 싸우는 전쟁에서는 더 용감해지기 쉽다.25) 그러나 그것을 용기라고 할 수 있을까? 오히려 그 반대이다. 희망은 용기를 단단하게 해주기도 하지만, 사람들은 어떤 때에는 희망이 없을 때 더욱 용감해지기도 한다. 진정한 영웅은 위험, 언제나 닥치곤 하는 그 위험과 정면 대결할 줄 아는 사람이며, 만일의 경우 죽음까지도, 그러니까 완벽한 패배가 안겨줄 죽음까지도 무릅쓸 줄 아는 사람이다. 그 용기는 패배자의 용기이지만, 승리자의 용기에 뒤지지 않는 훌륭한 용기이고, 승리자의 용기 못지않게 값진 용기이다. 바르샤바 유대인 거주지의 유대인들이 무슨 목적으로 반란을 일으켰을까? 그들의 반란은 자신들을 위한 것이 결코 아니었다. 그래서 그들의 용기는 더욱 명백히 영웅적인 것이었다. 그 당시 그들은 왜 싸웠을까? 그래야 했기 때문이다. 그렇지 않은 것은 옳지 않기 때문이었다. 또는 아름다운 무훈을 위해서였다. 여기에서 아름다움은 미학적인 차원의 아름다움이 아니라, 윤리적인 차원의 아름다움이다. "진정 용감한 사람들은 오직 용감한 행동의 아름다움 때문에, 선에 대한 사랑 때문에 용감한 행동을 한다."26) 아리스토텔레스의 말이다. 다른 말로 풀면, 그들은 "명예 때문에 용감한 행동을 한다."27) 분노, 증오 또는 희망은 열정이 개입해서 도울 수는 있다. 그러나 용기는 열정 없이도 가능하며 어쩌면 열정과는 별개의 용기가 더 필요한 용기, 더 미덕적인 용기일지도 모른다.

아리스토텔레스에 의하면, 가장 훌륭한 형태의 용기는 "희망과는 무관하며",[28] 대립적이라고까지 한다. "죽을병에 걸려 아무런 희망도 없는 가운데 살아가는 용감한 사람은 폭풍 속을 헤쳐 나가는 용감한 선원보다 더 용감하다. 강하다는 확신을 가지고 의기충천하여 싸우는 사람이 진정 용감한 사람이 아니듯이, 희망으로 버티는 사람도 진정한 용감한 사람일 수 없다."[29] 나는 논의를 그렇게까지 진전시킬 생각은 없었다. 또는 내가 일방적인 해석을 하다가 아리스토텔레스를 내가 가고 싶은 방향으로 또는 나도 모르게 애초의 아리스토텔레스의 의도와 달리 더 먼 데까지 끌고 가버리는 것은 아닌가 조심스럽기도 하다.[30] 그러나 좀 그렇게 한들 어떤가. 철학의 역사가 대체로 그런 것을. 삶이 우리에게 가르쳐주듯이, 절망을 이기려면 용기가 필요하고, 절망은 때로 용기를 줄 수도 있다. 더 이상 희망할 것이 없으면, 더 이상 두려울 것도 없다. 현재의 싸움, 현재의 고통, 현재의 행동만을 위한 용기가 있다면 어떤 희망과도 대립된 절망에 의한 용기이다! 라블레의 설명에 의하면 "절대로 적을 절망 상태에 빠뜨리지 않는 것은 군인의 원칙이다. 왜냐하면 그런 상황은 적의 힘을 증대시키고, 용기를 추스르게 하기 때문이다."[31] 두려움을 모르는 사람을 두려워해야 한다. 희망이 없는 사람들이 무슨 무서울 것이 있겠는가? 군인들은 그런 점을 알며, 조심한다. 정부 요원들, 외교관들도 그렇다. 희망은 누구든 다른 사람을 붙잡고 늘어지게 만들며, 절망은 자기 자신을 붙잡고 늘어지게 만든다. 자살을 생각할 정도의 절망은 어떻게 설명할까? 자살보다는 더 나은 선택이 있겠지만, 그래도 굳이 죽음을 선택한다면 그 또한 일종의 어떤 희망 때문에 그런 것이다. 군인 시절, 그것도 용감한 군인 시절을 보냈던 알랭은 전쟁터에서 진짜 용감한 영웅들을 보았다. 여기에 그의 말을 인용하겠다. "철저히 용감해지려면 아마도 아무런 희망이 없어야 하는가 보다. 나는 마치 삶을 다 산 것처럼 행동하는 육군 중위와 소위를 만난 적이 있었다. 그런데 그들은 유쾌했으며, 그들의 태도는 나를 소름 끼치게 했다. 그 점에서 나는 뒤져 있었다. 사람들은 언제나 다른 누군가에게 뒤져 있다."[32] 그렇다. 그런 일은 꼭 전쟁터에서만 일어나지는 않는다. 알랭은 전쟁터가 아닌 교실에서 보았던 라뇨의 용기를 환기시킨다. "절대적 절망" 덕분에 라뇨는 "아무런 두려움도, 아무런 희망도 없는 상태에서 즐겁게 생각할"[33] 수 있었다. 이 두 용기들은 우리를 두렵게 하는 용기들이라는 점에서 서로 닮아 있다. 그러나 우리의 이런 두려움은 우리에게 용기가 필요하다는 사실 외에 무엇을 증명할 수 있는가? 우리는 기욤 뒤랑주의 유명한 말을 안다. "희망이 있어야 시도하는 것은 아니며, 성공할 때 끈기가 생기는 것도 아니다." 그는 과묵했다. 그러나 그런 점이 그로 하여금 과감한 행동을 못하게 하지는 않았다. 낙천주의자들이 용기 있다는 말을 들어보았느가? 희망이 있거나 또는 성공이 보장되어 있으면, 시도와 끈기가 쉬울지도 모르겠다. 그러나 쉬운 만큼 용기가 덜 필요한 것도 사실이다.

이제는 아리스토텔레스로 마치려고 하는데, 아리스토텔레스가 명쾌하게 제시했듯이 용기에 한계가 없는 것이 아니다. 분명코 아무도 한없이 용감할 수는 없다. 특히 극단적인 위험 앞에서는 더욱 그렇다. 추구하는 목적에 따라서 감수하는 위험도 비례한다. 아무리 고귀하다고 해도 어떤 고귀한 명분을 위해서 목숨을 거는 것은 미친 짓이다. 용감한 사람과 무모한 사람 사이의 차이는 거기에 있다. 아리스토텔레스가 말한 것처럼, 모든 미덕이 그렇듯이 용기라는 미덕도 비겁함과 무모함이라는 두 심연을 끼고 도는 능선, 또는 그 두 극단의 사이에 있는 중용이다. 비겁한 사람은 지나치게 두려움을 의식한다. 무모한 사람은 목숨과 위험을 전혀 의식하지 않는다. 그래서 둘은 어느 쪽도 진정으로 또는 미덕적으로 용감한 사람은 될 수 없다.[34] 지나친 과감함은 신중함의 조절을 받을 때 미덕적인 것이 될 수 있다. 두려움이 돕고, 이성이 받쳐주어야 한다. "자유 인간의 미덕은 위험을 이길 때 못지않게, 위험을 피할 때 드러난다. 그는 전투든 도주든, 영혼의 힘 또는 정신의 힘을 동원해서 선택한다."[35] 스피노자의 말이다.

마지막으로 다시 한번 상기하면, 끝내 이기는 것은 용기가 아니다. 운명 또는 같은 말이지만 우연이라는 것도 있지 않던가. 용기도 운명의 소관이며 운명을 벗어나지 못한다. 물론 원하는 것으로 충분하지만, 그 의지는 또 무엇이 결정하던가? 어떤 인간이든 감당할 수 있는 일이 있고, 감당하지 못할 일이 있다. 인간은 죽기도 전에 그를 넘어뜨리는 일을 만날 수도 있고, 그렇지 않을 수도 있다. 우연의 소관이자, 재능의 소관이다. 영웅들은 명철하기 때문에 그런 점을 다 안다. 그래서 영웅들은 자신들을 겸손하게 낮추며, 다른 사람들을 연민으로 대하는 것이다. 모든 미덕은 상호 관계가 있으며, 그리고 미덕은 어떤 미덕이든 용기와 관계가 있다.

# 6 정의

이제 네 가지 주요 미덕 중 마지막 미덕인 정의(正義, justice)의 차례이다. 그러나 정의는 워낙 다른 모든 것들과 이해 또는 갈등으로 얽혀 있을 뿐만 아니라, 방대한 주제인 만큼 다른 세 가지 미덕에 대한 언급을 여전히 피할 수는 없을 것이다.

또한 우리는 어떤 미덕을 고찰하든 간에 정의에 대한 언급을 피할 수 없다. 미덕들 중 어느 하나 또는 몇 가지 미덕을 따로 언급하는 일은 부당하게 나머지를 배반하는 일이 될 것이다. 그런 점에서 정의는 어떤 특정 미덕을 대신하지는 못하지만, 모든 미덕들을 포괄하는 미덕이라고 할 수 있다. 게다가 정의는 그 자체로 중요하다. 그러나 정의를 안다고 또는 정의를 갖추었다고 자랑할 사람이 과연 있을까?

알랭은 "정의는 존재하지 않는다. 정의는 제대로 되어 있지 않은 어떤 것들을 제대로 놓는 데에 있다"[1]고 말하면서 덧붙이기를, "정의란 무엇인가를 바로잡음으로써 존재하게 되며, 우리 인간의 문제는 거기에 있다"고 한다. 맞는 말이다. 그러나 무엇을 바로잡는다는 말인가? 무엇을 바로잡는지 알지 못한다면, 어떻게 바로잡아야 하는지도 알 수 없을 것이다.

네 가지 주요 미덕 중 정의는 절대적으로 옳은 유일한 미덕이다. 신중, 절제 그리고 용기는 선에 봉사할 때 비로소 미덕이 될 수 있다. 또는 그것들을 초월하거나 자극하는 다른 가치들, 예컨대 정의에 봉사할 때 비로소 미덕으로 드러난다. 악에 봉사하거나 또는 불의에 봉사하는 신중, 절제, 용기는 미덕이 될 수 없으며, 칸트가 말했듯이 그런 것들은 단순한 정신적 재능 또는 기질이라고 할 수 있을 뿐이다. 칸트의 그 구절은 유명하므로, 한번 살펴보는 것도 의미가 있을 것이다.

세상 안에서 보건 그리고 세상 밖에서 보건, 선의 의지 외에 절대적으로 선한 것은 결코 없다. 지성, 섬세함, 판단력 그리고 온갖 이름을 붙일 수 있는 정신적 재능들 또는 용기, 결단력, 끈기 등 기질들은 어느 모로 보나 바람직한 좋은 자질들이다. 그러나 우리가 본성 또는 성격이라고 부르는 그런 천부적 재능들은, 만약 그것들을 사용하는 의지가 선하지 않으면, 그것들은 아주 나쁜 재능이 될 수 있으며 심지어 해로운 것이 될 수도 있다.[2]

칸트는 여기에서 용기만을 예로 들고 있지만, 신중이나 절제도 마찬가지 아닐까? 살인자 또는 폭군뿐만 아니라 많은 사람들이 신중하거나 절제할 줄 알며, 그럴 수 있다. 그러나 그렇다고 그들에게 덕이 있다고 할 수 있을까? 그들이 정의롭다고 할 수 있을까? 아니다. 그런 사람의 행동은 즉시 그것들의 의미와 가치를 변화시킨다. 정당한 살인, 정당한 폭정이 과연 있을 수 있는가. 정의의 특수성이 어느 정도 간파될 듯하다. 왜냐하면 신중한 살인자 또는 절제하는 폭군은 얼마든지 있기 때문이다.

간단히 말해서, 칸트가 말한 선한 의지가 그렇듯이 정의는 그 자체로 좋은 것이다.[3] 선한 의지와 정의가 불가분의 관계인 것은 바로 그 때문이다. 의무에 대해서 말해보자. 물론 우리는 의무를 다해야 한다. 그러나 정의를 희생시켜서 또는 정의를 거스르면서까지 그렇게 해서는 안 된다. 아니, 아예 그런 일은 불가능하다. 왜? 의무는 정의를 전제하며, 더 나아가서 정의를 강제하고 구속하는 것이 다름 아닌 의무이기 때문이다.[4] 정의는 다른 미덕과 같지 않다. 정의는 다른 모든 미덕의 지평이며, 모든 미덕의 공존의 규칙이다. 아리스토텔레스는 정의를 "완전한 미덕"이라고 했다.[5] 모든 가치가 정의를 전제하며, 모든 인간이 정의를 추구한다. 그러나 그렇다고 해서 정의가 행복을 대신할 수 있는 것은 아니다. 무슨 기적으로 그런단 말인가? 그러나 어떤 행복도 정의 없이는 가능하지 않다.

이는 칸트에게서 발견되는 문제이며, 거칠게 말하는 것을 용서한다면, 도스토옙스키, 베르그송, 카뮈, 장켈레비치 등에게서도 발견되는 문제이다. 인류를 구한다는 명분으로 죄 없는 한 개인을 희생시켜야 한다면, 예컨대 도스토예프스키의 경우처럼 명분을 위해서 아이를 고문하는 일이 과연 괜찮은 일인가? 그들은 아니라고 대답한다. 그것은 말도 안 되는 게임이다. 아니, 그것은 게임이 아니라 수치스러운 일이다. 칸트의 주장에 의하면, "왜냐하면 정의가 사라진다면, 인류가 지구상에 살아남는 일 자체가 의미 없는 일이 되기 때문이다."[6] 여기에 실용주의의 한계가 있다. 예컨대 에피쿠로스가 주장한 것처럼 만약 정의가 유용성의 규약에 불과한 것이라면[7] 또는 벤담이나 밀이 주장한 것처럼 전체 행복의 극대화에 불과한 것이라면,[8] 전혀 죄도 없고 방어 능력도 없는 몇 사람을 아무런 동의 없이 희생시키는 일도 정당할 수 있다. 그러나 그런 일이야말로 정의가 금하는 일이며, 금해야 하는 일이다. 칸트 이후에 그 점에 관해서 바른 말을 한 사람은 롤스이다. 행복이나 유용성에 앞서는 것은 정의이며, 따라서 정의는 설령 더 많은 다수의 행복을 위한 경우라고 할지라도 결코 그 때문에 희생시킬 수 없는 것이다.[9] 정의가 없으면 합법도 비합법도 있을 수 없으므로, 정의를 합법적으로 희생시킨다는 말은 성립될 수 없다. 희생시킨다면, 과연 무슨 명분으로 그럴 수 있을까? 정의가 없는 인류, 행복, 사랑이 무슨 가치가 있을까? 사랑을 위해서 정의롭지 못하면 그것은 부당한 것이며, 그런 사랑은 편애 또는 불공평에 지나지 않는다. 정의는 모든 가치들을 가치 있게 하는 것이며, 따라서 정의를 결여한 가치는 단지 이익 또는 동기에 불과한 것이다.

정의는 두 가지 의미로 읽힌다. 하나는 라틴어 어원으로 보면 '법과 일치한다'는 의미이고, 다른 하나는 '평등하다' 또는 '공평하다'는 의미이다. 다른 아이와 비교해서 덜 가진 또는 못 가진 아이는 "이건 정당하지 못해"라고 말할 수 있다. 그런가 하면 아이들 중 하나가, 명문화된 것이건 아니건 놀이에서 통용되는 규칙을 어긴다면, 그것이 비록 아이들끼리 공평하게 나누어 가지기 위한 것일지라도 아이는 같은 말을 할 수 있을 것이다. 그런가 하면 어른들도 법, 즉 사법제도가 알고 있고 행사하는 법으로서의 정의를 위반하는 행위에 대해서뿐만 아니라, 특히 부의 지나친 편중에 대해서도 사회적 정의와 관련해서 마찬가지 말을 할 수 있다. 반대로 정의로운 사람이란, 법을 위반하지도 않고, 다른 사람의 정당한 이익에 피해를 주지도 않고, 일반의 법규뿐만 아니라 개개인의 권리도 침해하지 않는 사람, 간단히 말해서 아리스토텔레스가 설명한 것처럼, 자기가 가진 작은 것에 만족하고 책임질 일은 전적으로 책임지는 사람이다.[10] 정의는 이처럼 도시 국가에서의 **합법**과 개인들 간의 **평등**이라는 두 가지를 동시에 존중하는 것이다. "정의란 법에 일치해야 하는 동시에, 평등을 존중해야 한다. 그리고 정의롭지 못하다는 것은 법에 어긋나는 것인 동시에, 평등을 어기는 것이다."[11]

개인들은 법 앞에 평등하다. 이처럼 정의와 평등이라는 두 단어가 관련이 깊은 것이 사실이지만, 그럼에도 불구하고 둘은 다르다. 사실적 합법의 측면에서 보면, 정의는 순환논리의 의미밖에 없다. 아리스토텔레스의 지적처럼 "그런 의미로 보면, 법에 의해서 규정된 모든 행위는 정당하다."[12] 그러나 법이 정당하지 못하다면, 정의가 무슨 의미가 있을까? 파스칼은 더 냉소적으로 다음과 같이 말한다. "정의는 확립된 것이다. 마찬가지로 법도 일단 확정되었으면 정당한 것으로서 준수해야 한다. 일단 확정된 법은 더 이상 시비 없이 지켜져야 한다."[13] 만약 판관이 자신의 도덕적 신념이나 정치적 신념보다 법과 법의 문자적 의미를 더 존중하지 않는다면, 어떻게 나라가 가능할 것이며 어떻게 정의가 가능하겠는가? 법 사실 즉 합법성은 법 가치 즉 정당성보다 중요하며, 때로는 그것을 대신하기도 한다. 그렇지 않으면, 국가도 법도 법치국가도 있을 수 없다. 법을 법이게 하는 것은 진리가 아니라 권위이다. 홉스에게서도 읽을 수 있듯이 우리의 민주주의를 통치하는 것도 바로 법이다.[14] 법을 있게 하는 것은 다수의 사람들이지, 정당한 사람들 또는 지성인들이 아니다. 소위 오늘날 법적 실증주의라고 부르는 그것은 가치의 측면에서는 불만스럽지만 어쩔 수 없는 것이다. 정의? 그것은 절대자가 결정한다. 법이란 바로 그런 것이다.[15] 그러나 절대자가 민중인 경우에도 절대자가 항상 옳은 것은 아니다. 다시 파스칼을 인용해보자. "재산의 균등 배분은 옳은 것이다. 그러나……."[16] 그러나 절대자는 다르게 결정했다. 파스칼의 시대나 오늘날이나, 법은 사유재산을 보호하고 재산의 불평등을 보장한다. 평등과 합법이 충돌하면 정의는 어디에서 구해야 하는가?

플라톤에 의하면, 정의는 전체를 피라미드식으로 조화롭게 유지하면서 각자에게 각자의 몫을 돌려주고 각각의 자리와 각각의 기능을 지켜주는 것이라고 한다.[17] 사람들마다 원하는 바가 다르고 재능이 다른데, 모든 사람에게 똑같이 주는 것이 옳은 것인가? 사람들마다 능력이 다르고 하는 일이 다른데 모두에게 같은 것을 요구할 수도 없지 않은가? 이는 그리스 시대부터 지금까지 논의되어온 것이다. 정치판에서는 강자가 이긴다. "정의는 논쟁을 부른다. 반면에 힘은 자명해서 논쟁의 여지가 없다. 사람들은 힘과 정의를 일치시킬 수 없었다. 힘과 정의는 배반적이기 때문이었다. 힘은 부당했지만 옳은 것은 그래도 힘이었다고 사람들은 말하곤 했다. 만약 사람들이 정의에 힘을 실어줄 수만 있었다면, 힘에 정의를 실어주는 일은 없었을 것이다."[18] 정의와 힘 사이에는 민주주의도 메울 수 없는 심연이 있다. "다수결의 원칙이 최선이다. 왜냐하면 다수결의 원칙은 구체적으로 눈에 보이는 결정에서 복종을 요구할 수 있기 때문이다. 그러나 다수결의 원칙은 조금은 모자란 사람들의 견해이며",[19] 때로는 정당하지 못한 사람들의 견해일 수도 있다. 그러므로 루소의 주장은 유익하기는 하지만 불안정한 주장이다. 정당성을 획득해야 함에도 불구하고 일반의지는 어떤 것에 의해서도 보증받을 길이 없다. 따라서 일반의지에 의해서 보증받는 정의는 순환논리에 빠진, 아무런 가치도 내용도 없는 정의이다. 어떤 민주주의자들도 그것을 알고 있으며, 어떤 공화주의자들도 그것을 알고 있다. 옳건 그르건 법은 법이다. 그러나 그렇다고 그것이 곧 정의는 아니다. 우리가 말하는 미덕으로서의 정의는 두 번째 의미로서의 정의, 즉 합법적 사실로서의 정의가 아니라 평등, 공평한 가치로서의 정의이다.

두 번째 의미의 정의는 법보다 도덕과 관련이 있다. 법이 부당할 때에는 법에 대항해야 한다. 때로는 법을 어기는 일이 옳은 일일 수도 있다. 크레온의 정의에 대항하여 투쟁한 안티고네(그리스 신화에 나오는 오이디푸스의 딸로서, 애인의 시체를 짐승의 밥으로 주도록 명령한 크레온 왕에게 대항하다가 목을 매어 자살한 여인/역주)의 정의가 그런 것이다. 비시(Vichy) 정부에 저항한 레지스탕스의 정의가 그런 것이다. 법학자들의 정의에 대항하여 투쟁하는 정의로운 사람들의 정의가 그런 것이다. 부당하게 단죄를 받은 소크라테스는 법을 어기면서 살기보다는 법을 지키면서 죽기로 하고, 도주의 기회가 주어졌지만 거절했다.[20] 내가 보기에 그것은 정의에 대한 사랑을 좀더 멀리까지 밀고 간 예거나, 정의와 합법을 혼동한 예이다. 죄 없는 사람을 나쁜 법 또는 나쁘게 적용되는 법에 희생시키는 것이 옳은 일인가? 소크라테스의 태도는 아무리 진지한 것이라고 할지라도 오직 본인에 대한 것으로 그쳐야 한다. 소크라테스의 영웅적 태도는 원칙으로 볼 때에도 논란을 부르는 것이지만, 만약 자신 외에 다른 죄 없는 사람을 법에 희생시킨다면 명명백백히 죄가 될 행동이다. 법을 지켜라! 옳은 말이다. 아니면 적어도 법을 따르고 보호해야 한다. 그러나 정의를 희생시켜서 또는 죄 없는 개인을 희생시켜서 그렇게 할 수는 없다. 비록 비합법적인 것이기는 했지만 소크라테스를 구하려고 했던 친구들의 행동은 정당했다. 반면 소크라테스는 법을 존중해서 친구들의 요구를 거절했다. 본질을 따지자면 도덕이 우선이며, 정의가 우선이다. 그리고 본질은 바로 거기에서 확인된다. 본질이 무엇이냐고? 모두의 자유, 각자의 존엄성, 다른 사람의 권리 같은 것들이 아닐까.

"옳든 그르든 법은 법이다"라고 소크라테스는 말했다. 그러나 사람들이 법만을 지킨다면, 어떤 민주주의도 어떤 공화주의도 가능하지 않을 것이다. 사실이다. 정의를 포기하거나, 올바르지 못한 것을 관용하는 일도 마찬가지이다. 물론 이는 단칼에 해결할 수 있는 문제가 아니며, 말 그대로 궤변론의 영역에 속한다. 어떤 때에는 도망가야 하는가 하면, 어떤 때에는 법을 지켜야 하고, 또 어떤 때에는 조용히 어기기도 해야 한다. 물론 가장 바람직한 것은 법과 정의가 같은 방향을 향할 때이다. 도덕적 시민이라면 누구나 바라는 것이 바로 그런 것이다. 정의는 어느 한 개인의 것도 아니며, 어느 한 진영의 것도 아니며, 어느 한 정당의 것도 아니다. 모두가 양심적으로 정의의 수호를 위해서 힘써야 한다. 아니, 내가 잘못 표현한 듯하다. 정당들은 도덕이 없다. 정의는 정당이 지켜주는 것이 아니다. 정의는 정당을 구성하거나 정당에 대항하는 개인들이 지켜준다. 정의를 수호하는 정의로운 개인들이 없다면 정의는 존재할 수도 없으며, 존재한다고 해도 가치가 있는 것일 수 없다.

   정의로운 사람이란 어떤 사람인가? 이 질문은 아주 어려운 질문이다. 합법성을 존중하는 사람인가? 아니다. 합법성 자체가 정의롭지 못할 수 있기 때문이다. 그렇다면 도덕적 법을 존중하는 사람인가? 칸트의 말이지만, 칸트는 문제를 뒷걸음치게 하고 있을 뿐이다. 도덕적 법이란 도대체 어떤 법인가? 정의로운 사람 중 어떤 사람도 도덕적 법을 알고 있다고 주장하는 것을 보지 못했으며, 심지어 그런 법이 존재하는지조차 모르고 있었다. 몽테뉴를 보자. 만약 도덕적 법이 존재한다면 또는 우리가 그런 법을 알고 있다면, 우리는 사실 오늘날 정의로운 사람들을 그렇게 갈구하지도 않을 것이다. 정의만으로도 충분할 수 있을 테니까. 예컨대 정의 또는 정의에 대한 칸트의 개념은 살인범에 대한 사형의 절대적 필요성을 강조하고 있다.[21] 그러나 그것은 과거의 정의로운 사람들이 거부했고 지금도 거부하고 있는 정의이다. 정의로운 사람들에 대한 이런 견해 차이야말로 정의의 본질이며, 정의의 부재를 말해주는 것이다. 정의는 이 세상의 것이 아니며, 어느 세상에도 없는 것이다. 플라톤, 칸트에 비해서 아리스토텔레스가 어느 정도 옳은 말을 하고 있다. 내가 이해한 바에 의하면, "정의가 정의로운 사람을 만드는 것이 아니라, 정의로운 사람이 정의를 만든다"는 것이다. 그런데 그들이 정의를 모른다면 어떻게 해야 할까? 앞에서 보았듯이, 합법성을 존중하고 평등을 존중하는 길밖에 없다. 그러나 합법성이 정의가 아니듯이, 평등이 곧 정의는 아니지 않은가? 우리는 종종 솔로몬의 판결을 인용하곤 한다. 물론 솔로몬의 판결은 심리학이지 정의는 아니다. 솔로몬의 판결에서는 아이의 진짜 어머니에게 아이를 돌려주는 두 번째 판결만이 진정한 정의로운 판결이다. 첫 번째 판결은 균등한 분배를 위해서 아이를 둘로 가르는 것이었다. 그런 판결 행위는 정의가 아니라 야만이다. 균등 분배를 통한 평등이 전부는 아니다. 모든 죄인들에게 같은 벌을 내리는 판관이 옳은 판관일까? 모든 학생들에게 같은 점수를 주는 선생님이 좋은 선생님일까? 벌과 점수는 똑같이 주기보다는 죗값에 따라서 또는 능력에 따라서 배분해야 하는 것이다. 그러나 누가, 어떤 기준에 의해서 그렇게 할 수 있는가? 도둑질에 대한 벌은 어느 정도여야 하는가? 강간에 대한 벌은 어느 정도여야 하는가? 살해에 대해서는? 그리고 이런 상황에서는 어떤 판단을 내려야 하고, 저런 상황에서는 어떤 판단을 내려야 하는가? 배심원들과 판관들을 포함해서 법 관련자들은 거기에 대해서 어느 정도 대답을 한다. 그러나 정의는 그렇지 않다. 교육도 마찬가지이다. 열심히 공부하는 학생에게 상을 주어야 할까? 아니면 재능이 있는 학생에게 상을 주어야 할까? 결과인가, 능력인가? 둘 다인가? 만약 다른 사람을 물리쳐야 상을 받을 수 있는 대회라면 어떻게 해야 하는가? 어떤 기준으로? 그러나 그 기준이라는 것도 평가해보아야 하지 않는가? 교수들은 최선을 다해서 대답한다. 그러나 정의는 그렇지 못하다. 정의는 대답이 없다. 정의는 결코 대답을 모른다. 학생들의 답안을 고쳐주기 위하여 교수들이 있듯이, 법정에는 판관들이 있어야 하는 것이다. 그러나 정의를 제대로 알고서 양심껏 정의를 행사한다고 하는 판관이 있다면, 그는 아주 영악한 판관이다. 내가 알기로는 판관들은 정의를 모르며, 모른다는 사실을 인정하는 사람들이다. 그리고 그들은 맹목적으로 그런다고까지 말할 수는 없어도, 위험과 불안을 무릅쓰고 되는 대로—이렇게 말하는 것이 좀 지나친 감이 없지는 않지만—정의를 행사한다. 여기에서 파스칼을 다시 인용하는 것이 적절할 것 같다. "인간에게는 두 가지 부류가 있다. 하나는 자신들이 죄인이라고 믿는 옳은 사람들이며, 다른 하나는 자신들이 정의로운 사람들이라고 믿는 죄인들이다."

22) 그러나 우리는 그중 어떤 범주에 속하는 사람들인지 결코 알 수 없다. 어느 쪽에 속하는지 아는 순간, 우리는 벌써 다른 쪽에 가 있는 것이다!

우리에게는 근사치일망정 기준이 필요하며, 불안한 것일망정 원칙이 필요하다. 다만 원칙은 그것에 얽매이기보다는, 개인들 간의 일정 정도의 평등, 상호성, 평등성 등을 고려하는 원칙이어야 한다. 정의의 완성이라고까지 말할 수는 없다고 하더라도, 정의의 유사어라고 할 수 있는 평등(aequus)이라는 단어의 어원은 바로 그런 것이다. 저울추가 상징하는 것도 바로 그런 것이리라. 양쪽 저울판은 균형을 유지하며, 균형을 찾아야 한다. 정의는 공정함이 전제된 질서의 미덕이며, 정직함이 전제된 교환의 미덕이다. 서로 좋아야 하는 것이다. 내가 빵집에 가서 빵을 산다면, 빵집 주인과 나는 둘 다 손해가 없다. 물론 가장 좋은 경우는 서로 좋은 경우이며, 또 자주 있는 일이기도 하다. 그렇다면 어떻게 그것을 보장할까? 보장할 수는 없다. 그러나 다른 방법으로는 결코 질서와 교환이 옳게 행사될 수 없다는 사실만큼은 확인해두고 넘어가자. 만약 내가 불리한 교환을 하려고 한다면, 예컨대 빵 한 조각과 집을 바꾸려고 한다면, 사람들은 내가 미쳤거나 정보에 어둡거나 억압을 받고 있거나 셋 중의 하나라고 할 것이다. 그런 교환은 어떤 정의의 법적 잣대로 잰다고 해도 법적 의미를 명백히 벗어난다. 그런 일은 오직 절대자가 결정할 일이다. 교환이 정당한 것이 되려면 평등하게 실현되어야 한다. 우리는 부의 차이, 권력의 차이, 지식의 차이처럼 교환 상대자들 사이의 어떤 차이가 한쪽 편의 이익을 무시하는 교환을 강제해서는 안 되며, 평등의 상황이나 분명한 자유의지에 반하는 교환을 강제해서도 안 된다. 그런 기만에는 아무도 속지 않는다. 물론 그 말은 모든 사람들이 평등 상황을 따른다는 말은 아니다. 순진한 어린아이를 이용한다거나, 미친 사람, 무지한 사람 또는 절망에 빠진 사람을 그들 모르게 또는 강제로 그들의 이익에 반하는 행동을 하게 하거나 그들의 의지와 다른 어떤 행동을 하게 한다면, 비록 법이 나라마다 상황마다 달라서 그런 것을 특별히 정한 내용이 없다고 하더라도 그것은 부당한 짓이다. 사기, 갈취, 폭리를 취하는 일은 도둑질만큼이나 부당하다. 그리고 단순한 상행위 역시 구매자와 상인 간에 교환 대상에 관한 또는 각각의 권리와 의무에 관한 정보 차원에서의 일정한 동등성이 존중될 때 정당한 것으로 취급될 수 있다. 한 걸음 더 나아가서, 어떤 사람의 물건이 정당한 것이 아닐 때에는 도둑질도 정당한 것일 수 있다. 그렇다면 어떤 소유가 정당하지 못한 소유일까? 예컨대 인간들 사이에 전제된 일정한 상대적 평등성을 지나치게 무시한 소유는 정당하지 못하다. 프루동은 "소유는 곧 도둑질이다"라고 말했지만, 그것은 지나친 주장이다. 아니 도둑질도 소유를 전제하는데, 소유를 부정한다는 점에서 생각할 수조차 없는 발상이다. 어떤 사람은 먹을 것이 없어서 죽어가는데, 어떤 사람은 넘쳐나는 재산을 누린다면 정당한 일인가? "부의 평등한 분배는 정의로운 것이다"라고 파스칼은 말한다. 어떤 사람들은 비참과 아사에 빠지게 하고, 다른 어떤 사람들은 부에 부를 더하게 하며 쾌락에 쾌락을 누리게 하는 부의 불평등은 어떤 경우에서든 결코 옳을 수 없다.

그러므로 정의의 본질에 속하는 평등은 교환할 물건들 사이의 평등보다는 교환 주체들 간의 평등을 전제한다. 사실 언제나 논란이 있을 수 있지만, 그래도 다른 방법으로는 교환이 있을 수 없기 때문에 대체적으로 용납되는 것이 교환 주체 간의 평등이다. 그 평등은 사실의 평등이 아니라 권리의 평등을 말하는 것으로서, 교환 주체들 모두 교환에 관련된 이해나 조건에 대해서 제대로 그리고 자유롭게 정보를 가지는 것을 전제하는 평등이다. 그러나 사람들은 그런 평등은 완전한 실현이 결코 불가능한 평등이라고 말할 것이다. 물론 그렇다. 그러나 정의로운 사람이란 평등을 지향하는 사람들이다. 그리고 정의롭지 못한 사람들은 평등에 역행하는 사람들이다. 만약 당신이 몇 년을 살았던 어떤 집을 판다고 할 때, 당신은 그 집에 대해서 어떤 구매자보다 잘 알고 있을 것이다. 그렇다면 이때 정의는 드러난 것이든 아니든, 그 집의 안 좋은 점에 대해서 그리고 이웃들의 좋고 나쁜 점에 대해서, 법이 요구하든 않든 간에 예상 구매자에게 알려줄 것을 요구한다. 그러나 우리는 결코 철저히, 항상 또는 모두 그렇게 하지는 못한다. 그러나 그렇게 하는 일이 옳은 일이며, 그렇게 하지 않으면 옳지 못하다는 것을 모르는 사람이 있을까? 구매 희망자가 나타났다고 하자. 당신은 그로 하여금 집을 보게 한다. 그러면 당신은 그때 밤만 깊으면 옆집 술주정뱅이가 고래고래 소리 지른다는 사실을 말해야 하는지, 겨울이면 벽에 습기가 찬다고 말해야 하는지, 벌레가 기둥을 갉아먹었다고 말해야 하는지를 고민할 것이다. 법은 경우에 따라서 어떤 것을 명시해놓기도 하지만, 그렇지 않은 경우도 있다. 그러나 정의는 언제나 명시할 것을 요구한다.

사람들은 그런 식으로는 집을 팔기도 어렵고 또는 손해가 따른다고 할 것이다. 그럴지도 모른다. 그러나 정의가 쉽고 이로운 경우를 본 적이 있는가? 정의는 정의를 받아들이고 정의에서 이득을 보는 사람에게만 쉽고 이롭게 여겨진다. 또한 정의는 정의를 실천하고 행사하는 사람에게만 미덕이 될 수 있다.

그렇다면 자신의 이익을 포기해야 하는가? 물론 그런 것은 아니다. 그러나 자신의 정의를 위해서 자신의 이익을 포기할 수는 있어야 한다. 그 반대는 안 된다. 그렇지 않으면? 그렇지 않으면, 다른 사람들과 더불어 올바로 살려고 하지 말고, 자신의 부에 만족하라고 알랭은 말한다.[23]

아리스토텔레스가 말한 것처럼 원칙은 평등이며, 무엇보다도 인간들 사이의 평등이다. 법적인 것까지 포함해서 현실적 불평등이 아무리 역사가 깊고 잘 확립되어 존중받아왔다고 하더라도, 법이 지시하고 도덕이 전제하며 최소한의 권리가 보장되는 평등은 있어야 한다. 부가 특권을 부여할 수는 없다. 물론 부는 특별한 힘을 부여한다. 그러나 그 특별한 힘이 곧 정의일 수는 없다.

천재와 성인이 특권을 부여받을 수도 없다. 모차르트도 다른 누구와 마찬가지로 밥벌이를 해야 한다. 성 프란체스코도 정당한 법정 안에서는 다른 누구 이상의 권리를 가지지 못한다. 정의는 평등이며, 법적으로 정해진 것이건 도덕적으로 요구되는 것이건 권리의 평등이다. 아리스토텔레스의 뒤를 이어 알랭이 말했다. "정의는 바로 평등이다. 언젠가 그 말이 망상이 될지도 모르겠지만, 지금의 나는 그 말을 망상으로 보지 않는다. 나는 그것을 강한 사람과 약한 사람, 유식한 사람과 무식한 사람 사이에 이루어지는 모든 형태의 정당한 교환으로 본다. 그런 관계는 한 가지 조건, 즉 강한 사람과 유식한 사람이 상대편에 대하여 자기와 같은 정도의 힘과 지식을 전제한 채 상대의 조언자가 되고 판관이 되고 조정자가 되어주면서, 보다 심오한 동시에 전적으로 관대한 교환을 행한다는 조건에서만 가능하다."24) 중고차를 파는 사람은 그것을 살 사람과 마찬가지로 특히 그런 점을 잘 안다. 물론 항상 정의를 유지할 수는 없는 것이어서 때때로 어느 한쪽이 조금 정의를 벗어날 수도 있지만, 둘이 합의를 도출할 수 있으려면 어느 정도는 둘 사이에 정의가 충족되어야 한다. 어떤 것이 올바른 것인지 모른다면, 올바른 행동을 할 수도 없을 것이다. 조금만 생각하면 금방 알 수 있듯이, 교환은 두 사람이 힘, 지식, 권리의 차원에서 평등할 때 비로소 이루어질 수 있으며 또한 올바르게 이루어질 수 있다. 조건은 분명하다. 정의는 평등의 조건이며, 그래서 우리의 교환은 그런 평등의 조건을 따라야 한다.

알랭의 말처럼, 정의의 황금률 또는 기준은 바로 평등에서 비롯된다. "어떤 계약을 하든 어떤 교환을 하든, 상대편의 입장에서 보라. 네가 아는 모든 지식을 동원하되, 너와 상대 모두가 궁핍으로부터 자유로워야 한다. 그런 다음 그의 입장에서 과연 그 교환 또는 그 계약을 인정할 수 있는지 살펴보아라." 25) 황금률은 다른 먼 곳에 있지 않다. 그러나 이보다 더 엄격하고, 더 까다로운 구속이 어디 있겠는가? 이는 평등하고 자유로운 주체들 사이의 교환 의지인데, 그러나 아무리 가치로서의 정의라고 할지라도 정의는 도덕뿐만 아니라 정치와 관련되곤 한다. "각 개인이 일반적 법칙을 존중하며 사는 다른 사람들과 더불어 공존하려는 자유의지, 그 자유의지를 허용하는 모든 행동 또는 금언은 정당하다." 이는 칸트의 말이다.[26] 그들의 자유의지가 공존하려면 동일한 규칙과 그들 간의 최소한의 권리가 전제되어야 한다. 또는 거꾸로 그런 권리를 실현시키는 것은 바로 자유의지의 공존 자체이다. 우리가 돌보고 또 돌보아야 할 것이 있다면 그것은 정의이며, 그래도 끊임없이 위협받는 것이 바로 정의이다.[27]

나는 정의는 정치와 관계된다고 했다. 모든 주체들이 자유롭고 평등하다는 전제 또는 자유롭고, 그래서 평등하다는 전제는 모든 진정한 민주주의의 원칙이자, 인간의 권리장전이다. 그런 점에서 우리의 근대성의 본질을 이루는 것은 천부인권설이라기보다 오히려 사회계약론이라고 할 수 있다. 물론 그 둘은 허구일 수 있다. 천부인권설은 현실을 전제하지만, 언제나 헛되다. 천부의 인권이 존재한다면, 우리는 정의를 실현하려고 할 필요가 없다. 다만 그것을 회복시켜놓기만 하면 그만일 것이다. 반면 사회계약론은 원칙 또는 의지를 담보한다. 스피노자의 경우든 로크의 경우든 또는 루소의 경우든 칸트의 경우든, 최초의 계약 개념에서 문제가 되는 것은 동등한 사람들 사이의 자유로운 동의 사실의 존재가 아니라, 어떤 정치 집단의 구성원들 모두를 위한 평등권의 전제이다. 그럴 때 비로소 **평등**(모든 자유는 다른 사람과의 평등을 전제하므로)과 **합법**을 결합시키는 동의(이 동의 사실은 이런저런 조건에서 법적 구속력을 가지므로)가 가능하고 또 필연적인 것일 수 있다. 아리스토텔레스를 다시 만나는 곳이 바로 거기이다. 칸트는 루소, 로크 또는 스피노자보다 더 분명하게, 그런 최초의 동의가 가정에 지나지 않았음을, 그러나 권리와 정의의 모든 비신학적 표현을 위해서는 절실한 가정이었음을 밝힌다.

전적으로 합법적인 헌법과 시민 공화국을 인간들 사이에 자리잡게 하는 유일한 것은 바로 최초 계약이다. 그러나 우리는 그 계약을 결코 기정사실로 가정할 필요가 없으며, 또 그렇게 할 수도 없다. 최초의 계약이라는 것은 차라리 단순한 이성적 관념이다. 그러나 그렇다고 해도 최초의 계약은 법을 모든 법 제정자들에게 국민 모두의 집단의지의 산물인 것처럼 느끼게 하는 점에서, 그리고 시민임을 주장하는 모든 개인들에게 그런 의지에 적극적인 지지를 보낸 것처럼 느끼게 하는 점에서, 모든 공공법에 대한 합법성과 더 이상 부정의 여지없는 현실성을 부여한다. 예컨대 일정 계급의 사람들에게 귀족으로서의 특권을 혈통으로 상속하게 해주는 법처럼 어떤 공공법이 국민 모두의 지지를 얻어낼 수 없다면, 그 법은 정당한 것일 수 없다. 그러나 어떤 법에 대해서 국민적 동의가 이루어진다면, 국민은 그 법을 정당한 것으로 받아들일 의무가 있다. 설령 국민이 머지않은 장래에 그 동의를 거부할지도 모르고, 바로 지금 그런 상황이나 상태에 있다고 해도 말이다.[28]

사회계약은 달리 말하면 "국가를 설립하기 위한 규칙이지 기원이 아니며, 근본 원칙이 아니라 통치의 원칙이다." 사회계약은 변화를 설명하는 대신, 말하자면 "법의 이상적 제정, 이상적 정부, 이상적 공공 정의" 등의 표현에서와 같은 이상을 밝히는 것이다.[29] 순전히 조절을 위한 그러나 꼭 필요한 하나의 가정인 최초의 계약은 "국가의 기원"에 대해서도, 국가가 지금 "어떤 상태에 있으며" "어떻게 발전해야 하는가"에 대해서도 알게 해주지는 못한다.[30] 가능한 어떤 법 아래에서 자유를 공존하게 할 것인지에 대한 정의의 개념은 인식의 문제가 아니라 의지의 문제이다. 칸트는 이를 단순한 실천 이성으로 표현했을 것이다. 정의의 개념은 주어진 어떤 사회에 대한 이론적이고 설명적인 개념이 아니라, 판단을 위한 지침이요 행동을 위한 이상이다.

롤스는 다른 것은 거의 말하지 않는다. 정의를 단순한 합법이나 유용성이 아닌 평등으로 생각하는 롤스는 사람들 각자가 사회 안에서 자기의 자리를 알지 못하는 "최초의 입장"에 서야 한다고 본다.[31] 롤스는 그런 상태를 "무지의 장막"이라고 부른다. 그것은 개인차를 유보하고, 비록 정당한 것이라고 할지라도 개인의 이기적 또는 우연적 이익을 유보할 때 비로소 가능하다. 여기에서의 이 입장도 순전히 가정적이고 허구적인 입장이다. 그럼에도 비록 부분적인 것이기는 하지만, 우리가 벗어날 수 없으며 그래서 사실 우리 모두가 연루된 지나친 개인적 이익으로부터 정의를 자유롭게 하는 효과는 있다. 나는 최초의 입장이란 자아가 없는 동등자들의 집합과 같은 것이 아닐까 생각한다. 그런 상태에서는 각자가 "자신의 계급적, 사회적 입장"을 모를 뿐만 아니라, 자신의 지성, 힘 또는 "자신의 심리적 특징"까지도 모를 것이기 때문이다.[32] 최초의 입장이 밝은 것이 될 수 있다면, 바로 그런 점 때문일 것이다. 자아는 항상 정당하지 못하다.[33] 따라서 우리는 정당할 수 있으려면, 어떤 경우에서든 자아가 판단을 지배할 수 없게 해야 한다. 아무도 살아본 적도 없고 살 수도 없는, 그러나 생각과 판단을 위해서 우리가 잠정적으로나마 또는 허구적으로나마 자리잡아보고 싶은 최초의 입장이란 바로 그런 것이다. 이타주의에서는 각자가 다른 사람의 이익을 위해서 아직 불확정적인 것일지라도 자신의 이익을 희생시켜야 한다.[34] 최초의 입장에서는 "아무도 사회 속에서의 자기의 상황을 모르며, 자신의 천부적 재능을 모른다. 바로 그런 이유 때문에 어떤 사람이 자신의 이익을 위해서 원칙을 만들었을 가능성은 부정된다."[35] 그런 모델은 현실적이지 못한 이타주의를 신장시키지는 못할지라도, 이기주의를 따돌리는 효과는 있다. 이 말은 정의가 무엇인지에 대해서 시사하는 것이 많다. 정의는 이기주의도, 이타주의도 아니다. 정의는 개인들의 상호 교환성에 의해서 증명되거나 표명된 권리의 순수한 등가성을 의미한다. 중요한 것은 각 개인이 하나로서 의미가 있다는 사실이다. 다시 한번 강조하면, 개인 간의 순수 등가성은 현실적으로 서로 다른 개인들이, 즉 서로 대립된 각자의 이익에 애착을 가지는 각자가 오직 다른 사람의 입장에 설 수 있을 때에만 가능하다는 말이다. 롤스에 의하면, 최초의 입장으로서의 무지의 장막이 사실상 이르는 곳은 바로 여기이다. 앞으로 어떻게 될지 모르기 때문에, 각각의 개인은 모든 사람들의 이익과 각자의 이익이 보장되는 한에서 자신의 이익을 추구해야만 한다. 차별이 없는 이익, 상호적으로 보면 인위적인 무지의 장막을 통해서, 개인적으로 보면 사심을 버림으로써 얻게 된 그 이익이 바로 정의이며, 그런 이익만이 어쨌든 정의에 가까이 다가갈 수 있게 해준다. 이미 루소에게서 보았듯이 원초적 계약이라는 각 개인의 완전한 포기와, 공화국이라는 법의 이중적 보편성도 근본적으로는 비슷한 결과에 이르게 하는 것이 아닌가 자문해보아야 할 것 같다.[36] 그러나 그런 순전한 정치적 사상에 관한 논의는 우리가 사회적 요구가 아닌 정의 또는 도덕으로 되돌아와야 한다는 점을 감안하면 우리를 너무 먼 곳까지 끌고 갈 우려가 있다.

　물론 사회적 요구와 정의 그리고 도덕은 서로 관련이 있다. 매듭을 풀어보면 자아가 그 연결 고리이다. 정의롭다는 말은 도덕적 의미로 보면 법을 초월하기를 거부하는 태도인데, 그런 점에서 정의는 미덕처럼 합법성과 관련이 있다. 그런가 하면 정의롭다는 말은 다른 사람의 이익을 희생시키려는 충동을 극복하고자 하는 미덕의 다른 말일 뿐이다. "자기를 세계의 중심으로 생각하는 자아는 그 자체로는 옳지 못하다"고 파스칼은 쓴다. 그리고 "각각의 다른 나를 적으로 생각하기 때문에 다른 모든 사람들의 폭군이 되어 그들을 복종시키려고 하는 자아는 결국 다른 사람들을 불편하게 한다."[37] 정의란 바로 그런 폭압의 반대말이며, 이기주의 또는 자아중심주의의 반대말이다. 모든 미덕들은 아마도 그런 반(反)이기주의에 있을 것이다. 정의는 이기주의에 빠지는 것을 경계할 때 얻어진다. 사실 정의 외에 이타주의가 따로 없다고 보면 정의는 이타주의 또는 사랑에 가장 가까이 가 있다. 그러나 사랑에 가까이 가 있을 뿐, 그 이상은 아니다. 사실 우리는 이웃밖에 사랑할 수 없는데도 우리가 이웃을 사랑하기란 보통 어려운 일이 아니다. 특히 있는 그대로, 보이는 그대로의 사람들을 사랑하기란 얼마나 어려운가. 레비나스보다 더 잔인한 도스토옙스키는 차라리 사람들에게 얼굴이 없었다면, 사랑하기가 훨씬 더 쉬웠을 것이라고 말한다.[38] 사랑은 너무 까다롭다. 사랑은 너무 위험하다. 한마디로 사랑은 우리에게 너무 많은 것을 요구한다. 다른 사람이 전부인 지나친 자비와 내가 전부인 지나친 이기주의 사이의 정의는 저울이 상징하는 절도의 자리를 차지한다. 달리 말하자면, 평형 또는 균형의 자리를 차지한다. 아리스토텔레스가 말했듯이, 자신이 누구이든 간에 각자에게는 지나치지도 않고 모자라지도 않은 각자의 몫이 있다.[39] 그래서 정의는 그 역량에도 불구하고 또는 바로 그 역량 때문에 우리 모두에게 거의 접근 불가능한 지평으로 남는다.

내게도 마찬가지이다. 그것이 정의의 진리이다. 그리고 다른 사람들은, 그들이 옳든 그르든, 나로 하여금 나를 되돌아보게 한다.

"정의란 시민법이 정한 것처럼, 각자의 것이 각자에게 돌아가기를 바라는 우리 영혼의 불변하는 성향이다."[40] 스피노자의 말이다. "각자에게 각자의 것을 돌려주려는 의지를 가지고 있는 사람"[41]을 우리는 정의로운 사람이라고 부를 수 있다는 말이다. 시모니데스 또는 성 아우구스티누스에게서 이미 확인한 전통적인 의미의 정의는 그와 같다.[42] 그렇다면 '나의 것'이란 무엇인가? 정의라는 말 자체가 정치적으로 법적으로 조직된 사회생활을 전제한다는 점에서,

나의 것이라고 할 것은 아무것도 있을 수 없다. "본래 이런 사람의 것, 저런 사람의 것이란 아무것도 없다. 모든 것은 모두의 것이다. 따라서 자연 상태에서는 각자에게 각자의 것을 돌려준다거나, 어떤 사람으로부터 그 사람의 무엇을 빼앗는다는 말은 성립될 수가 없다. 다시 말해서 자연 상태에서는 옳은 것은 아무것도, 그른 것은 아무것도 없다는 말이다."[43] 스피노자나 홉스에게 정의로운 사람 또는 정의롭지 못한 사람이란 단순히 "고독한 개인이 아니라 사회적 인간의 자질"[44]을 설명할 뿐인 "외재적인 개념"[45]이다. 그럼에도 불구하고 정의는 미덕이며, 권리와 소유가 확립될 때 비로소 가능한 미덕이다.[46] 이때 정의의 미덕이라는 것이 자유로운 것이든 또는 강제적인 것이든 간에 각 개인의 동의 없이 과연 가능할까? 아니다. 정의는 사람들이 원할 때에만, 공동의 합의가 있을 때에만 가능하다. 그러므로 자연 상태에서의 정의, 즉 천부적 정의란 있을 수 없다. 모든 정의는 인간적인 것이며, 모든 정의는 역사적인 것이다. 법이 없는 정의는 있을 수 없으며, 문화 없는 정의도 있을 수 없다. 마찬가지로 사회 없는 정의도 생각할 수 없다.

그러면 거꾸로 정의 없는 사회를 생각할 수 있을까? 홉스와 스피노자는 아니라고 대답할 것이다. 나도 그들과 마찬가지 대답을 하고 싶다. 법이 없는 사회, 최소한의 평등과 균형도 없는 사회는 과연 어떤 사회가 될까? 우리가 대체로 알고 있듯이, 강도 떼도 자기네끼리의 정의라는 것이 존중될 때, 즉 최소한의 분배 원칙이라도 있을 때 비로소 공동체를 꾸려나갈 수 있다.[47] 그렇지 않고는 어떤 단계의 사회도 불가능하다. 흄은 우리의 생각을 자극하는 다른 대답을 내놓는다. 그는 가치가 불균등한 다섯 가지 가정을 한다. 그러나 내가 보기에 그것들은 검증이 필요한 암시에 불과한 것들이다.

물론 흄은 정의의 유용성 또는 필연성을 부인하는 것은 결코 아니다. 오히려 그의 이론의 요체는 바로 거기에 있다. 흄은 실용주의라는 용어가 생기기도 전에 이미 실용주의자였다. "사회 유지를 위해서 정의는 필요하며, 현실 사회는 정의라는 미덕의 유일한 근거이다"라고 그는 쓴다.[48] 물론 그것이 과연 유일한 것인가 하는 것에 대해서는 이미 어느 정도 논의도 있었고 또 앞으로도 기회가 있겠지만 논외로 남겨두기로 하자. 우선 말하고 싶은 것은, 그것의 필요성만큼은 부인할 수 없다는 사실이다. 우리의 어떤 사회가, 법률적인 것이든, 도덕적인 것이든 법 없이 살아남을 수 있겠는가? 인간의 사회라면 법은 있어야 한다. 그러나 사회는 복잡하다. 흄에 의하면, 정의는 필요하며 사회의 유일한 근거이다. 그러나 과연 그런가? 흄은 정의가 없는 사회가 있는지, 과연 그런 사회가 가능한지에 대해서 생각해보았다고 한다. 흄은 정의가 없는 사회를 가정해본다. 그러나 그런 사회에서도 정의가 여전히 살아남는다면, 정의는 필요성만으로 설명될 수 없음을 알 수 있을 것이다. 그리고 만약 정의가 없는 어떤 사회에서는 마침내 정의가 사라지더라는 결론이 도출된다면, 정의의 근거는 필요성이라는 말이 성립될 것이다. 흄은 정의의 **필요성**, 더 나아가 정의의 **효력**을 대체할 다섯 가지 가정을 내놓는다. 그의 다섯 가지 가정은 공공의 유용성과 필요성이 "정의의 유일한 기원"이자 "그것을 가치 있게 하는 유일한 근거"인지 아닌지를 판별하게 해줄 것이다.[49]

간단히 줄여서 흄의 다섯 가지 가정을 소개하면 다음과 같다. 절대적 풍요, 보편적 사랑, 전쟁이나 홉스가 말하는 자연 상태처럼 극도의 전반적 비참 또는 폭력과 이성을 가진 그러나 방어 능력이 없는 존재들과의 대결 그리고 마지막으로 총체적 해산에 의한 개인들 간의 극단적 고립이다.[50] 위의 다섯 가지 모델에서 흄은 필요성 또는 유용성이 없는 정의는 가치마저 상실한다는 것을 보여주려고 한다. 자, 흄의 다섯 가지 정의를 살펴보자.

위에서 가장 설득력 있는 것은 다섯 번째 경우이다. 우리와 다른 사람과의 관계를 조정하는 것이 정의라면, 사람들이 각각 따로 사는 경우의 정의는 목적도 타당성도 내용도 잃을 것이다. 정의를 행사할 기회가 없다면 그런 정의가 무슨 가치가 있을 것이며 그런 정의를 어떻게 미덕으로 간주할 수 있다는 말인가? 정당하다거나 정당하지 못하다는 말이 불가능하지 않을지는 모른다. 그러나 그것은 암암리에라도 다른 사람을 가정할 때 비로소 가능한 말이다. 판단한다는 것은 거의 언제나 비교를 전제하며, 그런 점에서 정의는 생각의 차원에 머무는 경우에조차 사회적이다. 사회가 없이는 정의가 있을 수 없다는 것이 흄의 생각이다. 절대적 고독 속에서는 정의도 있을 수 없다는 것이다.

깊이 들여다보면 두 번째 가정도 받아들일 수 있다. 각각의 개인이 다른 사람들에게 넘치는 애정을 쏟으면서 호의와 친절로 대한다면 법도 필요 없을 것이고, 그렇게 되면 서로를 평등하게 대하라고 하는 말이 의미 없게 될 것이다. 가족끼리의 사랑에서 보듯이 사랑은 단순한 권리를 초월하며, 정의를 대신할 수 있는 것이다. 나는 "깊이 들여다보면"이라고 했는데, 그것은 왜냐하면 흄이 생각한 것처럼 과연 사랑이 정의를 폐지하는 것인가를, 또는 내 생각이기는 하지만 사랑이 오히려 우리를 정의롭게 하는가를 자문할 필요가 있기 때문이었다. 아리스토텔레스의 그 유명한 말을 기억하는지 모르겠다. "친구 사이라면 정의가 굳이 필요 없다. 그러나 정의를 지키려면 우정이 필요하다."[51] 이 말은 친구 사이에는 정의가 필요 없다는 말이 아니라 친구 사이에는 정의가 저절로 따라온다는 말이며, 정의는 도타운 우정 안에 스며 있다는 말이다. 우정이 돈독하면 돈독한 만큼, 정의는 덜 필요하다. 상당히 납득이 가는 말이다. 사실 사랑은, 특히 한계가 없는 보편적 사랑은 거의 의무에 묶이지 않으며, 의무에 묶인다고 해도 편하게 그럴 뿐이지 구속을 느끼거나 불편을 느끼면서 그렇지는 않는다. 그러니 사랑이나 고독은 그렇다고 치자.

그러나 나머지 세 가지 가정은 문제가 있다.

우선 풍요를 보자. 모든 소유 가능한 재산이 원하는 누구에게나 무한정 주어진다고 상상해보자. 그런 상황을 흄은 다음과 같이 설명한다.

> 만약 누구나 원하는 만큼 또는 그 이상 가질 수 있다면, 무슨 목적으로 재산을 소유하려고 할 것인가? 물려줄 수도 없다면 왜 재산을 형성하려고 하겠는가? 누가 와서 내 것을 차지하려고 한다면, 같은 가치의 다른 물건이 손만 뻗으면 아무데나 있는데도 그 물건을 꼭 내 물건이라고 말할 필요가 있겠는가? 그런 경우 정의는 전혀 의미가 없으며 괜한 기념물일 뿐, 미덕의 목록에 정리할 것이 전혀 못 된다.[52]

정말 그럴까? 그 사회는 도둑질을 금할 필요나 재산을 보장할 필요는 없을지도 모른다. 그러나 흄이 생각하는 것처럼, 재산의 보호가 정의의 유일한 목적인가? 그것만이 위협받는 인간의 권리, 보호해야 할 유일한 권리인가?[53] 풍요의 사회, 시인들이 노래하는 어떤 황금기, 마르크스가 말하는 공산주의에서도, 이웃을 비방하고 죄 없는 사람을 단죄하는 일(도둑질에 대해서는 아니라고 쳐도, 살인에 대해서 단죄하는 일)은 일어날 수 있다. 그런 사회도 절대적 빈곤의 사회 또는 "자원의 상대적 결핍"[54]의 사회만큼이나 옳지 못하다. 여기에서 롤스는 어느 정도 흄과 일치한다. 그러나 만약 정의가 권리의 동등성을 존중하는 것이고 각자에게 각자의 몫을 돌려주는 것이라면, 정의는 오직 재산 또는 지주와만 관계되는 것으로 이해해야 할 텐데, 과연 그럴 수 있는 것인가? 소유하는 것이 나의 유일한 권리인가? 소유가 나의 존엄성에 대한 유일한 잣대일까? 우리가 도둑질하지 않았다는 이유 하나만으로 정의를 지켰다고 할 수 있는가?

극도의 빈곤 또는 일반적 폭력에 대해서도 나는 거의 비슷한 지적을 할 수 있을 것 같다. 흄은 다음과 같이 쓰고 있다. "어떤 사회가 가장 일상적인 필수품조차 공급할 수 없는 지경에 이르렀다고 가정해보자. 그래서 아무리 검소하게 살아도, 아무리 열심히 살아도, 많은 사람들이 죽을 수밖에 없고, 절대 다수가 절대 빈곤에 빠질 수밖에 없다고 해보자. 내가 알기로, 그렇게 절박한 상황에서는 정의의 실현을 위한 아무리 엄한 법도 효력이 정지될 것이며, 대신 그 자리를 차지하는 것은 각 개인의 절대적 동기인 생존 동기이다."55) 그러나 그것은 내가 보기에는 나치 또는 스탈린 수용소의 체험에 의해서 부정되는 것이다. 생존자들의 증언을 바탕으로, 츠베탄 토도로프는 "극한 상황 중에서도 가장 극한 상황이라고 할 수 있는 수용소 한복판에서조차 선과 악의 선택 가능성은 여전히 남아 있었다"고 입증하고 있다. 형 집행인들의 함정에 빠진 경우를 제외하면, 물론 극소수였지만 "정의로운 사람들"이 없는 것은 아니었다.56) 다른 곳에서와 마찬가지로 수용소에서도 사람마다 각각 다른 윤리를 보였다.57) 어떤 이들은 다른 감금자들의 식량을 훔쳤고, 간수들에게 유능한 사람을 밀고하는가 하면, 바보스러운 사람을 괴롭혔고, 강한 사람 앞에서는 굽실거렸다. 당연히 그런 행동들은 정의롭지 못하다. 그런가 하면 다른 사람들은 저항운동이나 연대를 조직해서 연대의식을 강화하거나 자원을 공동 관리하는가 하면, 약한 사람들을 보호했다. 간단히 말해서, 그들은 극히 일반화된 공포 속에서도 권리 또는 균등과 비슷한 어떤 것을 회복시키려고 노력했던 것이다. 당연히 정의로운 행동들이다. 정의도 형태는 변할 수 있다. 그러나 필요성, 가치, 가능성만큼은 사라지지 않은 채로 변한다. 지나치게 단순한 일반화를 경계하면서 말하면 수용소에도 정의로운 사람과 나쁜 사람은 있게 마련이며, 좀더 정의로운 사람이 있는가 하면 좀 덜 정의로운 사람이 있을 수 있다. 그중 어떤 사람들은 목숨을 걸고 진짜 영웅처럼 행동하기도 했다. 사샤 페체르스키, 밀레나 제셴스카, 에터 힐레섬, 루디 마사레크, 막시밀리엔 콜베, 엘제 크루그, 말라 지메트바움, 히아즐 노이마이어······. 어떻게 그들의 존재를 무시할 수 있을까? 그리고 다만 기회가 주어지지 않았거나, 또는 영웅적 행동에 별 관심이 없어서 그보다 덜 영웅적이었지만, 그럼에도 불구하고 더욱 정의로웠던 사람들이 얼마나 많이 있었던가? 반복하면, 수용소에서는 모든 도덕이 사라졌고 도덕을 없애려는 사람들이 옳았다. 그러나 우리가 기억하지 못할 뿐이지 그들의 수준에서 그들의 방법으로 거기에 저항한 사람들은 있었다. 매일 매 순간 죄수들, 다른 감금자들 그리고 자기 자신을 상대로 전투를 벌여야 했다. 그럼에도 이름 없는 영웅들이 얼마나 많이 있었던가? 우리가 기억하지 못해서일 뿐이지 정의로운 사람들이 있었다. 로베르 앙텔므의 증언이 아니었다면, 누가 의대 학생 신분이던 자크를 기억이나 해주었겠는가?

나치 당원을 찾아가서, 그 나치 당원에게 자크를 보여주면서 이렇게 말할 수 있다. "이 사람을 보세요. 당신네는 이 사람을 썩어 누렇게 만들었어요. 오물, 쓰레기처럼 자연의 상태로 변하게 만들었어요. 당신네가 성공한 거지요. 그런데 이 말도 해야겠군요. 실수한 사람을 가차 없이 죽여야 한다면, 죽을 사람은 바로 당신이라고 말입니다. 왜냐하면 당신은 자크를 가장 완전한 인간이 되게 했으며, 자신의 능력과 양심과 행동에 대한 확신을 가지게 만들었으며, 더 나아가서 누구보다도 강한 사람으로 만들었기 때문입니다.……자크를 상대로 한 싸움에서 당신은 결코 이기지 못했습니다. 당신은 그가 도둑질하기를 바랐지만 그는 도둑질하지 않았고, 당신은 수용소장이 친구의 엉덩이를 차는 모습을 보여주면서 그에게 웃으라고 했지만 그는 웃지 않았습니다."[58]

좀더 위에서 로베르 앙텔므는, 자크를 "기독교에서 말하는 소위 성인"[59]이라고 부른다. 그리고 다른 곳에서는 정의로운 사람이라고 부른다.

왜 전쟁은 평화 시와 그토록 다른가? 전쟁은 정의의 실현 조건을 뒤집어서 정의의 실현을 한없이 어렵게 하는가 하면, 위험하게 만들기 때문이다. 너무나 자명한 사실이다. 인류의 어떤 일상적 권리도, 법도 지키지 않는 것이 전쟁의 의미라고 한다면, 정의로운 전쟁은 있을 수 없다. 그러나 그럼에도 어떤 병사 또는 장교는 어떤 상황에서 다른 사람보다 더 정의로울 수도, 덜 정의로울 수도 있다. 이 말은 전쟁이 일어난다고 해도 정의의 요구와 가치가 전적으로 폐지되는 것은 아니라는 것을 증명한다. 흄은 다른 한 구절에서 아무리 전쟁 중이라도 공동의 이익 또는 공동의 유용성은 유지되며, 심지어 적들 사이에도 그럴 수 있음을 인정한다.[60] 그러나 그 점이 정의의 필요성을 규명하는 것이라고는 할 수 없다. 정의는 이익이나 유용성의 반대 방향을 지향하는 것이 아니던가! 군대마다 각각 다른 계산을 할 수는 있겠지만 예컨대 어떤 가정을 하더라도 죄수에 대한 고문이나 처형이 서로에게 이로운 일이 될 수는 결코 없다는 생각이 들기 때문이다. 어떻게 그것을 정의라고 말할 수 있을까? 공동의 유용성은 정의의 필요성을 굳건하게 할 수 있으며, 때때로 우리에게 정의를 실천하게 하는 강한 동기로 작용할 수 있는 것이 사실이다. 누가 그것을 부정하겠는가? 그러나 공동의 유용성이 정의의 모든 것이라면 더 이상 정의와 그렇지 못한 것이 있을 수 없다. 다만 유용한 것과 그렇지 못한 것, 이익과 계산만이 남을 뿐이다. 정의를 위해서는 지성만으로 충분할 것이다. 아니, 지성이 정의를 대신하게 될 것이다. 그러나 사실은 그렇지 않다. 정의로운 사람들이 최악의 상황에서도 우리에게 환기시키는 것은 바로 그런 점이다.

흄의 네 번째, 다섯 번째 가정은 우리를 소름 끼치게 한다. 어떻게 그런 매력적인 천재가 이런 글을 쓸 수 있는지.

이성은 갖추었으되 육체적인 면에서든 정신적인 면에서든 힘이 없는 어떤 사람들이 힘이 있는 다른 사람들과 더불어 산다면, 그들은 아무런 저항도 하지 못할 것이며 목전의 자극에 대해서조차 아무런 반응을 하지 못할 것이다. 그렇더라도 내 생각에, 우리는 인류의 법칙에 준해서 애정으로 그들을 대할 필요가 있다. 그러나 엄밀히 말해서 우리는 정의에 대한 의무감으로 그들을 대할 필요는 없다. 그들은 절대자인 주인에게 대들 권리도 권한도 없다. 그들과 우리들의 관계는 '사회'라는 이름을 붙일 수 있는 관계가 아니다. 왜냐하면 사회라는 이름은 일정한 '동등성'을 전제하기 때문이다. 그러나 여기에는 한쪽에 '절대적' 권리가, 다른 쪽에는 '완전한 복종'이 있을 뿐이다. 우리가 무엇이든 원하면, 그들은 즉시 포기해야만 한다. 우리가 그들에게 유일하게 허용하는 것은 임대차 소유이다. 연민, 친절만이 우리의 절대적 의지를 굽힐 수 있는 유일한 제동 장치이다. 원래부터 굳건하게 확립되어 있는 그 절대적 권한의 행사를 막을 것은 아무것도 없다. 그런 불평등한 관계에서는 정의의 요구 또는 고유성의 제한은 **아무런 소용이 없으며**, 설 자리도 없다.61)

내가 이 단락을 전부 인용한 것은, 흄을 잘못 옮기지 않기 위해서이다. 누구나 알 수 있듯이, 여기에서 문제는 흄의 개인적 자질이나 인간성이 아니다. 여기에서 문제는 그의 사상적 근본이다. 철학적 차원에서 볼 때 이런 사상은 받아들일 수 없다. 약한 사람들에게 애정과 연민을 베풀어야 한다는 것은 나도 인정한다. 그 단어들은 그의 논문에서 적절한 자리를 차지하고 있기도 하다. 그러나 어떻게 애정과 연민이 정의를 대신할 수 있으며 또는 그 때문에 정의가 면제될 수 있는가? "일정한 동등성이 없이는" 정의도 있을 수 없으며, 사회도 있을 수 없다고 흄은 쓴다. 아주 훌륭한 말이다. 그러나 "문제가 되는 동등성은 재물과 힘의 동등성이 아니라, **권리의 동등성이다**"라는 말을 덧붙이는 조건에서만 그렇다. 그런데 권리란, 방어나 공격의 능력이 없는 사람의 잠재적 의식과 이성이라고 할지라도 의식과 이성만으로 충분한 것 아닐까? 그런 가정이 성립되지 않는다면, 어린아이들과 불구자뿐만 아니라 최종적으로는 어떤 개인도 사실 자신을 효과적으로 방어할 만큼 충분히 강하지는 못하다는 점에서 아무도 권리를 가질 수 없을 것이다.

흄이 말한, 이성을 갖춘 그러나 방어 능력이 없는 사람을 한번 가상해보자. 예컨대 과연 그런 사람을 내 마음대로 착취하고 갈취할 권리가 내게 있을까? 여기에서 애정과 연민은 다른 차원의 것이다. "그런 상황이 있을 수 있다면, 그것은 명백히 동물과 인간 사이의 상황이다"라고 흄은 쓰고 있다.[62] 그러나 이 말은 옳지 못하다. 왜냐하면 동물들은 용어의 정확한 의미로 보면 "이성이 없는 존재이기" 때문이다.[63] 흄은 그 점을 느낀 듯, 두 가지 다른 예를 든다. 어떤 예들인지 살펴보자. "미개한 인디언들에 비해서 문명화된 유럽인들의 우월성은 인디언들에 대한 모든 정의의 의무를 거부하게 만들고, 심지어 인디언들의 인간성마저 부정하게 만든다."[64] 흄의 글이다. 좋다. 그럴 수 있다고 하자. 그러나 그것이 옳은 일인가? 유럽인들에 비해서 인디언들이 약한 것은 부인할 수 없는 사실이다. 그래서 역사적 사건들이 잘 보여주듯이, 인디언들에 대한 사회적 차원의 정의의 필요성은 정지되었다. 그러나 그렇다고 해서 인디언들에게는 정의를 요구할 권리조차 없다는 말인가? 그들이 약하다는 이유 하나만으로, 그들에게는 아무런 권리도 없다고 생각하면서 애정과 연민만으로 그들에게 빚진 모든 것을, 심지어 빚지지 않은 것까지도 대신 갚아줄 수 있다고 말할 사람이 있을지 모른다. 그러나 아무도 그것을 인정할 수는 없을 것이다. 그것을 인정한다면, 내 생각으로는, 정의의 개념 자체를 부정하는 것이다.

몽테뉴는 많은 점에서 흄과 아주 가깝지만, 다른 점이 있다. 몽테뉴의 논리는 이렇다. 아메리카 인디언들은 약하다. 그렇다면 우리는 그들이 약하기 때문에 정의를 버려도 좋다는 말인가? 아니다. 오히려 그렇기 때문에 우리는 그들을 연민으로 대하기보다는 그들과 정의로운 관계를 유지해야 한다. 만약 우리가 그들의 권리를 유린하고 그들을 착취한다면, 우리는 벌 받아 마땅하다.65) 몽테뉴가 지적했듯이, "각자에게 각자의 것을 돌려주는"66) 정의는 결코 약탈과 침략을 허용하지 않는다. "인간 공동체, 즉 사회를 위한 것"67)이 정의라고 인정하더라도, 오직 자기네 사회와 공동체의 유용성에만 근거한다면 그 정의에 대한 생각은 결코 용납할 수 없다. 몽테뉴에게서 직접 읽을 수 있는 표현은 아니지만, 몽테뉴의 어디를 읽어도 비슷한 내용을 읽을 수 있다. 이성을 갖춘 그러나 약하고 방어 능력이 없는 존재들이 살고 있는 다른 행성의 신대륙을 한번 가상해보자. 과연 정복자가 되어 다시 약탈과 침략을 재현해야 할까? 이익과 유용성이 우리를 강하게 밀어붙인다면, 다시 그런 일을 저지를 것이다. 그러나 과연 그것이 정당한 일일 수 있을까? 아니다.

흄의 두 번째 예는 진부한 것이기는 하지만, 더욱 논란의 여지가 많다. "많은 나라에서 여자들은 거의 노예 수준으로 전락했다. 여자들은 군주들, 주인들을 섬기며, 아무것도 소유할 수 없다. 남자들은 어떤 나라에서건 연대하기만 하면 전제를 행사할 만한 충분한 육체적 힘을 가지고 있다. 반면 여자들은 설득력, 기지 그리고 아름다움과 매력을 통해서 남자들과 가졌던 기존의 주인-노예 관계를 깨고 동등한 권리와 특권을 누릴 수 있는 사회적 관계를 회복했다."68) 나는 여자들의 노예로서의 과거 현실도, 오늘날 여자들의 지위를 가능하게 해준 기지와 매력도 부인하고 싶지 않다. 그러나 도대체 여자들에 대한 노예 대우가 옳은 것인가? 설득력도 없고, 기지도 없고, 매력도 없는 여자는 노예로 다루어도 좋다는 법이 있어서, 그런 노예 대우를 금하기는커녕 장려한다면? 과연 그것이 옳은 일일까? 상상도 할 수 없는 일이다. 예쁘지 않다고 해서, 서툴다고 해서 동정이나 연민의 대상이 될 뿐 다른 법적인 권리를 보장받지 못한다면 그것은 있을 수 없는 일이다.

에피쿠로스와 마찬가지로 정의에 관한 한 실용주의자인 루크레티우스는 아주 정반대의 견해를 보인다. 그에 의하면 선사시대에조차 약한 여자들과 아이들은 정의의 보호를 받았으며, 그 때문에 정의는 오히려 더욱 바람직하고도 필요한, 도덕적으로 필요한 것이었다.

인류가 점차 그 거친 면을 벗어날 수 있었던 것은 그들이 움막을 짓고 짐승의 가죽과 불을 사용할 줄 알게 되면서, 여자가 결혼을 통해서 한 남자의 소유물이 되고 그렇게 남자의 혈통을 번성하게 하면서부터였다. 베누스는 그들의 힘을 빼앗았고, 아이들은 부모들의 거친 성격을 어렵지 않게 꺾었다. 그러면서 또한 어떤 폭력으로부터도 벗어나고 싶은 상호 간의 기대는 이웃들 간에 우정을 싹트게 해서 그들을 묶어주는 기능을 하게 되었다. 어린아이, 여자 할 것 없이 그들은 약자를 보살펴주는 것이 정당한 것이라고 목소리를 높였다.[69]

애정과 연민은 정의를 대신할 수 없으며, 정의의 끝일 수도 없다. 그것들은 굳이 말하자면 차라리 정의의 기원이다. 정의는 약한 사람들에게 특히 필요하다. 정의가 애정과 연민을 배제하는 것은 아니지만, 그렇다고 애정과 연민이 정의를 대신할 수 있는 것은 아니다. 정의가 사회적으로 유익하고, 사회적으로 필수 불가결한 것임은 두말할 필요가 없다. 그러나 사회적 유용성과 필요성이 정의의 가치를 제한하는 것은 아니다. 오직 강자를 위한 정의는 부당하다. 정의의 본질은 미덕에 있다. 정의는 평등권의 존중이지 힘의 존중이 아니며, 개인의 존중이지 권력의 존중이 아니다.

냉소적인 면에서는 흄보다 파스칼이 한발 앞선다. 그러나 그는 본질을 버리지는 않는다. "힘이 없는 정의는 무능하고, 정의가 없는 힘은 폭군이다."[70] 정의로운 사람이 항상 이기는 것은 아니다. 이기는 쪽은 언제나 힘이 있는 쪽이다. 그러나 아무리 그렇다고 해도 정의를 위한 투쟁은 여전하다. 누가 이런 꿈까지 막겠는가? 우리가 정의를 사랑한다면, 정의를 위한 투쟁은 지속돼야 한다. 무능은 운명이고, 전제(專制)는 추악하다. 그러므로 "정의와 힘은 함께 있어야 한다."71) 정치가 필요한 것은 바로 그 때문이며, 정치를 필요한 것으로 느끼게 하는 것도 바로 그것이다.

앞서 말했듯이, 물론 바람직한 것은 법과 정의가 같은 방향을 향하는 것이다. 절대 군주가 져야 할, 특히 우리 민주 사회의 경우에는 입법기관이 져야 할, 그러나 지기 힘든 책임이다. 우리는 국회의원들을 포기할 수는 없다. 어떤 권력기관도 필요하며, 보호받아야 한다. 그러나 아무도 무조건 복종하지는 않는다. 절대적으로 옳은 입법은 있을 수 없는 일이기 때문이다. 아리스토텔레스도 이미 지적했듯이, 아무리 일반적인 법 제정이라고 하더라도 정의를 다 담아낼 수는 없다. 정의의 꼭대기에 평등이 있는 것은 바로 그 때문이다. 아무리 불평등이 횡행한다고 해도 그리고 종종 지나치게 기계적으로 또는 까다롭게 법을 시행하는 데에서 불평등이 비롯되는 경우가 있다고 해도, 정의는 평등을 지향하고 확립시켜야 한다. 아리스토텔레스의 설명을 들어보자. "공정한 사람이란 정의를 지키되, 법에 따라서 정의를 지키는 것이 아니라 법적 정의를 교정해주는 교정자를 말한다."72)

그런 사람만이 복잡하고 변화무쌍한 상황, 구체적이고도 특수한 각각의 상황에 맞게 법을 적용할 수 있다. 그래서 공정한 사람은 정의로워야 하며, 그것도 보통 이상으로 정의로워야 하는데, 말하자면 단순하게 법을 따르는 데에 그치지 않고 정의를 하나의 가치와 요구로 받아들여야 한다는 것이다. 아리스토텔레스는 계속해서 말한다. "공정한 사람이란 성문법과는 별도의 정의로운 사람이다."73)

공정한 사람에게는 법보다 평등이 더 중요하다. 문제는 서로 다른 개인들

간의 평등이므로, 공정한 사람은 법의 엄격성과 추상성을 유연하고도 복잡한 평등으로 바로잡을 줄 알아야 한다. 그런 일은 그를 너무 먼 데까지 끌고 갈 수 있고, 심지어 자신의 이익을 희생시켜야 하는 상황이 올 수도 있다. "공정한 행동을 실천에 옮기는 사람, 즉 권리라는 단어의 가장 나쁜 의미에서 자신의 권리에 집착하지 않는 사람 그리고 법이 자기 쪽에 유리한데도 자기 몫을 덜 챙기는 사람이야말로 공정한 사람이라고 할 수 있으며, 그런 태도는 별난 태도가 아니라 정의의 특수한 한 가지 형태로서의 공정 그 자체이다."[74] 말하자면 공정은 실현된 정의이며, 살아 있는 정의이며, 구체적인 정의이며, 진정한 정의이다.

공정은 연민과 이인삼각의 관계에 있다. 아리스토텔레스에 의하면 "공정은 인류를 용서하는 것이다."[75] 항상 벌을 주지 말라는 말이 아니라, 판단이 공정한 것이 되려면 증오와 분노를 극복해야 한다는 말이다.

공정은 지성, 신중, 용기, 성실, 호의, 관용 등과도 떼려야 뗄 수 없는 관계를 가진다. 공정이 정의를 만나는 곳이 바로 그 지점이다. 공정으로서의 정의는 특별한 미덕이 아니라, 우리가 여기에서 고찰한 대로 일반적이고 완전한 미덕으로서[76] 다른 모든 미덕들을 내포하고 전제하는 미덕이며,[77] 아리스토텔레스가 "밤하늘의 별도, 새벽하늘의 별도 그보다 더 아름다울 수는 없는 가장 완전한 미덕"이라고 찬사를 보낸 미덕이다.[78]

정의로운 사람은 어떤 사람인가? 그는 자신의 힘을 보편적 권리의 회복에 봉사하는 사람이며, 워낙 무수히 많은 사람들이 있다 보니 현상이나 재능은 비록 불균등하다고 할지라도 어떤 사람이든 다른 모든 사람과 마찬가지로 평등하다고 다짐하면서, 실재하지 않는 질서이지만 다른 모든 질서를 있게 하는 어떤 근원의 질서를 바로잡는 사람이다. 우선 각자가 자신의 내부에 간직한 불공정, 즉 자기 자신에 대해서 대항할 수 있어야 한다. 정의에 대한 싸움이 끝이 있을 수 없는 이유가 바로 거기에 있다. 우리에게 금지된 땅, 그 왕국은 그러나 역설적이게도 가려고 생각만 하면 벌써 가 있게 되는 왕국이다. 정의에 굶주린 자여 행복할진저, 결코 싫증내지 말지니!

# 7 후의

스피노자에 의하면 정의는 "각자에게 각자의 몫을 돌려주는"[1] 것이다. 그러나 후의는 그것과는 다르다. 후의(厚意, générosité, generosity)는 주는 마음씨이다. 후의란 어떤 사람에게 그의 것이 아닌 것을 주는 것, 그에게 부족한 것을 주는 것, 당신의 것을 베푸는 것이다. 물론 배고픈 사람에게, 비록 그의 것도 아니고 법이 그의 것이라고 지정한 바도 없지만, 어떤 식으로든 그에게 돌아가야 할 것, 예컨대 먹을 것을 주는 행위는 차라리 정의 쪽에 가깝다. 반면 정의와 달리 후의는 절실한 것은 아니다. 보다 중요하고 보다 긴급하고 보다 필수적인 것이 정의라면, 후의는 그것에 따라다니는 영혼의 보조물 또는 사치품이다. "레이스를 달리려면 속옷이 먼저 있어야 하듯이, 후의 이전에 정의가 있어야 한다."[2] 샹포르의 말이다. 그러나 그렇더라도 이 두 가지 미덕은 서로 다른 영역에 속하기 때문에 달리 다루어야 할 때가 많다. 물론 정의와 후의는 그 어느 쪽이든 우리와 타자와의 관계를 전제한다. 원칙적으로, 최소한 자신을 위해서인 경우에조차 다른 사람을 필요로 한다. 그러나 다소 주관적이고 개별적이고 감정적이고 즉흥적인 쪽은 후의이며, 다소 객관적이고 일반적이고 지적이고 반성적인 쪽은, 그것이 실천되는 경우조차, 정의이다. 후의가 심정적이고 기질적인 쪽에 기운다면, 정의는 정신적이고 이성적인 쪽에 기운다. 예컨대 인간의 권리는 선언의 대상이 될 수 있다. 그러나 후의는 그렇지 않다. 후의는 행동이 중요하다. 그러나 그 행동은 어떤 원안 또는 어떤 법이 있어서 따르는 행동이 아니라, 인간의 법을 포함하여 어떤 법도 초월하는 사랑의 요구, 도덕의 요구를 따르는 행동이다.

우리는 연대의식이라는 말에 주목할 필요가 있다. 사실 연대의식은 이 책의 맨 앞자리를 차지했어야 한다. 그러나 그렇게 하지 않았는데, 마침 이 자리를 빌려 내가 왜 그렇게 하지 않았는지, 연대의식을 왜 정의와 후의로 대체하는 것이 좋겠다고 여기게 되었는지에 대해서 간단히 설명하고 넘어가는 것도 무익하지 않을 듯하다.[3]

연대의식이란 무엇인가? 그것은 의무 이전의 현실의 상태 또는 더 나아가서 우리가 느끼건 못 느끼건 미덕이나 가치 이전의 영혼의 상태이다. 의무 이전의 현실의 상태는 어원으로 밝힐 수 있다. 연대라는 말은 라틴어 어원을 살펴보면 "전체를 위한다"[4]는 말로서, 전체에 소속된다는 말이다. 채무자들 모두가 빌린 액수의 총액을 짜 맞추기 위하여 해답을 모색한다면, 거기에 대해서 법적 언어로 말하면 "채무자들이 연대하여"라고 말할 수 있다. 여기에서의 연대도 말의 어원적 의미에서의 연대의식과 무관하지 않다. 한몸이 되려면 몸의 모든 부분이 서로 긴밀하게 연결되어 있어서 그중 어느 한 부분에 일어나는 일이나 자극이 다른 부분에 똑같이 반응해야 한다. 세포로 조직된 상태가 액체 상태나 가스 상태보다 훨씬 연대적일 것이다. 간단히 말해서 연대의식이란 응집의 상태, 상호 의존성의 상태, 공동 이익과 공동 운명체의 상태이다. 그런 의미에서 보면 연대라는 말은 동일한 전체에 소속된다는 말이고 당연한 결과지만 그 때문에 원하건 원하지 않건 또는 알건 모르건 동일한 역사를 나누어 가진다는 말이다. 객관적 연대라는 말은 단순히 모래사장에서 조약돌을, 군중 속에서 어느 특정 사회를 구분해내는 것을 의미한다.

한편 미덕이나 가치 이전의 영혼의 상태로서의 연대의식이란 상호 의존성에 대한 긍정 또는 느낌으로 풀어 말할 수 있다. 주관적 연대에 대해서 말해보자. 우리는 1968년에 "노동자여, 학생이여 같이 싸우자"라고 외쳤다. 또는 "우리는 모두 독일의 유대인들입니다"라고 말할 수 있다. 그 말은 다시 말하면 어느 한 사람의 승리는 다른 사람의 승리라는 말이고, 우리 중 어떤 사람은 유대인일 수 있고, 다른 어떤 사람은 독일인일 수 있으므로 우리 중의 누가 당하는 일은 우리 모두가 당하는 일이라는 말이다. 그런 고귀한 감정에 내가 감히 어떤 반대를 하겠는가? 그러나 그렇다고 그것이 미덕일 수 있을까? 아니면 미덕이라고 해보자. 그렇더라도 그것이 우리가 말하는 연대일까? 1968년 5월 사태 때에는 노동자들과 학생들 못지않게, 사장들과의 연대가 오히려 노동자나 학생들보다 더 잘 이루어졌다. 그래서 당시의 연대의식은 비록 단죄받지는 않았더라도, 전체의 도덕성을 상당히 흠집 나게 만들었다. 그러나 그런 연대는 극히 드문 경우이다. 더군다나 객관적 연대로서의 이익 공동체가 주관적 연대로서의 이익 공동체였음을 깨닫는 경우, 이익 공동체는 도덕적 차원에서 볼 때 오직 이익에만 매달리는 거의 가치 없는 것에 지나지 않는다. 그래서 공동체는 둘 중의 하나일 수밖에 없다. 어떤 경우 공동체는 현실적이고 실제적이어서 다른 사람을 보호하는 일이 곧 나를 보호하는 일이 된다. 물론 이 일은 결코 비난받을 일은 아니다. 그러나 이는 도덕이 되기에는 너무 이기주의와 밀접하게 관련되어 있다. 다른 경우 공동체는 환상적이고, 형식적이거나 이상적이다. 그래서 내가 다른 사람을 위해서 싸우더라도 그 싸움은 나의 이익이 걸려 있는 싸움이 아니기 때문에 단순한 연대의식에 의한 싸움이 아니다. 그것은 억압받고, 착취당하고, 권리를 침해받는 다른 사람을 위한 정의로운 싸움이 되든지, 아니면 단순히 불행해 보이거나 약한 어떤 사람을 대신해서 싸우는 후의에 의한 싸움이 된다. 한마디로 연대는 미덕이 되기에는 지나치게 이익에 매달리든지, 아니면 지나치게 환상적이다. 연대는 잘 이해된 이기주의 또는 잘못 이해된 후의이다. 그럼에도 불구하고, 물론 지나친 자아, 즉 속 좁은 이기주의 또는 윤리적 용어로 말해서 유아독존을 벗어나는 한에서 그렇지만, 연대의식이 하나의 가치인 것만은 사실이다. 그러나 그 가치는 자질적 가치라고 할 수 없는 가치이다. 정치인들이 비록 연대의식이라는 말을 남발하면서 연대의식을 절대화시키고 도덕화시키려고 하지만, 아직도 그 말은 절대 또는 도덕과는 거리가 멀다. 내가 만약 누구에게 "그는 정의감이 있는 사람이다. 그는 관대하고, 진지하고, 부드러운 사람이다"라고 말한다면, 그 말을 듣는 사람은 내가 그의 미덕, 그 사람을 도덕적으로 존경하고 찬사하지 않을 수 없는 미덕에 대해서 말하고 있음을 금방 이해할 수 있을 것이다. 그런데 내가 "그는 아주 연대의식이 강하다"고 말한다면, 그 말 앞에서 놀라지 않을 사람은 드물 것이다. 그러면서 내게 물을 것이다. "연대라니, 누구와?"

연대라는 단어는 사용하기가 쉽지만 그러나 함부로 사용하기에는 두려운, 단어 사용에 대해서 우리가 처한 어떤 무능의 상태를 드러내는 단어이다. 어휘학자들에 의하면 연대의식이라는 단어는 "사회정치학 분야에서 **평등**이라는 단어의 대체어"[5]가 되었다. 또는 그것은 내가 보기에는 **정의** 또는 **후의**의 대체어가 되었다. 그들은 또 말한다. 신중은 뭐 그리 또 대단한 말인가? 소심과 불신의 다른 말일 뿐인 것을. 그래서 그들은 그런 단어들을 없애고, 대신 그들이 쓰기 쉬운 단어를 씀으로써 미덕을 잊으려고 하는 듯하다. 이익 공동체가 미덕을 대신하게 하려는 것일까? 위대한 단어들을 제거하고 오직 자신의 왜소한 모습만을 볼 뿐인 슬픈 시대여!

지금 나는 기존 개념을 담아내는 사전이 아니라 미덕에 관한 작은 책을 쓰고 있으므로, 집중 이익 또는 대립 이익, 범지구적인 무수한 동업 조합주의, 합법적인 온갖 종류의 **로비 활동**으로 표출되는 자기 세계와의 연대의식 등등에 대해서는 말하지 않으려고 한다. '우리는 모두 상호 의존적이고 연대적이다' 라고 하는 말을 나는 믿지 못한다. 당신의 죽음이 나의 살고 싶은 욕망을 앗아가는가? 당신의 가난이 나를 덜 부자이게 하는가? 제3세계의 비참은 서양의 풍요에 해를 주지 않는다. 오히려 서구의 풍요는 제3세계의 비참 덕분에 가능해졌는지도 모른다. 서구는 직간접으로 제3세계를 착취하고 유린한다. 우리가 모두 같은 지구 위에 살고 있고, 그래서 우리 모두가 환경의 차원에서 볼 때 연대하지 않을 수 없는 것은 사실이다. 그러나 그렇다고 그만큼 경제적 차원에서도 마찬가지로 협력하는 것은 아니다. 긴 이야기는 하지 말자. 아프리카나 남아메리카가 요구하는 것은 연대의식이 아니라, 정의와 후의이다. 우리네 서구의 여러 나라들에서는 일자리를 가지고 있는 사람들이 일자리가 없는 사람들과 긴밀한 연대관계에 있지만, 사실 후의를 제외하면 아무런 차이를 알 수 없는 어떤 객관적 연대 또는 주관적 연대도 실업 문제를 명확하게 해결할 수 없으며, 그 문제를 풀려는 진지한 시도를 할 수도 없다. 각 개인의 이익을 보호하는 일이 곧 **공동**의 이익을 보호하는 길이라는 사실을 알려면, 조합들이 각 지부에서 구체적으로 하는 일을 보면 금방 이해할 수 있다. 다시 말해서 조합에서는 실업자들과 취업자들은 상이한 이해관계, 때로는 대립된 이해관계에 있을 수 있다는 점에서, 그들에게는 연대의식이 작용하는 것이 아니라 정의와 후의가 작용하는 것이다. 내 책의 성격에 맞게 문제를 도덕적 측면에서 또는 윤리적 측면에서 볼 때 그렇다는 말이다. 물론 말할 필요도 없겠지만, 그런 측면이 전부는 아니다. 정치나 경제는 윤리적, 도덕적 측면으로 환원시킬 수는 없을 것이며, 더군다나 완전히 종속시킬 수도 없을 것이다. 도덕은 우리가 원하는 만큼 중요하게 여겨진다. 당연히 우리가 원하지 않으면 도덕은 중요하지 않게 여겨질 수 있다.

다시 후의로 돌아가 보자. 연대의식이 후의를 자극하고 강화시키는 것은 사실이다. 그러나 후의가 진정한 후의가 될 수 있으려면, 비록 올바른 이해와 공유에 근거한 것일지라도 자신의 이익을 초월한, 한 걸음 더 나아가 연대의식을 넘어선 후의여야 한다. 예컨대 제3세계의 아이들을 돕는 일이 나의 이익과 상관있는 일이라면, 내게는 그 일을 위한 특별한 후의가 필요 없다. 명철하고 신중하기만 하면 나는 그 일을 할 수 있는 것이다. "평화를 위해서 기아와 투쟁합시다!" 1960년대 한 가톨릭 운동의 구호였다. 이 구호는 우리의 젊음과 후의에 충격을 주었다. 그 구호는 비겁한 교환 행위를 독려하는 호소처럼 들렸던 것이다. 평화와 기아의 교환! 우리가 잘못 생각했을까? 나는 모르겠다. 우리는 바보가 아닌 이상 어떤 일이 우리에게 이로우면 후의와 상관없이 그 일을 하는데, 이는 그렇게 하지 않으면 불리하기 때문이다. 그 반대를 주장한다면, 그것은 위선이다. 이기주의자의 행동은 명철성과는 아무 상관이 없다. 누군가가 이기주의자라면 그런 사람은 마음씨가 곱지 않은 사람 또는 후의가 없는 사람이라고 해야지, 명철성이 없는 사람이라고 할 수 없다.

다른 예를 들어서 문제를 오직 돈 문제로 풀려고 하지 않는다는 인상을 줄 수도 있다. 그러나 그렇더라도 돈이야말로 계산에 아주 적절한, 오히려 계산을 돕는 훌륭한 도구라는 사실만은 숨길 수 없다. 예컨대 이런 질문을 해볼 수 있다. 당신은 수입 중에 몇 퍼센트를 당신보다 가난한 사람에게 또는 불행한 사람에게 희사합니까? 세금은 별도로 쳐야 한다. 왜냐하면 세금은 의지적인 것이 아니니까. 가족 또는 아주 가까운 친지의 경우도 제외해야 한다. 그들을 위해서 우리가 어떤 일을 한다면 그것은 후의에 의해서라기보다 사랑에 의해서이며, 그들을 위한 그 일은 동시에 우리를 위한 일, 즉 그들의 행복이 곧 우리의 행복이기도 하기 때문이다. 내가 너무 단순화시키는지도 모르겠다. 그래도 예컨대 세금과 관련해서 이렇게 이야기해보자. 만약 중산층 또는 부유층에 속하는 어떤 사람이 세금을 인상시키겠다는 굳은 의지를 보이는 어떤 정당에 표를 던졌다면 그것은 후의의 행동일 수 있다. 그러나 그런 후의가 나타나는 경우는 극히 드문 일이다. 사실 많은 정당들은 우리의 후의를 결코 신뢰하지 않으면서도 역설적이게도 세금 인하만을 부르짖는다. 나를 비관론자로 평가할지도 모르겠다. 그러나 정작 비관주의적인 사람들은 그들이 어떤 말을 하건, 어떤 명분을 내세우건 정치인들이 아닐까? 가족이나 아주 가까운 사람들의 경우에도 후의는 있을 수 있다. 가족 관계에는 어떤 후의도 개입할 여지가 없다고 한다면 그것은 지나친 단순화의 결과이다. 내 자식들의 행복이나 자신의 행복 자체 또는 행복의 조건이라고 하더라도, 아이들의 욕망과 나의 욕망이, 아이들의 놀이와 나의 일이, 아이들의 열정과 나의 피로가 대립되는 경우가 없지 않다. 그만큼 아이들에게 후의를 보일 기회가 많이 있는 것은 사실이다! 그러나 나는 지금 그런 말을 하려고 하는 것이 아니다. 나는 문제를 오직 돈과 관련해서 풀겠다고 했으며, 그러려면 가계부를 총체적으로 살펴볼 필요가 있다. 자, 다시 수입 이야기로 돌아가 보자. 당신은 수입의 몇 퍼센트를 당신의 행복과 당신을 위해서 또는 당신과 가까운 이들의 행복을 위해서가 아니라 소위 후의라고 부를 수 있는 곳에 사용하십니까? 사람들은 저마다 대답할 것이다. 내 생각이지만, 우리의 대부분은 10퍼센트 미만일 것이다. 또는 엄밀히 계산해보면 1퍼센트 미만일 수도 있다. 물론 돈이 전부일 수는 없다. 그러나 어떤 사람이 돈에 인색하다면 다른 데에서 후의를 보인다는 것은 기적이 아닐까? 과연 지갑보다 가슴을 더 활짝 열 수 있는 사람이 있을까? 그렇지는 않을 것이다. 우리가 주는 약간의 보잘것없는 것이 후의에 의한 것인지, 우리의 도덕적 위안을 위한 것인지 또는 최소한의 양심의 가책 때문인지 명확히 짚을 수는 없다. 그렇더라도 간단히 말하면 후의는 칭찬받아 마땅한 대단한 미덕이다. 그 이유는 후의란 강한 이기심에 눌러서 행동으로 옮겨지지 않는 미덕, 그래서 날이 갈수록 더욱 보기 어려운 미덕이기 때문이다. "인간의 가슴처럼 속이 텅 비고, 더러움으로 가득 찬 것이 있을까"[6]라고 파스칼은 말한다. 그 말은 오직 자아로 가득 찬 것이 인간의 가슴이라는 말이다.

그런데 과연 사랑과 후의를 어떻게 구분 또는 더 나아가 대립시켜야 할까? "물론 후의가 애정일 수는 없다. 그러나 사랑하는 사람과의 관계에서 보면, 특히 적어도 사랑하는 동안만큼은 후의는 사랑에 필수적이다."[7] 장켈레비치의 주장이다. 후의가 사랑으로 환원될 수는 없다고 하더라도, "그 꼭짓점에 이르면" 사랑과 일치하는 성향이 있다. "왜냐하면 사랑 없이도 주는 것이 가능하기는 하지만, 주지 않고 사랑하는 것은 불가능하기 때문이다."[8] 그렇다. 그러나 그렇게 주는 것이 사랑에 의한 것인가? 아니면 후의에 의한 것인가? 이것은 정의(定義)의 문제이다. 그리고 사실 나는 말의 뜻에 매달리고 싶지 않다. 그러나 나는 나의 자식들에게 후의를 베풀어야 한다고 생각해본 적이 없다. 거기에는 후의가 끼어들기에는 너무도 많은 사랑과 번민이 있다. 당신이 그들을 위해서 하는 일은 당신을 위한 일이기도 하다. 그런 일을 하는 데에 미덕이 과연 필요한가? 사랑이면 족하다. 사랑은 얼마나 위대한가! 왜 나는 내 자식들은 그렇게 사랑하면서, 다른 사람의 자식들은 그렇게 사랑하지 못하는가? 내 자식들은 바로 내 자식들이기 때문이다. 나는 내 자식들을 통해서 나를 사랑하는 것이다. 자아를 벗어난 사랑, 성자의 사랑 등 다른 사랑에 대해서 이야기해보자. 후의는 그런 사랑과 어떤 관계가 있을까? 나는 확신할 수가 없다. 후의와 정의는 마찬가지 아닐까? 사랑은 그 둘과 무관하지 않지만 그것들을 초월한다. 사랑할 때 주는 행위가 후의 또는 사랑의 증거일까? 연인들조차 거기에 속지는 않는다. 사창가 여자들도 고객의 후의 또는 보호자의 후의에 대해서 말할 수 있다. 그렇다면 사랑받는 여자는? 사랑에 빠진 여자는? 또 성자들, 예컨대 예수는 후의의 사람이었는가? 예수에게 그 말이 과연 적절한 단어인가? 나는 그것에 강한 의혹을 느낀다. 더 나아가서 나는 후의라는 미덕이 기독교 역사의 성 아우구스티누스나 성 토마스 아퀴나스에게서 또는 그리스인들이나 라틴인들에게서 과연 찾아볼 수 있는 미덕이었는지 의문스럽다. 아마도 그것은 단지 단어의 문제일 뿐이라고 말할 수도 있을 것이다. 후의를 뜻하는 프랑스어 제네로지테(générosité)와 유사한 라틴어 단어 게네로시타스(generositas)가 있었던 것은 사실이다. 그러나 그 라틴어 단어는 훌륭한 가계(家係)나 기질을 의미하는 단어였다. 그리고 키케로의 경우에서 가끔 볼 수 있듯이, 그 단어는 "영혼의 위대함" 또는 더 단순하게는 그것의 학술적 의미인 고귀한 "도량"이라는 뜻의 그리스어 마그나니미타스(magnanimitas)를 번역하는 데에 쓰이기도 했다. 사실 그리스어의 그 단어는 프랑스어로도 있다. 그러나 도량이라는 의미의 프랑스어 마냐니미테(magnanimité)는 학교 바깥에서는 거의 쓰이지 않는 단어이며, 도덕적 의미 또는 미덕으로서의 위대함의 의미를 가지는 관대함을 말할 때에는 거의 제네로지테라는 단어를 쓴다. 코르네유의 경우에서도 그렇고, 나중에 다시 언급하게 될 테지만, 데카르트의 경우에서도 그렇다. 후의를 있게 하는 증여는 아낌없이 줄 수 있는 한에서 고결한 것일 수 있다. 그렇게 보면 후의는 관대함(magnanimité)과 아낌없음(libéralité)의 접점에 위치하는 미덕임을 알 수 있다. 관대한 사람은 허영을 부리지도 않고, 천박하지도 않다. 아끼지 않는 사람은 탐욕을 부리지도 않으며, 그렇다고 낭비적이지도 않다.9) 둘이 하나를 이룰 때, 비로소 후의적인 사람이 탄생하는 것이다.

그러나 그것이 아직 사랑일 수는 없으며, 사랑을 대신할 수도 없다.

후의는 증여의 미덕이라고 나는 말했다. 돈의 기증, 자아의 기증이 후의이다. 돈의 기증은 후의를 아낌없음에 가깝게 만든다. 그리고 자아의 기증은 후의를 관대함, 더 나아가 희생에 가깝게 만든다. 우리는 가지고 있는 것밖에 줄 수 없으며 그리고 가지고 있다고 해도 그것을 차지하려고 하지 않을 때 줄 수가 있다. 그런 점에서 후의는 어떤 형태의 자유 또는 데카르트 철학의 본질을 이루게 되는 자아의 통제와 떼려야 뗄 수 없는 관계에 있다. 무엇이 문제일까? 열정 그리고 동시에 미덕이 문제이다. 미덕으로서의 열정에 관한 정의는 『정념론(Traité des passions)』이라는 유명한 책의 한 구절에서 얻을 수 있다. 관계되는 부분을 전부 인용해보겠다.

> 그래서 내 생각으로는 한 사람을 진정으로 존경할 만하게 하는 진정한 후의는 다음의 두 가지에서 기인한다고 본다. 하나는 자신의 것이라고는 오직 자신의 자유로운 의지뿐이고 다른 것은 아무것도 자신의 것이 아니라고 믿으며, 그 때문에 잘 사용했든 잘못 사용했든 간에 칭찬받을 일도 비난받을 일도 없다고 생각하는 데에 있다. 다른 하나는 자유를 잘 사용하려는 확고하고도 변함없는 의지를 느끼는, 다시 말해서 가장 훌륭하다고 판단되는 모든 일들을 실천에 옮기려는 의지를 결코 배반하지 않는 데에 있다. 거기에서 당연히 따라오는 것은 미덕이다.[10]

읽기가 편한 대목은 아니지만, 의미는 분명하다. 후의는 자유 자체에 대한, 더 세밀하게 말하자면 자유롭고 책임 있는 자아 자체에 대한 의식인 동시에 그 자유를 올바로 사용하겠다는 굳은 의지이다. 그러니까 중요한 것은 의식과 신념이다. 자유로운 자기 존재에 대한 의식이자, 그것의 사용에 대한 신념 말이다. 후의가 자아 존중을 낳는 이유는 거기에 있다. 아리스토텔레스의 관대와 데카르트의 후의는 이렇게 구분된다. 후의는 자아 존중의 결과이지, 그것의 원칙이 아니다. 의지만이 유일한 원칙이다. 후의가 있다는 것은 자신이 올바로 처신할 수 있을 정도로 자유롭다는 것을 아는 동시에, 그러려는 의지를 가지는 것이다. 데카르트의 견해에 의하면, 그러므로 언제나 문제는 의지이다. 그리고 그 의지는 행동에 옮겨지면 그것으로 족한 것이다. 후의의 사람은 자신의 감정에 구속당하지 않으며, 자아에 구속당하지 않는다. 오히려 반대로 그는 자신을 통제할 줄 알며, 또 그렇게 하기 위해서 구실을 필요로 하거나 애쓸 필요도 없는 사람이다. 의지만으로 충분하다. 미덕이면 충분하다. 제156항이 설명하는 것은 다름 아니라 이처럼 일상적 의미에서의 후의가 의지와 만나는 그 지점이다. "그래서 후의의 사람들은 당연히 큰일을 하려고 하는 성향이 있다. 그러나 그렇더라도 그들은 할 수 없는 일까지 하려고 하지는 않는다. 자신의 이익을 무시하고 다른 사람들에게 선을 베푸는 것보다 더 큰일은 없다고 생각하기 때문에, 그들은 다른 누구에게나 항상 상냥하고 친절하게 후의를 베푼다. 그뿐만 아니라 그들은 전적으로 자신의 열정을, 특히 욕망을 그리고 질투와 시기를 통제할 줄 안다."11) 관대함이 인색함의 반대말이라면, 후의는 이기주의의 반대말이다. 뒤의 두 가지가 한 가지의 결점을 이룬다면, 앞의 두 가지는 한 가지의 미덕을 이룬다.12) 사실 자아보다 더 인색한 것이 어디 있을까? 이기주의보다 더 치사스러운 것이 어디 있을까? 후의가 있다는 것은 자기 자신으로부터 자유롭다는 것이고, 비겁함, 사소한 소유, 쓸데없는 분노, 질투로부터 자유롭다는 것을 의미한다. 데카르트는 거기에서 모든 미덕의 원칙을 보았을 뿐만 아니라, 최고의 선을 보았다. 그에 의하면, 원칙이란 "훌륭하게 행동하려는 굳은 의지 그리고 그 의지가 낳는 만족에 있다."13) 그는 또 말하기를, 고매한 행복은 "고대인들의 두 가지 유명한 대립된 견해, 즉 절대 선은 쾌락에 있다고 하는 에피쿠로스 학파의 견해와 절대 선은 미덕에 있다고 하는 스토아 학파의 견해를 화해시킨다"14)고 한다. 후의 덕분에 정원과 대문이 마침내 만나기에 이른 것이다. 자기 자신의 탁월한 의지를 만끽하는 것보다 더 유쾌한 미덕이 어디 있을 것이며, 그보다 더 덕스러운 쾌락이 어디 있을 것인가? 다른 어디에서 영혼의 위대성을 찾을 수 있을 것인가? 후의를 가지는 것은 자유로움을 의미하며, 사실 위대한 것이 있다면 오직 그것뿐이다.

   자유란 무엇인가라는 질문은 다른 차원의 질문이다. 그 문제는 후의와는 거의 상관없으며, 도덕적인 문제라기보다는 형이상학적인 문제이다. 얼마나 많은 수전노들이 자유의지를 믿었던가? 그런가 하면 얼마나 많은 영웅들이 자유의지를 믿지 못했던가? 데카르트의 설명에 의하면, 후의란 의지를 가질 수 있다는 말이며, 다른 모든 사람들이 오직 욕망에만 매달리면서 가지려고만 드는 것에도 불구하고 줄 수 있는 능력이다. 자유의지라고? 하고자 하는 것을 해내는 것이야말로 자유의지 아닐까! 하고자 하는 것과 다른 것을 하게 되는 경우는 어떤 경우인가? 이 역시 다른 차원의 문제로서, 나는 그 문제에 관해서는 다른 곳에서 충분히 다루었다.[15] 그리고 그 문제는 미덕에 관한 논의에서는 차지할 자리가 별로 없다. 의지는 에픽테토스의 의미로 보건, 데카르트의 의미로 보건 간에 자유롭다. 그래서 결정되었건 그렇지 않건, 필연적이건 우연적이건 간에 의지는 속 좁은 자아와 부딪친다. 그리고 은총이나 사랑을 제외하면 의지는 그 속 좁은 자아를 눌러서 이길 수 있는 유일한 것이기도 하다. 후의란 의지가 원인을 제공하여 얻어낸 승리 외에 다름 아니다.

물론 사랑으로 그렇게 되는 것이 더 바람직하다. 사랑이 있다면 후의를 요구할 필요가 있을까? 그러나 사랑은 거의 우리의 힘으로 되는 것이 아니며, 그렇게 될 수도 없다. 누가 사랑을 결정하는가? 의지가 사랑의 감정에 어떤 영향을 미칠 수 있는가? 사랑은 지배를 받지 않는다.[16] 그러나 후의는 지배를 받는다. 의지가 있기만 하다면 족하다. 반면에 사랑은 우리와 관계없다. 사랑은 신비이다. 사랑이 미덕이 아닌 은총, 그것도 유일한 은총인 이유가 거기에 있다. 반면에 후의는 우리의 의지에 달려 있다. 그래서 후의는 미덕이며, 선물을 주는 행위를 통해서 보면 사랑과 비슷해 보이지만, 그 경우에조차 후의는 사랑과 구분된다.

후의란 그러니까 사랑이 없이도 줄 수 있다는 말인가? 그렇다. 사랑을 하면 후의가 없이도 줄 수 있듯이 말이다. 자식들에게 먹을 것을 주는 데에 후의가 필요한 어머니가 있을까? 자식들에게 선물을 사다주는 데에 후의가 필요한 아버지가 있을까? 후의로 자식을 대하는 부모가 있다면, 그런 부모는 차라리 이기주의자들이다. 사랑하기 때문에 그렇지 않은가? 그렇다. 다른 사람의 아이들이 자기네 아이들보다 훨씬 더 불행하기 때문에 또는 훨씬 더 못 가지고 있어서 거기에 후의를 느낀다면, 그런 부모는 적어도 이기주의자는 아니다. 한편 사랑하기 때문에 주는 일은 아무나 할 수 있는 일이다. 그것은 미덕이 아니다. 그것은 화사한 은총이고, 충만한 삶 또는 기쁨이고, 행복하고 너그러운 넘침이다. 아니, 잃는 것이 아무것도 없는 상태에서 주는 것을 주는 것이라고 할 수 있을까? 사랑의 공동체는 모든 것을 공유한다. 어떻게 거기에 후의가 있다고 할 수 있는가? 몽테뉴에 의하면, 진정한 친구들 간에는 "아무것도 줄 수도 없으며, 빌려줄 수도 없다"고 한다. 그들은 모든 것을 공유하기 때문이다. 그는 계속해서 말한다. 그뿐만 아니라 법은 "부부 간의 증여를 금함으로써, 모든 것이 각자의 것인 동시에 아무것도 나누어 가질 수 없으며 함께 가져야만 한다고 규정하고 있다."[17]

그런 부부 사이에 어떻게 후의가 따로 있을 수 있겠는가? 물론, 내가 알기로는 법이 바뀌어야 한다. 왜냐하면 개인은 부부관계의 끝에도 또는 사랑이 끝난 뒤에도 살아남아야 하기 때문이다. 그렇다면 과연 사랑과 우정이 후의를 요구할 정도로 변질되어버린 것일까? "어떤 친구들의 우정은 얼마나 완벽한지, 때로 우정은 그들로 하여금 의무를 저버리게 하는가 하면, 그들로 하여금 나누어 가지거나 또는 서로 다르다라는 의미를 생각나게 하는 단어들, 예컨대 친절, 의무, 감사, 부탁, 고마움 등등의 단어들을 혐오하게 만든다"[18]고 몽테뉴는 말한다. 후의가 바로 그런 단어들 중의 하나임을 부정할 사람이 있을까? 진정한 우정은 그 단어를 없애려고 들지 않을까? 내게 있는 모든 것이 그의 것인데, 내가 그에게 무엇을 줄 수 있다는 말인가? 물론 그런 경우는 몽테뉴가 체험한 아주 드문 완벽한 우정의 경우에 해당될 뿐이라고 사람들은 반박할 수도 있으며, 그런 반박은 일리가 있기도 하다. 그리고 사실 그 반박은 바로 나의 논지의 본질을 제공하는 반박이다. 우리가 후의를 요구하는 때는 사랑이 결여된 때이다. 그리고 우리가 거의 언제나 후의를 필요로 하는 것은 바로 그 때문이다.

대부분의 다른 미덕과 마찬가지로 후의도 나름대로 복음서의 계명을 따른다. 네 이웃을 네 몸과 같이 사랑하라? 그러나 그렇게 할 수 있었다면 후의가 왜 필요했겠는가? 엄격히 말하면, 후의는 우리 자신에 대해서만 필요한 것인지도 모른다. 우리 자신에 대해서 후의를 가지지 못하면, 결국 우리는 우리 자신조차 사랑할 수 없게 된다. 그리고 만약 우리가 우리 자신에 대해서 후의를 가질 수 없다면, 그렇게 하라고 명령한들 아무 소용이 없을 것이다. 행동은 명령할 수 있다. 그때의 행동은 사랑에 의한 행동이 아니라, 후의에 의한 행동이다. 우리의 친척이든, 이웃이든, 모르는 사람이든, 우리 자신에게든, 우리는 사랑하는 것처럼 행동하는 것이다.[19] 열정이나 애정은 구체적이지 못하므로 행동을 예로 들어보자. 예컨대 고통을 받는 또는 배고픔을 느끼는 어떤 낯선 사람을 사랑한다고 가정해보자. 당신은 그에게 아무 조치도 취하지 않은 채 가만히 있을 수 없을 것이다. 그 불쌍한 사람과 당신이 사랑하는 사이라면, 당신은 과연 그가 요구하는 구원의 요청을 거절할 수 있겠는가? 그를 당신 자신을 사랑하듯이 사랑해보라. 당신은 어떻게 하겠는가? 대답은 너무도 간단한 도덕적 대답이 될 것이다. 당신은 미덕이 요구하는 대답을 할 것이다. 사랑은 후의를 필요로 하지 않는 유일한 것이다.

 우리는 사랑을 원하지만, 사랑할 줄을 모른다. 도덕은 바로 무능한 사랑으로부터 비롯된다. 스피노자가 말하듯이, 후의는 요컨대 애정의 모방이다.[20] 미덕이 있는 것처럼 행동하는 것은 예의 바른 미덕이다. 예의가 유사 미덕이듯이, 모든 미덕, 특히 도덕적 미덕은 사랑의 유사물이다.[21] 사랑하는 것처럼 행동하는 것이 미덕이다. 미덕이 없으면 그런 척이라도 할 일이다. 그것이 소위 예의라는 것이다. 아이들은 부모들을 모방하며, 그 아이들의 아이들도 또 그럴 것이다. 세상은 하나의 극장이다. 인생은 어떤 역할도 어떤 배우도 특별히 주역일 수 없는 연극이다. 셰익스피어에 의하면 도덕은 하나의 연극이며, 좋은 연극치고 도덕이 없는 연극은 있을 수 없다. 명언이다. 웃고 우는 것보다 더 진지하고 사실적인 것이 있을까? 우리는 그런 척한다. 그러나 장난은 아니다. 우리가 지키는 규칙들은 우리를 즐겁게 해주는 것을 넘어서서, 바로 우리 자신이라고까지 할 수 있다. 우리는 하나의 역할을 맡아 하며, 역할은 말하자면 우리이다. 그것은 우리의 인생이자 우리의 역사이다. 인생에는 임의적인 것은 아무것도, 우연적인 것은 아무것도 없다. 우리의 몸은 욕망에 의해서 결정되며, 우리의 어린 시절은 사랑과 규칙에 의해서 조절된다. 욕망은 우선 가지고 싶어하고, 사랑은 우선 소모하고 싶어하고, 우선 소유하고 싶어하고, 우선 먹고 싶어한다. 그러나 규칙은 그것을 금한다. 그리고 사랑도 그것을 금한다. 사랑은 주면서 보호한다. 프로이트도, 자신이 생각하는 것과는 달리, 어느 정도는 복음서로부터 그리 멀리 떨어져 있지 않다. 우리는 젖을 빨면서 동시에 사랑을 빨았다. 그래서 우리를 채울 수 있는 것이 있다면 그것은 오직 사랑이지만 ("사랑이 아니면 나는 아무것도 아니네"라는 노랫말도 있듯이), 영원히 채워지지 않는 것도 사랑임을 알게 되었다. 그리하여 우리는 사랑에 찬사를 보내지만, 그것이 없을 때 그것을 대체할 수 있는 유사한 그러나 약한 다른 미덕들이 비롯된 것이다. 우리는 사랑 대신에 그것들이라도 우리를 이끌어주고, 명령해주고(우리는 그것을 소위 가치라고 부른다), 지배해주기를 바라는 것이다.

우리가 체험으로 알 수 있듯이 우리에게는 사랑이 결핍되어 있다.

그러나 우리는 그 결핍을 하나의 힘 또는 여러 가지 힘으로 삼는데, 그것이 소위 말하는 미덕인 것이다.

예컨대, 후의가 특히 그렇다. 물론 전적으로 그런 것만은 아니지만, 후의는 사랑이 결핍된 바로 그곳에서 태어난다. 감정으로서의 사랑이 승리하지 못할 수도 있고 날개를 펴지 못할 수도 있지만, 그럼에도 우리는 사랑을 모델 또는 계명으로서의 가치를 유지할 만큼은 사랑한다. "나는 아직 사랑하지 못했다. 그리고 나는 사랑하고 싶었다. 우리는 사실 항상 그 정도에 머물러 있다."[22] 사람은 사랑하면 주게 되어 있다. 그 대신 사랑이 없을 때에는 후의가 우리에게 우리가 사랑하지 않는 사람에게도, 그들이 무엇인가를 필요로 하면 하는 만큼 또는 우리가 그들을 도울 위치에 있으면 있는 만큼 더욱더 줄 것을 권유하는 것이다. 그렇다. 사랑이 우리를 안내할 수 없을 때, 한마디로 사랑이 없을 때 사랑을 대신해서 우리를 안내하는 것이 있다면 그것은 바로 긴급성과 인접성으로서, 사람들은 때로 그것을 자비라고 잘못 부르기도 하지만(진정한 자비는 사랑이고, 잘못된 자비는 연민이므로) 후의라고 불러야 한다. 후의는 우리에게, 오직 우리에게만 달려 있는 자유로운 문제이고, 정신적인 면으로 보거나 행동의 측면에서 보거나 간에 본능, 소유, 공포에의 예속에 대항하는 자유 자체이다.

물론 사랑이 더 가치 있는 것임은 틀림없는 사실이다. 도덕이 전부일 수도,

본질적인 것일 수도 없는 이유는 거기에 있다. 그러나 그렇더라도 후의는 이기주의보다 더 가치 있으며, 도덕은 비열함보다 더 가치 있다.

후의가 이기주의의 반대는 물론 아니다. 후의가 이기주의를 전적으로 벗어날 수 있는 것은 아니기 때문이다. 후의는 어떻게 해서 가능한가? 후의는 왜 필요한가? 스피노자의 말을 들어보자. "이성은 자연에 어긋나는 것은 아무것도 요구하지 않고, 우리 모두에게 각자를 사랑할 것을 요구하며, 각자에게 유익한 것을 추구하는 동시에 인간을 현실적으로 더 완벽한 경지에 이르게 해줄 어떤 것을 욕망하라고 요구한다. 적어도 각자는 자신의 존재를 현재 그대로 지키려고 노력해야 한다."[23] 현실을 벗어날 수 없는 한, 쾌락의 원칙도 벗어날 수 없다. 그러나 그 말은 모든 쾌락이 다 가치 있다는 말은 아니다. 중요한 것은 희열이고 사랑이다.[24] 그렇다면 후의는 무엇인가? 스피노자는 후의를 "한 개인이 오직 이성의 명령에 따라서 다른 사람들을 도와 그들과 더불어 우정의 끈을 이어두려는 노력과 염원"[25]으로 정의한다. 후의는 그런 점에서 보면, 단호함 또는 용기와 마찬가지로 영혼의 힘에 속하는 것이다. 스피노자의 설명을 계속 들어보자. "자신의 이로움만을 목적으로 하는 행동이 아집이라면, 다른 사람의 이로움을 목적으로 하는 행동은 후의이다."[26] 그러므로 이로움에도 두 가지가 있다. 그러나 두 경우 모두 주체의 유용성을 벗어나지는 않는다. 누구도 자아를 벗어날 수는 없다. 또는 벗어나더라도 스스로의 요구를 떠맡는 조건에서만, 즉 스스로 잘 행동할 수 있게 해주고 자신의 존재를 가능한 한 가장 잘 유지시킴으로써 가장 잘 살게 해주는 조건에서만 그럴 수 있다.[27] 그것이 항상 실현 가능한 것은 아니다. 누구나 알고 있듯이 그리고 스피노자도 부정하지 않듯이, 더 강한 쪽은 우주이다. 그 때문에 개인은 죽어야 하고, 필연적으로 죽을 수밖에 없다. 그러나 승리하는 삶을 사는 사람 그리고 투쟁과 저항의 삶을 사는 사람은 배반보다는, 거부보다는, 포기보다는 죽음을 선택한다. 그러나 역설적이게도 이때 그는 자신의 생명(conatus)을 죽음 또는 비열함에 대립시킴으로써 자신의 존재를 드러내고 있다. 스피노자가 끊임없이 되풀이하는 말은, "미덕은 자신의 긍정이며, 유용성의 추구이다"[28]라는 말이다. 그에 의하면 십자가 위의 예수도 마찬가지이며, 오히려 예수야말로 그 훌륭한 예라고 한다.[29] 자신의 유용성이 가장 큰 위안과 가장 오랜 삶을 보장해주는 것일 수는 없지만, 적어도 그것은 가장 자유로운 삶과 가장 진정한 삶을 보장해줄 수는 있다. 영원히 사는 것이 중요한 것이 아니다. 어차피 영원히 살 수는 없지 않은가. 중요한 것은 올바로 사는 것이다. 그렇다면 용기 없이, 후의 없이 어떻게 그렇게 살 수 있겠는가?

후의는 기쁨으로 정의되는 대신, 염원으로 정의되는 것을 보았다. 후의를 사랑이나 자비와 구분되게 해주는 것은, 스피노자도 지적했듯이 바로 그 점이다. 목표가 후의였다고 해도, 기쁨은 덤으로 생긴다. 그것은 너무 명백한데, 후의가 지향하는 우정은 기쁨을 나누어 가지는 것에 다름 아니기 때문이다. 그러나 정확히 말해서 기쁨 또는 사랑이 후의에서 생길 수는 있지만, 그렇다고 후의로 환원되거나 후의와 혼동될 수는 없다. 사랑하는 사람에게 좋은 일을 하기 위해서는 "이성의 명령" 또는 후의가 지시하는 바를 따를 필요가 없다. 사랑이면 충분하고, 기쁨이면 족하다.[30] 그러나 사랑이 없을 때, 기쁨이 없을 때 또는 그것들이 너무 약해서 우리로 하여금 선행을 하게 하는 아무런 연민의 정도 생기지 않을 때는,[31] 자아를 벗어나서 우리를 이기주의로부터 자유롭게 해주는 이성이 살아서 꿈틀거리면서 우리에게 "인간보다 더 유익한 것은 아무것도 없으며",[32] 모든 증오는 나쁜 것이라고 가르쳐야 한다.[33] 이제 이성에 의해서 인도받는 사람은 누구나 "자신을 위한 것이 다른 사람을 위한 것"[34]이라는 사실을 깨닫게 된다.

나의 유용성과 타자의 유용성이 만나는 지점, 염원이 후의가 되는 지점은 바로 그곳이다. 중요한 것은 슬픔이나, 슬픔의 원인을 제공하는 증오, 분노, 멸시, 시기를 극복하는 것이다. 사랑이 있으면 사랑으로, 사랑이 없을 때에는 후의로 그렇게 해야 한다.[35] 여기에서 중요한 것은 사랑과 후의를 구분하는 것일 테니 텍스트를 왜곡해서 독자를 혼란스럽게 하기보다는 그 부분[36]을 건너뛰도록 하겠다. 그러나 나는 그것이 말하는 정신만큼은 결코 혼동하지 않는다. 텍스트의 정신은 "증오는 사랑으로 극복해야 하며",[37] 슬픔은 기쁨으로 극복해야 한다고 말한다. 그리고 그런 극복을 가능하게 하는 것이 있다면 그것은 바로 후의이고, 욕망, 미덕과 마찬가지로 후의의 기능은 바로 거기에 있는 것이다. 후의는 사랑, 기쁨, 나눔에 대한 염원이다. 그리고 후의는 기쁨 자체이기도 하다. 후의를 가진 사람은 적어도 자신의 내부에 있는 사랑에 대한 사랑을 사랑하기 때문에 사랑의 염원 자체에 희열을 느낀다. 우리는 스피노자의 정의를 기억한다. "사랑은 외재적 명분에 수반되는 기쁨이다."[38] 사랑을 사랑하면, '사랑은 존재한다' 또는 '사랑은 존재할 것이다'라는 생각만으로 희열이 넘친다.[39] 그런가 하면 사랑을 사랑하는 행위는 사랑이 도래하도록 노력하는 행위이며,[40] 그것이 다름 아닌 후의인 것이다. 후의가 있다는 말은 사랑을 하려고 노력하는 것 그리고 그렇게 행동하는 것이라고 나는 감히 말하겠다. 용기가 두려움에 대립적이듯이, 영혼의 힘이 무능에 대립적이듯이, 자유가 예속에 대립적이듯이, 후의는 그래서 증오, 멸시, 시기, 분노 그리고 무관심에 대립적이다.[41] 그러나 아직 구원에 이른 것은 아니다. 우리에게 영원, 지복(至福)을 제공하는 것은 미덕들이 아니기 때문이다. 그러나 그럼에도 미덕들은 우리에게 필요한 가장 "일차적인 것들"[42]임은 틀림없는 사실이다. 스피노자에 의하면, 미덕들은 "올바른 생활 태도",[43] "삶의 규칙",[44] "이성의 가르침",[45] 더 단순하게 말하면 "도덕성"[46]과 관련된다. 사실 선과 악을 초월해서 산다는 것은 있을 수 없는 일이다. 그건 당치도 않은 이야기이다.[47] 그뿐만 아니라 음울한 자들 또는 검열자들의 도덕은 우리에게 어울리지 않는다.[48] 여기에서 중요한 것은 사랑의 윤리학으로 인도되는 후의의 도덕이다.[49] 스피노자는 말한다. "올바로 행동하고, 기쁨을 유지하라."[50] 사랑은 목표이며, 후의는 길이다.

흄에 의하면, 절대 보편적인 후의가 있다면 우리는 굳이 정의가 없어도 살 수 있다고 한다.[51] 사실 그런 생각을 할 수도 있을 것이다. 그런가 하면, 반대로 정의는 완벽한 것이라고 해도 우리로 하여금 후의를 면제받을 수 있게 해주지는 않는다. 후의는, 물론 나의 개인적 견해이지만, 사회적으로는 덜 필요한 것일지 몰라도 인간적으로는 더 값진 것이다.

정의와 후의를 올바로 실현시킬 능력이 미미하기만 한데, 그런 비교를 한들 무슨 소용이 있겠느냐고 반문할 수 있다. 그러나 미미하다고 해서 그것이 아무것도 아닌 것은 아니다. 우리가 만약 그 미미함을 느낀다면, 그다음 단계에서 우리는 그것을 좀더 신장시키려는 노력을 할 수 있는 것이다. 모든 미덕은 설령 미미한 것일지라도 미덕에 대한 염원으로부터 시작된다. 그렇지 않은 미덕이 있던가?

흄이 보았듯이, 후의가 최초의 자연적 감정에서 비롯되는 것인지, 아니면 스피노자와 프로이트가 생각하는 것처럼 모방된 애정으로서의 염원과 승화된 충동으로서의 자기애에서 비롯되는 것인지 등에 대한 결정은 인류학자들이 결정할 문제일 뿐, 도덕적으로 보면 그것을 어떻게 규명하는가는 별로 중요하지 않다.[52] 가치를 오직 기원에 둔다면, 그래서 출발이 잘못되었다고 해서 가치를 박탈한다면, 미덕에 관한 한 대단한 착각을 하는 것이다. 내 개인적인 생각에 의하면 미덕은 모두 동물성, 다시 말해서 가장 밑바닥에서 비롯된다. 적어도 우리에게 그렇게 보이는 데에서 비롯된다. 동물성을 포함하여 모든 것의 기원인 물질과 공허는 어디를 보아도 아래도 없고 위도 없다. 그러나 그 말은 다시 말하면 미덕들은 우리를 고양시킨다는 말이며, 그래서 아마도 미덕의 반대는 저속함일 것이다.

  후의는 우리를 다른 사람에게로 끌어올리는 동시에, 소아병적(小兒病的) 자기 자신을 벗어난 우리 자신에게로 끌어올린다고 말할 수 있다. 전혀 후의가 없는 사람에게 쓸 수 있는 말이 있다면, 천박함, 비겁함, 치사스러움, 비열함, 인색함, 탐욕스러움, 이기주의, 더러움 등의 말들이리라. 사실 어느 정도 우리는 모두 그렇다. 철저히 언제나 그런 것은 아니더라도. 후의는 우리를 그런 데에서 멀어지게 하며, 우리를 그런 데로부터 자유롭게 한다.

  마지막으로 후의는 다른 모든 미덕들과 마찬가지로 내용에서나, 지칭하는 용어에서나 다양하다. 용기와 합쳐지면, 후의는 영웅을 만든다. 정의와 합쳐지면, 후의는 공정이다. 연민과 합쳐지면, 후의는 온정이다. 측은함과 어울리면, 후의는 자비이다. 그러나 후의의 가장 아름다운 이름은, 누구나 알고 있을 테지만, 자애와 하나 되어 이루는 선(善)이다.

# 8 연민

연민(憐憫, compassion)은 좋은 느낌을 주지 못한다. 사람들은 연민의 대상이 되는 것 또는 그렇게 취급받는 것을 좋아하지 않는다. 그런 점에서 연민은 예컨대 호의와는 너무나 명백하게 구분된다. 또한 누군가에 대해서 연민의 정을 느낀다는 것은 그 대상과 더불어 고통을 느낀다는 것이다. 고통이란 그 종류를 불문하고 나쁜 것이다. 그러니 연민이 어찌 좋은 것일 수 있겠는가?

그러나 언어의 측면에서 보면, 연민이라는 단어는 쉽게 폐기 처분할 단어가 아니다. 사전을 보면, 연민의 반대말은 냉혹함, 잔인함, 냉담함, 무관심, 퉁명스러움, 무감각 등이다. 연민은 차라리 그런 단어들 때문에 오히려 소중하게 느껴지는 단어이다. 연민의 동의어는 공감(sympathie)인데 이것은 라틴어 콤파시온(compassion)과 뜻이 정확히 일치한다. 그런데 여기에서 한 가지 주목할 사실은, 오늘날처럼 공감이 강조되는 시대에 어찌해서 연민은 그렇게 강한 반발을 불러일으키는가 하는 점이다. 금세기는 미덕보다는 감정을 더 선호하는 시대이기 때문일까? 아무튼 연민은 두 가지 차원을 가지며, 거기에 연민의 약점과 강점이 있다. 이제부터 나는 그 점을 밝히려고 한다.

먼저 공감에 대해서 말해보자. 원래 공감을 잘하는 사람의 경우에 공감은 자질이며, 어떤 상황에서 공감을 하는 사람의 경우라면 그것은 감정이다. 사실 이보다 더 매력적인 자질, 이보다 더 유쾌한 감정이 있을까? 공감은 서로 다른 두 방향의 두 사람의 만남을 행복한 만남이 되게 해주는 감정이다. 그것은 뜻밖의 선물과도 같은 삶의 미소이다. 그렇지만 공감이 증명하는 것은 아무것도 없다. 누구나 아는 사실이다. 불한당도 공감을 줄 수 있다. 한 번만이 아니라, 여러 번 그럴 수도 있다. 공손, 성실, 신중, 절제를 아는 불한당도 있으며, 용감한 불한당도 있다. 불한당이라고 해서, 때로 너그럽고 정의롭지 못할 이유가 있겠는가? 그래서 우리는 온전한 미덕과 부분적인 미덕을 구분할 필요가 있다. 먼저 온전한 미덕을 보자. 아리스토텔레스가 말했듯이, 온전한 미덕이란 정의 또는 후의처럼 어떤 사람의 가치를 증언해주는 데에 부족함이 없는 미덕을 말한다. 불한당이 정의와 후의를 발휘할 때도 있겠지만 이따금 그럴 뿐이고, 그가 항상 그런다면 그는 더 이상 불한당이 아니다. 그리고 부분적인 미덕이란 사실 자세히 보면 악습 또는 비열의 다른 측면일 뿐이다. 불한당도 성실하고 용감할 수 있다. 그러나 어쩌다 그럴 뿐인 불한당은 나쁜 불한당이며, 만약 그가 한결같이 그렇다면 그는 더 이상 불한당이 아니다. 그러므로 공감을 주는 불한당이라는 말은 가설 이상이며, 그래서 공감은 결코 온전한 미덕일 수는 없다. 그러나 그 말은 공감이 절대로 미덕일 수 없다는 말은 아니다. 공감에 대해서 더 살펴보자. 공감, 그것은 타인의 감정 그리고 그것에서 오는 기쁨과 매혹을 함께하는 것이다. 어원적으로 공감이라는 말은 '같은 방식으로 함께 지각하거나 느낀다'는 말이다. 그렇기 때문에, 막스 셸러가 잘 보았던 것처럼, 공감은 다른 사람의 감정들을 다치게 하지 않는 한도 내에서 가치가 있다. "어떤 사람이 다른 사람의 불행을 보고 기뻐하는 그 감정에 공감한다든가, 증오 또는 악의와 공감한다면 그것은 전혀 도덕적이지 못한 행동이다."[1] 공감이 그 자체로 미덕이 될 수 없는 이유가 거기에 있다. "단순한 공감은 다른 사람의 감정의 질과 가치에 대해서 전혀 개의치 않는다. 원칙적으로 공감은 어느 모로 보건 가치와는 무관하다."[2] 공감한다는 것은 단지 상대방과 같은 느낌을 가지는 것이다. 물론 공감을 자아라는 감옥으로부터의 벗어남으로 본다면, 공감도 도덕에 이르는 길일 수는 있다. 그러나 중요한 것은 무엇에 공감하는가이다. 타인의 증오를 공감하는 행위는 증오를 품는 행위이다. 타인의 잔혹성을 공감하는 사람은 잔혹한 사람이다. 마찬가지로, 만약 우리가 어떤 사람의 사디즘적인 쾌락에 가담해서 똑같이 흥분한다면 우리는 똑같이 나쁜 사람이 된다. 반면에 연민은 다르다. 물론 연민도 고통 또는 슬픔을 함께 나누는 공감의 한 형태이다.[3] 그러나 여기에는 우리가 정확하게 짚고 넘어갈 것이 있다. 사실 타인의 행복을 질투하는 사람의 고통처럼 모든 고통이 가치 있는 것은 아니다. 질 나쁜 고통도 있다. 그러나 고통은 그래도 여전히 고통이며, 또한 모든 고통은 연민의 대상이다. 아주 심한 불균형이 그것에서 느껴진다. 즐거움은 항상 좋은 것이지만, 반드시 도덕적으로 그렇다는 것은 아니다. 우리가 느끼는 즐거움은 대부분 도덕과는 무관하다. 고문하는 사람의 기쁨을 생각해보자. 도덕적으로 아예 납득하기조차 어려운 기쁨이다. 그러므로 공감은 기쁨이 가치 있는 것일 때, 즉 공감하면서 느끼는 기쁨이 도덕적으로 건전해서 증오나 잔혹성에 지배받는 것이 아닐 때 비로소 가치 있는 공감이 될 수 있다. 반면 고통은 어떤 것이든 마음을 아프게 한다. 물론 고통이 반드시 도덕적으로 타도의 대상만은 아니다. 고통 중에는 불건전한 고통도 있지만, 미덕적이고 영웅적인 고통도 있지 않던가. 다만 고통은 언제나 마음을 아프게 하기 때문에 좋지 않다. 연민은 바로 그런 마음 아픔의 감정이며, 거꾸로 그 마음 아픔의 감정이 다름 아닌 연민이다.

막스 셸러는 묻는다. "갑이라는 어떤 사람의 고통을 보고 을이라는 사람이 기뻐한다면, 그것이 도덕적인 태도일까?"[4] 물론 아니다. 반면에 갑이라는 사람의 고통을 함께한다면, 그것은 도덕적인 태도이다.

그런데 갑이라는 사람의 고통이 나쁜 성격의 고통, 즉 병이라는 사람의 행복을 시기하는 데에서 오는 고통이라면? 그런 경우에도 같이 아파해야 하는가? 연민은 그래야 한다고 대답한다. 다른 사람의 고통을 함께한다는 말과 옳든 그르든 고통의 이유나 동기에 대해서 동의한다는 말은 다르다. 고통을 함께한다는 것은 어떤 고통이든 고통을 무관심하게 지나치지 않는다는 말이고, 사람을 무시하지 않는다는 말이다. 연민이 원칙적으로 보편적이며, 생각보다 더 도덕적인 이유는 바로 거기에 있다. 그럼에도 고통과 쾌락 사이에는 여전히 불균형이 존재한다. 고문하는 사람의 쾌락을 함께한다면, 그것은 그의 죄에 동참하는 것이다. 그러나 그의 고통 또는 광기, 그의 증오와 슬픔과 비참에 대해서 연민을 가지는 행위는 다만 증오에 증오를 더하는 일을 거부하는 행위일 뿐이지, 악에 동참하는 행위는 아니다. 형 집행자들에 대한 예수의 연민, 사악한 자들에 대한 부처의 연민이 그런 예들이다. 연민하는 예수와 부처 때문에 우리가 숨 쉬기 거북한가? 그 고매함이 우리에게 그렇게 느끼게 할지도 모른다. 그러나 역시 우리는 그들의 성덕을 안다. 연민은 다른 사람의 고통을 즐기는 잔인의 반대이며, 다른 사람을 염려할 줄 모르는 이기주의의 반대이다. 잔인과 이기주의가 두 가지 큰 결함이듯이, 연민은 한 가지 훌륭한 자질이다. 연민이 미덕인가? 동양에서는 특히 불교에서는 연민이 미덕이며, 어쩌면 어떤 미덕보다도 더한 미덕이라고 할 수 있다.[5] 반면 서양에서의 그것은 복잡하기 때문에 간단하게나마 검토를 요한다.

스토아 학파 철학자들로부터 스피노자와 니체를 거쳐 한나 아렌트에 이르기까지 연민에 대한 비판 또는, 비판적인 사람들의 용어를 쓰면, 동정심(同情心, pitié)에 대한 비판은 끊임없이 있어왔다. 물론 그것들은 거의 대부분 옳으며 양심적인 비판이었다. 동정심이란 타인의 슬픔 앞에서 슬픔을 느끼는 행위이다. 그러나 동정심은 타인을 슬픔에서 건져주지도 못하며, 자신이 느끼는 슬픔의 이유도 모른다. 동정심은 세상에 고통의 양을 보탤 뿐이다. 동정심이 비판받는 이유는 거기에 있다. 슬픔 위에 슬픔을, 고통 위에 고통을 더하는 일을 과연 좋은 일이라고 할 수 있을까? 스토아 학파 철학자들에 의하면, 그래서 현자는 슬픔을 모르며 동정심도 없다.[6] 그 말은 그가 가까운 사람들을 돕지 않는다는 말이 아니다. 그는 동정심과 상관없이 이웃을 도울 수 있는 사람이다. "다른 사람들을 불쌍히 여기기보다, 할 수만 있다면 그들을 도와야 한다. 동정심과 상관없이 관대해질 수는 없는 것인가? 우리는 타인의 슬픔을 떠맡아야 할 의무가 없으며, 타인의 고통을 덜어줄 의무 또한 없다."[7] 그러므로 마음보다는 행동이, 동정심보다는 후의가 필요하다. 그렇다. 후의만 있다면 족할 것이다. 그러나 그렇지 않은 경우는?

　이 부분에서 스피노자는 스토아 철학자들과 아주 가깝다. 사람들은 좋건 싫건 동정심에 대한 그의 비판을 자주 인용한다. "이성의 인도를 받아서 살아가는 한 동정심(commiseratio)은 나쁘고 불필요한 것이다."[8] "할 수 있는 한 동정심의 영향을 받지 않으려고 하는 현자의 노력"[9]은 거기에 근거한다. 우리는 어떤 핵심적인 것을 여기서 찾을 수 있는데, 동정심은 슬픔이라는 사실이다. 그 슬픔은 타인에 대한 모방이나 타인과의 동일시에서 오는 슬픔이기 때문이다.[10] 반면 희열과 이성은 바람직하고 정당하다. 그래서 우리는 동정심이 아닌 사랑과 후의로 도울 수 있어야 한다.[11] 적어도 현자들, 즉 스피노자가 자주 말한 "이성의 인도를 받고 살아가는" 사람들에게는 사랑과 후의면 족하다. 이것이 바로 지혜의 의미이다. 순수한 진실, 슬픔 없는 사랑, 가벼움, 차분하고도 넉넉한 후의. 그렇다면 현자란? 동정심은 모든 다른 사람들을 위해서, 그리고 이것은 사람들이 자주 잊는 것인데, 우리 모두를 위해서도 없는 것보다는 더 가치가 있다. 그 어느 누구도 완전한 현자가 될 수는 없기 때문이다. 스피노자는 이렇게 말한다. "내가 여기에서 말하는 현자란 이성의 인도를 받으며 살아가는 인간이다. 이성에 의해서도, 동정심에 의해서도 다른 사람을 도우려고 하지 않는 사람을 우리는 비인간적이라고 하는데, 왜냐하면 그는 전혀 인간을 닮은 것으로 보이지 않기 때문이다."[12] 따라서 동정심은 비록 미덕은 아니지만,[13] 수치나 회개와 마찬가지의 차원에서 "바람직한 것"이다.[14] 왜냐하면 동정심은 인간성과 온정의 한 요소이기 때문이다.[15] 그러나 아무리 그래도 스피노자는 니체와 대립적이다. 니체에게 중요한 것은 가치나 위계질서를 전복하는 것이 아니라,[16] 단지 정직한 사람들이 의무나 동정심으로 실천하던 것을 기쁨과 사랑 또는 후의로 실천하게 하는 데에 있다. 알랭은 1909년의 한 글에서 이렇게 쓴다. "인생을 우울하게 만드는 친절, 사람들이 흔히 동정심이라고 부르는 친절은 인간의 큰 재앙들 중의 하나이다."[17] 그렇다. 다분히 스피노자의 철학이 느껴진다. 그럼에도 동정심은 잔인성 또는 이기주의보다는 낫다. 그 점에서는 스피노자와 몽테뉴 그리고 알랭이 같은 견해이다. 알랭의 말을 들어보자. "부당한 사람 또는 생각이 모자란 사람에게는 짐승의 잔인성 대신 동정심이라도 있는 것이 낫다."[18] 동정심이 미덕이라는 말은 아니다. 동정심은 단지 슬픔과 열정일 뿐이다. "동정심은 진전은 없지만",[19] 그래도 아무것도 없는 것보다는 더 낫다는 이야기이다. 비록 시작에 불과하지만, 출발로서의 가치는 있다. 이 부분에서는 스피노자가 비교적 가장 분명하다. 정서의 측면에서 볼 때, 현자의 도덕과 세상 사람들의 도덕 사이에는 차이가 있는 것 같다.[20] 그러나 행동의 측면에서 보면 둘 사이에 차이가 없다. 사랑은 법을 벗어나지만 법을 폐지하지 않으며, 오히려 그것을 "가슴 깊은 곳에"[21] 새겨넣는다. 법? 어떤 법인가? 스피노자가 생각하는 유일한 법은 정의와 자비의 법이다.[22] 현자는 이성과 사랑이면 충분하지만, 일반 사람들은 동정심이 그것들을 대신

한다. 동정심마저 필요 없다고 하는 사람은 허영에 찬 사람이 아닐까?

그런데 과연 연민이 슬픈 동정심과 같은 말일까? 유쾌한 연민은 아닐망정, 적어도 긍정적 연민, 즉 고통보다는 조심스러운 태도로, 슬픔보다는 배려로, 열정보다는 인내와 귀 기울임으로 표현되는 연민은 존재할 수 없는 것일까? 스피노자가 미세리코르디아(misericordia)라는 단어로 의미한 것이 바로 그것이 아닐까? 사람들은 일반적으로 그 단어를 자비라고 번역한다. 극히 간단한 번역이지만 내가 쓴 연민이라는 단어와 가장 근접한 것 같다. 미세리코르디아에서의 본질적 요소인 과오와 용서의 개념이 연민에는 없기 때문이다. 나는 연민을 다음과 같이 정의한다. "연민이란 타인의 행복을 기뻐하고, 그의 불행을 슬퍼할 줄 아는 사랑이다."[23] 일반적 의미로 보면, 타인의 행복에 대해서가 아닌 타인의 불행에 관한 한 연민은 가치 있는 것이 사실이다. 그러나 스피노자도 망설임이 있는 것 같다. 스피노자는 기이하게도 **동정심**과 **연민**을 거의 구분하지 않는다. 그에 의하면 "**동정심**이 특별한 감정과 관련된다면 **연민**은 그것을 느끼는 일상적 성향인데, 그 점을 제외하면 둘 사이에 차이가 없다."[24] 나는 "기이하게도"라고 말했는데, 왜냐하면 스피노자의 말에 의하면, 동정심도 타인의 불행을 슬퍼할 뿐만 아니라 자비처럼 그의 행복까지 기뻐하는 것을 전제하기 때문이다. 아무리 스피노자 철학이라고 해도 비판적으로 보자면 이는 단어의 평범한 사용을 넘어선다. 그러나 사람들이 그런 정의들을 제대로 이해만 한다면 무슨 단어를 쓰든 문제는 없다. 연민과 동정심에 대한 약간은 평행적인 정의에서 명확하게 드러나는 한 가지는, 동정심이 슬픔으로 정의되는 반면에 연민은 사랑, 즉 기쁨으로 정의된다는 것이다.[25] 그러나 우리 모두 경험을 통해서 알 수 있듯이 위의 정의에도 불구하고, 거기에서 슬픔을 배제시킬 수는 없다. 우리가 어떤 사람의 존재를 기뻐한다면, 즉 그 사람을 사랑한다면, 우리는 그의 고통 받는 모습에 슬픔을 느끼지 않을 수 없다.[26] 그럼에도 연민의 의미와 방향을 바꿀 수는 있다. 왜냐하면 사랑은 기쁨이기 때문이다.[27] 연민의 경우든 동정심의 경우든 또는 슬픔이 지배하는 상황이든 간에 사랑할 때의 슬픔은 증오 없는 슬픔이고, 증오가 있다면 그 증오는 불행을 당한 사람에 대한 증오가 아니라 불행 자체에 대한 증오일 뿐이며,[28] 불행을 당한 사람을 무시하기보다는 도우려고 하는 증오이다.[29] 인생은 너무나 고단하고 우리는 너무나 불행하기 때문에, 이런 감정은 꼭 필요하며 정당한 것이다. 거짓 기쁨보다는 진실한 슬픔이 낫다고 나는 말하곤 했다. 거기에 나는 다음의 말을 덧붙이고 싶다. 즐거운 증오보다 슬픈 사랑이 더 가치 있으며, 그것이 말하자면 연민이다.

  즐거운 사랑이 더 가치 있지 않을까? 물론이다. 지혜나 성덕이 더 낫고, 순수한 사랑과 자비가 더 낫다. 장켈레비치는 이렇게 말한다. "연민은 일종의 반사적 또는 이차적 자비로서, 그것이 베풀어지려면 다른 사람의 고통, 예컨대 불구자의 남루한 옷차림 또는 비참한 모습이 필요하다. 반면 동정심은 불행을 따라다닌다. 즉 동정심은 오직 불쌍한 어떤 사람 또는 불행에 빠진 어떤 사람을 향한 것이다. 그에 비해서 자비는 자발적이다. 꼭 넝마를 걸치고 있어야만 자비를 베푸는 것이 아니다. 우리의 이웃은 비록 불행에 빠지지 않았다고 해도 사랑받아야 하고, 사랑받을 자격이 있다."[30] 맞는 말이다. 그러나 그렇게 하기는 얼마나 어려운 일인가! 대체적으로 다른 사람에 대한 증오를 멎게 해주는 것은 그 사람의 불행이다. 그에 대한 동정심이 그에 대한 증오를 멎게 해주는 것이다. 이제 그만큼 사람들 사이의 거리는 좁혀지고, 장애물도 제거된 셈이다. 연민은 정확히 말하면 반사적이고 투사적인 동일화 과정이며, 어쩌면 가장 낮은 차원의 손쉬운 사랑이다. 니체는 우리에게 연민에 대해서 염증을 느끼게 한다는 점에서 재미있다.[31] 그는 전에는 마치 우리에게 연민이라는 것이 없었던 것처럼 말하면서 거기에서 벗어나는 것이 우리의 가장 절실한 욕망인 것처럼 말한다. 물론 고통은 자기 자신만의 고통으로도 충분하다. 다른 사람의 고통을 잊고 싶어하지 않는 사람, 모른 척하고 싶어하지 않는 사람이 어디 있겠는가? 보브나르그는 니체보다 더 명철하다. "수전노는 '내가 왜 불행한 사람들의 운명을 책임져야 하는가'라고 속삭인다. 그러면서 그는 그를 귀찮게 하는 동정심을 거부한다."32) 동정심을 가지지 않으면, 잘 살 수 있으며 현재 부유한 사람은 앞으로 더 부유하게 살 수 있을 것이다. 그러나 안락이 삶의 목표인가? 그런 삶이 모범적인 삶일 수 있을까? 마치 선동 정치가처럼 우리를 어르기만 하는 것이 철학이라면, 철학이 무슨 소용이 있겠는가? 쇼펜하우어는 그렇지 않았다. 그는 도덕성의 원동력과, 뒤집을 수도 없고 극복할 수도 없는 도덕적 가치의 기원이 연민에 있다고 본 철학자였다.33) 어떤 종교적 계율 또는 철학자들의 금언보다도 연민은 우리들의 행동의 원칙이 되곤 하는 이기주의 그리고 최고 악으로서의 잔인성을 정면으로 부인한다. 쇼펜하우어의 말처럼 정의와 자비의 미덕까지도 그 기원이 연민에 있을까? 결코 그런 것만은 아니다. 정의와 자비는 인류와 문명의 상당한 발전을 전제하는 미덕들이며, 연민과 상관없는 또다른 차원의 최상의 미덕들이다.

쇼펜하우어의 철학을 벗어나지 않은 채 지나가면서 말하면, 연민은 동물에게서도 발견할 수 있다. 우리의 대부분의 미덕들은 단지 인간만을 목표로 삼고 있으며, 미덕의 위대성과 한계는 거기에 있다. 그와는 반대로 연민이란 일반적으로 고통 받는 모든 것과 고통을 함께하는 것을 의미한다. 우리에게 동물에 대한 어떤 의무가 있다면,34) 내 생각에 그 의무는 무엇보다도 연민에 의해서 혹은 연민 안에서 비롯되는 것다. 연민이 인간의 미덕들 중 가장 보편적인 미덕이라고 할 수 있는 이유는 바로 거기에 있다. 인간 역시 동물을 사랑할 수 있고, 동물에 대해서 신의를 보일 수 있고, 동물을 존중할 수도 있다. 그렇다. 성 프란체스코는 동서양 여러 나라에서의 예를 든다. 그러나 우리가 짐승에 대한 감정과 인간에 대한 감정을 같은 차원에 놓는다면, 그것은 지나친 일이 될 것이다. 개에게 보이는 성실성과 인간에게 보이는 성실성은 달라야 하며, 아무리 초면의 사람이라도 새나 사슴을 대할 때와는 달라야 한다. 그러나 연민이 문제가 되면, 그 명백한 진리가 빛을 잃는다. 어린아이의 뺨을 때리는 것과 고양이를 괴롭히는 것 중에 어떤 것이 더 나쁜 일인가? 내 생각에는 후자가 더 나쁘다. 그렇다면 결론은, 더한 연민의 대상은 고양이여야 한다는 말이다. 고통은 종을 초월하며, 연민은 휴머니즘을 앞선다. 연민은 이처럼 우리를 모든 인류에 대해서뿐만 아니라, 살아 있는 모든 것, 적어도 고통 받는 모든 것에 대해서 눈을 뜨게 해주는 매우 독특한 미덕이다. 레비-스트로스가 말했듯이 지혜 중에서 가장 보편적인 동시에 가장 필요한 지혜는 연민에 충실한 또는 연민에 근거한 지혜이다.[35] 그것은 바로 부처의 지혜이고, 몽테뉴의 지혜이고,[36] 다름 아닌 진리 자체이다. 그런 지혜가 없다면 어떤 지혜도 너무 인간적인, 그래서 너무 보잘것없는 것이 될 것이다. 인간성은 미덕인 동시에, 연민의 동의어이다. 이 말은 상당한 의미가 있는 말이다. 우리는 동물에 대해서도 인간적이 될 수 있고, 또 그래야 한다. 그리고 그 점이야말로 인간에게 있는 가장 분명한 우월한 점이다. 아무런 연민이 없다면 그것은 비인간적인 것이고, 역설적이게도 그렇게 될 수 있는 존재는 오로지 인간뿐이다. 여기에 새로운 휴머니즘의 자리가 생긴다. 새로운 휴머니즘은 휴머니즘과 결부된 본질 또는 권리를 한껏 누리는 것이 아니라, 다른 사람의 고통이 우리에게 요구하는 의무를 철저히 인정하는 것이다. 우주적 휴머니즘, 연민의 휴머니즘은 바로 그런 휴머니즘이다.

쇼펜하우어가 루소를 자주 인용하는가 하면,[37] 레비-스트로스는 우리가 모두 알듯이 루소에 상당히 의존한다.[38] 실제로 그를 언급하지 않는다는 것은 어려운 일인 것이, 인간 공통의 경험 또는 감수성의 본질을 언급한 최초의 사람이 그이기 때문이다. 유명한 『인간 불평등 기원론(*Discours sur L'origine de L'inegalité parmi Les Hommes*)』의 아름다운 한 구절을 다시 읽어보자.[39] 루소는 연민이야말로 미덕 중의 미덕이며, 자연이 준 유일한 미덕이라고 한다. 루소에 의하면 미덕이기 이전에 감정, 그것도 "자연스러운 감정"으로서의 연민은 아마도 타인과의 동일시를 통한 자기애에서 기인하는 만큼 강하며, "다른 사람의 고통에 대한 본능적인 거부감 때문에 자신의 안락에 대한 강한 욕망을 조절할 줄 아는"[40] 태도이다. 고통 받는 모든 존재는 나와 같은 존재이므로 연민을 가지라고 한다. 연민한다는 것은 고통 속에서 공동체를 이루는 것이다. 셀 수 없이 많은 구성원들로 구성된 그 공동체는 구성원들 모두에게 규칙을 부여하는데, 그것은 바로 애정의 규칙이다. 가능한 한 타인의 아픔과 함께함으로써 선을 행하라.[41] 루소는 맨더빌의 고찰을 빌려 온다. 맨더빌에게나 루소에게나, 연민은 우리를 야만에서 벗어나게 해주는 다른 모든 미덕의 근원이다.

맨더빌에 의하면, 인간은 인간이 갖추고 있는 온갖 도덕에도 불구하고 태생적 이성과 연민이 인간에게 없었다면 야만을 벗어나지 못했을 것이라고 한다. 그뿐만 아니라 맨더빌은 인간의 모든 사회적 덕목이라는 것들도 다름 아닌 연민에서 비롯된다고 본다. 후의, 관용, 인간성이라는 것들이 약한 사람, 죄 지은 사람 또는 인류 전체에 대한 연민 외에 다른 무엇일 수 있겠는가? 잘 들여다보면, 온정, 우정이라는 것들도 사실은 지속적인 연민 또는 특별한 한 대상에 대한 연민의 다른 이름일 뿐이다. 누군가가 고통 받지 않기를 원한다는 말은 그가 행복하기를 바란다는 말과 다를 것이 없지 않은가?[42]

나는 연민을 그렇게까지 확대해석하고 싶지도 않고, 모든 미덕을 단 하나의 미덕으로 귀결시키고 싶지도 않다. 단 하나의 미덕에 그런 특권을 부여할 이유는 없지 않은가? 그러나 그럼에도 불구하고 연민은 잔인성과 이기주의의 반대말이라는 점만은 인정하지 않을 수 없다. 후의가 그렇듯이, 연민도 거기에서 완전히 벗어나기는 어렵다. 오히려 아리스토텔레스 이래로 많은 철학자들은 연민에서 불행을 발견했다. "우리가 불행해지는 상황, 우리 중 누군가가 불행해지는 상황에 연민이 있는 것이다."[43] 투사된 또는 전이된 이기주의, 연민은 그런 것들에 불과하지 않을까? "자신에게 같은 일이 일어날까 두려워서 그 일을 겪는 다른 사람들에 대하여 가지는 감정"[44]이 연민 아닌가? 그런 점이 없는 것은 아니다. 그러나 그렇다고 한들 어떤가? 우리가 느끼는 연민이 그렇다고 해서 달라지는가? 반론을 위해서 우리에게는 전혀 일어날 수 없는 불행을 한번 생각해보자. 예컨대 자식과 손자가 없는 노인이라고 해서 어린아이의 죽음 그리고 아이를 잃은 부모들의 고통에 마음 아파하지 않을까? 그것이 과연 전혀 사심 없는 감정인지 아닌지는 장담할 수 없다. 그러나 어쨌든 그 감정이야말로 진정한 인간적 감정인 것이다. 나머지는 내게는 부엌의 세간만큼이나 사소한 것이다. 사랑이 성적 충동과 관련되어 있다는 이유 하나만으로 사랑을 단죄하거나, 사랑의 존재를 부인할 수는 없는 것이다. 프로이트조차도 사랑을 함부로 다루지 않았다. 그런데 왜 우리가 연민을 함부로 처리해야 한다는 말인가?

  역설적이기도 하지만, 연민과 잔인성이 전혀 관계가 없는 것은 아니다. 무엇이든 양가성은 존재하는 법인데 미덕도 예외는 아니며, 연민의 경우도 연민 자체가 잔인성을 자극하거나 원인 제공자가 될 수 있다. 프랑스 혁명을 논하는 자리에서 한나 아렌트가 증명한 것이 바로 그 점이다. "미덕의 근원으로 취급되는 연민은 잔인성 자체보다 한 등급 위의 힘을 가지는 것으로 확인되었다."[45] 그 점은 연민을 단죄하거나 혁명을 단죄할 수는 없다고 하더라도, 연민과 혁명을 어느 정도 경계할 필요가 있음을 시사해준다. 연민은 우리를 불행에서 건져줄 수도 있지만 불행으로 몰아갈 수도 있으며, 이따금 그런 일은 실제로 일어난다. 따라서 연민은 만병통치약도 아니고, 보증수표일 수도 없다. 한나 아렌트가 증명했듯이, 프랑스 혁명 후 1793-1794년 사이의 공포정치가 보여준 폭력과 잔인성은 오직 추상적 연민의 결과였다. 혁명의 사람들은 18세기가 의미한 민중 즉 불행한 보통 사람들에 대한 연민의 이름으로 얼마나 무자비를 저질렀던가. 한나 아렌트는 여기에서 **구체적 연민과 추상적 연민**을 구분한다(역자는 번역의 편의상 pitié를 '추상적 연민', compassion을 '구체적 연민'으로 옮겼다/역주). 추상적 연민과는 다르게 구체적 연민은 "오직 한 개인만을 고려할 뿐, 전체를 무시한다."[46] 구체적 연민은 "특정한 한 개인의 고통만을 볼 뿐 그 이상을 보려고 하지 않으며," 더 나아가 "어떤 한 계급 전체의 고통도 알지 못한다."[47] 추상적 연민이 전체적이고 수다스럽다면, 구체적 연민은 개인적이고 은밀하다.[48] 예수의 연민도 마찬가지였다. 예수가 인류 전체에 대해서 연민을 가졌지만, 결코 그는 인류 전체에 대해서가 아니라 고통 받는 개개인에 대해서 연민을 가졌다. 추상적 연민이 잔인하고 폭력적이라면, 구체적 연민은 조용하고 부드럽다. 우리가 그 차이를 인정한다면, 로베스피에르와 생-쥐스트는 가난한 서민 전체를 향한 추상적 연민을 위해서 혁명 반대파들 또는 그렇게 여겨지는 개인들을 향한 구체적 연민을 희생시켰다. 따라서 스피노자가 상상적 감정으로 부르는 추상적 연민은 미덕과 거리가 멀며, 구체적 연민만이 진정한 미덕이라고 할 수 있는 것이다.

나는 여기에서 두 개념에 대한 한나 아렌트의 구분에 내가 생각하는 차이를 덧붙이고 싶다. 즉 추상적 연민은 내가 보기에 어느 정도의 멸시가 수반된다는 것이다. 즉 추상적 연민을 느끼는 사람은 어느 정도는 즐거운 우월감을 가진다는 말이다.[49] 추상적 연민에는 자만이 있다. 추상적 연민 앞에서 연민의 대상은 더욱 초라해질 뿐이다. '측은하다'라는 형용사가 가지는 두 가지 의미가 그 점을 증명한다. 측은하다라는 형용사는 연민을 가지는 주체를 우선 생각나게 하지만, 조금 지나면 그 대상을 더욱 두드러지게 한다. 그래서 후자 쪽으로 의미가 기울면, 측은하다라는 형용사는 보잘것없는, 가련한 또는 경멸할 만한 등의 단어들과 비슷한 폄하의 의미를 띤다. 그러나 구체적 연민은 그렇지 않다. 능동태 형용사 compatissant 그리고 그 단어의 수동태 compatissable도 마찬가지로 연민이란, 특히 구체적 연민이란 상대를 얕잡아보지 않으며, 대상에 대한 가치 평가를 결코 하지 않는다는 뜻이다. 구체적 연민은 단죄하는 대상에 대해서도, 찬양하는 대상에 대해서도 가능하다. 아니, 구체적 연민은 오히려 어느 정도는 존경하는 상대에게 가질 수 있는 감정이며, 추상적 연민과 구체적 연민 사이에 차이가 있다면 거기에 있는 것이다. 나의 이런 구분은 언어의 정신과도 정확히 일치한다. 아주 심한 병을 앓는 어떤 사람에게 우리는 연민 또는 같은 아픔을 전할 수 있다. 그러나 우리는 그에게 멸시 또는 모욕적 의미가 남긴 추상적 연민의 정을 표현할 수는 없다.[50] 추상적 연민의 정은 위에서 아래를 향한다. 반면에 구체적 연민은 수평적 감정이다. 구체적 연민은 동등의 의미만을 가지며, 더 나아가서 고통 받는 사람과 그 곁에서 그 고통을 함께 느끼는 사람 사이에 평등을 실현시킨다. 추상적 연민은 어느 정도 멸시가 가미되는 반면, 구체적 연민은 상대에 대한 존중을 수반한다.

  이제부터 말하는 연민은 구체적 연민을 의미할 텐데, 우리는 연민을 친절, 자비 선행 또는 적선의 행위와 혼동하거나, 연민의 의미를 왜곡시켜서는 안 된다. 스피노자처럼, 가난한 사람들을 돌보는 일은 개인이 할 일이 아니라 국가가 할 일이라고 생각할 수도 있다.[51] 스피노자는 가난과 싸우려면 자선을 행하는 것보다는 정치를 하는 것이 낫다고 한다. 나도 공감한다. 예컨대 내가 한 푼도 남김없이 내준다고 한들 결국 가난이 없어지는 것은 아니지 않은가? 사회 문제에는 사회적 해결책이 있다. 후의와 연민은 세금의 상향 조정을 정당화시켜주며, 세금의 올바른 사용을 위해서 싸우게 한다. 잔돈을 적선하듯이 쓰는 것보다는 세금을 올리는 것이 훨씬 더 효과적이고 훨씬 더 값지고 훨씬 더 넉넉한 일이 될지도 모른다. 그러나 그렇더라도 우리가 가난한 사람들, 소외된 사람들을 형제애를 가지고, 존중심을 가지고, 도울 마음가짐을 가지고, 공감을 가지고, 한마디로 연민을 가지고 대해야 한다는 것은 부동의 진리이다. 정치가 모든 것을 충족시켜준다면야 모르겠지만, 정치는 결코 그럴 수 없다. 따라서 연민은 스피노자가 말하는 의미의 구체적인 호의 또는 연대감을 통해서 표시될 수 있어야 한다.[52] 이제 각자는 가능한 범위에서 능력에 따라서 자신이 할 수 있는 만큼 또는 원하는 만큼 하는 것이다. 물론 자아가 명령하고 결정한다. 그러나 자아만 있는 것은 아니다. 연민이 바로 그 곁에 있다.

연민은 감정이다. 그래서 연민은 느끼거나 느끼지 못하거나 할 뿐, 명령하지는 않는다. 칸트가 환기시키고 있듯이, 연민이 의무가 되기는 어렵다.[53] 그러나 감정은 당하기만 해야 하는 운명과는 다르다. 사랑은 결정해서 되는 일이 아니라 길들여지는 것이다. 연민도 마찬가지이다. 연민을 느끼는 것이 의무일 수는 없다. 그러나 칸트의 설명에 의하면, 그럼에도 불구하고 연민을 느끼려고 노력하는 일은 우리의 의무이다.[54] 연민이 미덕일 수 있다면 그런 의미에서이다. 다시 말해서 연민은 노력이며 능력이다. 연민에 특권적인 지위를 부여하는 루소와 쇼펜하우어는 연민을 감정인 동시에 미덕으로, 또는 슬픔인 동시에 능력으로 본다. 그들의 입장은 한편으로 보면 옳고, 다른 한편으로 보면 옳지 않다.[55] 그렇더라도 연민은 우리가 한쪽에서 다른 쪽으로, 즉 정서적 차원에서 윤리적 차원으로 또는 현재의 자신에서 당위의 자신으로 건너가는 것을 돕는 징검다리이다. 사랑도 물론 그런 일을 할 수 있다. 그러나 사랑은 사실 거의 우리의 한계를 벗어난다. 반면에 연민은 우리가 원하면 할 수 있는 일이다.

내가 앞에서 연민은 불교권 동양의 제일의 미덕이라고 했다. 우리가 알기로 기독교권 서양에서는 온정과 사랑이라는 좋은 의미의 자비가 제일의 미덕이다. 둘 중 하나를 선택해야 하는가? 그럴 필요는 없다. 둘은 서로 배척적이지 않기 때문이다. 그럼에도 불구하고 꼭 그래야 한다면 이렇게 말할 수는 있겠다. 즉 할 수만 있다면 자비를 베풀라고. 그러나 접근이 용이한 것은 연민이며, 연민도 이미 자비와 상당히 가깝다. 또는 자비에 이르는 길을 안내해주는 역할을 하는 것이 연민이다. 진정한 자비의 행동을 모르는 사람이 과연 있을까? 진정한 연민을 모르는 사람이 과연 있을까? 쉬운 것으로부터 시작하자. 우리는 슬프게도 희열보다는 슬픔을 더 잘 느끼는 존재로 태어났으니까. 모든 사람에게 용기를 주고 그리고 내 자신에게 연민을 가지자.

다르게 말하자면, 예수의 가르침은 보다 열정적인 사랑이며, 부처의 가르침은 보다 헌신적인 연민이다.

"사랑하라. 그리고 너 원하는 바를 행하라."[56]

이 말씀을 이렇게 바꿔보자. 연민의 마음을 가져라. 그리고 너 행할 바를 행하라.

# 9 자비

내가 볼 때, 자비(慈悲, miséricorde, mercy)는 용서의 미덕 또는 용서 그 자체이다.

무엇을 용서하는가? 자비는 우리가 알고 있는 것처럼, 과오를 지워버리고 그런 일이 없었던 것처럼 행동하는 것이 아니다. 자비를 그렇게 이해한다면 그것은 잘못된 이해이고, 그런 능력은 우리에게는 있지도 않으며, 있더라도 피하는 것이 더 나은 어리석은 능력이다. 과거는 뒤집을 수 없으며, 진실은 영원하다. 데카르트는 신조차도 이미 저질러진 일은 돌이키지 못한다고 말했다.[1] 하물며 우리 인간은 더더욱 그럴 수 없다. 불가능한 일은 어느 누구도 할 수 없으며, 그럴 의무도 없다. 과오를 잊는다는 것은 희생자들에 대한 신의를 저버리는 일이 되며, 어리석은 나머지 신중의 미덕을 갖추지 못하는 결과를 낳는다. 나치의 죄를 잊어야 하는가? 아우슈비츠와 오라두르를 잊어야 하는가? 당신의 어떤 친구가 당신을 배신했다면, 그와의 신뢰를 지키는 것이 지혜로운 일일까? 어떤 거래자가 당신의 물건을 훔쳤다면, 거래처를 바꾸는 일이 부도덕한 일일까? 그렇다고 주장한다면, 그것은 지나치게 말에 매달리는 꼴이 되든지 또는 지나치게 맹목적인 미련한 미덕에 매달리는 결과가 된다. 스피노자는 경계하라고 말하는데, 그 말은 자비와 어긋나는 말이 아니다.[2] 스피노자는,

전기(傳記)에 의하면, 한 광신도에게 칼을 맞은 일이 있었다고 한다. 그후 그는 그 사건과 그것이 주는 교훈을 잊지 않기 위해서 찢어진 그의 윗도리를 평생 동안 버리지 않았다고 한다.3) 이 일화는 그가 용서하지 않았다는 이야기가 아니다. 이 일화를 통해서 우리는 용서가 어떤 의미에서는 스피노자 사상의 근본임을 알게 될 것이다. 오히려 이 이야기는 용서란 지워 없애는 것도, 잊는 것도 아님을 시사해주고 있다. 그렇다면 용서란 무슨 뜻인가? 용서는 다만 증오를 중지하는 것이다. 용서에 대한 이 정의는 곧 자비에 대한 정의이기도 하다. 자비는 원한, 이유 있는 증오, 앙심, 보복 또는 처벌에 대한 욕망을 이겨내는 미덕이다. 따라서 용서하는 미덕으로서의 자비는 모욕이나 잘못을 씻어 없애는 것이 아니다. 우리는 그럴 능력이 없다. 자비는 우리를 모욕하고 해를 끼친 사람에게 악의를 품는 일을 그만둘 때 얻어지는 미덕이다. 자비는 형벌을 면해주는 사면과는 다르다. 우리는 증오하지 않고도 형벌을 가할 수 있으며, 형벌을 가하지 않고도 증오할 수 있다. 또 우리는 죄를 짓지 않고도 고통을 당할 수 있듯이, 고통당하지 않고도 죄를 지을 수 있다. 그래서 자비는 고통만 함께 나눌 뿐인 연민도 아니며, 또한 죄를 사해주는 특별한 능력으로서의 사면과도 다르다. 그런 능력은 초월자의 능력이다. 비록 독특하고 아주 까다로운 미덕이지만 그럼에도 불구하고 자비는 찬사받아 마땅한 미덕들 중의 하나이다. 자비의 미덕이 필요하지 않다고 하기에는 우리는 모두 너무도 많은 잘못을 저지르는, 너무도 비참하고 너무도 유약하며 너무도 비천한 존재들이기 때문이다.

잠시 자비와 연민의 차이에 대해서 생각해보자. 우리가 보았듯이 연민은 고통과 관계하며, 대체적으로 죄와 상관없다. 반면 자비는 과오와 관계하며, 대체적으로 고통과 상관없다. 따라서 자비와 연민은 그 대상과 관련시켜보면 서로 일치하지 않는 아주 다른 두 가지 미덕임을 알 수 있다. 그러나 사실 우리는 고통당하는 사람을 더욱 쉽게 용서한다. 그것은 비록 과오와 아무런 상관이 없는 고통, 말하자면 후회와 아무런 상관이 없는 고통일지라도 우리는 고통받는 사람을 용서할 준비가 되어 있다. 자비는 원한의 반대말이다. 원한이란 증오이다. 연민 장(章)에서 알 수 있었듯이, 극심한 고통을 겪는 사람을 증오한다는 것은 거의 불가능한 일이다. 연민은 증오를 멎게 해주는 미덕이라고 했다. 그런 점 때문에 연민이 최종적으로 이르는 곳은 자비이다. 그런가 하면 그 역도 성립한다. 증오를 멈추면 연민도 쉽다. 어쨌든 보다 일차적인 충동, 더욱 감정적이고 자연스럽고 즉각적인 충동은 연민의 충동이다. 자비는 그에 비해서 훨씬 더 힘든, 그래서 드물게 보이는 충동이다.

연민은 반성을 전제하지 않는 데에 반해서, 자비는 반성이 있어야 한다. 어떤 반성인가? 많은 죄를 지은 자기 자신에 대해서인가? 성서는 말한다. "죄 없는 사람이 먼저 돌로 쳐라."[4] 그러나 동일화에 의한 이런 자비는 동일화가 가능한 곳에서만 있을 수 있다. 성서가 말하는 자비는, 모두 잘못을 저질렀거나 또는 그런 잘못을 저지를 가능성이 있을 때에만 가능한 자비이다. 나는 도둑질한 사람을 용서할 수 있다. 나한테도 그런 일은 있었기 때문에. 어렸을 때 나는 책을 훔친 일이 있다. 나는 거짓말쟁이를 용서할 수 있다. 나도 거짓말을 할 수 있기 때문에. 나는 이기주의자를 용서할 수 있다. 나도 이기주의자이기 때문에. 나는 겁쟁이를 용서할 수 있다. 나도 얼마만큼은 겁쟁이이기 때문에. 그러나 유괴범 또는 고문하는 사람까지 용서할 수 있을까? 일반성을 넘어서는 죄가 문제가 되면 동일화는 힘을 잃는다. 아니, 가능성마저 없게 된다. 그러므로 많은 죄들 가운데에서도 우리의 자비를 요구하는 죄는 바로 그런 범죄들이다. 하찮은 잘못만을 용서하는 용서는 용서가 아니며, 용서할 만한 것만을 용서하는 자비는 자비가 아니다.

따라서 자비를 위해서는 동일화와는 다른 어떤 것이 있어야 하는데, 그것이 과연 무엇일까? 사랑일까? 상대에게 잘못이 있음을 알고도 사랑한다면, 그 사랑은 분명히 자비의 사랑이다. 이런 경우의 자비는 용서할 대상이 없다. 용서란 증오를 멈추는 것이고, 복수를 포기하는 것이다. 반면 사랑은 용서가 필요 없다. 과거에도 용서해왔고, 지금도 용서하고 있고, 앞으로도 용서할 것이라면, 굳이 용서라는 단어가 필요 없을 것이다. 아예 증오를 모른다면, 증오를 멈춘다는 말도 있을 수 없다. 본래 극복해야 할 원한이 없다면, 용서라는 말도 가능하지 않은 것이다. 사랑은 자비로운 공기와도 같은 것이어서 따로 미덕일 수가 없다. "우리는 사랑하는 만큼 용서한다"[5]고 라 로슈푸코는 말했다. 그러나 부모와 자식 간에는 자비보다는 사랑이 지배한다. 부모들은 그 점을 잘 알고 있으며, 자식들도 어느 정도는 그렇다고 할 수 있다. 무한 사랑을 말하는 것인가? 물론 아니다. 무한 사랑은 불가능하다. 여기에서의 사랑은 가능한 모든 잘못과 가능한 모든 무례에도 불구하고 베푸는, 조건 없는 지고한 사랑이다. "아빠, 제게서 절대로 용서할 수 없는 게 뭐예요?" 어린 소년이 아빠에게 묻는다. 아빠는 대답을 찾아내지 못한다. 아무리 나쁜 죄도 아빠는 용서할 수 있다. 아니, 부모들은 자식을 용서할 것이 없다. 사랑이 자비를 대신하기 때문이다. 반면 부모를 가능한 한 또는 할 수 있을 때 용서해야 하는 쪽은 자식들이다. 무엇을 용서한다는 것인가? 지나친 애정과 이기주의, 지나친 사랑과 어리석음, 지나친 고뇌와 불행을. 또는 너무 애정이 없는 경우에도 용서는 필요할 것이다. 어른이 된다는 것은 결함이 많아진다는 것이다. 나는 오스카 와일드의 소설 『도리언 그레이의 초상(*The Picture of Dorian Gray*)』의 이 한 구절을 아주 좋아한다. "자식은 부모를 사랑하면서 커가지만, 어른이 되어서는 부모를 평가한다. 때때로 그들은 부모를 용서하기도 한다." 자신의 부모를 용서할 수 있는 자식들이여, 행복하여라! 자비로운 자식들이여, 행복하여라!

그러나 우리는 가정 밖으로 나가면 사랑에 인색해지며, 특히 나쁜 사람들 앞에서는 어찌나 인색한지 자비란 생각도 할 수 없을 정도이다. 적을 용서하지 못한다면 어떻게 적을 사랑할 수 있을 것이며, 심지어 적을 견딜 수 있겠는가? 사랑의 결핍에서 기인하는 문제는 풀기 어렵다. 사랑을 결여한 사람은 사랑할 줄 모르며, 나쁜 사람은 특히 상대조차 못한다. 자비는 바로 이 대목에서 필요하다. 사랑이 아닌 증오, 분노만 남아 있을 때 자비가 필요한 것이다. 어떻게 우리가 악한들을 사랑할 수 있을까? 선한 사람들에게는 자비가 필요 없으며, 우리는 그들에게 자비를 베풀 필요가 없다. 그들에게는 존경이 필요하며, 존경으로 충분하다.

다시 말하지만, 자비는 다른 것이 필요하다. 자비는 감정이 아니기 때문에, 연민보다 더 어려운 미덕이다. 다른 사람의 고통 속에 들어가 그의 고통을 함께 나누는 것은 연민이다. 반면 벌을 주고 복수하려고 하는 것은 분노요, 원한이요, 증오심이다. 아무리 적이라도 그가 고통을 겪는다면, 연민과 자비심이 발동하며, 분노, 원한, 증오심은 사그라질 수 있다. 그러나 적이 고통을 겪고 있지 않다면? 그때에는 감정이나 느낌과는 다른 어떤 것이 필요하다. 바로 사상이다. 신중도 그렇지만, 자비도 지적인 미덕이다. 특히 자비는 이지가 작용해야 하며, 지속적으로 그래야 한다. 중요한 것은 무엇인가를 이해하는 것이다. 무엇을? 상대가 악하면 악하다는 사실을 또는 상대가 착각을 하고 있으면 착각을 하고 있다는 사실을, 그가 지나치게 열정적이거나 광신적이면 열광적이거나 광신적이라는 사실을 인정할 수 있어야 한다. 그리고 마지막으로 우리는 그 사람이 하루아침에 딴사람이 되어 전과 다르게 행동한다는 것은 거의 불가능하다는 사실도 인정해야 한다. 어떤 기적이 그럴 수 있을까? 용서한다는 것은 곧 받아들인다는 것이다. 싸움을 그만두기 위해서가 아니라, 증오를 그만두기 위해서이다. "나는 죽더라도 독일 국민에 대한 어떤 증오심도 가슴 속에 남겨두지 않겠소."[6] 자기 자신을 죽인 학살자들에 대한 증오심을 버릴 수 있을까? 그것은 역사가 증명하는 아주 어려운 일이다. 희생자가 학살자보다 더 자유롭다. 그렇다. 희생자는 노예에 불과한 학살자보다는 더 자유롭다. 용서는 나눔을 함축하며, 그런 점에서는 후의와 연결된다. 용서(pardon)라는 단어 속에는 나눔(don)의 의미가 들어 있다. 희생자에게는 학살자에게 없는 자유가, 그것도 넘치는 자유가 있다. 희생자는 학살자를 이해하고 용서할 수 있으며, 현재 그대로 살게 놓아둘 수도 있다. 어떤 악한이 자신의 의지로 악한이 되기를 원했겠는가? 죄 없는 사람이 자신의 의지로 죄 없는 사람이 되었겠는가? 차라리 이렇게 말해보자. 어떤 죄인이든, 죄인은 자신의 어리석음과 맹목의 포로일 뿐이라고. 현재의 자신과 사회와 역사를 선택한 것이 그가 아니라고. 아무도 현재의 자신과 같은 나쁘고 못된 사람이 되기를 선택하시는 않았을 것이라고. 모든 일에는 그만한 이유가 있다. 악한을 자유로운 사람으로 또는 이해할 수 없는 초자연적인 사람으로 상상하는 것은 그 악한에게는 오히려 대단한 영광이다. 증오하는 일은 증오하는 자신에게 해가 될 뿐이다. 그와 싸우든지, 아니면 조용하게, 진지하게, 가능한 한 유쾌하게 저항하든지, 그럴 수 없다면 그를 용서하자. 그렇다. 중요한 것은 자기 안의 증오와 어쨌든 싸워서 이기는 것이다. 자기 안의 증오와 싸울 힘이 없다면 또는 악과 증오에 대한 승리가 어렵다면, 증오를 더하는 대신에, 증오의 공모자나 희생자가 되는 대신에 최소한 자신을 억제하거나 아니면 선 가까이에 있는 사랑의 자리에 서려고 해보자. 아니면 사랑 가까이에 있는 자비를 택하든지, 그것도 안 되면 자비 가까이에 있는 연민의 태도를 취하든지 해보자. 에픽테토스는 이렇게 말했다. "인간이여, 타인의 악이 너에게 자연을 거스르게 하거든 증오보다는 연민의 감정을 가져라."[7] 또한 마르쿠스 아우렐리우스는

"그들을 가르쳐라, 그럴 수 없거든 참아라"[8]라고 말했다. 예수는 이렇게 말했다. "아버지, 저 사람들을 용서하여 주십시오! 그들은 자기가 하는 일을 모르고 있습니다."[9]

장켈레비치는 앞의 예수의 말씀에서, 소크라테스적인 면을 찾아낸다. 그들이 자신의 행동을 알지 못했다면, 그들의 잘못은 죄가 아니라 실수이다. 그렇다면 그들의 행동을 용서할 이유가 있는가?[10] 모든 실수는 무의지적이다. 그래서 실수는 형벌을 가하기보다는 고쳐주어야 하며, 용서가 아닌 해명이 필요한 대상이다. 그런 대상은 자비의 대상이 아니다. 소크라테스에 의하면, 일부러 악한인 사람은 없다.[11] 소크라테스적 주지설이라고 부르는 것에 의하면, 악은 실수에 지나지 않는다. 악과 실수는 다르다. 실수가 무지의 소산이라면, 악은 의지의 소산이다. 물론 그 의지는 지성이나 정신의 차원이 아닌 심정적 차원의 의지이며, 증오심과 관계되는 의지이다. 악은 실수와 다르다. 실수는 아무것도 아니다. 이기주의, 잔혹성, 잔인성 등이 바로 악이다. 악이 용서라는 것을 필요로 하는 이유는 거기에 있다. "무지한 사람에게는 해명이, 악한에게는 용서가 필요하다."[12] 죄가 있는 것은 의지이며, 의지만이 죄를 지을 수 있다. 원망의 대상이자 자비의 유일하고도 정당한 대상은 바로 의지이다. 우리는 떨어지는 비와 내리치는 벼락을 원망하지 않으며, 따라서 그에 대해서는 용서해야 할 아무것도 없다. 그러나 악한은 다르다. 용서의 대상이 있다면, 자발적인 악한뿐이다. 용서는 자유로부터만 생길 수 있으며, 자유에만 관계될 뿐이다. 즉 자유로운 원죄에는 자유로운 은총이 있을 뿐이다.

그렇다. 자유? 어떤 자유를 말하는가? 물론 행동의 자유이다. 죄가 있다면, 그것은 의지이다. 그리고 행동은 의지가 전제된 경우에만 죄가 있다. 댄스 파트너가 뜻하지 않게 당신의 발을 밟았다면, 이것은 악의가 아니라 서투름이다. 그는 당신에게 사과의 뜻을 표할 것이고, 당신은 기꺼이 그 사과를 받아들여야 한다. 이것은 용서가 아니라 예의이다. 용서를 받을 사람은 오직 고의로, 다시 말하면 **자유롭게** 의지에 의해서 못된 행동을 저지른 사람이다. 자유롭다는 것은 자기가 원하는 행동을 자유롭게 행한다는 뜻이다. 어떤 사람이 자신의 행동뿐만 아니라 의지까지 자유로웠는지, 즉 다른 일을 하려고 했다면 할 수도 있었는지를 아는 문제는 사실 결정이 어려운 문제이고, 행동의 자유와는 상관없는 의지의 문제이며, 증명과 검증을 넘어서는 문제이다. 그것에 대한 검증은 원하는 어떤 행동 외에 다른 행동을 원한 경우에서만 가능하기 때문이다. 의지의 자유에 관한 한, 플라톤을 제외한 다른 고대인들은 거의 고심한 흔적이 없다. 고대인들은 영원한 벌을 위한 절대적인 죄를 찾지 않았다. 내가 조금 전에 스토아 학파 철학자들을 언급하면서 지적했듯이, 다만 그들은 동정과 분노를, 정의와 복수를 그리고 자비와 원한을 대립시킬 뿐이었다. 우리의 죄도 감당 못하는 주제에 우리가 과연 용서 운운할 수 있을까? 이런 분명하지 않은 질문에는 대답도 어렵지 않을까?

후의를 언급하면서도 그랬듯이, 나는 여기에서도 자유의지에 관한 문제는 다루고 싶지 않다. 미덕은 이런저런 형이상학적 주제에 좌우될 수 없기 때문이다. 나는 단지 이 점을 말해두고 싶다. 즉 신체적 이유, 성장 과정, 교육, 환경 등의 이유로 자신이 악한이기를 선택했든지 아니면 그렇게 될 수밖에 없었든지 간에, 악한은 악한이고, 본인이 자의적으로 행한 행동에 대한 최소한의 책임을 져야 한다는 것이다. 그래서 필요한 경우 우리는 그를 벌할 수도 있고, 어떤 경우에는 증오할 수도 있다. 그럼에도 불구하고 위의 두 가지는 서로 다르다. 형벌은 사회적이건 개인적이건 간에 형벌이 가지는 유용성에 의해서, 더 나아가 정의를 행사한다는 어떤 확신에 의해서 정당화될 수 있다. "그는 사람을 죽였으니 죽어야 마땅하다." 그러나 증오는 어떤가? 증오는 증오의 대상인 죄인이 아닌, 증오를 하는 주체에게 오히려 서글픈 일이다.[13] 증오한들 무슨 소용인가? 특히 아무리 증오한다고 해도 그 악한이 여전히 악한으로 남는다면, 그래서 악의에 오히려 변명거리를 제공할 뿐이라면, 증오가 무슨 소용인가? 악의가 결정적인 어떤 이유에서 온 것이라고 해보자. 예컨대 자유로운 악의, 간단히 말해서 나쁜 의지 또는 악에 대한 애착에서 온 것이라고 해보자. 누구의 잘못인가? 그 악한만의 잘못인가? 사람들은 그렇게 되기를 선택한 것은 본인이니 "그렇다"라고들 대답할 것이다. 그러나 그가 전에는 악한 사람이 아니었다면, 그 경우는 어떤가? 그래도 그의 잘못인가? 어떤 사람이 선을 사랑했는데 악을 선택했다고 가정한다면, 그 가정은 그가 미쳤다고 가정하거나 그를 정당화시키는 결과를 초래한다. 요컨대 누구나 자신의 행동에 대해서는 대가를 치러야 한다. 자신에 대해서도 책임을 져야 한다. 그렇게 되기를 선택한 것은 자신이기 때문이다. 그냥 그러고 싶어서 또는 악의 때문에 악을 행하거나 자신의 안녕만을 위한 이기심14) 때문에 저지른 악은, 칸트의 말처럼, 악의가 더 분명한 경우이다. 물론 자비는 그런 악의를 없애줄 수 있는 것은 아니지만, 거기에 대한 투쟁을 포기하지도 않는다. 어떻게? 악의와 함께 하기를 거부하고, 증오에 증오를, 이기심에 이기심을, 폭력에 분노를 더할 것을 거부하는 것이 자비이다. 증오는 증오를 좋아하는 사람들에게, 악의는 악한 사람들에게, 원한은 원한을 좋아하는 사람들에게 맡기는 것이 자비이다. 나쁘고 악한 그 사람들이 가증스럽기는 하지만 그렇게 하자는 것이다. 그들이 이런저런 결정론적 이유에서 그렇게 되었다고 할지라도 내 생각에는 마찬가지이다. 어떤 결정론도 행위자가 행한 결과를 없었던 일로 돌릴 수는 없으니까. 그들은 그런 사람들이기 때문에 어쩔 수 없다. 장켈레비치는 그 점을 잘 알고 있다. "그들은 악하다. 그러나 바로 그렇기 때문에 우리는 그들을 용서해야 한다. 왜냐하면 그들은 악한 데다가 불행하기까지 하기 때문이다. 그들의 악의 자체가 불행이다. 악한의 불행이여!"15)

우리는 특히 어떤 이유가 그들의 행동과 인격을 지배했는지를 알게 되면 더욱더 쉽게 용서할 수 있다. 어린아이를 학대하는 것보다 더 잔인하고, 용서받지 못할 일이 또 있을까? 그러나 어린아이를 학대하는 어떤 부모가 대부분의 경우 그렇듯이 어렸을 때 학대받던 아이였다는 사실을 알게 되면, 그에 대한 우리의 판단은 달라지게 된다. 물론 그런 이유가 끔찍스러운 죄를 정당화시킬 수는 없다. 다만 이유를 알고 나면 우리는 그 죄를 이해할 수 있고, 더 나아가 용서할 수 있게 된다. 만약 우리가 그 사람처럼 공포 속에서 자랐다고 해보자. 우리가 그처럼 되지 않았을 것이라고 어떻게 장담할 수 있겠는가? 그렇게까지 되지 않았다고 하더라도, 적어도 지금과 같은 우리로 자라지는 못했을 것이다. 그렇다면 그렇게 된 것이 그만의 잘못일까? 그가 그렇게 되기를 선택한 것일까? 그리고 우리는 그렇게 되지 않기를 선택한 것일까? 현재의 자신은 결정되었고, 그런 현재의 상황에서 과거의 다른 선택을 가정한다는 것은 사실 현실성이 없는 이야기이다. 어떻게 해서 실존이 본질에 선행할까? 본질이란 무의 존재, 즉 존재하지 않음이 아니던가. 그렇다면 실존의 자유는 공허에 불과하지 않은가. 사르트르의 철학을 지배하는 논지가 위와 같다.

자, 여기에서 내가 유보해두었던 자유의지에 대한 언급이 가능해진다. 차라리 이렇게 말해보자. 죄인의 자유의지를 믿느냐 믿지 않느냐에 따라서, 용서에는 두 가지 방법이 있을 수 있다. 자유의지를 믿는 경우, 장켈레비치가 제안한 순수 은총이 있다. 믿지 않는 경우, 스피노자가 제안한 사실 인식이 있다. 그러나 그 둘이 자비에 이른다는 점에서는 결과적으로 같다. 즉 죄가 정당화되거나 잊히는 것은 아니지만, 증오를 버리고 현실을 있는 그대로 수용하는 것이다. 참혹한 현실은 싸워서 이겨내고, 불행은 개탄하라. 그러나 사람만큼은 할 수만 있다면 사랑하자. 전에 쓴 나의 책들을 읽은 독자들은 내가 자유의지를 전혀 믿지 않는 사람임을 알고 있을 것이다. 여기에서 그것에 대한 이야기는 피하겠다.[16] 다만 스피노자를 인용하면, 자유에 대한 우리들의 생각만큼은 자유이다. 그러나 한 가지 중요한 사실은, 사람들은 자신들이 자유롭다고 생각하는 만큼 서로를 미워하며, 필연적으로 결정된 존재라고 생각하는 만큼 이성은 부드러워지고 인식은 자비로워져서 서로를 덜 미워하게 된다는 것이다.[17] "판단한다는 것은 이해하지 않는다는 것이다. 이해한다면 더 이상 판단할 필요가 없다." 말로의 말이다. 아니, 더 이상 증오할 수 없게 된다. 자비가 요구하고 제안하는 것은 바로 그것이다.

"비웃지 말라, 한탄하지 말라, 미워하지 말라, 오직 이해하라"[18]라는 스피노자의 유명한 말도 결국은 마찬가지 의미이다. 이해는 용서라기보다는 차라리 자비 자체이며,[19] 은총의 진리 외에 다름 아니다. 일단 이해하면 더 이상 용서할 것이 없기 때문이다. 사랑과 마찬가지로, 이해도 용서를 필요 없는 것이 되게 한다. 모든 것은 저마다 이유가 있다. 그러면 용서가 필요 없다는 말인가? 그렇지는 않다. 용서란 하나의 추상에 지나지 않는 어떤 것을 실현시킨다. 앞서 말했듯이 떨어지는 비나 내리치는 벼락은 원망할 수도 없으며, 우리는 그것들을 용서할 필요도 없다. 악한의 경우도 마찬가지 아닐까? 자비의 기적은 바로 거기에 있다. 사실 자비는 기적이 아니다. 용서를 하는 그 순간, 용서는 은총의 진리 속에 녹아서 없어진다. 인간은 각각 현실이다. 그뿐만 아니라 선이 현실이고 진리라면, 악 또한 현실이고 진리이다. 사랑과 증오를 벗어나면, 선과 진리도 사라진다. 스피노자가 말했듯이, 신의 자비는 진리 그 자체이기 때문에 무한한 것일 수 있다.[20] 그러나 보통 사람은 아무도 자비를 무한히 행사할 수 없다. 무한 자비는 현자, 신비주의자, 성인이나 가능하다. 그렇더라도 자비를 행하는 경지에 이르려고 노력할 일이다. 그것이 신의 뜻이다. 진리의 큰 평화, 사랑과 용서의 큰 평온은 거기에서 온다. 그러나 사랑이 먼저이다. 즉 용서는 사랑하는 가운데 이루어질 수 있다는 말이다. 용서란 증오를 멈추게 하며, 또한 용서의 권리마저 포기하게 하는 것이다. 용서가 이루어지면, 즉 용서가 완성되고 그래서 진리와 사랑만이 남게 되면, 이제 증오는 물론이고, 용서마저 자비 속에서 사라져 없어진다는 말이다. 내가 서두에서 자비는 용서의 미덕이 아닌 용서의 진실이라고 말한 것은 바로 그런 이유에서였다. 자비는 자비의 대상 즉 증오를 거둠으로써 용서를 실현시킨다. 이어 자비는 용서를 소멸시킴으로써 용서를 완성시킨다. 결국 스피노자 학파의 현자에게는 용서의 대상이 없다. 그가 불의나 공격을 당하지 않는 사람이어서가 아니라, 결코 악한 생각에 끌리지도 않고, 자유의지라는 환상에 현혹되지도 않는 사람이기 때문이다.[21] 그의 지혜는 자비의 지혜 이상이다. 왜냐하면 현자에게는 증오가 완전히 사라짐과 더불어, 절대적 죄의식, 즉 행동에 대해서가 아니라 존재에 대해서 책임을 지는 절대적 죄의식이 사라지면서 사랑이 다시 가능해지기 때문이다. 사랑이 모든 것을 용서해준다는 말은 그런 의미에서이다. 모두 무죄이고, 모두 사랑해야 하는가? 물론 똑같은 이유로 그럴 필요는 없다. 악한 사람들이나 착한 사람들이나 똑같이 자연의 일부인 것은 사실이다. 그러나 그럼에도 불구하고 "그들은 정도에서뿐만 아니라, 본질에서도 차이가 있다. 아무리 천사만큼 착한 쥐가 있다고 할지라도 쥐는 천사가 될 수 없으며, 아무리 기쁨과 슬픔 모두가 신의 소관이라고 할지라도 기쁨은 기쁨이고 슬픔은 슬픔이다."[22] 스피노자의 설명이다. 자비는 잘못을 없애지도 못하며, 가치의 차이와 싸움의 필요성은 남는다.[23] 자비는 다만 증오로 하여금 정당성을 찾지 못하게 함으로써 그것의 설 자리가 없게 할 뿐이다. 자비는 분노와 복수의 욕망을 가라앉힌 다음에 정의가 들어서게 하고, 필요한 경우 침착한 상태에서 벌할 수 있도록 해준다.[24] 결국 자비가 우리에게 알게 해주는 것은, 악한들도 현실의 일부이며 또한 우리의 인식과 이해와 사랑의 대상이라는 것이다. 자비의 지평은 거기까지이다. 모든 것이 가치 있는 것은 아니다. 그러나 모든 것이 현실이다. 악한도 정직한 사람과 마찬가지로 현실이다. 모든 이에게 자비를, 모든 이에게 평화를! 그들이 비록 싸움 중이라고 할지라도.

반론이 가능하다. 그래도 증오의 찌꺼기는 남는 법이며, 노력해도 소용없다고 말이다. "만약 스피노자가 집단 학살의 시대에 살았다면, 스피노자 철학은 없었을지도 모른다. 스피노자가 아우슈비츠에서 살아남은 사람이었다면, 그래도 그가 '진정한 인간의 삶은 웃는 데에 있는 것도 아니고, 슬퍼하는 데에 있는 것도 아니고, 저주하는 데에 있는 것도 아니고 이해하는 데에 있다'라고 말할 수 있었을까? 여기에서의 이해는 용서가 아니다. 우리는 이해할 수 없으며, 이해해야 할 것도 없다. 악의 심연은 이해할 수 없는 것 아니던가."[25] 그러나 과연 그럴까? 잔인한 사람들은 설명할 수도 이해할 수도 없다는 말인가? 아니, 아인슈타인, 모차르트, 장 물랭은 설명할 수 있고, 나치 당원은 설명할 수 없다는 말인가? 인생이 아무리 합리적이라고 해도, 증오만큼은 그렇게 될 수 없다는 말인가? 사랑은 이해하면서, 잔인성은 이해할 수 없다는 말인가? 이성을 따르거나 이성에 지배당하는 사람들만을 이해하는 것이 이성이라면, 이성이 무슨 가치가 있는가? 그러나 역설적이게도 집단 수용소를 절대적 비합리로 보는 태도는 그것을 건설한 사람들에게 정당성을 부여하는 태도이다. 나치즘이 이성적이지 못한 것은 분명한 사실이지만, 그럼에도 그것은 합리적 현실이었다. 이성이 나치즘에 동의할 수는 없겠지만, 나치즘을 인식하고 설명할 수는 있다. 역사가들이 하는 일이 바로 그런 일 아니던가? 달리 나치즘과 싸울 방법이 있던가?

망각과 자비가 구분될 필요성은 바로 거기에서 생긴다. 우리는 모든 것을 용서할 수 있다. 그것은 관례가 증명하는 바이며, 아무리 성실한 근대 철학자들조차도 인정하는 사실이다.

용서는 어떤 죄가 용서받아 마땅한지, 속죄가 충분했는지, 원한을 그만둘 때가 되었는지의 여부를 묻지 않는다. 최후의 순간까지 용서할 수 없을 만큼 큰 잘못은 없다.……전능하신 신의 용서를 받지 못할 것은 이 세상에 아무것도 없다. 그렇게 보면 용서받지 못할 일이 없다. 사도 바울의 말씀대로, 죄가 많은 곳에 용서가 넘쳐난다.……죄를 지은 본인조차 용서할 수 없는 죄를 용서해줄 어떤 용서가 있는 법이다. 용서란 그렇게 절망적인 속죄 불가능한 죄악을 위해서 존재한다.26)

이 글은 죄를 잊으라는 것도 아니고, 희생자들에 대한 우리의 의무를 잊으라는 것도 아니고, 오늘날의 범죄자들 또는 과거의 범죄를 찬양하는 사람들과의 투쟁을 그만두라는 것도 아니다. 장켈레비치는 그 점에 대해서 아주 잘, 아니 너무도 잘 이해하고 있기 때문에 길게 설명하고 있는 것이다.27) 그럼에도 불구하고 한 가지 문제가 아물지 않은 상처처럼 남아 있다.28) 즉 결코 한 번도 용서를 구하지 않은 사람까지 우리가 용서해야 하는가에 대한 의문이다. 장켈레비치는 아니라고 대답한다.

절망은 은혜의 유일한 길이듯이, 용서의 유일한 길은 죄인의 참회, 특히 그의 뉘우침이다.……용서는 훌륭한 양심의 소유자나, 참회를 모르는 죄인의 것이 아니다.……용서는 수퇘지의 것도 암퇘지의 것도 아니다. 용서를 받으려면 죄인은 변명 또는 상황논리를 내세우는 대신, 특히 희생자들을 비난하는 대신 자신의 죄를 인정할 수 있어야 한다.……용서를 받으려면, 우선 용서를 구해야 하지 않겠는가? 자신의 엄청난 죄악을 전혀 또는 거의 참회하지 않는 사람들을 용서해주어야 할까?……속죄받지 못한 죄는 필경 용서받을 수 있지만, 참회하지 않는 죄인은 결코 용서받을 수 없다.29)

그렇다. 참회하지 않은 죄인은 용서받을 수 없다. 그렇다면 우리는 어떻게 해야 하는가? 증오는 항상 슬픈 것이며, 기쁨은 항상 좋은 것이다. 물론 잔인한 사람들과 잘 지낼 필요는 없으며, 그들의 약탈을 용서할 이유는 없다. 그러나 그들을 증오하면서 그들과 싸울 필요가 있을까? 과거? 기억하면 그만이지, 증오할 필요는 없다. 죄는 없던 일로 만들 수도 없고, 그래서도 안 된다. 벌을 줄 권한이 있는 사람은 오직 희생자들이다. 그러나 그들은 죽고 여기 없으니 누가 그럴 수 있겠는가? 중요한 것은 할 수 있는 한 증오를 가지지 않는 것이며, 가능한 한 즐거운 마음으로 싸울 필요가 있다.[30] 즐거운 마음으로 싸우기가 불가능하거나 부적절하다면, 자비의 정신으로 싸울 일이다. 중요한 것은 할 수만 있다면 적을 사랑하는 것이고, 그렇게 할 수 없다면 적을 용서하는 것이다.[31] 우리가 알기로는 아무런 조건 없는 용서의 좋은 본보기를 남긴 이들은 예수와 성 스테파누스이다.[32] 그들의 용서는 악한이 나아지기를 기대하지 않는 용서였으며, 너의 참회에 대한 나의 용서처럼 교환이 아닌 진정한 베풂으로서의 용서였다. 그들의 용서는 증오를 이길 수 있는 무조건적인 용서였으며, 잊어버리는 것이 아니라 이해하는 용서, 지워버리는 것이 아니라 받아들이는 용서, 싸움과 평화, 자기와 상대, 명철과 자비를 다 끌어안는 위대한 용서였다. 이는 얼마나 따르기 어려운 예인가? 그래도 우리는 그들에게서 배워야 한다!

물론 성서가 지혜 자체일 수는 없으며, 모든 것의 해답일 수도 없다. 그뿐만 아니라 이는 종교와는 별도의 이야기지만 나 자신도 거기에 전적으로 공감하는 것은 아니다. 나는 다른 뺨을 대줄 생각은 없으며, 나약함보다는 폭력에 맞서 대항해야 한다고 생각한다.[33] "적을 사랑하고"라고 하는 말은 우리에게 적이 있다는 말이다. 존재하지 않는 적을 어떻게 사랑할 수 있겠는가. 그러나 적이 있다고 해서 그를 반드시 증오할 필요는 없다. 사랑은 무기력이나 포기가 아니라, 기쁨이다. 적을 사랑하라는 말은 그들과 싸우기를 포기하라는 말이 아니라, 그들과 유쾌하게 싸우라는 말이다.

자비는 용서의 미덕이며, 용서의 비결이며, 용서의 원리이다. 자비는 잘못이 아니라 원한을, 기억이 아니라 분노를, 싸움이 아니라 증오를 폐기시킨다. 자비가 곧 사랑은 아니다. 그러나 자비는 사랑이 불가능할 때 사랑을 대신해주거나, 아직 사랑에 이르지 못했을 때 사랑이 가능하도록 준비해주는 것이다. 이를테면 부차적인 미덕이지만, 선행적 미덕이며 반드시 있어야 하는 미덕이다. 자비의 가르침은, 사랑할 수 없거든 적어도 증오를 멈추라는 것이다.

자비는 무례나 잘못과 관계된다고 사람들은 말한다. 우리의 속 좁음이 바로 거기에서 드러난다. 우리는 우리를 단죄하는 모든 것을 단죄하며, 모욕과 무례를 죄악시한다. 결과는 뻔하다. 너나없이 죄인이 될 수밖에 없다. 그러니 모두에게 그리고 자기 자신에게 자비하자.

증오가 슬픔이라면, 자비는 기쁨이다. 증오는 슬픔을 일군다. 그래서 슬픔을 상갓집이라고 한다면, 자비는 그런 증오를 장사 지낸다. 자비는 비록 아직 용서의 단계에 이르지 않았을 수 있고 아직 기쁨이 되지 못했을 수 있지만, 어쨌든 사랑이다. 자비는 촉매제, 즉 중간 과정의 미덕이다. 자비를 베풀 수 있는 사람에게는 더 이상 용서할 것이 따로 없다. 용서가 절정에 달했다가 폐지되면, 평화의 최종 승자는 자비이다. 증오여 안녕! 분노여 안녕! 무한 자비! 그것은 우리의 능력을 벗어나는 것일지도 모른다. 그러나 우리는 노력해야 한다. 비록 실패를 하고 또 할지라도, 거듭된 자비의 노력은 우리를 그곳으로 안내할 것이다. 너 자신을 용서할지어다. 너의 증오와 분노를 용서할지어다.

자기 자신을 용서할 수 있을까? 물론이다. 우리는 자기 자신을 증오하기도 하고, 또 증오를 멈추기도 하지 않는가? 자신을 용서하는 지혜보다 더한 지혜가 어디 있는가? 그보다 더한 행복이 어디 있는가? 그보다 더한 평화도 없다. 자기 자신을 들여다볼 줄 알아야 한다. 증오가 아무리 크다고 해도 그리고 고통과 분노가 아무리 크다고 해도 적을 용서할 수 있으려면, 우선 자기 자신을 용서할 줄 알아야 한다. 증오가 아무리 크다고 해도 그리고 고통과 분노가 아무리 크다고 해도 적을 용서할 수 있으려면, 우선 자기 자신을 용서할 줄 알아야 한다. 한껏 증오하다가도 증오를 버리고 싸울 줄 아는 자비로운 사람들이여, 행복하라!

# 10 감사

감사(感謝, gratitude)는 쉬운 미덕은 아니면서, 미덕 중에서 가장 기분 좋은 미덕이다. 왜 그럴까? 어렵고 힘든 것이 반드시 즐겁지 않은 것만은 아니지 않은가. 오히려 어렵기 때문에 더 기분이 좋을 수도 있는 것이다. 감사는 어려운 만큼 즐거움도 크다. 한 대 얻어맞기보다는 감사의 선물을 더 좋아하지 않을 사람이 있을까? 용서보다는 감사를 더 좋아하지 않을 사람이 있을까? 기쁨의 메아리가 그렇듯이 또는 행복의 메아리가 그렇듯이, 감사도 메아리로 울려퍼진다. 이보다 더 단순한 것이 또 있을까? 받아서 즐겁고, 즐거워서 더욱 즐거운 것이 감사이다. 감사는 저절로 생기는 미덕도 아니고 갖추어야 할 미덕도 아니지만, 기쁨에도 불구하고 또는 기쁨 때문에 감사를 느끼기만 하면 충분히 가치가 있는 미덕이다. 감사의 미덕은 아무튼 미덕들 중에서 가장 기분 좋은, 가장 즐거운 미덕이다.

  어떤 사람은 후의를 내세울 것이다. 주는 기쁨. 그러나 선전 문구 같은 이 말에 우리는 주의할 필요가 있다. 만약 주는 것이 그렇게도 기분 좋은 것이라면, 선전할 필요가 있을까? 만약 후의가 정말 그렇게도 즐거운 것이었다면, 사실 우리가 이렇게까지 후의에 인색하지는 않았을 것이다. 주는 일은 손실을 수반한다. 그 점에서 후의는 이기주의의 대립이자, 이기주의의 극복이다. 그렇다면 받을 때에는 어떻게 해야 하는가? 감사하자. 감사는 우리에게서 아무것도 빼앗아 가지 않는다. 감사는 역시 주는 것이지만, 손실 없이 그리고 물건과는 상관없이 주는 것이다. 감사란 받아서 기쁜 마음을 전하는 것 외에 다름 아니다. 어떤 미덕이 이보다 가볍게 빛날까? 감사는 모차르트 음악과도 같은 미덕이다. 모차르트는 감사를 찬양하는 음악가이다. 모차르트는 감사를 구체적으로 노래하며, 알 수 없는 어떤 것에 대해서 넘치는 기쁨으로 감사를 드린다. 그렇다. 어떤 미덕이 이보다 더 행복하고 겸손할까? 은혜를 갚는 이보다 더 쉬운 방법이 있을까? 미소, 춤, 간단한 노래와 행복한 표정이면 족하다. 감사할 줄 아는 마음. 이 표현은 모차르트가 내게 생각나게 한 표현이다. 우리가 감사할 줄 모르는 것은 받을 줄만 알고 줄 줄을 모르기 때문이며, 무감각하기 때문이 아니라 이기적이기 때문이다. 다시 말하건대, 감사는 주는 것이고 나누어 가지는 것이다. 내가 당신 덕분에 얻은 이 기쁨은 나만의 기쁨이 아닙니다. 이 기쁨은 우리들의 것이요, 이 행복은 우리들의 것입니다. 이기주의자도 받는 것은 기뻐한다. 그러나 이기주의자는 즐거움도 혼자만 즐기는 즐거움으로 지키려고 한다. 이기주의자도 기쁨을 드러내지 않는 것은 아니다. 그러나 이기주의자는 다른 사람을 행복하게 해주기 위해서가 아니라, 다른 사람에게 질투를 야기시키기 위해서 기뻐한다. 그는 자기의 기쁨을 과시한다. 그러나 그의 기쁨은 자신만의 기쁨이다. 그는 다른 사람들이 있는지, 그들이 그에게 무슨 일을 해주었는지 잊어버린다. 이기주의자가 불쾌한 이유는 거기에 있다. 이기주의자는 받는 것을 좋아하지 않는 것이 아니라 다른 사람에게 빚진 것을 인정하지 않으며, 다른 사람과 나누어 가지는 것도, 다른 사람에게 주는 것도 싫어한다. 감사는 무엇을 주는가? 자기 자신이다. 내가 앞에서 말한 기쁨의 메아리가 그렇듯이, 감사는 기쁨에 기쁨을 더하고, 행복에 행복을 더하고, 후의에 후의를 더하는 나눔의 행위이다. 그러나 자신의 만족과 자신의 행복밖에 모르는 이기주의자들은 그렇게 하지 못하며, 수전노가 돈궤만 지키듯이 그것들을 지킨다. 배은망덕이란 받을 줄 모르는 사람을 두고 하는 말이 아니라, 받은 기쁨 또는 느낀 기쁨을 기쁨과 사랑으로 돌려줄 줄 모르는 데에 있다. 그런 배은망덕은 흔하다. 사물들이 빛을 빨아들이듯이, 이기주의는 블랙홀이 되어 기쁨을 빨아들인다.

감사란 주는 것이고, 나눔이고, 사랑이다. 스피노자가 말했듯이 감사는 외적 원인에 수반되는 기쁨이다.[1] 감사란 기쁨을 돌려주는 행위이며, 사랑을 돌려주는 행위이다. 말의 엄밀한 의미로 볼 때, 감사는 살아 있는 사람에게만 해당되는 것이다. 그러나 그렇다고 우리에게 기쁨을 주는 다른 대상에는 감사하지 않아도 되는가? 태양에 대해서 어떻게 감사하지 않을 수 있는가? 삶에 대해서, 꽃과 새에 대해서 어떻게 감사하지 않을 수 있는가? 그뿐만 아니라 우주 없이는 어떤 기쁨도 가능하지 않다. 우주 없이는 내가 존재하지 않을 테니까. 내적인 것이든 반성적인 것이든 간에, 기쁨에는 우주, 신 또는 자연이라는 외적 원인이 있게 마련이다.[2] 말하자면 전체에 대한 감사이다. 자신을 존재하게 한 최초 원인이 어떤 것이라고 단정할 수는 없다. 원인을 거슬러올라가자면 그 고리는 끝이 없다. 모든 것이 서로 관계하며, 우리와 관계하며 또는 우리를 통과한다. 사랑은 결국 전체를 사랑하는 사랑이어야 한다. 스피노자는 말한다. 우리는 어떤 특별한 것을 사랑하면 할수록 신을 더욱 사랑하게 된다고.[3] 모든 것에 감사하자고 했는데, 그것이 무차별을 의미하는 것은 아니다. 새에 대한 감사, 뱀에 대한 감사, 모차르트에 대한 감사, 히틀러에 대한 감사 등이 같은 것일 수 있을까? 여기에서 보편적인 감사란 아무것도, 심지어 최악의 것조차도 배제하지 않고 거부하지도 않는 전체에 대한 감사, 니체가 말하는 비극적 감사를 말한다.[4] 현실을 받아들이든지 그렇지 않든지 간에, 우리의 현실은 유일한 현실이기 때문이다.

감사는 거저 주는 것이다. 감사는 의무이며, 무엇보다도 미덕이다. 그러나 감사가 권리일 수는 없다. 루소가 지적하고 있듯이, 감사는 강요할 수 있는 것은 아니다.[5] 감사와 보답을 혼동하지 말자. 감사는 자신에 대한 사랑이 아니라 타인에 대한 사랑이며, 그래서 감사는 육적 욕망을 채우는 대신 친절을 베푼다. 거기에 대해서는 이 책의 마지막 장에서 다시 다룰 것이다. 여기에서는 이 말만 해두고 넘어가자. 감사란 감사의 마음을 우러나게 한 사람을 위한 행동이지, 봉사를 봉사로 갚는 행위가 결코 아니다. 그것은 감사가 아니라 일종의 물물교환이다.[6] 감사는 사랑과 기쁨을 촉발하며, 후의와 사랑의 물꼬를 터준다. 그래서 사랑이 함께하는 감사는 후의를 더하게 하고, 후의는 사랑의 감사를 더하게 한다. 스피노자가 말했듯이, '상호적 사랑', '뜨거운 사랑'의 다른 말인 "감사 또는 고마움이란 우리에게 고마운 일을 해준 따뜻한 사람에게 똑같이 따뜻한 마음으로 무엇인가 좋은 일을 해주고 싶은 욕망이다."[7] 칸트는 이를 단순한 마음의 감사가 아닌, 행동하는 감사라고 한다.[8] 그러나 내가 보기에는 스피노자가 말하는 감사는 감사에 대한 정의라기보다는 감사의 느낌을 말하는 것으로 여겨진다. 가령 내가 죽은 어떤 사람에게 아무것도 갚을 수는 없지만, 그래도 여전히 감사의 마음을 가질 수는 있기 때문이다. 그러나 아무려면 어떤가. 확실한 것은 감사는 배은망덕과는 달리, 자신이 느끼는 기쁨의 원인을 다른 사람에게서 찾는다는 점에 있다.[9] 배은망덕이 나쁜 이유,[10] 선을 선으로 갚는 감사가 좋은 이유가 거기에 있다.

감사가 어려운 이유 그리고 그게 그렇게 보기 드문 이유는 우리의 자기애가 잘 설명해준다. "아름다운 것은 어떤 것이든 희귀하지 않던가!"[11] 사람들은 저마다 자기가 받은 사랑을 자신의 영광(자기애)으로 돌리며, 감사(박애)로 돌리지 못한다.[12] 라 로슈푸코가 말했듯이, "자만심은 의무를 모르며, 자기애는 보답을 모른다."[13] 오직 자기만을 사랑하고, 자기만을 경탄하고, 자기만을 찬양하는 것이 자기애이다. 그보다 더한 배은망덕이 있을까? 감사가 어려운 것은 겸손을 요구하기 때문이다. 그것이 슬픈 일일까? 스피노자의 말인데, 이에 대해서는 다음 장에서 다루겠다. 그러나 기쁨을 느끼게 하는 겸손 또는 겸손한 즐거움이 있으니, 그것이 바로 감사가 가르치는 겸손이다. 감사는 자신이 기원도, 원칙도 아님을 알고 있다. 감사는 감사 자체를 즐거워한다. "고맙습니다"라고 말하는 것보다 기쁜 일이 있는가! 감사는 결코 자기 자신에 대한 사랑과는 다른 사랑이다. 감사는 자신이 빚진 사람이라는 것을 아는 것 또는 갚을 능력도 없는데 기대 이상으로, 전혀 예상 밖으로 분에 넘치게 받았음을 아는 태도이다. 그래서 신을 믿는 경우에는 신에게, 그렇지 않은 경우에는 세상 또는 삶 자체에, 또는 누구에게 어떻게 감사해야 할지 모르는 채 그저 감사하는 것이 즐거워서 또는 사랑하는 것이 즐거워서 하는 감사요 사랑이다. 우리는 감사해야 할 이유가 너무 많고, 항상 넘쳐나는 고마운 것들 속에 묻혀 산다. 바흐의 겸손과 모차르트의 겸손은 다르다. 바흐는 더없는 천재성으로 감사를 돌리며, 모차르트는 감사 자체이다. 그러나 둘은 행복한 감사를 할 줄 안다는 점에서 그리고 진정한 단순성과 초인적 능력을 가졌다는 점에서 같다. 그들은 그 많은 고통과 고뇌 속에서도 지극한 평온으로 감사할 줄 알았으며, 노래를 할 때에나, 작곡을 할 때에나 일상을 살아갈 때에도 자신들이 원칙이 아닌 결과임을 안 사람들이었다. 내 생각에는 클라라 하스킬, 디누 리파티 그리고 글렌 굴드 같은 피아니스트들도 더없이 행복한 순간에는 그런 표현을 할 줄을 아는 피아니스트들이었다. 그들의 곡을 들으면, 감사의 본질인 기쁨이 들린다. 그 기쁨은 과분한 은총에 대한 감사의 기쁨이며, 살아 있음에 대한, 실존 자체에 대한, 존재 자체에 대한 그리고 모든 실존의 원리에 대한, 존재의 원리에 대한, 또 모든 기쁨에 대한 그리고 모든 사랑에 대한 감사의 기쁨이다. 그렇다, 아무리 훌륭한 사람들일지라도 마찬가지이다. 스피노자의 『에티카(Ethica)』에서 읽을 수 있는 내용은 이렇게 음악에서도 들리는 듯하다. 그리고 바흐나 모차르트의 음악은 다른 어떤 작곡가의 음악보다도 더욱 그렇다. 하이든에게서는 예의와 후의를, 베토벤에게서는 용기를, 슈베르트에게서는 유순을, 브람스에게서는 성실을 들을 수 있다. 그리고 감사가 어느 정도 위치에 있는 미덕인가는 말할 필요도 없을 것이다. 거인에게나 난쟁이에게나 감사는 최고의 미덕이다. 감사를 몰라서는 안 된다. 그러니 감사에 감사하자. 그리고 감사를 칭송함으로써 우리에게 감사를 알게 한 사람들에게 감사하자!

아무도 자신이 자신의 원인인 사람은 없다. 클로드 브뤼에르에 의하면, "우리는 자신의 존재에 대해서 빚을 지고 있다"[14]고 한다. 그러나 사실은 그렇지 않다. 빚이란 줄 때가 아니라, 빌릴 때 발생한다. 우리는 아무에게도 존재하기를 요구한 적이 없으며, 또 아무도 그런 빚은 갚을 능력이 없다. 인생은 빚이 아니다. 인생 그리고 존재는 은총이다. 감사의 제일의 교훈은 바로 거기에 있다.

감사는 일어난 일을 또는 지금 이 순간을 즐거워한다. 따라서 감사는 회한 또는 없었던 과거 또는 있지 않은 과거 때문에 고통을 느끼는 향수의 반대말이며, 아직 도래하지 않은 미래 또는 결코 도래하지 않을 미래, 그래서 고문과도 같이 우리를 고통스럽게 하는 미래를 염원하거나 두려워하는 희망 또는 아니면 염원하는 동시에 두려워하는 고뇌의 반대말이다. 현재의 것 또는 과거의 것에 대한 기쁨이 감사라면, 앞으로 있을 어떤 것에 대한 고뇌가 불안이다. "미친 사람의 인생은 배은망덕하고 불안하다. 그의 삶은 온통 미래만을 바라보기 때문이다"[15] 에피쿠로스의 말이다. 그런 사람의 삶은 결코 만족을 모르고, 행복을 모르며, 한마디로 헛되다. 그들은 진정한 삶을 살 줄 모르며, 세네카의 말마따나 살 준비만을 할 뿐이다.[16] 또는 파스칼이 말한 것처럼, 그들은 살기를 희망할 뿐이다.[17] 그러다가 그들은 그들이 살아온 삶을 또는 살지 못한 삶을 후회한다. 그들에게는 과거도 미래도 없다. 반면에 현자는 삶을 즐길 줄 알 뿐만 아니라, 과거의 삶에 만족한다. 감사란 이처럼 과거에 대한 기쁨이며, 과거에 대한 사랑이다. 이는 없는 것을 괴로워하는 고통, 없었던 것을 아쉬워하는 회한과는 달리, 있었던 과거에 대한 즐거운 회상이다. 우리가 살았던 삶은 우리를 덮칠 죽음마저도 결코 빼앗아갈 수 없다는 점에서 보면, 과거란 마르셀 프루스트가 말하는 죽음도 건드릴 수 없는 되찾은 시간, 또는 에피쿠로스가 말하는 과거에 대한 감사이다.[18] 에피쿠로스는 그것을 불멸의 자산이라고 부른다.[19] 에피쿠로스의 그 말은 인간이 죽지 않는다는 의미가 아니라, 우리가 한때나마 그러나 분명히 살았던 우리의 삶은 죽음이 와도 없어질 수 없다는 의미이다. 죽음이 앗아갈 수 있는 것은 우리의 미래뿐이다. 그래서 과거를 즐거워하는 감사는 우리를 죽음에서 자유롭게 해준다. 희망이 상상에 불과한 것인 데에 반해서, 감사는 일종의 지식이다. 감사가 영원한 진리와 관계되는 것도 바로 그 때문이다. 감사는, 말하자면, 영원한 즐거움이다.

  우리는 에피쿠로스에게 항변해볼 수도 있다. 감사는 우리의 과거를 또는 우리가 잃어버린 것을 되돌려주는 것은 아니지 않은가라고. 물론 그렇다. 누가 그런 일을 할 수 있겠는가? 감사는 애도를 폐지시키는 것이 아니라, 오히려 애도를 완성시킨다. "한번 일어난 일은 돌이킬 수 없음을 인정함으로써, 일단 잃어버린 것은 잃어버린 것으로서 즐겁게 회상할 수 있을 때 불행의 치유는 가능하다."[20] 애도를 위한 이보다 더 아름다운 말이 있을까? 현재 있는 것은 있는 것으로 그리고 현재 없는 것은 없는 것으로 받아들이고, 그 현실을 진리로 또는 영원한 것으로 사랑할 수 있어야 한다. 상실의 끔찍한 고통에서 부드러운 회상으로, 이미 치러진 장례는 "일단 잃어버린 것에 대한 기꺼운 회상"으로, 절단의 아픔에서 현실의 수용으로, 고통에서 기쁨으로, 찢긴 사랑에서 봉합의 사랑으로 건너갈 줄 알아야 한다. 에피쿠로스는 "잃어버린 친구를 회상"한다.[21] 그 부드럽고 달콤한 친구에 대한 회상이 다름 아닌 감사이다. 그러나 그럼에도 불구하고 고통이 없을 수는 없다. "그가 죽다니, 이런 끔찍한 일이!" 어떻게 그런 일을 인정할 수 있다는 말인가? 장례가 고통스럽고 어려운 이유는 바로 거기에 있으며, 장례가 필요한 이유도 바로 거기에 있다. 그러나 그럼에도 기쁨은 있다. "그가 살았었다니!" 장례의 작업, 감사의 작업은 바로 이런 것이다.

칸트나 루소는 감사를 의무라고 했지만,[22] 나는 동의하지 않는다. 더군다나 나는 의무를 거의 믿지 못한다. 내가 보기에 감사는 차라리 미덕이다. 감사할 줄 모르는 사람들이 얼마나 많은가? 우리는 어떤가? 사랑에 비해서 증오는 얼마나 끈덕진가! 감사에 비해서 원한은 얼마나 집요한가! 그리고 자기애는 얼마나 끔찍한지, 이따금 감사가 원한으로 바뀌는 일은 없던가! "은인에 대한 배은망덕은 누가 보아도 사실 이 세상에서 가장 혐오스러운 것이다. 아무리 나쁜 평판을 받는 사람이라도 좋은 일을 하면 감사해야 한다. 그가 적이 되기 위해서 그랬겠는가?"[23] 칸트의 말이다. 감사는 위대하고, 인간은 왜소하다.

감사가 이따금 의심을 받는 경우도 있다. 라 로슈푸코는 감사를 오직 위장된 이해관계로 파악했다.[24] 그런가 하면 샹포르는 "일종의 저속한 감사가 있다"[25]고 지적하기도 했다. 상당히 타당하다. 감사를 위장한 복종, 위장한 이기주의, 위장한 희망도 있다. 또는 더 얻기 위해서 고마워하는 감사도 있다. 때로 사람들은 "감사합니다"라고 하면서, "더 받을 것"을 생각한다. 그러나 그것은 감사가 아니라 아첨이며, 맹종이며, 거짓이다. 미덕이 아니라 악덕이다. 그뿐만 아니라 비록 진지한 것이라고 할지라도, 감사는 우리의 다른 미덕을 면제해주거나 우리의 어떤 잘못을 용서해줄 수 있는 미덕이 아니다. 부차적이라고까지 할 수는 없지만, 그럼에도 불구하고 감사는 제2의 미덕이다. 그래서 정의와 정직은 감사가 빠진 자리를 메울 수 있지만, 정의와 정직이 빠진 자리를 감사가 메울 수는 없는 것이다. 예를 들면, 어떤 사람이 나의 목숨을 건져주었다고 해보자. 그런 경우, 그렇다고 해서 내가 그를 위하여 거짓 증언을 함으로써 죄도 없는 사람이 벌 받게 할 수는 없는 것이다. 그런 일은 물론 안 된다. 어떤 한 개인 때문에 모든 사람에 대한 또는 자기 자신에 대한 의무를 저버려서도 안 된다. "음녀가 주는 돈을 받고 그녀의 음탕한 요구를 들어주지 않는다고 해서, 도둑의 훔친 물건을 받고 그의 요구를 들어주지 않는다고 해서 배은망덕한 것은 아니다. 오히려 그런 사람은 그렇게 함으로써, 어떤 선물에도 타락하지 않는 꿋꿋한 영혼을 보여준다."[26] 스피노자의 말이다. 감사는 자기만족이 아니다. 감사는 타락이 아니다.

반복하면, 감사는 기쁨이고 사랑이다. 감사가 자비와 관계되는 것은 바로 그 때문이다. 말하자면 "자비가 이유 없는 감사, 무조건적인 감사, 또는 감사를 있게 하는 감사라면, 감사는 자비를 준비하는 부차적인 미덕이다."[27] 기쁨 위의 기쁨, 사랑 위의 사랑이 감사이다. 그래서 감사는 빚진 느낌이 아닌, 빚질 것이 없는 우정의 비결이기도 하다. 우리는 친구에게 아무것도 빚질 것이 없다. 있다면, 함께 나누는 기쁨, 넘치는 기쁨, 오고가는 기쁨만이 있을 뿐이다. "우정은 우리가 깨어나 감사하고, 세상을 돌며 춤을 추게 한다."[28] 에피쿠로스의 말이다. 그들은 서로를 향하여 말한다. 세상을 향하여 말한다. 우주를 향하여 말한다. "살아 있음에 감사합니다." 이런 감사야말로 진정한 미덕이며, 사랑의 행복에서 오는 감사이다.

# 11 겸손

겸손(謙遜, humilité, humility)은 겸허(謙虛)의 미덕이다. 겸손은 자신이 미덕인지조차 모른다. 자기 자랑을 하는 사람은 겸손이 없어서 그러는 것이다.

겸손은 그 어떤 미덕도 자랑하지 말고, 으스대지 말라고 가르친다. 겸손은 미덕을 조신하게 드러내며, 감추며, 부정하기까지 한다. 그렇다면 겸손은 무의식인가? 아니다. 겸손은 오히려 미덕의 한계와 자기 자신의 한계를 의식한 행위이다. 이런 조신함은 빈틈없음, 조심스럽게 허를 보이지 않는 엄격함의 다른 말이다. 겸손은 자기 비하가 아니다. 무시도 아니다. 겸손은 자기를 무시하는 태도가 아니라, 거꾸로 자기 자신이 아무것도 아니라는 것을 인식하는 혹은 인정하는 행위이다. 겸손은 이처럼 아무것도 아닌 것과 관계된다는 점에서, 한계가 있는 미덕이다. 그러나 겸손이 인간적인 이유도 거기에 있다. "아무리 현명한 사람일지라도 결국은 그도 인간이다. 이보다 더욱 덧없고, 비참하고 허무한 사실이 또 어디 있는가?"[1] 몽테뉴의 지혜는 곧 겸손의 지혜이다. 인간을 초월하는 일은 인간에게 가능하지도 않을 뿐더러, 가능하더라도 그래서는 안 되는 빗나간 일이다.[2] 겸손은 자신에 대해서 결코 만족을 못하는 그리고 앞으로도 만족할 수 없는 현명한 미덕이다. 인간의 미덕은 자신이 신이 아님을 아는 데에 있다.

몽테뉴를 제외하면 대체적으로 철학자들은 겸손이 부족한 것처럼 보였던 반면, 성인들은 달랐다. 파스칼은 그런 철학자들의 오만을 비판했는데, 그는 옳았다. 어떤 철학자들은 자신들을 신으로 착각하기도 했지만, 성인들은 그러지 않았다. 내가 신이라고? 내가 신을 모르거나 혹은 내가 나를 모르거나 하지 않고서야, 어떻게 내가 나를 신이라고 할 수 있겠는가? 겸손은 '나를 안다.' 그리고 무엇보다도 겸손이 미덕일 수 있는 것은 바로 그 때문이다. 겸손은 진리를 따른다. 겸손하다는 것, 그것은 자신보다 진리를 더 사랑하는 것이다.

진리라는 이름의 모든 것이 겸손을 전제하는 이유가 바로 거기에 있다. 겸손한 사유는 생각 없이 과신만 하는 허영과 대립한다. 그러나 겸손이나 사유의 한계는 지속성이 없다는 것이다. 오만이 머리를 드는 곳이 바로 그 지점이다.

겸손이란 믿음이 아니라 생각이다. 겸손은 모든 것을, 특히 자기 자신을 의심한다. 인간적인, 너무나 인간적인 의심이다. 그러나 누가 알겠는가, 그것이 더한 오만의 가면이 아닌지를.

우선 겸손을 정의해보도록 하자.

스피노자에 의하면, "겸손이란 인간이 자신의 무능 혹은 결함을 알고 느끼는 슬픔이다."[3] 스피노자의 겸손은 미덕이라기보다는 상태이다. 스피노자는 겸손을 하나의 영혼의 상태로 정의한다. 자신이 무기력하다고 생각하면 누구라도 슬퍼진다.[4] 이는 우리 모두가 겪는 경험이다. 그러나 그 무기력이 힘이 될 수는 없지 않은가? 스피노자는 다른 곳에서, 미덕이란 영혼의 힘이며 언제나 유쾌한 것이어야 한다고 말했다. 그래서 현자 스피노자는 겸손을 미덕으로 보지 않으며, 겸손에 관심이 없다.[5]

그러나 이것은 단순한 말장난에 불과할 수도 있다. 스피노자 역시 겸손은 미덕은 아니지만 "손해만 없는 유용한 것"[6]이며, 겸손에도 미덕으로서의 궁정적 감정이 분명히 존재한다고 한다. 겸손은 겸손하게 사는 이를 "이성의 지시에 따라서 살도록"[7] 해주는 미덕으로서, 예언자들이 겸손을 권고한 이유도 바로 거기에 있다. "힘이 센 한 남자가 있었다. 그는 어느 날 자신보다 힘이 센 다른 사람이 있음을 알게 되었다. 그래서 그는 그후로부터 자신의 힘을 함부로 사용하지 않게 되었다. 바로 그것이다. 그 사람은 자기 자신을 분명히 알게 되었고, 힘의 사용을 자제할 수 있게 된 것이다."[8] 여기에 겸손의 미덕이 있다. 겸손의 반대는 오만이며, 오만은 무시이다. 진정한 영혼의 힘은 자신을 제대로 알고, 더 위대한 다른 것이 있다는 것을 아는 데에 있다. 그러면 슬픔이 오지 않을까? 왜 아니겠는가? 자신만의 사랑, 자기애에서 벗어나야 할 테니 말이다.

몇몇 번역가들은 아리스토텔레스의 미크로프수키아(micropsuchia)를 겸손으로 번역하지만, 그것은 차라리 비천함 혹은 미천함으로 번역되어야 한다. 이 부분은 설명이 필요하다. 우리가 기억하기로는, 아리스토텔레스는 미덕이란 두 심연을 끼고 도는 능선이라고 했다. 우뚝 솟는 능선이란 고매하고 위대한 영혼이다. 그 능선에서 멀어지면 우리는 허영에 빠지든지, 아니면 비천함에 빠진다. 비천함에 몸을 담그는 태도는 존경받기를 포기하는 태도이며, 자신의 능력을 믿지 못한 채 훌륭한 행동을 전혀 시도조차 못해볼 정도로 자신의 진정한 가치를 무시하는 태도이다.[9] 이 비천함은 스피노자가 겸손과의 구분을 위해서 아브젝토(abjecto)라고 부른 것과 상당 부분 일치한다. 아브젝토는 보통 자신에 대한 경멸 혹은 무시로 번역되는데, 내가 보기에는 베르나르 포트라의 비천함이라는 번역어가 옳은 번역어로 보인다. "비천함이란 슬프게도 자신을 필요 이상으로 낮추는 태도이다."[10] 물론 비천한 태도는 지나친 겸손에서 올 수도 있으며, 그런 겸손은 좋지 못한 겸손이다.[11] 그러나 반드시 그런 것만은 아니다. 우리는 과장이 아니라 진짜로 자신의 무능력 때문에 슬퍼지는 순간이 있으며, 진정한 겸손의 미덕은 바로 그런 것이다. 진정한 겸손의 미덕은 슬픔 속에서 슬픔을 이길 힘을 찾게 해주는 데에 있다. 확신할 수는 없지만,[12] 이 역시 스피노자 철학이 아닌가 싶다. 철학 체계보다 중요한 것은 사실 경험이다. 그런 차원에서 보면 경험으로 알 수 있고 스피노자도 인정하고 있듯이,[13] 슬픔은 때로 우리 안에서 힘이 되기도 하며 또는 우리에게 가능한 힘을 모아주기도 한다. 절망의 용기가 있는가 하면, 겸손의 용기도 있다. 우리가 선택할 수 있는 것은 아니지만 중요한 것은 거짓 기쁨보다는 진짜 슬픔이다.

미덕으로서의 겸손이란 바로 그런 슬픔이다. 오직 자기 자신일 수밖에 없는 데에서 오는 슬픔! 내가 왜 이 지경인가? 자신을 자비의 시선으로 바라볼 수밖에 없다. 겸손을 포근하게 안아주는 자비! 자비는 가르친다. 현재의 나 자신에 만족하라고. 물론 허영에 빠지지 않고는 자신에 대해서 만족하기 어렵다. 자비와 겸손은 서로 보완관계에 있는 이인삼각이다. 자신을 받아들일 뿐, 딴소리는 하지 말자.

"자기 자신에 만족하라. 이는 우리의 현실적 절대 희망이니."[14] 스피노자의 말이다. 이렇게 말하면 모두 말해진 셈이다.

모두라고? 그렇지는 않다. 본질에 가까이 가자면 아직 멀었다. 본질이란? 미덕으로서의 겸손의 가치이다. 겸손은 왜 중요한가, 어떤 가치를 가지는가, 어떤 품위가 있는가 등에 대해서 우리는 아직 말하지 않았다.

문제를 직시해보자. 겸손이 존중이나 찬사의 대상일 수 있다면, 겸손이라는 말은 부적절한 단어이다. 겸손은 찬사를 받을 이유가 없다. 겸손은 부재에 의해서만 제대로 평가되고, 희생에 의해서만 가치를 인정받는 모순적 미덕으로 보인다.

"나는 참 겸손해" : 자동 모순.

"나는 겸손이 부족해" : 겸손을 향한 첫걸음.

어떻게 스스로를 낮추어서 높인다는 말인가?

몇몇 문헌들을 중심으로 겸손에 관한 칸트와 니체의 비평을 살필 필요가 있다. 칸트는 『미덕론』에서 비천한 "거짓 겸손"과 도덕적 주체로서의 인간의 존엄성을 대립시키고 있는데, 그의 설명에 의하면 비천함은 명예의 대립어로서, 비천함이 악덕이라면 명예는 미덕이다.15) 또한 칸트는 진정한 도덕적 겸손이 없는 것은 아니라고 덧붙이면서, 진정한 겸손을 다음과 같이 훌륭하게 정의한다. "진정한 겸손이란 자신의 가치가 얼마나 미미한가를 깨닫는 것이다."16) 그러나 역설적이게도 칸트의 정의는 주체의 겸손을 해치기는커녕 주체의 존엄을 전제하며, 주체의 존엄을 인정한다.

칸트는 겸손을 기독교적 또는 단순히 가톨릭의 관습의 하나로 보는데, 내가 보기에 신비주의자들의 태도는 기독교적 관습이 얼마나 일반적이고, 말을 진지하게 받아들이는 사람에게는 얼마나 가치 있는 것인가를 보여준다. 겸손은 서양에만 국한된 것이 아니다. "아무리 성스러운 것을 경배하기 위한 것일지라도, 땅에 머리를 숙이거나 부복하는 일은 인간의 존엄성과는 상반된 것이다." 그러나 그럼에도 불구하고 그것은 아름답다고 칸트는 쓰고 있다.17) 정말일까? 물론 비굴하거나 비천한 사람이 되라는 말은 아니다. 자명한 사실이다. 그러나 그렇다고 고귀한 인간의 정신적 전통을 해친다고 해서 구걸 행위를 단죄할 수 있을까?18) 성 프란체스코 혹은 부처가 인류애를 거절했던가? "다른 사람 앞에서 굽실거리는 인간은 가치가 없는 비굴한 인간이라고 할 수 있다."19) 인정할 수 있는 이야기이다. 그러나 겸손은 비굴함이 아니며, 비천함과도 거리가 멀다. 비굴함은 오히려 오만한 사람의 또는 사악한 사람의 태도이다. 여기에서 하나의 질문이 고개를 든다. 우리의 정신과 관련해서 칸트가 말하는 숭고성을 과연 진지하게 받아들여야 할까? 숭고성에 관한 칸트의 주장은 겸손, 명철성 그리고 유머를 결여한 사람의 주장이 아닐까? 경험적 인간

(Homo phaenomenon)은 거의 아무런 가치가 없으며 심지어 아무것도 아닌 인간(Homo noumenon)이라고까지 말할 수 있다고 칸트는 설명한다. 인간은 오직 정신적 주체로서만 절대적 가치를 획득한다는 것이다. "인간에게 깃든 아주 약간의 동물적 특성이 이성적 인간으로서의 인간의 존엄성을 해칠 수는 없다."[20] 그렇다고 하자. 그러나 만약 그 둘이 일체를 이루지 못한다면 과연 무엇이 남겠는가? 유물론자들은 훨씬 겸손하다. 유물론자들은 자기 내부의 동물을 잊은 적이 없기 때문이다. 땅의 아들(라틴어로 땅은 후무스[humus]이며, 그것은 인간이라는 프랑스어 위마니테[humanité]와 겸손이라는 프랑스어 위밀리테[humilité]의 어원이다/역주), 우리는 결코 우리를 빚은 하나님과 맞설 수 없다. "다른 위대한 사람을 향해서도 마찬가지이다."[21] 모차르트, 카바예스 또는 페트루스 수도원장 앞에 무릎을 꿇는 일이 죄가 될까? 비천한 일일까? "벌레로 처신하는 사람은 나중에 누가 자신을 벌레 밟듯이 밟아도 아무 말할 자격이 없다"[22]고 칸트는 오만하게 말한다. 인간의 영광을 위해서 또는 법의 영광을 위해서 겸손하게 죽은 사람이 동상이 되어 서 있다고 하자. 그의 동상을 보고 지나가던 어떤 사람이 왜 그런 비굴한 자세로 거기에 있느냐고 나무란다고 해서, 동상이 일어나 항변할 수 있을까? 그러나 그럼에도 죄인의 발을 씻어주는 겸손한 예수는 훌륭하다!

 니체를 보자. 니체를 인용해서 말하자면 끝도 없을 것이다. 니체는 온통 옳은가 하면, 온통 그르다. 겸손에 대한 그의 말은 한마디로 북극해의 소용돌이이다. 니체에 의하면, 겸손에는 종종 니힐리즘 또는 한(恨)이 상당한 정도로 스며 있다고 한다. 누가 그 말에 반박하겠는가? 많은 사람들은 일종의 책임 회피를 위한 방편으로써 즐겨 자책하곤 한다. 그럼으로써 세상과 인생을 한탄하려고 말이다. 무엇을 할 자신도, 능력도 없는 얼마나 많은 사람들이 결국 자신을 부정하기에 이르곤 했던가? 그렇다. 스피노자는 말한다. "자기 자신을 경멸하는 것처럼 보이는 사람들 그리고 겸손 덩어리처럼 보이는 사람들은 대체로 오히려 야망과 시기에 가득 찬 사람들이다."23) 이 말도 옳다. 그런데 과연 모두 그런가? 카바예스, 시몬 베유, 에티 힐레섬 그리고 파스칼이나 몽테뉴까지 겸손하다. 그러나 그들의 겸손은 오히려 니체의 위대함에 가까운 겸손이다. 니체도 칸트와 마찬가지로 벌레에 대한 비유를 한 적이 있다. "벌레는 밟으면 몸을 웅크린다. 그것은 아주 지혜로운 행동이다. 그렇게 함으로써 벌레는 다시 밟히지 않을 수 있는 것이다. 그런 태도를 도덕 용어로 바꾸면, 겸손이다."24) 아니, 그것이 겸손의 전부일까? 그것이 겸손의 본질일까? 이런 식의 심리학적 해석으로, 성 프란체스코 또는 성 후안 데 라 크루스의 겸손을 다 말했다고 할 수 있을까? 데카르트는 "가장 관대한 사람이 가장 겸손한 법이다."25)라고 했다. 이때의 겸손한 사람은 벌레와는 거의 관계가 없다. 더군다나 겸손은 자신에 대한 증오심과는 더욱 무관하다. 그러니 겸손과 거짓 의식, 겸손과 회한을 혼동하지 말자. 중요한 것은 어떤 사람의 행동이 아니라, 그 사람의 존재이다. 그러나 우리는 다른 사람에 대한 자료를 별로, 아니 거의 전혀 가지고 있지 않다. 회한, 거짓 의식 또는 수치심은 다르게 행동할 수 있었음을 의미한다. 반면에 겸손은 달리 어떻게 할 수 없었음을 의미한다. "잘했어야지." 선생님의 이 말은 학생에게 용기를 주는 대신, 학생을 꾸짖는 말이고 후회를 하게 하는 말이다. 반면에 겸손은 이렇게 말한다. "달리 방법이 있었겠어?" 비난하기에는 너무 겸손하고, 원망하기에는 너무 현명하다. 다시 한번 말하지만, 겸손과 자비는 이인삼각의 보완관계이다. 그리고 용기는 응원이 필요 없다. 자유의지를 전제한다는 점에서 회한은 잘못보다는 실수와 관계한다. 스토아 철학자들과 스피노자는 바로 그런 이유 때문에 회한을 배척한다. 반면 겸손은 미덕보다는 인식과 관계한다. 슬픈 인식? 그럴지도 모른다. 그러나 즐거운 무지보다는 슬픈 인식이 인간에게는 낫다. 남한테 무시당하는 것보다는 스스로를 낮추는 것이 낫다.

혼동을 피하려면, 수치에 대한 스피노자의 말을 좀더 적극적으로 겸손과 비교해볼 필요가 있다. 겸손은 자유의지에 대한 환상도, 배가된 고통도 전제하지 않기 때문이다. "슬픈 일이지만, 자신이 한 일을 부끄러워할 줄 아는 사람은 명예롭게 살고자 하는 의지가 전혀 없는 파렴치한보다는 낫다."[26] 마찬가지로 슬픈 일이지만, 겸허한 사람이 잘난 체하는 파렴치한보다는 낫다. 용감한 사람의 겸손은 쓸모없는 인간의 허영보다는 낫다. 이는 누구나 다 아는 사실이다. 사실 이 말은 니체를 비난하는 말이기도 하다. 니체에 의하면, 겸손이란 노예의 미덕이다. 그래서 "고상한" 철학자들은 "겸손을 털어낸다."[27] 인정할 수 있다. 그러나 멸시는 겸손보다 더 못하지 않은가? 귀족의 "자아 찬양"과 니체가 철학적 미덕으로 승화시킨 명철성은 양립 가능한가?[28] 겸허한 사람은 말할 것이다. "나는 찬양받기에는 내가 나를 너무 잘 알아. 내게는 오히려 나를 지탱시켜줄 자비가 필요하지"라고. 겸손은 자신을 믿지 않는 태도이다. 무신론자가 신의 존재를 믿지 않듯이, 겸손한 사람은 자기 자신을 믿지 않는다. 반면 초인인 양하는 태도보다 더 우스운 태도가 있을까? 우상을 모두 깨뜨린들 무슨 소용인가? 자신을 우상화하고, 자신을 경배하기 위한 것이라면. 신을 떠나더니 자신에게 속은 결과가 아닌가? "겸손은 진리이다"[29]라고 장켈레비치는 말한다. 니체의 자아 예찬에 비해서 얼마나 겸허하고 진솔한가. 성실과 겸손은 자매지간이다. "엄격하고도 명철한 성실성, 거짓 없는 성실성은 겸허의 수업이며, 거꾸로 겸허는 성실한 자기 응시의 훌륭한 훈련 방법이다."[30] 프로이트가 말한 것처럼 그렇게 해서 "자아-왕"은 왕관을 상실했다. 이는 바로 정신분석적 방법으로서, 정신분석을 지금과 같은 위치에 올려놓은 주인공이다. 진리를 사랑하든지, 아니면 자아를 사랑하든지 둘 중의 하나이다. 모든 인식은 나르시스에 상처를 입힌다.

그렇다면 파스칼이 그랬던 것처럼 스스로를 증오해야 하는가? 물론 아니다. 자아에 대한 증오는 아마도 자비를 저버리는 태도일 것이다. 자신까지를 포함해서 누구나 자비를 받을 권리는 있으며, 사람은 자격이 있건 없건 간에 어떤 권리보다도 사랑과 은총을 받을 자격이 있다. 그것은 정당성 여부를 떠나서 필연적인 것이다. 따라서 우리는 이따금 우리 자신에게 최소한의 진정한 사랑을 베풀 의무가 있다. 이때 우리 자신이란 자아가 아니다.

네 이웃을 네 몸과 같이 사랑하라. 그리고 네 몸을 네 이웃처럼 사랑하라. "여기에 성 아우구스티누스가 말하는 겸손이 있으며, 또한 자비가 있다."[31] 장 켈레비치가 상기시켰듯이, 겸손은 사랑에 이르며, 모든 사랑은 겸손을 전제한다.[32] 겸손이 없으면, 자아는 모든 공간을 점유한 채 타인을 사랑의 대상이 아닌 탐욕의 대상 혹은 적으로만 볼 뿐이다. 겸손은 자아를 자신에 대한 환상으로부터 벗어나게 해서 해체시키려는 노력의 다른 말이다. 자아를 구성하는 것은 바로 환상들이라는 점에서 그렇다. 그러므로 겸손한 사람들은 위대하다. 그들은 미천, 초라, 허무의 밑바닥까지 내려간다. 더 이상 아무것도 존재하지 않고, 그래서 모든 것이 존재하는 곳까지. 그것은 너나 할 것 없이 벌거벗은 곳이다. 거짓 없는 사랑의 빛에 몸을 노출시킨 채.

그런데 과연 거짓도, 탐욕도 없는 그런 사랑, 곧 자비가 과연 가능한 것인가?

그것은 여기에서 논할 일은 아니다. 그러나 한 가지만 말해두자면, 그런 사랑이 가능하지 않다면 연민을 베풀 수는 있다. 가장 겸손한 사람의 얼굴로서의 연민, 일상의 연민.

겸손을 다룬 어떤 장에서 장켈레비치는 "그리스인들은 이 미덕을 거의 몰랐다"[33]고 지적하고 있다. 그 시대에는 신의 존재가 어찌나 큰지 인간이 더 이상

작아질 필요가 없었기 때문일까? 아니, 그리스인들은 자신들이 위대한지 전혀 몰랐단 말인가? 내가 보기에, 장켈레비치는 파스칼과 마찬가지로 "스토아주의의 오만"34)을 착각하고 있는 것 같다. 왜냐하면 자아를 신도 아닌, 그렇다고 무도 아닌 것으로 보는 에픽테토스에게는 어느 정도 겸손이 있었기 때문이다. 다만 그들에게는 나르시시즘 또는 환상이 상대적으로 적었다. 유대인의, 기독교인의, 이슬람 교인의 신은 우리가 믿건 안 믿건 간에, 누구에게나 그러나 각기 다른 방식으로 겸손에 대한 무시무시한 교훈을 제시한다. 고대인들은 자신들을 죽을 수밖에 없는 존재로 정의한다. 그들은 신과 그들 사이에 있는 것은 오직 죽음뿐이라고 생각했던 듯하다. 그러나 우리는 그렇게 생각하지 않는다. 우리는 불멸조차 우리를 또는 우리의 과거를 변화시킬 수 없음을 알고 있다. 그럼에도 불구하고 자신으로부터 자유로워지기 위해서 이따금 죽음을 꿈꾸지 않는 사람이 있던가?

겸손은 그런 점에서 미덕 중에서 가장 종교적인 미덕일 것이다. 교회 안에서는 얼마나 기꺼이 무릎을 꿇는가? 그것을 거부할 이유가 있을까? 나는 상상한다. 신이 나를 창조했을 것이라고. 그러나 그런 상상과 상관없이 우리는 얼마나 초라한 미물이던가! 인류의 하는 짓이 이토록 한심할진대, 어떻게 인간이 하는 짓을 신의 의지라고 할 수 있다는 말인가?

겸손이 비록 종교에서 태어났지만, 마침내 무신론에 이르는 것은 바로 그런 이유 때문이다.

신을 믿는 일은 아마도 오만의 죄를 저지르는 결과가 될 것이다.

## 12 단순

겸손은 자아의 자아, 즉 자신에 대한 판단을 전제하며, 그래서 겸손은 단순하지 못하다. 자신을 판단한다는 것은 자신을 진지하게 돌아본다는 말이다. 반면 단순한 사람은 자신에 대해서 그렇게 많은 질문을 하지 않는다. 있는 그대로의 자신을 받아들이기 때문일까? 그렇게 말하기는 어렵다. 그는 스스로를 받아들이지도, 거부하지도 않는다. 그는 스스로를 돌아보지도 않으며, 스스로에 대해서 의문을 품지도, 명상하지도 않는다. 그는 자신을 찬양하지도, 멸시하지도 않는다. 그는 단순 솔직한, 있는 그대로의 존재이다. 또는 존재라는 말은 대단치 않은 삶에 비해서 너무 대단한 단어처럼 들리니까 말을 고치자면, 우리 모두와 마찬가지로 그는 자신의 할 일을 할 뿐인 사람이다. 그는 연설도, 비판도, 반성도 하지 않는다. 노래할 때든, 그저 앉아 있을 때든 그는 숲 속의 새들처럼 언제나 경쾌하고 조용하다. 현실은 현실로 충분하다. 그런 단순성 자체가 바로 현실이다. 단순한 사람이란? 간단히 표현해서, 현실적인 사람이다. 노래? 이따금 노래한다. 침묵? 자주 침묵한다. 삶? 항상 삶에 충실하다. 단순한 사람은 호흡하는 것처럼 삶을 산다. 노력할 것도 없고, 영예를 좇을 것도 없고, 얻은 것이 없다고 해서 부끄러울 것도 없다. 단순(單純, simplicité, simplicity)은 미덕이 아니라 삶이다. 아무것도 곁들여지지 않은 삶 자체가 단순이다. 그래서 그것은 미덕 중 가장 미미한 미덕이며, 가장 투명한 미덕이요, 가장 보기 드문 미덕이기도 하다. 그러나 단순은 허식이 없고, 거짓이 없고, 과장과 호언이 없는 삶이라는 점에서 문학과는 반대된다. 그것은 별 의미 없는, 그러나 진실된 삶이다.

단순성은 복잡성, 이중성, 자만심의 반대말이다. 단순이 어려운 것은 그 때문이다. 원래 다른 것을 의식하는 의식이란 이중적인 것이 아니던가? 원래 현실이란 원인과 기능들이 복잡하게 뒤엉켜 있는 것이 아니던가? 원래 인간이란 생각하려고 노력하는 순간, 자만에 차는 동물이 아니던가? 바보스러움, 무의식, 공허보다 단순한 것이 또 있을까?

단순한 사람은 이런 질문들을 하지 않을 수 있다. 그러나 피한다고 문제가 사라지는 것은 아니며, 그런 태도는 문제의 해결 방법이 될 수도 없다. 그러므로 논의를 계속하자. 단순성은 어리석음과는 다르다. 앞의 질문들 때문에 단순성의 미덕 또는 의미를 희석시킬 수는 없다. 지성은 사실 그렇게 복잡하지도, 혼란스럽지도, 속물적이지도 않다. 그럼에도 현실은 복잡하고 혼란스럽게 여겨진다. 나무 한 그루, 꽃 한 송이, 별 하나, 조개껍데기 하나조차도 묘사하려고 하면 끝이 없다. 그러나 그런 어려움과 상관없이 그 사물들은 그저 존재할 뿐이다. 그렇다. 한 점 오류도, 이중성도, 가장도 없이 그것들은 단순하고도 정확하게 존재한다. 그것들은 누구에게도 그 끝도 없는 묘사와 설명에 매달리라고 강요하지 않는다. "장미는 그냥 피어날 뿐이다. 피니까 필 뿐이다. 걱정도 없고, 과시욕도 없다."[1] 장미를 이해하기로 하자면 장미보다 복잡한 것이 없는 것처럼 느껴진다. 그러나 그러지 않기로 하면, 장미보다 단순한 것도 없을 것이다. 복잡한 사고, 단순한 시선. "모든 것은 우리의 생각보다 훨씬 단순하다. 그런가 하면 모든 것은 우리가 알고 있는 이상으로 복잡하게 얽혀 있다."[2] 괴테의 말이다. 과거의 복잡성, 현재의 단순성. 현실의 복잡성, 존재의 단순성. "존재의 반대말은 무가 아니라 이중성이다."³⁾ 클레망 로세의 말이다. 단순성의 반대말은 복잡성이 아니라 거짓이다.

인간의 미덕으로서의 단순성은 인식 혹은 사고의 거부와는 관계없다. 단순성은 인식이나 사고를 거부하는 것이 아니라 오히려 그것들을 초월할 수 있는, 그래서 그것들로부터 자유로워질 수 있는, 그것들에 의해서 기만당하지도 구속당하지도 않는 능력의 다른 말이다. 모든 의식은 이중적이다. 왜냐하면 의식은 대상을 의식하는 지향성을 가지는 동시에, 의식을 의식하는 반사성을 가지기 때문이다. 그러나 의식의 복잡성에도 불구하고, 현실의 단순성, 삶의 단순성, 반(反)성찰적 또는 전(前)성찰적 순수 의식의 단순성은 여전하다. 그것 없이는 어떤 술어도, 어떤 성찰도 가능하지 않을 것이다. 단순성은 무의식과도, 우둔함과도 다르다. 단순한 정신은 정신의 단순성과도 다르다. "성찰에 대한 해독제"⁴⁾로서의 단순성은 지성과 성찰로 하여금 자기기만에 빠져 길을 잃고 헤매거나 현실을 표류하지 않도록, 또는 지나치게 진지해진 나머지 보고 싶은 것을 못 볼 정도로 앞뒤를 분간 못하는 일이 없도록 도와준다. 스스로를 굴레에서 벗어날 수 있도록 도와주는 단순성은, 차라리 자아와 모든 것으로부터의 해탈이라고 해도 좋을 듯하다. "여유를 가지고, 오는 것을 환영하고 가는 것을 풀어주라."⁵⁾ 보뱅의 말이다. 단순성은 벌거벗음이며, 내줌이며, 가난함이다. 전체, 우주 외에 다른 부를 가지지 않으며, 무 외에 다른 보배를 가지지 않는다. 단순성은 자유이며, 가벼움이며, 투명함이다. 공기처럼 단순하고, 자유롭게. 세상의 대기를 향해서 그리고 침묵의 무한 전체, 우주를 향해서 활짝 열린 창문과도 같은 단순성은 사상의 대기이다. 바람처럼 단순한 것이 있을까? 단순성보다 가벼운 것이 또 있을까?

지적인 차원에서 보면, 알고 있거나 믿고 있는 것과 상관없이 현실, 즉 현실의 단순성에 자신을 열고 매번 새로운 눈으로 바라보는 자세, 올바로 판단하는 태도를 우리는 양식(良識)이라고 한다. 그런가 하면 자신에게 기만당하지 않는 이성 즉 명철한 이성, 이성의 화신 또는 최소한의 이성, 모든 이성의 조건으로서의 진정한 이성이 있다. 두 가지 예증, 두 가지 가정, 두 가지 이론 중 과학자들은 대체적으로 단순한 것을 선호하곤 했다. 과학자들은 정신의 힘보다는 현실의 단순성에 내기를 걸었다. 그 선택은 증명이 필요 없는 상식적인 선택이다. 철학자들은, 특히 오늘날의 철학자들은 반대로 대개 오히려 복잡하고 모호하고 꼬인 것을 좋아하는데, 나로서는 유감이다. 그런 방식은 반박을 예방하는 효과는 있을지 몰라도, 그 대신 그들의 이론은 그만큼 따분하고 믿기 어려운 것이 될 것이다. 현실의 복잡성과는 달리 사고의 복잡성은 나쁘다. 몽테뉴가 말했듯이, "단순 소박한 진리가 낫다."[6] 물론 복잡한 현실에 적응하는 일을 피할 수는 없다. 그러나 그렇더라도 우리의 복잡한 정신을 복잡한 현실과 뒤섞으려는 시도는 피해야 한다. 지성은 복잡한 것을 단순하게 만드는 것이지, 단순한 것을 복잡하게 만드는 것이 아니다. 에피쿠로스의 지성, 몽테뉴의 지성, 데카르트의 지성 등이 그렇다. 거기에 비해서 오늘날의 학자들은 어떤가? $E=mc^2$! 이보다 더 단순한 공식이 있을까? 복잡한 현실의 단순성, 어려운 사상의 명료성. 몽테뉴에 의하면, "문법학자 아리스토파네스는 에피쿠로스에게서, 웅변의 목적을 언어의 명료성과 말의 단순성 외에 다른 데서 찾으려고 하지 않았다"[7]고 한다. 단순하게 할 수 있는 말을 왜 복잡하게 하고, 짧게 할 수 있는 말을 왜 길게 하고, 명료하게 할 수 있는 말을 왜 모호하게 할까? 이해할 수 없는 사상이 무슨 가치가 있을까? 사람들은 모호성을 위장한 고대의 궤변론자들을 핑계로 삼는다. 그러나 그런 주장은 말도 되지 않는 주장이다. 고대의 철학은 모호성을 피할 수 없을 정도로 심오할 뿐이었다. 얕은 물이 흐리다고 깊은 물인 양할 수는 없는 것이다. 그들의 주장이 좀더 명료했더라면 훨씬 설득력 있었을 것이다. 하기야, 그들의 주장이 설득력 있는 것이었다면 그렇게까지 모호한 장난을 했을까?

스콜라 철학은 영원하다. 아니, 모든 시대는 나름의 스콜라 철학이 있다. 세대마다 나름의 궤변론자, 사기꾼, 재치꾼, 현학자들이 있게 마련이다. 데카르트는 당대의 현학자들에 대항하여 본질을 말할 줄 알았다. "오늘날 사람들의 철학적 방법은 한탄스럽다. 그들의 모호한 구분들과 원칙들은 마치 그들이 모든 것을 아는 것처럼 아무 말이나 자신 있게 할 수 있게 해줄 뿐만 아니라, 아무런 설득력이 없는 것도 마치 대단한 것이나 되는 것처럼 말할 수 있게 해준다."[8] 데카르트의 방법은 오늘날의 현학자들에게도 여전히 유효하다. 오늘날의 철학자들에게도 모호성 그리고 복잡성이 방패막이가 되어주고 있는 것이다. 거기에 대해서 데카르트는 자신의 철학을 누구나 이해할 수 있게 하는 그리고 어떤 논의라도 가능한 "아주 단순하고 명료한" 원칙들을 제기했다. 자신을 보호하기 위한 사고는 하지 않아야 한다. 그래서 단순성은 하나의 지적 미덕이다.

더 나아가서 단순성은 도덕적, 정신적 미덕이다. 시선의 투명성, 심정의 순수성, 담론의 성실성, 영혼 또는 행동의 정직성……. 단순성에 접근하는 길은 간접적인 방법보다는 직접 그 자체를 공략하는 편이 낫다. 왜냐하면 단순성은 순수성과도 다르고, 성실성과도 다르고, 정직성과도 다르기 때문이다. 페늘롱도 지적했듯이, "단순하지 않지만 성실한 사람을 우리는 많이 볼 수 있다. 성실한 사람들은 진실이라고 믿지 않는 것은 결코 아무것도 말하지 않으며, 자신들이 결코 오해받지 않기를 바란다. 그럼에도 불구하고 그들은 자기들이 오해받을까 늘 염려한다. 그들은 항상 자신들을 분석하며, 한 마디 말, 한 오라기 생각도 빈틈없이 재단하며, 그리고 나서도 항상 너무 지나치게 행동하지 않았는지 또는 너무 지나친 말을 하지나 않았는지 염려한다."[9] 그러나 간단히 말해서, 좋은 이유에서건 나쁜 이유에서건 그들은 자신들에게 지나치게 몰두하며, 그런 태도는 단순성과는 상반된 태도이다. 자신을 어떻게 생각하지 않을 수 있겠는가? 물론 그것은 말이 안 된다. "단순해지려고 하다 보면 오히려 단순성과는 멀어질 수 있다."[10] 이것도 페늘롱의 말이다. 아무것에도 집착하지 않는 것이 단순성이다. 후의에 집착하는 것보다는 편한 이기주의자가 되는 편이 낫다. 성실성을 고집하는 것보다는 편한 바람둥이가 되는 편이 낫다. 다시 한번 말하지만, 단순성은 성실성으로 환원될 수도 없고, 위선이나 거짓 없음이 단순성인 것도 아니다. 단순성은 차라리 계산, 위장, 혼합과 반대되는 어떤 것이다. 계산된 성실성보다는 단순한 거짓이 낫다. 페늘롱에 의하면 계산에 밝은 "사람들은 성실하다. 그러나 단순하지는 않다. 그들은 다른 사람들과 있으면 편치 않고, 다른 사람들은 그들과 있으면 편치 않다. 그들과 함께 있으면, 편함도 자유로움도 순진함도 자연스러움도 느낄 수 없다. 그래서 오히려 덜 정확하고, 덜 완전하고, 덜 복잡한 사람들과 함께하는 것이 낫다. 사람들의 취향은 대체로 그렇다. 신의 취향도 마찬가지이다. 신은 거울 앞에서 화장에만 몰두하는 여자들처럼 지나치게 자신들에만 집착하는 영혼을 원하지 않는다."[11] 단순성은 즉흥성과도 통한다. 자기 자신과의 즉각적인 일치(거기에는 지금까지 자신이 모르던 대자(對自)도 포함된다), 즐거운 즉흥 연주. 증명을 통해서 상대를 제압하고 과시하려는 욕망으로부터의 자유로움, 해탈, 무시. 자유, 가벼움, 행복한 순진성 등이 단순성처럼 느껴지는 이유는 거기에 있을 것이다. "단순성이란 자신에 대한 또는 자신의 행동에 대한 모든 불필요한 반성으로부터 벗어난 영혼의 정직성이다. 단순성은 자유롭게 달리며, 기교와 결합하기 위해서 멈추는 법이 결코 없다."[12] 페늘롱의 말이다. 단순성은 걱정이 없다. 그러나 염려를 하지 않는다는 말은 아니다. 단순성은 현실을 돌볼 뿐, 자신을 돌보지 않는다. 그것은 자기애와는 다르다. 다시 페늘롱을 인용하자. "자신으로 되돌아가려는 모든 의지를 떨쳐버리면, 우리는 이제 자연스럽게 행동할 수 있다.……그런데 이런 진정한 단순성이 때로 무심함으로 비칠 수 있고, 단정하지 못한 것으로 비칠 수 있다. 단순성은 순진과 진실의 향기를 발하며, 부드럽고 순박한 그리고 유쾌하고 평화로운 느낌을 준다. 그래서 진정한 단순성은 가까이에서 순수한 눈으로 보면 매력이 있다."[13] 단순성은 자신의 망각이다. 단순성이 미덕일 수 있다면 바로 그 점 때문이다. 단순성은 후의와 달리 이기주의의 반대말이 아니라, 나르시시즘, 자기주장, 자기만족의 반대말이다. 후의가 더 나은 미덕이라고 생각할 수 있다. 맞는 말이다. 자아가 지배하고 머무는 한에서 말이다. 그러나 단순성은 언제나 성 프란체스코의 후의처럼 후의일 수 있는 반면, 데카르트의 자기만족의 예가 보여주듯이 모든 후의가 단순한 것은 아니다. 말하자면, 자아란 자기 자신에 대한 환상이 모여 쌓인 것에 다름 아니다. 자아의 극복이 후의라면, 자아의 용해는 단순성이다. 후의는 노력이고, 단순성은 휴식이다. 후의는 승리라면, 단순성은 평화이다. 후의가 힘이라면, 단순성은 은총이다.

장켈레비치가 잘 보았듯이, 단순성이 없다면 어떤 미덕도 본질을 결여할 수 있다.[14] 위장된 감사, 꾸민 겸손, 보여주기 위한 용기가 무슨 의미가 있겠는가? 그런 감사, 겸손, 용기는 감사도, 겸손도, 용기도 아니다. 단순성 없는 겸양은 거짓 겸양이다. 단순성 없는 성실은 과시이고 계산이다. 단순성은 미덕의 진리이다. 미덕이 미덕일 수 있으려면, 반드시 겉으로 보여주려는 염려를 벗어날 수 있어야 하며, 인위와 꾸밈 또는 작위를 벗어난 것이어야 한다. 오직 사람들이 많이 있는 앞에서만 용감하고, 대중 앞에서만 관대하고, 회중 앞에서만 미덕을 보이는 사람은 진정으로 용감한 사람도 못 되고, 진정으로 관대한 사람도 못 되고, 진정으로 미덕을 갖춘 사람도 못 된다. 그리고 사람들이 많이 있을 때에만 단순한 사람은 간단히 말해서 거드름을 좋아하는 사람이다. 그런 일은 종종 있다. 어떤 사람들은 혼자 있을 때에는 안 그러다가도, 사들만 있으면 처음 보는 사람한테까지 반말을 지껄인다. "꾸민 단순성은 섬세한 사기이다"15)라고 라 로슈푸코는 말했다. 그러므로 단순성을 결여한 미덕은 어떤 것이든지, 미덕을 비우고 자아만 가득 채운 변질된 미덕이다. 거꾸로 진정한 단순성은 결점조차도, 비록 지워 없앨 수는 없더라도 용서해줄 수 있는 단점으로 여긴다. 단순한 이기주의자, 단순한 겁쟁이, 단순한 불성실은 때로 오히려 사람을 매력적이고 공감이 가는 사람으로 보이게까지 하지 않던가! 반면 계산적인 바람둥이, 내 것은 내 것이고 네 것도 내 것인 이기주의자 또는 "내가 널 어떻게 알아?"라고 반문하는 비겁자는 속 빠진 멋쟁이나 재산을 자랑하는 졸부처럼 참아주기 어렵다. 단순성은 미덕의 진리이며, 그래서 단순성은 결점까지도 용서받는다. 단순성은 성인들과 낚시꾼들의 매력이다.

그러나 단순성이 모든 것을 용서해주는 것은 아니다. 사실 단순성은 차라리 매혹이다. 그러나 만약 단순성을 이용하려고 한다면, 그 순간 그 사람은 더 이상 단순성이 없는 사람이 된다.

단순한 사람은 꾸밈이 없는 사람이며, 자기 자신에, 자신의 이미지에, 자신의 명성에 지나치게 주의를 기울이지 않는 사람이며, 계산을 하지 않는 사람이며, 계교나 비밀이 없는 사람이며, 뒷생각이 없는 사람이며, 계획이나 설계가 없는 사람이다. 그렇다면 이는 유치한 미덕이 아닐까? 그럴 수도 있다. 그러나 내가 말하는 유치함은 미덕으로서의 유치함이다. 그 유치함은 어른들의 모방 심리, 성공하려는 초조감, 살려는 진지함, 자아에 대한 애착을 벗어나서 되찾은 회복된 유치함이다. 단순성은 한꺼번에 습득되지 않는다. 모차르트 또는 슈만을 연주하는 클라라 하스킬을 보라. 어떤 연주자도 「반짝반짝 작은 별」이라는 동요로 우리에게 알려진 모차르트의 피아노 곡 「다장조 변주곡」을 그렇게 우아하게, 그렇게 시적으로, 그렇게 가볍게, 그렇게 순박하게 연주해내지는 못할 것이다. 정신의 유치함이란 그런 것이다. 그 경지는 아이들조차 이를 수 없는 경지이다.

지적인 측면에서이든 또는 일상에서 흔히 쓰는 경우이든 간에, 유치함이라는 단어는 대체로 아주 어리석고 바보 같은 짓을 비난할 때 쓰인다. 그러나 그럼에도 불구하고 본질이 사라지지는 않는다. 거기에는 여전히 미덕으로서의, 매력으로서의 단순성이 깃들어 있다. 성서는 우리에게 일깨운다. "공중의 새들을 보아라. 그것들은 씨를 뿌리거나 거두거나 곳간에 모아들이지 않아도 하늘에 계신 너희의 아버지께서 먹여주신다. 너희는 새보다 훨씬 귀하지 않느냐? 또 너희는 어찌하여 옷 걱정을 하느냐? 들꽃이 어떻게 자라는지 살펴보아라. 그것들은 수고도 하지 않고 길쌈도 하지 않는다."[16] 모두 그렇게 살 수는 없을 것이다. 신중은 우리에게 그 점을 환기시킨다. 정신적 미덕과 지적 미덕의 대립이다. 신중하기만 한 사람은 더 궁핍하게 되고, 단순하기만 한 사람은 더 고귀해지지 않을까? 하느님은 우리를 새처럼 풍족하게 해주지는 않으셨지만, 대신 우리에게 지혜를 주셨다. 시인의 지혜를 한번 보자. "우리는 여기에 가고, 저기에 간다. 즐겁게 먹이를 찾아서. 우리는 참 다행히도 참새처럼 땅 위에 흩뿌려진 신을 쪼아 먹는다."[17] 신에게는 모든 것이 단순하다. 단순한 사람들에게는 모든 것이 신이다. 일도 노력도. "그러므로 내일 일은 걱정하지 마라. 내일 걱정은 내일에 맡겨라. 하루의 괴로움은 그날에 겪는 것만으로 족하다."[18] 씨를 뿌리고, 추수하는 일을 금한 것은 아니다. 그러나 추수를 염려하거나, 언제 씨를 뿌릴까 걱정하지 말라는 말이다. 추수할 때가 되어서 씨를 잘못 뿌린 것을 후회한들 어떻게 할 것인가? 단순성은 현재의 미덕이다. 그리고 단순하지 않으면 어떤 미덕도 현실적일 수 없다. 계획을 세우는 일, 계산을 하는 일이 금지된 것은 아니다. 그러나 단순성은, 그러니까 단순성의 미덕은 거기에서 벗어난다. 심각하고 복잡한 것은 미래이다. 단순한 것은 현재이다.

단순성은 자아, 오만, 두려움을 잊는 데에 있다. 불안 대신 평온, 염려 대신 기쁨, 진지 대신 가벼움, 반성 대신 즉흥, 자기애 대신 사랑, 가식 대신 진리가 곧 단순성이다. 자아는 머리를 치켜들겠지만, 이번에는 훨씬 더 경쾌하고 정화되어서 자유로워진 상태이다. 보뱅의 시구처럼 자아의 속박과 왕국으로부터 벗어난[19] 단순한 사람은 이제 자기만의 지복을 추구하는 일을 포기한 지 오래이다. 더 이상 잃을 것을 염려하지 않는다. 종교는 이제 그에게는 너무 복잡하다. 도덕도 그에게는 너무 복잡하다. 자아에로의 웅크림이 얼마나 덧없는 일이었던가? 우리는 끝도 없이 자신을 검증하고, 판단하고, 벌하곤 했다. 우리의 훌륭한 행동들이 의심을 받고, 선한 생각들이 불신을 받았다. 단순한 사람은 이제 그것을 깨닫고, 거기에서 벗어난다. 이제 그는 더 이상 자신을 판단하지 않는다. 그에게서는 자비가 순진함을 대신하거나, 순진함이 자비를 대신한다. 그는 진지하지만, 비극에 빠지지 않는다. 그는 가벼운 마음으로, 평화로운 영혼을 안고, 목적 없이, 향수 없이, 초조 없이 자기 길을 간다. 세계는 그의 왕국이다. 그것으로 충분하다. 현재는 그의 영원이다. 그것으로 충분하다. 그에게는 증명할 것도 없다. 과시욕이 없기 때문이다. 추구할 것도 없다. 모든 것이 거기에 있기 때문이다. 단순성보다 단순한 것이 있을까? 단순성보다 가벼운 것이 있을까? 그래서 단순성은 현자의 미덕이며, 성자의 미덕이다.

# 13 관용

관용(寬容, tolérance, tolerance)은 다음과 같은 논술 문제로 프랑스의 대입 자격 고사인 바칼로레아(baccalauréat)에 여러 번 출제되었다. "관용적이지 못하다는 말은 관용이 없다는 말인가? 논하시오." 혹은 "관용적이라는 것은 모든 것을 참을 줄 안다는 말인가? 논하시오." 관용을 미덕으로 본다면, 이 두 가지 경우들에 대한 답은 명백히 "아니다"이다. 어떤 사람이 강간이나 고문, 암살 등을 관용했다고 해서 그를 덕망 있는 사람이라고 할 수 있을까? 극악무도한 자에 대한 관용을 존경받을 처사라고 할 사람이 있을까? 여기에는 "아니오"라고 대답할 수밖에 없다. 사실 논술 고사에서는 부정적인 대답을 하기가 쉽지 않다. 물론 그런 답을 요구하는 주제인 만큼 좋은 주제라고 할 수는 없지만, 그럼에도 불구하고 관용에 대한 정의와 한계를 문제로 제기함으로써 이 주제는 시험을 치르는 네 시간 동안 고등학생들을 충분히 붙잡아둘 수 있는 주제이다. 논술의 주제는 앙케트와는 다르다. 물론 답변이 필요하지만, 그 답변은 예비 과정과 정당한 논증들을 거칠 때에만 가치가 있다. 증거 없이 사유하는 것이 철학이다. 증거가 있는 것은 더 이상 철학일 수 없다. 그러나 그렇다고 아무렇게나 사유하는 것이 철학은 아니며, 되는 대로 아무렇게나 사유하는 것이 사유는 아니다. 철학에서도 과학에서처럼 이성이 지배하지만, 철학은 증명이 필요 없으며, 반박도 허용하지 않는다. 그렇다면 왜 과학만으로 만족할 수 없는 것일까? 대답은 너무 간단하다. 과학은 우리가 제기하는 본질적인 문제들에 대한 아무런 답도 주지 못하며, 심지어 과학 자체의 문제까지도 해결하지 못하기 때문이다. "수학을 공부해야만 하는가?"라는 질문에는 수학적인 답변이 나올 여지가 없으며, "과학은 틀림없는 것인가?"라는 문제 또한 과학적인 답변이 나올 여지가 없다. 당연한 일이지만, 삶의 의미, 신의 존재, 가치들의 가치에 관한 문제들은 더욱 그렇다. 그렇다고 그 문제를 피할 수도 없다. 중요한 것은 우리가 볼 수 있는 것보다, 할 수 있는 것보다, 알고 있는 것보다 멀리 사유하는 것이다. 그래서 인식론(認識論)에서건, 도덕철학 또는 정치철학에서건 진정한 철학은 형이상학이 될 수밖에 없다. 모든 것은 서로 관계되며, 우리와 관계된다. 철학이란 합리적인 견해들의 총체이다. 그러나 사태가 생각만큼 쉬운 것은 아니다.

주제에서 상당히 벗어난 것 같다. 내가 논술 문제를 푸는 것도 아닌데 말이다. 참 다행인 것은 내가 이제 학생이 아니라는 점이다. 그렇더라도 내가 관용이라는 주제에서 그다지 많이 벗어난 것 같지는 않다. "철학이란 증거 없이 사유하는 것"이라고 나는 이미 말했다. 관용이 끼어들 자리는 바로 그곳이다. 확신으로 알게 되는 것이 진리라면, 대상 없이 알게 되는 것이 관용이다. 계산을 잘못한 어떤 경리 직원이 있다고 해보자. 그런데 그 경리 직원이 자신의 틀린 계산을 고치려고 들지 않는다면, 우리는 그를 관용할 수 없다. 실험을 잘못한 물리학자도 고치려 들지 않는다면 마찬가지이다. 실수의 권리는 그 실수가 있기 이전에만 유효하다. 일단 실수로 입증되면 실수는 더 이상 권리가 아니며, 그 어떤 권리도 주장할 수 없다. 만약 실수임이 입증된 이후에도 실수를 고집하면, 그것은 더 이상 실수가 아니라 과오이다. 수학자들에게 관용이 필요 없는 것은 바로 그 때문이다. 수학자들은 예증만으로 충분하다. 갈릴레이에 대한 가톨릭 교회의 경우처럼 과학자들의 연구나 생각을 막은 사람들에게는 관용이 아니라, 지성 또는 진리에 대한 사랑이 부족했다. 먼저 알아야 할 것은, 모든 사람들에게 절실히 요구되는 중요한 것은 진리이며, 진리는 아무것도 강요하지 않는다는 사실이다.

여기에서는 서로 다른 두 가지가 문제된다. 과학자는 자신의 실수가 일단 알려져서 전문 분야에서의 자신의 무능력이 드러나면, 그 실수나 무능력에 관용을 베풀기를 요청하지도 않을뿐더러, 사람들이 그 실수나 무능력에 대해서 관용을 베푼다고 해도 관용을 받아들이지 않는다. 또한 과학자들은 그 어느 누구도 사유를 강요받고 싶어하지 않는다. 그에게 경험과 이성 이외의 다른 구속은 없다. 적어도 가능한 진리 이외에 다른 속박은 없으며, 그것이 바로 자유정신이라고 부르는 것이다. 그러면 자유정신은 관용과는 어떤 차이가 있는가? 그 차이는 다음과 같다. 관용은 지식이 문제가 아닐 때에만 개입한다. 반면 자유정신은 우리를 모든 것으로부터, 나아가 우리 자신으로부터도 자유롭게 해준다는 점에서 지식 자체이다. 알랭은 말한다. "진리는 복종하지 않는다. 진리는 자유로우며, 비록 필연적이기는 하지만 또는 오히려 필연적이기 때문에 우리를 자유롭게 한다." "지구는 태양을 돈다"고 하는 명제가 있을 때, 이 명제를 받아들일 것이냐, 받아들이지 않을 것이냐 하는 문제는 과학적인 관점에서 보면 추호도 관용의 영역에 속하지 않는 문제이다. 과학은 오류를 수정함으로써만 진보가 가능하다. 따라서 과학의 오류에 관용을 요구할 필요는 없는 것이다.

관용의 문제는 견해의 차이에 의해서만 발생하는 문제이다. 관용이 아주 흔하게 그리고 거의 언제나 문제되는 것은 바로 그 때문이다. 우리는 아는 것보다 모르는 것이 더 많으며, 우리가 알고 있는 모든 것은 직접적으로 또는 간접적으로 우리가 모르는 것과 관계한다. 지구가 존재한다는 사실을 누가 온전히 증명할 수 있는가? 태양이 존재한다는 사실을 누가 절대적으로 증명할 수 있는가? 지구나 태양의 둘 중 어느 하나가 존재하지 않는다면, 지구가 태양 주위를 돈다고 주장하는 것이 무슨 의미가 있는가? 과학적인 관점에서 볼 때에는 관용의 영역에 속하지 않는 문제가 철학적 관점이나 도덕적 혹은 종교적 관점에서 보면 관용의 영역에 들어가는 경우도 있다. 다윈의 진화론이 바로 그렇다. 진화론의 관용을 요구한 사람들은, 또는 하물며 진화론이 금지되기를 요구한 사람들은 어떤 점에서 그 이론이 과학적인 것인지를 이해하지 못했다.1) 반면 만약 진화론을 주장한 사람들이 진화론을 인간의 기원으로서의 절대적 진리로서 강요하려고 했다면, 관용이 없는 사람들은 오히려 그들이었을 것이다. 성서는 증명할 수 있는 것도, 반박할 수 있는 것도 아니다. 그러므로 성서를 믿든지, 그렇지 않고 내가 못 믿겠으면 믿는 사람들을 믿게 내버려둘 일이다.

여기에서 우리는 다시 문제를 만난다. 성서를 관용한다면, 왜 히틀러의 자서전 『나의 투쟁』은 안 되는가? 『나의 투쟁』을 관용한다면, 왜 민족주의나 고문이나 수용소는 안 되는가?

그러나 그런 식의 일반적 관용은 당연히 도덕적 비난을 면할 길이 없다. 왜냐하면 그런 관용은 그에게 그리고 그것들에 희생당한 희생자들을 잊자는 것이며, 희생자들을 그들의 운명 탓으로 돌려서 박해를 영원히 방치하자는 말이다. 관용은 비난받을 일을 너그럽게 용서하는 것이며, 못하게 할 수도 있을 일을 하게 내버려두는 것이다. 그러므로 관용이란 자신의 능력, 자신의 힘, 자신의 분노의 한 부분을 포기하는 것이다. 또 우리는 어린아이의 변덕이나 상대방의 입장을 관용한다. 그러나 관용은 책임을 질 때에, 이른바 관용을 위해서 자신의 이익, 자신의 고통, 자신의 성급함을 극복할 수 있을 때에만 미덕이 될 수 있다. 관용은 자신이 아닌 타인을 위한 것일 때에만 가치가 있다. 그 어느 것도 잃을 것이 없거나, 두 손 놓고 방관하고 있어도 해결되는 경우는 관용이 아니다. "다른 사람들의 고통을 감당할 만한 힘은 우리 모두에게 있다"[2]고 라로슈푸코는 말한다. 아마도 그럴 것이다. 그러나 누구도 그런 태도를 관용의 태도라고 여기지는 않을 것이다. 사라예보는 관용의 도시였다고 말한다. 그러나 포위당한 도시, 굶주린 도시, 학살의 도시 사라예보(1993년 12월)를 그대로 방치한 유럽의 태도는 비열한 태도일 뿐이었다. 관용은 떠맡는 것이다. 다른 사람에게 떠맡기는 것은 관용이 아니다. 다른 사람들의 고통을 관용하는 것, 자기 자신이 그 희생자가 아니라고 해서 불의를 관용하는 것, 우리의 목숨이 걸리지 않았으니까 관용하는 것, 그것은 관용이 아니다. 그것은 바로 이기주의이고, 무관심일 뿐만 아니라, 그 이상이다. 히틀러를 관용하는 사람은 오히려 히틀러의 공범자이며, 더 나아가 그의 부역자이다. 그런 잔인무도한 대학살을 바라만 보았다면, 그것은 부끄러운 일이다. 그보다는 차라리 증오, 분노, 폭력이 더 낫다. 보편적 관용은 바로 잔인을 관용한다는 말이기도 하다.

그래서 보편적 관용은 현실적으로 보면 모순적이며, 방금 살펴보았듯이 거기에는 도덕적인 비난의 소지가 있을 뿐만 아니라 정치적 차원에서 보면 유죄선고를 면할 길이 없는 태도이다. 문제를 제기한 방법은 서로 다르지만, 칼 포퍼와 장켈레비치는 똑같이 그 점을 지적한다. 관용을 극단으로 밀고 가면 우리는 "마침내 자신마저 부인하기에 이른다."[3] 왜냐하면 그런 관용은 자신을 제거하려는 손길조차 관용할 것이기 때문이다. 그러므로 관용은 일정한 테두리, 즉 관용 자체의 보호가 가능한 테두리 안에서만 가치를 가진다. 칼 포퍼는 그것을 관용의 역설이라고 부르고 있다. "만약 무지막지한 사람들에게조차 절대적 관용을 베풀어야 한다면 사회는 그들의 공격을 피할 수 없을 것이며, 그러면 관용의 사람들은 절멸될 것이며, 당연한 결과로서 관용도 그들과 함께 절멸될 것이다."[4] 물론 이런 관용의 역설은 인류가 처해 있는 현재 상황,

즉 분쟁, 정욕, 분열의 상황에서만 의미가 있으며, 우리가 바로 그런 상황에 처해 있기 때문에 더욱 가치가 있다. 보편적인 관용이 가능한 사회는 관용이 필요 없는 사회뿐이며, 그렇다면 그 사회는 사회가 아니다.

내재적인 한계도 없고, 뚜렷이 여기까지라고 말할 수 없는 사랑이나 후의와는 달리, 관용은 본질적으로 한계가 있는 미덕이다. 무한 관용은 관용에 종말을 부를 것이다. 자유의 적에게 자유를 줄 필요가 있을까? 물론 이 질문은 그리 쉽게 답할 수 있는 질문은 아니다. 미덕이란 서로 주고받는 것이 아니다. 정의로운 사람에게만 정의로운 사람, 너그러운 사람에게만 너그러운 사람, 인자한 사람에게만 인자한 사람은 정의로운 사람도, 너그러운 사람도, 인자한 사람도 아니다. 관용을 베푸는 사람에게만 관용을 베푸는 사람은 더 말할 나위도 없다. 관용이 미덕일 수 있으려면, 내 생각도 그렇고, 다른 사람들도 대개 같은 생각이겠지만, 관용을 베풀 줄 모르는 사람에게까지 관용을 베풀 줄 아는, 즉 스스로 가치가 있는 관용이어야 한다. 도덕적 거래도 아니고, 거울도 아니다. 물론 관용을 베풀지 않는 사람들은 관용이 없는 다른 사람들에 대해서 불평할 어떤 권리도 없다. 미덕을 갖추지 못한 사람들에게 미덕에 대한 판단을 맡길 수는 없지 않을까? 정의로운 사람은 "정의의 원칙에 의해서 인도되어야지, 정의롭지 못한 사람의 불평에 의해서 인도되어서는 안 된다"[5]는 말이다. 마찬가지로 관용이 있는 사람은 관용의 원칙에 의해서 인도받아야 한다. 전적인 관용은 불가능하다. 왜냐하면 그것은 관용을 파멸에 이르게 할 테니까 말이다. 그러나 관용을 베풀 줄 모르는 사람에게도 관용을 베풀 수는 있어야 한다. 비민주적인 정당을 모두 금지시키는 민주주의는 그런 정당들이 하고 싶은 대로 하도록 내버려두는 민주주의와 마찬가지로, 민주주의에 너무 못 미치든지 너무 지나치든지 해서 차라리 단죄받아야 할 민주주의이다. 왜냐하면 그런 민주주의는 필요한 경우 언제라도 권리와 자유를 힘으로 제한할 것이기 때문이다. 여기에서의 기준은 도덕적인 기준이 아니라 정치적인 기준이다. 어떤 개인, 어떤 집단 또는 어떤 행동을 관용하느냐 마느냐 하는 결정은 그들이 관용을 보이느냐 마느냐로 판단할 일이 아니다. 왜냐하면 그러기로 하면 젊은이들의 극단적인 단체를 모두 금지해야 할 테고, 그러면 오히려 그것들이 정당성을 획득하는 다른 결과가 초래될 것이기 때문이다. 그보다는 그들에 대한 관용은 그들이 얼마나 위험한가 아닌가로 판단해야 한다. 어떤 행위나 집단은 오직 자유 혹은 가능한 관용의 상황들을 전반적이고도 실제적으로 위협하는 경우에만 금지되어야 한다. 확고하게 안정된 공화국에서는 민주주의를 저해하는 또는 관용이나 자유를 위협하는 단순한 시위들이 있다고 당장 국가의 정체성이 위협을 받지는 않는다. 그러므로 시위 자체를 금지할 이유는 없으며, 그런 경우 시위를 금지시키는 일은 관용을 거부하는 행위가 될 것이다. 그러나 체제가 허약해서 내란의 위협이 있거나 내란이 이미 시작되었다면, 또 반역적인 집단이 권력을 장악할 징조를 보인다면, 같은 시위라도 상당히 위험한 것이 될 수 있다. 그때에는 시위를 금해야 하며, 무력을 통해서라도 막아야 한다. 그러지 못한다면 오히려 확신과 신중의 미덕을 어기는 일이 될 것이다. 간단히 말해서, 경우에 따라서 다른 것이 관용이며, 장켈레비치가 말했듯이 이런 "관용의 상황론"[6]은 우리 민주주의가 처한 중요한 문제들 중의 하나이다. "무한한 관용의 요구는 오히려 관용을 없애는 결과를 맞는다"는 관용의 역설을 우리에게 일깨워준 칼 포퍼는 다음과 같이 덧붙여 말한다.

내 말은 편협된 이론들을 막아야 한다는 말이 아니다. 논리적인 논쟁을 통해서 또는 여론의 도움을 빌려서 공격하거나 억제하는 것이 가능한 한, 그런 이론들을 금지하는 것은 잘못된 일일 것이다. 그러나 어떤 이론들은 무력을 사용할 권리를 요구해서라도 막아야 할 경우가 있다. 왜냐하면 어떤 이론의 지지자들은 논리적인 토론을 거부한 채 폭력을 통해서만 논쟁을 하려고 하기 때문이다. 불관용의 선동은 예컨대 살인의 선동만큼이나 죄악이며, 그런 사람들은 법적 보호를 받을 가치조차 없다고 보아야 할 것이다.[7]

민주주의는 나약하지 않다. 관용은 수동적인 행위가 아니다.
보편적 관용은 도덕적으로도 정치적으로도 비난을 면할 길이 없으며, 아예 미덕으로 살아남을 수도 없다. 관용적인 사람조차 도저히 참아줄 수 없는 일이 얼마나 많던가! 도덕적인 차원에서 보면, 최소한의 악으로 그치는 경우 관용은 어떤 한 사람의 고통과 억울함으로 그칠 수 있다. 그러나 정치적인 차원에서 보면 상황은 전혀 달라진다. 비록 확실하지 않더라도 있을 수 있는 모든 위험을 평가할 때 한 사회의 자유, 평화, 생존을 사실상 위협할 수 있다면, 다시 말해서 그 위협이 단순히 묵인이 가능한 이데올로기적인 입장의 표출이 아니라 무력으로라도 막아야 할 실질적인 위협의 표출이라면, 그런 위협마저 관용하는 관용은 전적으로 관용을 위협하는 관용이다. 보편적 관용은 최선의 경우 결의론(決疑論)에 그칠 것이고, 최악의 경우 기만으로 전락한다.[8] 그러나 비록 민주주의에 불안과 위험을 초래하는 것은 사실이지만, 그래도 보편적 관용은 전체주의의 안락이나 확신보다는 낫다.

전체주의란 무엇인가? 그것은 사회 전체에 대해서 정당이나 정부가 휘두르는 막강한 권력이다. 그러나 전체주의는 단순한 독재나 전제정치와는 구분되며, 특히 이데올로기적 차원에서 보면 다르다. 전체주의는 어떤 한 인간이나 한 집단의 독단적 권력이 결코 아니다. 아마도 교리, 이데올로기, "진리" 또는 소위 그렇게 주장되는 어떤 것이 가지는 힘이 바로 전체주의이다. 그중 이데올로기는 대체적으로 과학적 편견에 의한 경우가 많다. "정부의 형태는 각각 나름의 원칙을 가지고 있다"⁹⁾고 몽테스키외는 쓴다. 군주제가 명예에, 공화국이 미덕에, 독재가 공포에 의존한다면, 전체주의는 내적으로 보면 이데올로기나 "진리"에 의존한다고 한나 아렌트는 지적한다. 전체주의가 관용적이지 못한 이유는 바로 거기에 있다. 왜냐하면 진리란 논의와 투표를 허용하지 않으며, 개인의 선택이나 의견을 묻지 않기 때문이다. 불관용의 진리는 전제를 행사한다. 불관용이 전체주의를 또는 종교적인 차원에서의 교조주의를 지향하는 이유는 바로 거기에 있다. 전체주의 아래에서는 누구든 견해를 밝힐 때에 기존의 진리에 의존해야 하며, 오직 그런 조건에서만 개인의 의견이 정당성을 얻을 수 있다. 힘을 통한 독재는 전제정치이다. 반면에 이데올로기에 의한 지배는 전체주의이다. 사람들은 대부분 전체주의를 곧 전제정치로 생각하며, 더군다나 현대와 같은 커뮤니케이션의 사회에서는 대체적으로 전제정치는 곧 전체주의를 지향한다고 생각한다. 왜냐하면 때때로 힘은 이데올로기를 도우며 이데올로기는 힘의 편을 들어주기 때문이다. 교회와 경찰은 서로 상보관계이다. 어쨌든 오랫동안 단지 종교의 문제였던 관용의 문제가 이제 사회생활 전체의 문제로 대두되고 있는 것이 사실이다. 아니 오히려 이렇게 말하는 것이 옳다. 처음에는 오직 종교만이 파당적이었는데, 20세기에 이르자 온갖 형태로 두루 존재하는 파당성은 종교보다 오히려 정치의 것이 되었다고. 공포정치나 전체주의는 바로 거기에서 비롯된다. 파당이 권력을 노리면 공포정치가 지배하며, 파당이 권력을 잡으면 전체주의가 지배한다. 우리는 어쩌면 그런 과거의 정치로부터는 벗어날 수 있을지도 모른다. 그러나 그렇다고 해서 우리가 불관용, 광신, 독단주의를 벗어나는 것은 아니다. 그것들은 언제나 새로운 모습으로 다시 나타나곤 하기 때문이다. 관용이란 무엇인가? 알랭은 다음과 같이 대답한다. "진리를 무섭게 사랑하는 광신을 뛰어넘는 지혜"¹⁰⁾가 바로 관용이라고. 그러면 진리의 사랑을 그만두어야 하는가? 아니다. 그런 태도는 전체주의에 대한 투쟁은커녕, 전체주의에 선물을 안겨주는 셈이다. "진짜 전체주의자는 확신에 찬 나치나 확신에 찬 공산주의자가 아니라, 사실과 허구, 진리와 거짓, 경험적 현실과 사상적 규범을 구분할 줄 모르는 사람이다."[11] 한나 아렌트의 지적이다. 궤변술은 전체주의의 한 수단이다. 예컨대, 아무것도 진리가 아니라면 그들의 거짓말에 대항할 방법이 없다. 진실이 없다면, 진실을 덮어 감춘다고 또는 진실을 왜곡한다고 비난할 방법도 없다. 전체주의의 선전에 대응할 방법이 있을까? 전체주의는 진리를 자처하며, 내세우는 진리가 기대에 차지 않을 때에는 언제라도 편리한 다른 진리를 꿰차곤 하는 것을. 이런 것은 잘 알려져 있는 사실이기 때문에 그것에 대해서는 길게 이야기하지 않겠다. 전체주의는 독단주의로 시작해서 궤변론으로 끝난다. 전체주의는 자신이 옳다고 주장하며, 자신의 권력을 진리로 믿는다. 전체주의는 권력을 정당화시켜주는 것을 "진리"라고 부른다. 전체주의는 "학문"으로 시작해서 "기만"으로 끝난다. 거짓 진리와 거짓 학문은 겉으로는 아주 명확한 것처럼 보이지만, 잘 들여다보면 거기에는 근본이 없다. 나치의 생물학주의나 스탈린의 역사주의가 그렇다. 진정한 학문에 근거한 체제일지라도 진리를 팔아서 지배하려고 들면, 그 순간 그 체제는 전체주의로 전락한다. 왜냐하면 진리는 결코 지배하지 않으며, 의무와 금기를 지시하지 않기 때문이다. 알랭에 의하면, 진리는 복종하지 않으며, 그런 점에서 진리는 자유로운 것이다. 더 나아가 진리는 명령하지도 않으며, 그래서 우리는 자유로울 수 있는 것이다. 우리가 죽을 것이라는 것은 사실이다. 그러나 그렇다고 삶이 죄가 될 수는 없으며, 살인이 정당화될 수는 더더욱 없다. 우리는 거짓말도 잘한다. 그리고 우리는 이기주의자들이고, 불성실하며, 배은망덕한 것도 사실이다. 그러나 그 말이 성실한 사람, 관대한 사람, 감사를 아는 사람에게 해를 입혀도 된다는 말은 아니다. 그것은 차원이 다르다. 사실과 선은 다르다. 과학이 민주주의를 대신할 수는 없다. 또한 지식과 의지는 대중에게든 개인에게든 다르다. 과학이 도덕을 대신할 수도 없다.[12] 바로 그런 점 때문에 전체주의는 실패할 수밖에 없다. 이론적으로 볼 때, 진리는 전체주의의 주장에도 불구하고 전체주의가 옳다고 손을 들어주지도 않을 것이며, 전체주의의 권력을 정당화시켜주지도 않을 것이다. 통치는 투표를 통해서 이루어지는 것이고, 또 그럴 수밖에 없다. 반면 진리는 투표로 결정되지 않으며, 진리는 지배하지도 않는다.

그렇다고 진리를 거부하는 것이 관용이라는 말은 아니다. 오히려 관용을 진리에 대한 사랑이라고 할 이유는 여러 가지가 있다. 첫 번째 이유는, 진리에 대한 사랑이란 어떤 진리를 절대적으로 숭배하지도 않고, 확신하지도 않는 것을 의미하기 때문이다. 이미 말했듯이, 관용의 문제는 견해의 차이가 있을 때에만 생기는 문제이다. 견해란 무엇인가? 불확실한 믿음, 그래서 주관적인 확실성 외에 다른 확실성이 없는 것이 견해가 아니던가? 가톨릭 교도는 주관적으로 가톨릭 교리에 대해서 확신을 가질 수 있다. 그러나 만약 그 가톨릭 교도가 지적으로 정직한 가톨릭 교도라면, 그가 확신보다 진리를 사랑하는 교도라면, 그는 신교도, 무신론자, 이슬람 교도에게 가톨릭 교리를 강요할 수는 없음을 인정해야 할 것이다. 아무리 확신에 찬 신앙이라도 신앙은 증명할 수 있는 것이 아님을 인정해야 하며, 그렇다면 다른 신앙을 가진 사람도 비록 확신이 있더라도 거꾸로 그를 설득시키려고 들지 않을 것이다. 실천적인 힘, 미덕으로서의 관용은 이처럼 우리의 이론적인 취약성, 다시 말해서 절대에 이를 수 없는 우리의 무능력에 의지하고 있다. 몽테뉴, 벨, 볼테르 등의 생각도 같다. 먼저 몽테뉴는 이렇게 말했다. "억지를 부리는 것은 다른 사람에게 불고문을 하는 것이나 마찬가지이다." 한편 벨은 "명백성이란 상대적인 것"이라고 하는가 하면, 같은 연장선상에서 볼테르는 "관용이란 무엇인가? 그것은 인간의 전유물이다. 우리는 모두 나약함과 실수로 가득 차 있다. 서로서로 우리의 어리석음을 용서하자. 그것이 자연의 제일의 법칙이다"13)라고 한다. 관용이 겸허와 만나는 지점이 바로 그곳이다. 또는 관용이 겸허에서 비롯된다면, 겸허는 선의에서 비롯된다. 진리의 사랑은 인간의 진리가 최종적으로 붙잡는 의혹까지도 받아들일 수 있어야 한다. 볼테르는 다음과 같이 덧붙인다. "우리는 서로 관대하지 않으면 안 된다. 왜냐하면 우리는 모두 연약하고, 무분별하고, 변하기 쉽고, 실수가 많은 존재들이기 때문이다. 바람 때문에 진흙탕 속으로 기울어진 갈대가, 반대 방향으로 기울어진 갈대에게 다음과 같이 말했다고 한다. '바보야, 나와 같은 방향으로 기울어야지! 그러지 않으면 사람들이 너를 뽑아서 불사를 거야.'"14) 겸허와 자비는 한 몸이다. 이 두 가지가 사상의 차원에서 하나를 이루면, 그것이 바로 관용인 것이다.

두 번째 이유는 도덕보다는 정치와 그리고 지식보다는 국가와 더 관련이 있다. 군주가 아무리 절대적이라고 해도, 자기 생각을 다른 사람에게 강요할 수는 없다. 아무도 다른 사람의 생각을 강요할 수는 없으며, 거짓으로 보이는 것을 사실로 믿게 할 수는 없다. 이는 바로 스피노자와 로크의 사상이며,15) 20세기의 여러 가지 역사적 사실이 반증하는 것이기도 하다. 한 개인의 표현을 막을 수는 있겠지만, 생각 자체를 막을 수는 없다. 극단에 이르면 생각 자체를 제거할 수는 있겠지만, 그러나 그 경우 나라 자체는 극도로 허약한 상태에 이르게 될 것이다. 판단의 자유가 없다면 지성도 있을 수 없으며, 지성이 없으면 건전한 사회도 생각할 수 없다. 전체주의 국가는 분열, 빈곤, 비난, 곤경 등을 감수해야만 한다. 동유럽 여러 나라들의 최근 역사는 전체주의가 그런 암초들, 위험들을 교묘히 또는 상당 기간 피할 수는 있었겠지만 끝내는 피하지 못하고 좌초한 예들을 보여주고 있다. 불관용은 사람을 어리석게 만들고, 어리석음은 사람을 불관용하게 만든다. 동유럽 여러 나라의 결과는 우리 민주주의 국가로서는 행운이었다. 최근의 역사는 민주주의의 저력을 보여준 반면, 전체주의의 결정적 약점을 보여주기도 한 사건이었다. 전체주의에 대한 탁월한 예상을 한 스피노자는 우리를 놀라게 한다. 그는 다음과 같이 썼다. "생각의 자유를 억압해서, 군주의 허락이 아니고는 감히 한마디도 할 수 없게 했다고 해보자. 그렇다고 해서 군주가 백성들로 하여금 자기와 같은 생각을 하게 할 수 있을까? 아니다. 백성들은 이제 말과는 일치하지 않는 생각을 끊임없이 품게 되고, 그렇게 되면 국가의 가장 중요한 기반이 되는 정직은 사라지고, 가증스러운 아첨과 배반이 남을 것이고, 사회 전반을 부패시키는 사기만이 횡행하게 될 것이다."16) 간단히 말해서 우리가 전체주의라고 부르는 국가의 불관용은 결국 사회와 개인의 관계를 약화시킴으로써 국가 자체를 약하게 만드는 결과를 가져온다. 반대로 관용의 국가는 다르다. 거기에서는 국가의 힘이 국민의 자유를 보장하고, 국민의 자유가 국가를 부강하게 만든다. 스피노자는 다음과 같은 결론을 내린다. "국가의 안전을 위해서 무엇보다도 필수적인 것은 당연히 모든 사람이 군주의 법에 따라서, 민주주의에서는 국민의 법에 따라서 행동하는 것이다. 그뿐만 아니라 중요한 것은 각자 자유롭게 생각하고, 생각한 바를 말할 수 있는 것이다."17) 종교적 관용과는 다른 세속의 관용은 바로 이와 같다.

세 번째 이유는 정신세계와 관련된 것으로서, 가장 최근의, 그래서 가장 덜 받아들여진 것이다. 진리와 가치, 진리와 선은 서로 대립한다. 또는 서로 독립적이다. 플라톤, 스탈린, 요한 바오로 2세가 바라는 것처럼 명령하는 것이 진리라면, 거기에는 복종 외에 다른 미덕은 있을 수 없다. 그리고 진리란 모두에게 변하지 않는 한결같은 것이기 때문에, 모든 이들은 같은 가치, 같은 규칙, 같은 명령에 복종해야만 할 것이다. 따라서 모두에게 같은 진리, 같은 도덕, 같은 정치, 같은 종교만이 남을 것이다. 이제 진리를 떠나면 행복은 있을 수 없고, 교회나 당파를 떠나면 진리도 없다. 그러나 가치를 진리로 생각하는 실천적 독단주의는 처음에는 양심에 이르지만, 곧장 자기만족, 타인의 멸시 그리고 마침내는 불관용으로 달려간다. "선과 악에 관한 진리"를 받아들이지 못하는 사람, "'신의 법'에 의하여 확립된 보편적 도덕과 객관적 규범으로서의 진리"[18]를 따르지 못하는 사람들은 모두 죄악된 삶을 사는 것이라고 요한 바오로 2세는 말한다. 물론 그들을 동정하고 그들에게 사랑을 베풀어야 한다고 설파하지만, 그럼에도 불구하고 그는 그들의 판단의 권리만큼은 제한해야 한다고 말한다. 판단의 권리를 허용하면 극단적 주관주의에 빠지든지, 아니면 상대주의 또는 회의주의에 빠질 것이 염려되기 때문이다.[19] 그는 우리에게 상기시킨다. "진리를 벗어나는 또는 진리에 역행하는 자유는 없다."[20] 요한 바오로 2세는, 진리가 우리의 일이 아닌 것처럼 도덕도 우리의 일이 아니라고 한다.[21] 도덕적 진리는 모두에게 당연한 것으로서, 어떤 한 개인의 자율성이나 이성은 물론이고 문화와 역사마저 초월하는 것이라고 한다.[22] 무슨 그런 진리가 있는가? 물론 그가 말하는 진리는 교회에서 말하는 그리고 교회를 통해서 전해져 내려온 "계시의 진리"[23]일 것이다. 경구 피임약이나 피임 기구를 사용하는 가톨릭 부부들이 발버둥 쳐도 소용없다. 동성애자들이 발버둥 쳐도 소용없다. 현대의 신학자들이 발버둥 쳐도 소용없다. "교황의 가르침을 어기고 몇몇 신자들이 독자적으로 행동하는 것이나, 일부 사제들이 신의 법을 잘못 이해하고 도덕적으로 잘못 행동한다고 해서 교회가 가르쳐온 도덕적 규범들과 진리가 뒤집어질 수는 없다."[24] 개인의 의식이든 집단의 의식이든, 개별적 의식은 더더욱 용서받지 못한다. "교회의 대답은 바로 예수의 목소리이며, 선악을 판별하는 진리의 목소리이다."[25] 진리는 모든 사람들에게 반드시 필요한 것이며, 종교와 도덕 역시 그렇다. 진리는 종교의 근본이자 도덕의 근거이기 때문에 그렇다는 것이다.[26] 인형 속에 또다른 인형이 들어 있는 러시아 인형의 철학 같다. 진리에 복종하라, 그러기 위해서 로마 교황에게 복종하라. 예컨대, 무신론이나 배교는 죽을죄이다. 그런 죄들은 회개가 없으면, 영벌을 받아 마땅한 죄이다.[27] 우리가 사는 동안 저지를 무수히 많은 사소한 죄들은 접어두더라도, 우리는 두 번에 걸쳐 죽을죄를 지은 셈이다. 아니, 이것이 요한 바오로 2세가 말하는 "기독교적 신앙의 확신"[28]이라는 것인가! 오, 끔찍하고도 무서운 진리여!

별로 중요하지도 않은 교황의 교서를 가지고 너무 오래 이야기한 것 같다. 역사적 상황으로 볼 때 종교재판소가 다시 부활하는 일은 적어도 당분간 서양에서는 거의 불가능하다. 그렇다면 교회의 입장은, 비록 그것이 관용과는 거리가 먼 입장이기는 하지만, 관용되어야 한다고 생각한다. 우리는 오로지 그것이 관용의 태도이든, 불관용의 태도이든 위험한 태도를 경계해야 한다. 우리는 교회가 더 이상 위험하지 않은 행복한 나라에서 행복한 시대를 살고 있다. 지금은 종교재판에 회부되어 고문당한 후에 화형당한 이탈리아의 철학자 조르다노 브루노를 화형에 처하거나, 형의 자살을 숨겼다가 살해 의혹을 받고 처형당한 칼뱅파 신교도 칼라스를 고문하거나, 십자가를 부러뜨렸다는 죄로 아브빌 법정에서 손이 잘리고 혀가 뽑힌 후에 화형당한 겨우 19살의 기사 라 바르를 단두대에 처형시키던 시대가 아니다. 내가 교황의 교서를 예로 든 이유는, 정도의 차이는 있지만, 교조주의가 이르는 곳은 언제나 불관용이라는 것을 보여주고 싶어서였다. 교조주의의 주장은 이렇다. 만약 어떤 가치들이 옳고 또한 그것이 옳음이 잘 알려져 있다면, 사람들은 거기에 대해서 논의도 선택도 할 필요가 없다. 따라서 우리의 가치를 인정하지 못하는 사람들은 잘못된 것이다. 그런 사람들은 무지한 사람들 또는 저능한 사람들이 받는 정도의 관용 외에 다른 관용을 받을 가치가 없다. 아니, 그것도 관용인가?

진리는 인식에 속하고 가치는 욕망에 속한다고 하는 차원에서 진리와 가치를 서로 다른 차원의 것으로 보면, 관용의 이유가 한 가지 더 늘어난다. 우리가 아무리 절대 진리를 얻었다고 할지라도 우리는 세상 사람들에게 똑같은 가치를 강요할 수는 없으며, 우리와 같은 방식으로 살도록 강요할 수는 없다. 존재와 관계하는 인식은 의무와는 무관하다. 인식은 판단하지 않고, 명령하지 않는다. 물론 진리는 모든 사람을 압박하는 것이 사실이다. 그러나 그렇다고 해서 진리는 구체적으로 무엇을 강제하지는 않는다. 설사 신이 존재한다고 하자! 그렇더라도 신의 존재를 계속 인정하고 앉아 있을 필요는 없지 않은가? 신이 존재하든 존재하지 않든, 내가 무슨 자격으로 나와 생각이 다른 사람들에게 나의 욕망, 나의 의지, 나의 가치들을 강요한다는 말인가? 공동의 법이 필요한가? 그럴지도 모른다. 그러나 그것은 다만 공동의 영역 안에서만 필요할 뿐이다! 이런저런 에로틱한 행위들이 서로의 동의하에서 성인들 간에 행해지는 것이라면, 간섭할 이유가 없지 않을까? 악을 막기 위해서, 약자들을 보호하기 위해서 공공의 법이 필요하다면, 그것은 우리에게 부과된 또는 우리가 다른 사람에게 강요할 수 있는 어떤 절대적 진리 때문이 아니라, 언제나 상대적이고 충동적이고 변화가 심한 문화와 정치에 필요하기 때문이다. 진리는 모든 사람들에게 똑같지만, 욕망이나 의지는 그렇지 않다. 그러나 이 말은 우리의 욕망과 의지가 우리를 서로 다가갈 수 없게 한다는 것을 의미하는 것은 아니다. 놀랍게도 우리는 같은 육체, 본질적으로는 같은 이성(비록 도덕의 전부는 아니더라도, 도덕에 중요한 역할을 하는 이성)을 가지고 있으며, 시간이 지나면서 점점 같은 문화를 향유하게 된다. 그런데 그런 욕망의 만남, 의지의 일치, 문명의 접근은 인식의 결과가 아니다. 그것은 오히려 역사의 사실이고, 욕망의 사실이고, 문명의 사실이다. 기독교가 거기에서 중요한 역할을 했다는 것은 누구나 알고 있는 사실이지만, 그런 사실이 종교재판소를 정당화시켜줄 수는 없으며, 종교재판소를 역사에서 지워 없앨 수도 없다. 사랑하라. 그리고 네가 원하는 바를 행하라! 계시 종교의 독단주의를 벗어나서 이런 사랑, 이런 도덕을 간직할 수만 있다면 얼마나 좋을까! 진리를 사랑하려면, 절대적으로 진리를 알아야 하는가? 이웃을 사랑하는 데에 신이 필요한가? 진리를 사랑하라, 그러나 그보다 인간을 사랑하라(Veritas amor, humanitas amor). 왜 진리만 빛나야 하는가? 교의, 교회 대신 부드러운 관용을 들어서게 할 수는 없는가?

관용이라는 단어가 매우 적합한 단어라고는 해도, 거기에 어떤 의문이 없는 것은 아니다. 즉 관용이라는 단어에는 경멸적이고 거만한 어떤 의미가 스며 있지 않은가? 우리는 폴 클로델의 다음과 같은 경구를 기억한다. "관용? 관용이 들어가 살 집이 있던가?" 이 말은 클로델에 대해서 그리고 관용이라는 어휘에 대해서 많은 것을 생각하게 한다. 다른 사람의 의견을 관용한다는 것은 이미 그 의견을 열등하게 취급하거나 잘못되었다고 간주해버리는 태도가 아닐까? 엄밀히 말해서, 우리는 막을 권리가 있는 어떤 것에 대해서만 관용할 수 있다. 견해가 자유롭게 교환되는 분위기에서는 관용이 필요 없다. 관용의 의미를 희석시키는 관용의 역설이 거기에서 생긴다. 만약 신앙의 자유, 사유의 자유, 표현의 자유, 숭배의 자유가 권리로 주어졌다면, 그런 자유들은 관용을 요구할 필요가 없다. 단지 존중되고, 보호되고, 실천에 옮겨지면 그만이다. 어떤 사람이 다른 사람에게 뭔가를 허용하는 관용은, 이미 콩도르세가 지적했듯이, 오직 오만한 종교적 태도일 뿐이다.29) 그런데 사람들은 마치 그것을 공공의 자유처럼 착각했다. 100년 뒤 랄랑드의 『철학 어휘 사전(Vocabulaire technique et critique de la philosophie)』 역시 관용에 대한 금세기 초의 무수히 많은 혼란들을 보여준다. 우선 랄랑드는 르누비에를 예로 든다. 르누비에는 종교적 자유가 "관용으로 잘못 지칭되었다"고 지적하면서, "종교적 자유야말로 정의이자 의무"라고 주장한다. 루이 프라의 작품에서도 다음과 같은 혼란을 볼 수 있다. "관용보다는 존중이라고 말해야 한다. 그렇지 않으면 도덕적 위엄이 공격당한다. 관용이라는 말은 흔히 프랑스어에서 어떤 때에는 예의라는 개념을, 어떤 때에는 연민이라는 개념을, 또 어떤 때에는 무관심이라는 개념을 내포한다. 그것은 아마도 사상의 자유에 기인하는, 존중이라는 개념이 대부분의 사람들에게서 왜곡된 데에 그 원인이 있지 않나 하는 생각이 든다." 에밀 부트루 역시 마찬가지이다. "나는 관용이라는 단어를 좋아하지 않는다. 차라리 존중, 호의, 사랑이라고 이야기하자."[30] 이런 모든 지적들은 정당하지만, 그럼에도 불구하고 관용이라는 단어의 사용을 막을 수는 없다. 게다가 내가 보기에는 프랑스어에서의 존중하는(respectueux)이라는 형용사에는 타인의 자유를 존중한다는 의미는 거의 없는 듯하며, 하물며 타인의 존엄성을 존중한다는 의미는 전혀 없는 것 같. 오히려 그 단어는 약간은 수상쩍은 구석이 없지 않은 일종의 공손이나 배려를 상기시킨다. 그래서 그것은 미덕을 다루는 책에서는 자리를 차지할 수 없을 정도이다. 반면에 관용하는(tolérant)이라는 형용사는 철학 언어에서든 일상 언어에서든 광신, 파당성, 독단성, 즉 불관용과는 반대되는 어떤 미덕을 지칭하는 데에 쓰이는 형용사이다. 그런 쓰임새에 이유가 없는 것은 아니다. 관용은 불관용의 극복이라는 의미로 볼 때 일반적 불관용을 전제하기 때문이다. 이미 말했듯이, 우리는 막을 권리가 있는 어떤 것에 대해서만 관용을 베풀 수 있다. 그런데 우리는 그럴 권리가 없음에도 불구하고 언제나 권리가 있다고 느낀다. "우리의 생각이 당연하지 않은가? 그리고 만약 우리가 옳다면, 결국 다른 사람들은 틀린 것이 아닌가? 그렇다면 어떻게 진리더러 그런 기존의 실수나, 거듭된 실수를 받아들이라고 한다는 말인가?" 관용이 아니고는 불가능하다. 진리에 대한 환상적, 이기적 사랑의 다른 말인 독단주의는 이렇게 부활한다. 만약 우리가 더 분명하고 더 관대하고 더 공정했다면, 존경, 사랑 또는 공감이라고 불렀을 것을 우리는 관용이라고 부르고 있는 것이다. 그러나 사랑, 공감, 존경이 결핍된 상황에서는 관용이라는 단어가 필요하다. 관용이라는 단어는 다만 우리를 지나치게 앞서갈 때에만 불편한 단어이다. 그래서 장켈레비치는 그것을 "부차적인 미덕"[31]이라고 했다. 관용은 우리를 아주 닮은 미덕이다. "관용을 베푼다는 것은 이상(理想)이 아니다. 그것은 최대가 아니라 최소이다."[32] 아보지의 말이다. 물론 그렇다. 하지만 최소나마 없는 것보다는 낫거나 또는 그 반대보다는 낫다. 물론 존경이나 사랑이 더 가치 있는 것은 사실이다. 그러나 그럼에도 불구하고 관용이 필요할 때가 있다. 존경도, 사랑도 할 수 없을 때이다. 관용은 존경도, 사랑도 할 수 없는 상대에게 필요하다. 장켈레비치는 다음과 같이 결론을 내린다. "관용이 사랑으로 변할 행복한 그날을 기다리면서, 우리는 우리가 베풀 수 있는 관용을 베풀일이다! 그러므로 관용은 평범한 해결책이다. 더 잘되기를 기다리면서, 사람들이 서로 사랑하고, 아니면 서로를 알고 이해하게 될 날을 기다리면서 서로 참고 지낼 수 있는 것만으로도 다행이라고 생각하자. 관용은 하나의 잠정적인 상태이다."[33] 잠정적인 상태는 끝나야 하지만, 두려운 것은 사랑이 아닌 야만이 그 뒤를 잇지 않을까 하는 것이다. 관용은 비록 작은 미덕이지만 어쩌면 집단생활 속에서 꼭 필요한 미덕이며, 개인들 간의 관계에서는 예의와 같은 역할을 하는 미덕이다.[34] 그것은 시작에 불과하지만, 하나의 출발인 것만은 틀림없다.

우리는 원하지도, 존중하지도, 사랑하지도 않는 것에 대해서도 때때로 관용을 베풀어야 한다. 무례가 언제나 잘못된 것은 아니다. 그리고 어떤 증오는 오히려 미덕에 더 가까울 수 있다. 관용을 모르는 자는 우리가 싸워 이겨야 할 대상이다. 반면 어떤 관용은 역겹고 증오스럽다. 관용이라는 작은 미덕은 우리에게 잘 어울리는 미덕이다. 말하자면, 관용은 우리의 능력이 미치는 미덕이라는 말이다. 물론 관용이 그리 쉬운 일은 아니다. 우리가 상대하는 어떤 사람들은 거의 관용을 모른다.

단순성이 현자의 미덕이고 성인들의 지혜라면, 관용은 우리 모두를 위한 지혜이고 미덕이다.

관용은 작은 미덕이지만 필요한 미덕이며, 작은 지혜이지만 그래서 그만큼 오히려 다가서기 쉬운 지혜이다.

# 14 순수

미덕들 중에 순수(純粹, pureté, purity)는 아마도 갖추기가 가장 어려운 미덕일 것이다. 그래도 우리는 노력해야 한다. 그러지 않으면, 어떻게 불순을 알 수 있겠는가? 순수는 미덕으로서는 낯설고 의심스럽다. 여자들의 순수성은 항상 나를 강하게 감동시키곤 했다. 그런데 그 순수성이 위장된 것이었는지, 진실된 것이었는지 또는 그녀들도 나처럼 순수하지 않은데 다만 색깔의 대비 효과처럼 내가 순수하지 못하다 보니 대조적으로 그녀들이 그렇게 순수하게 보였는지 알 수 없는 노릇이다. 당시의 나는 순수를 사랑하면서도, 불순을 욕망했다. 그런데 그런 내가 어떻게 그토록 순수와 불순을 구분하지 못할 수가 있었을까? 그러나 그럴 수 있다. 성 아우구스티누스에 의하면, 순수는 때에 따라서 다르다. 아무도 내게 순수가 무엇이냐고 물어 오지 않을 때에는, 나는 그것이 무엇인지 안다. 그러나 누군가가 내게 그것을 물어오면서 설명해달라고 하면, 나는 갑자기 멍해진다.[1] 순수는 명징한 것이면서, 신비이다.

나는 조금 전에 여자들에 대해서 말했다. 사실을 말하자면, 특히 오늘날 순수하다는 말은 성적 차원에서 주로 쓰이는 단어이다. 성의 차이가 그것을 느끼게 할까? 확인해볼 일이다. 나의 어린 시절을 밝혀준, 지금도 내 머리를 떠나지 않는 몇몇 소녀들은 사실 다른 소녀들에 비해서 여자답지 않게 보였다거나, 욕망을 덜 자극했다거나, 욕망을 덜 탐했다고 할 수는 없다. 때로 그녀들은 대단히 자극적이었다. 그럼에도 그녀들은 순수해보였으며, 아니면 적어도 순수의 미덕을 갖춘 것처럼 보였다. 그래서 비록 육체를 가지고 태어났지만 빛 속의 빛에서 사는 것 같은 그녀들은 마치 사랑에도, 피에도 더럽혀질 수 없는 투명한 몸을 가진 존재들처럼 여겨졌다. 아니, 어떻게 그런 것들에 의해서 더럽혀질 수 있을까? 그녀들은 살아 있는 순수 자체였으며, 생명 자체였다. 그 순수가 그녀들의 핏줄로 흐르고, 웃음 속에 흩어지는 듯했다.

그런가 하면 그와는 다른 소녀들이 있었는데, 대개 체험하는 것이겠지만, 그녀들은 아주 불순하게 나를 유혹했다. 마치 그녀들은 낮보다는 밤을 사는 여자들 같았다. 그녀들은 일부 남자들이 그렇듯이 빛을 가려서 또는 반사시켜서, 우리 남자뿐만 아니라 자신들의 내부를 환히 들여다볼 수 있게 할 정도였다. 남자들은 그렇게는 못한다. 그녀들은 남자들의 욕망, 폭력, 상스러움, 음란, 유혹을 즐기면서 그들을 매혹하고 그들의 성적 희롱 상대가 되어주었다.

그런데 나중에 어른이 되어서 보니, 어느 쪽이 어느 쪽인지 알 수가 없었다. 차이가 있다면, 누가 더 사랑을 많이 할 수 있는가 하는 양적인 차이뿐이었다. 사랑은 순수와는 아무 상관이 없었다. 또는 사랑만이 순수할 뿐이었다. 부인들은 처녀들보다 훨씬 더 잘 알았다. 아는 정도가 지나쳐서 우리를 놀라게 할 정도였다.

자, 순수로 돌아가자. 그 단어는 프랑스어에서나 라틴어에서나 일단 물질적 의미가 있다. 순수한 것은 깨끗한 것이고, 얼룩이 없는 것이다. 순수한 물은 다른 것과 섞이지 않은, 물만 있는 물이다. 그러나 사실 그것은 죽은 물이다. 게다가 그것을 인생 또는 순수에 대한 향수와 관련시켜보면 의미심장한 이야기가 된다. 살아 있는 모든 것은 더러워진다. 더 나아가 오염의 원인은 세제이다. 그래서 세제의 정화를 위해서 연못을 염산 처리할 수 있다. 그러나 순수는 여전히 불가능하다. 우리는 결국 여러 가지 순수하지 못한 것들 중에서 한 가지를 선택할 수밖에 없다. 소위 위생 처리라고 하는 것이 바로 그것이다. 위생 처리가 어떻게 미덕일 수 있는가? 세르비아에서는 민족 차원의 정화를 외친다. 그러나 정작 단죄받을 사람들은 정화를 외치는 그 사람들이다. 순수한 민족, 순수하지 못한 민족은 있을 수 없다. 민족은 섞이게 마련이고, 모든 조직체와 모든 생명체가 그렇다. 순수 또는 절대 순수는 죽음만이 가능하게 해줄 수 있다. 병원체, 염소, 석회, 광물질이 섞이지 않은 물, 즉 물 외에 아무것도 없는 물은 순수한 물이다. 그러나 그런 물은 존재하지 않든지, 아니면 실험실에서나 존재한다. 냄새도 없고, 맛도 없는 물 즉 죽은 물만 마시면 우리도 죽는다. 엄밀히 말하면, 그 물도 순수하지는 못하다. 수소 원자는 산소가 섞였다고 불만스러워할 수 있다. 수소만 있으면 이제 순수한가? 그렇지 않다. 핵은 전자의 존재에 대해서 불만을 가질 수 있다. 무 외에 순수는 없으며, 무는 아무것도 아니다. 존재란 무한 공허 위의 얼룩이다. 따라서 모든 존재는 순수하지 못하다.

그렇다. 종교도 마찬가지이다. 종교는 종교가 인정하는 순수한 것과 그렇지 못한 불순한 것을 구분한다. 신성한 것이 신성한 것일 수 있으려면, 무엇보다도 신성모독적일 수 있어야 한다. 그것이 우선이다. 그런 다음 정의하면 순수는, 신성한 것에 가까이 가지만 신성을 더럽히지도 않고 신성에 빠지지도 않는 상태이다. 모든 금기, 터부, 정결의 의식은 바로 그 상태에서 비롯된다. 그러나 그 상태는 표면 또는 시작에 불과하다. 근시안이 아니고서는 그 모든 것을 위생학, 신중, 예방학으로 환원시킬 수는 없다. 물론 음식물에 대한 유대교의 금기들이 위생학적 역할을 하는 것은 사실이다. 그러나 그것이 전부였다면 유대 민족에 대한 우리의 빚이 지금처럼 그렇게 엄청난, 도저히 갚을 수 없는 빚으로 남지는 않았을 것이다. 니체의 말대로 식이요법으로 도덕을 대신하게 할 수도 있을 테니까. 그러나 누가 그 말을 믿을 것인가? 유일신으로부터 우리가 얻을 수 있는 것이 그뿐인가? 우리의 유일한 염려와 요구는 과연 그뿐인가? 건강을 유지하는 것? 청결을 지키는 것? 청렴을 간직하는 것? 아름다운 동시에 이상적인 사업이다! 그러나 진정한 선생은 항상 그 반대를 말해왔다. 본질은 의식에 있는 것이 아니라, 의식이 암시하는 것 안에 있다고. 중요한 것은 죄 사함의 빵을 먹느냐, 그렇지 못하냐이다. 건강한 사람이 성자인 것은 아니다. 깨끗한 것과 순수는 다르다. 의식은 위생학적으로 치르는 것이 중요한 것이 아니라, 의식에 참여하는 사람들에게 그들을 초월하는 어떤 것을 느끼게 하고, 가슴 깊은 곳에서 무죄를 증명하게 해주는 것이 중요하다. 살아 있는 종교는 사실 모두 그랬다. 사람들은 그런 외적 규칙에 특히 심한 경우 배타적으로 상징적 또는 도덕적 의미를 부여한다. 의식은 위생학적 기능보다는 교육적 기능이 강하다. 그것도 정신적 차원에서 말이다. 문화적 순수는 도덕적 순수로의 첫걸음이며, 더 나아가 도덕조차 사족이 되게 하고 더러운 것처럼 느껴지게 하는 다른 내적 순수의 첫걸음이다. 도덕은 죄인들에게만 의미가 있다. 순수는 순수한 사람들의 세계에서 도덕을 대신하는 것이다.

내가 보기에는 도덕이 더 필요한 것처럼 보인다. 아무리 생각해보아도 앞에서 말한 순수는 신화이지 현실은 아니다. 그러니 우리를 타락과 죄악에 몰아넣으려고 하는 파스칼 또는 비슷한 말을 하는 다른 사람들에게 너무 신경 쓰지 말자. 순수는 천사의 것이 아니다. 육체의 순수, 육체의 순결은 쾌락을 보증한다. 순수한 관능이여[2]라고 루크레티우스는 말하지 않던가? 순수한 쾌락 곁에서는 도덕이 음흉해 보인다. 나는 고해신부들을 이해할 수가 없다. 아마도 고해신부들은 질문, 판단, 단죄를 포기했는지도 모른다. 고해신부들은 오히려 순수하지 못한 이는 자기라는 것을 누구보다도 잘 알 것이다. 사랑하는 연인들은 고해신부들의 도덕과는 거리가 멀다.

그러나 너무 서두르지는 말자. 너무 멀리 가지도 말자. 강간당한 여자들 이야기를 해보자. 강간당한 여자들은 당시의 더럽혀진 느낌, 수치에 대해서 말한다. 그리고 많은 여자들은 남자의 폭력에 저항할 수 없어서 몸을 내주었다고 말하지 않던가! "저항할 수 없어서"라는 말이 중요하다. 마음만 순수하면 또는 순수할 수 있으면 그만이다. 마음이 순수하면 나머지는 깨끗해질 수 있다. 아무것도 그 자체로는 순수하지도, 불순하지도 않다. 같은 입으로 침을 뱉기도 하고 키스를 하기도 하며, 같은 욕망이 사랑 또는 강간을 저지른다. 섹스가 불순한 것은 아니다. 불순한 것은 힘이고, 강제이고, 우리로 하여금 모욕을 느끼게 하는 모든 것, 우리를 비천하게 만드는 모든 것, 부드러움이 없고 존경심이 들지 않는 모든 것이다. 시몬 베유는 "사랑은 힘을 행사하지도 않으며, 힘에 복종하지도 않는다. 사랑은 유일하게 순수한 것이다"[3]라고 말했다. 반대로 순수는 욕망을 모르고 욕망이 없는 데에 있는 것이 아니다. 그것은 미덕이 아니라 병일 것이다. 진정한 순수는 폭력적이지 않은 욕망, 서로 확인하고 함께하는 욕망, 서로를 고양시켜주고 아름답게 해주는 욕망에 있다. 물론 이따금 욕망은 흥분하면 위반, 폭력 그리고 죄를 부르는 것임을 부인할 수 없다. 그러니까 그것을 경계해야 한다. 순수는 그런 흥분의 반대말이다. 부드러운 욕망, 평화의 욕망, 순결한 욕망. 사랑이 끝나고 나면 우리는 얼마나 정결해지는가. 또 때로 쾌락 중에도 우리는 얼마나 순수할 수 있는가를 생각해보라. 아무도 절대적으로 무죄일 수도 없으며, 절대적으로 유죄일 수도 없다. 니체가 말한 것처럼 지나치게 육체를 탐하는 사람이 올바른 사람이 아니듯이, 지나치게 육체를 경멸하는 사람도 올바른 사람은 아니다.[4] 순수는 본질이 아니다. 순수는 속성도 아니다. 순수는 절대적일 수 없다. 순수란 나쁘지 않은 것을 나쁘게 보지 않는 태도이다. 순수한 사람은 아무 곳에서나 악을 보지 않으며, 오직 이기주의, 잔인성, 사악함 등과 같은 악이 있는 곳에서만 또는 그 때문에 고통을 느낄 때에만 악을 본다. 그리고 사람들이 나쁜 마음으로 행하는 모든 것은 불순하다. 우리는 거의 언제나 나쁜 마음을 버리지 못하는데 우리가 불순한 것은 그 때문이다. 그리고 순수가 미덕일 수 있는 것도 바로 그 때문이다. 나는 오직 자아로부터 순수해질 때 순수할 수 있다. 자아는 손에 닿는 모든 것을 더럽힌다. "지배는 더럽히는 것이다. 소유는 더럽히는 것이다"5)라고 시몬 베유는 쓰고 있다. 반대로, "순수한 사랑은 거리를 인정하는 것이다."6) 즉 소유하지 않고, 권력을 행사하지 않고, 통제하지 않은 채, 유쾌하게 욕심 없이 수락하는 것이다. "네가 너의 약점을 보여주면, 상대는 너의 약점을 이용해서 너를 강제하려고 들기는커녕 너를 더욱 사랑할 것이다"라고 파브즈는 그의 『일기(*Journal*)』에서 고백하고 있다. 순수한 사랑을 원하거든, 아니 한마디로 사랑을 받고 싶거든 사랑하라.

빼앗는 사랑이 있다. 불순함이다. 주는 사랑, 관조하는 사랑이 있다. 순수함이다.

진정한 사랑, 순수한 사랑은 취하는 것이 아니다. 바라보는 것, 수락하는 것, 주는 것, 잃는 것, 가질 수 없음에 즐거워하는 것, 소유하고 싶을 때 소유할 수 없는 아쉬움을 즐거워하는 것, 우리를 한없이 가난하게 하는 것을 즐거워하는 것이 사랑이다. 그보다 더 풍요롭고, 더 좋은 것이 있을까? 아이의 침대에 나란히 누운 어머니의 절대 빈곤. 어머니는 아이가 전부이기 때문에 아무것도 소유하지 않는다. 아이조차 소유하지 않는다. "나의 보물"이라고 어머니는 속삭인다. 그러면서 어머니는 온전한 탈소유를 느낀다. 연인의 빈곤, 성자의 빈곤. 그들은 소유할 수도 없고 소비할 수도 없는 그것을 온전한 자산으로 여기며, 존재하지도 않는 신을 자신의 나라와 사막으로 삼는다. 그들은 철저히 사랑하며, 그것이 바로 사랑이고 유일한 순수이다. 오직 이득을 볼 욕심으로, 돈을 벌 희망으로 사랑하는 사람이 있을까? 물론 이기주의도 사랑이다. 그러나 그 사랑은 불순한 사랑이며, "모든 악의 근원이다."[7] 칸트의 말이다. 아무도 악을 위해서 악을 저지르지는 않는다. 오직 자신의 쾌락을 위해서 그럴 뿐이다. 칸트는 계속해서 말한다. "'순수한 동기들을 타락시키는 것'은 육체가 아니다. 사악한 의지도 아니다. 우리가 끊임없이 부딪치곤 하는 '그 귀한 자아'가 바로 악의 근원이다."[8] 자기 자신을 사랑할 권리가 없다는 말이 아니다. 자신을 사랑할 수 없으면 어떻게 "네 이웃을 네 몸과 같이 사랑할" 수가 있겠는가? 나를 미워할 수는 없다. 내가 혐오스러워지는 것은 오직 이기주의 때문이다. 자신을 사랑하는 것은 나쁜 것이 아니다. 나쁜 것은 자신만을 사랑하는 것이다. 자기애는 다른 사람의 고통, 다른 사람의 욕망, 다른 사람의 자유를 돌보지 않는다. 자신의 행복을 위해서는 다른 사람을 서슴지 않고 해치며, 자신의 쾌락을 위해서는 다른 사람에게 모욕을 주는 일을 망설이지 않으며, 상대를 사랑하는 대신 상대를 이용하며, 쾌락만을 위해서 쾌락을 추구하며, 오직 자기만의 사랑을 위하여 사랑한다.[9] 그런 사랑은 불순 중의 불순이며, 과도한 사랑이 아니라 사랑의 부재이다. 성이 제일의 불순으로 간주된 것은 우연이 아니다. 또는 단순히 성이 수치스러운 것이어서 그렇게 된 것도 아니다. 성은 스콜라 철학자들이 말하는 소위 음욕, 오직 자신의 쾌락만을 위한 사랑에 쉽게 젖어버리기 때문이다. 스콜라 철학자들은 음욕의 사랑과 오직 상대를 위하는 애틋한 사랑을 대립시킨다. 에로스의 사랑은 상대를 마치 물건처럼 즉 상대를 고기나 포도주처럼 소유하고 소비하고 즐기는 사랑이며 오직 자신만을 위한 사랑이다. 에로스의 사랑은 빼앗는 사랑, 먹어치우는 사랑이다. 에로스는 이기주의의 신이다. 그 대척점에 필리아 또는 아가페의 사랑이 있다.[10] 그 사랑은 상대를 사랑하되 진정으로 사랑해서, 주체로서 사랑하고 인격으로 사랑하며 존중하고 아무리 욕망이 일어나도 보호하는 사랑으로서 간단히 하자면 주는 사랑, 보호하는 사랑, 애틋한 자비의 사랑이다. 순수한 사랑! 순수는 바로 거기에 있다.

순수한 사랑이란 어떤 사랑인가? 그것에 대해서는 페늘롱이 분명히 밝힌 바 있다. 순수한 사랑이란 친구들에 대한 사랑과 마찬가지로 무사무욕한 사랑으로서, 쓸데없는 기대를 하지 않는 사랑, 자아로부터 벗어난 사랑, 자신을 잊고, 자신을 버리는 사랑, 한마디로 성 베르나르가 말한 "개인적 쾌락의 추구와는 거리가 먼, 한 점 더러움도 없는 사랑"[11]이다. 이는 사랑 자체, 순수한 마음의 순수성 자체이다. 페늘롱은 대부분의 우정은 "오직 교묘하게 위장된 자기애 외에 다름 아니다"라고 한다. 그러나 "이상적인 순수한 우정을 우리가 모르는 것은 아니다"라고 하면서, 오직 이해관계 때문에 사랑하고 사랑받는 것을 원할 사람은 없다고 결론을 맺는다.[12]

이제 순수가 단순히 성적인 차원의 것에만 국한되는 것은 아니라는 것을 환기시킬 시간이다. 예술가, 전사, 학자도 각자 나름의 영역에서 순수할 수가 있다. 비록 서로 다른 영역이기는 하지만, 이 세 영역에서도 순수한 사람은 무사무욕한 사람, 돈이나 명예와 상관없이 한 가지 주장에 혼신을 다하는 사람, 페늘롱이 말했듯이 자신을 잊고 "자신이 아무것도 아닌 것처럼 처신하는 사람"이다. 그런 점으로 볼 때 어떤 경우에서든 순수란 이익, 이기주의, 욕심, 한마디로 모든 더러운 '나'와 반대되는 것이다. 지나가는 길에 말하자면, 돈을 순수하게 사랑할 수는 없다. 소유와 관계있는 것은 어느 것도 순수할 수 없다. 순수는 가난함, 헐벗음, 버림이다. 순수는 자아가 그치는 곳, 자아가 가지 않는 곳, 자아가 길을 잃는 곳에서 시작한다. 달리 말하자면 순수한 사랑은 자기애의 반대이다. 우리도 그런 체험을 하지 않는 것은 아니지만, 루크레티우스가 말했듯이, 성의 "순수한 쾌락"이 있다면 그것은 성이 성으로부터 벗어날 수 있을 때이며, 우리가 나르시시즘으로부터 이기주의로부터, 소유욕으로부터 벗어날 수 있을 때이다.13) 쾌락도 순수해지려면 자아로부터 벗어나야 한다. 루크레티우스가 설명하고 있듯이, 집착이 강한 쾌락은 결코 순수할 수 없다. 성적 자유를 의미하는 "방황하는 비너스"14) 또는 부부의 성15)이 과도한 열정 또는 미친 열정보다 때로는 더 순수하다. 질투는 사랑에 얼마나 많은 증오와 이기주의를 부르던가.16) 어떤 현자도 무너질망정 거기에는 속지 않는다. 그것은 사랑이 아니다. 누구나 체험할 수 있듯이 질투는 때로 가장 격렬한 사랑의 형태를 취하기도 하지만, 그렇다고 질투가 순수한 사랑, 고귀한 사랑일 수는 없다. 플라톤의 『파이드로스(*Phaedros*)』에서 사랑의 형상이 종교를 통하여 어떻게 구원받는가를 보라.17) 피에르 드 망디아르그가 말했듯이 에로스는 검은 신이다. 에로스는 질투의 신이고, 소유의 신이고, 이기주의의 신이고, 음욕의 신이고, 불순의 신이다.

친구들이나 아이들에 대한 사랑이 훨씬 더 순수할 수 있다. 왜냐하면 그 사랑은 기대하거나 희망하지 않고도 가능한 사랑이기도 하거니와 사랑을 기대나 희망에 복종시키지 않는 사랑이기 때문이다. 시몬 베유가 순결한 사랑이라고 부른 것이 바로 그것이다. "쾌락에 대한 모든 욕망은 미래와 환상에 있다. 한 사람이 단순히 존재해주기만을 바라는 외에 다른 무엇을 바란다는 말인가? 그러면 사랑하는 대상은 상상적 미래에 의해서 덧입혀지는 대신, 발가벗은 현실이 되기에 이른다. 따라서 순결한 사랑이냐 아니냐의 여부는 욕망이 미래를 향하느냐 그렇지 않느냐로 결정된다."18) 다른 사람의 환심을 사려고 애쓰지 않는 시몬 베유는 고지식한 사람들은 놀라고도 남을, 그러나 우리로 하여금 생각의 여지를 주는 다음과 같은 말을 덧붙인다. "미래라는 거짓 불멸을 향하지 않는 사랑이 진정한 사랑이라면, 죽은 사람에게 바치는 사랑이야말로 진정 순수한 사랑일 수 있다. 그 사랑은 다시는 아무것도 줄 수 없는 끝난 인생을 사랑하는 사랑이기 때문이다. 죽은 이가 존재했다는 사실, 그가 살아 있었음을 사랑하는 것이다."19) 즐겁고 부드러운 추억, 과거의 사랑과 감사만이 남은 애도! 진정한 애도는 바로 그런 것이다. 그러나 현재 또한 영원하다. 그렇다면 이렇게 말을 바꾸어볼 수 있을 것이다. 미래라는 거짓 소비를 지향하지만 않는다면, 육체에, 살아 있는 육체에 바치는 사랑도 진정 순수한 사랑일 수 있다고. 다만 그 몸이 살아 있어주기를 욕망할 뿐이다. 그 육체가 실존하기를 욕망하고, 그래서 육체가 실존한다면 그 이상 더 무엇을 바라겠는가? 물론 때로 그것이 그리 쉽지 않다는 것은 잘 안다. 오직 절정을 바랄 뿐이면서 여자를 원하는 것으로 착각하는 사람들이 얼마나 많던가! 결핍감과 함께 오는 폭력성, 탐욕, 모호한 욕망. 앞에서 말했듯이 신성은 모독이 가능해야 하며 그래서 인간의 육체는 신성한 것이라고 하더라도, 위반과 신성모독의 주변에 포진한 그 혼돈스럽고 혼탁한 게임, 자기와 상대의 내부에 도사린 짐승에 대한 그 매혹, 죽음과 삶, 쾌락과 고통, 숭고와 더러움, 서로 맞대결하는 또는 서로 갈구하는 두 육체가 빚은 에로틱한 모든 것들은 많은 다른 요소들 때문에 불순하거나, 불순해 보인다. 인간이 거부하는 야수성, 오직 법 외에는 그 위반의 정도를 제한할 방법이 없는 성도착, 숭고를 짓뭉개는 저속성. 아가페가 없는 에로스는 불가능하거나, 에로틱할 수 없다. 거기에는 오직 짐승의 충동만이 있을 뿐이다. 얼마나 지겨울까! 물론 프로이트의 입장에서 보면 그 역도 성립한다. 욕망이 없다면, 사랑을 어떻게 알 수 있을까? 사랑이 없으면, 욕망이 무슨 소용인가? 에로스가 없이는 필리아도 없으며, 아가페도 없다. 반면에 필리아, 아가페가 없이는 에로스는 아무 가치도 없다. 그러므로 둘을 함께 끌어안도록 또는 둘 사이의 심연을 끼고 도는 능선에 자리잡도록 노력해야 한다. 천사도 짐승도 아닌, 인간의 삶을 사는 것이다. 그 조화는 불가능한 조화이지만, 필요한 조화이다. "아랫배는 인간을 신이 되지 못하게 하는 부분이다." 니체의 말이다. 그런들 어떤가. 인간이 인간일 수 있는 것은, 또 인간으로 남을 수 있는 것은 바로 그 때문인 것을. 성은 우리에게 아무리 강조해도 지나치지 않는 겸손을 가르치기도 한다. 철학은 그에 비해서 얼마나 수다스럽고 건방진가! 종교는 얼마나 어리석은가! 반면에 육체는 우리가 책으로 배울 수 없는 것을 가르쳐준다. 책은 육체에 대해서 거짓말을 하지 않을 때 의미가 있다. 순수와 수줍음은 다르다. "극단적인 순수는 순수와 불순을 함께 관조할 수 있다. 불순은 순수도 불순도 관조할 수 없다. 전자는 두렵기 때문에, 후자는 거기에 빠지는 바람에."[20] 시몬 베유의 말이다. 순수는 아무것도 두려운 것이 없다. 순수는 "무엇이든지 그 자체가 더러운 것은 하나도 없다는"[21] 것을 또는 같은 말이기는 하지만 "깨끗한 사람들에게는 모든 것이 다 깨끗하다"[22]는 것을 안다. 시몬 베유가 말했듯이, "순수는 바로 더러움을 응시할 수 있는 힘이다."[23] 다시 말해서 순수는 자신 안의 아무것도 불순한 것이 없으므로 순수한 시선 속에 더러움을 용해시켜내는 힘이다. 연인들은 백주 대낮에도 사랑을 나눈다. 그들에게는 음욕조차도 태양이다.

요약하면, 순수는 아무것과도 섞이지 않음이다. 순수가 존재할 수 없는 이유, 순수가 인간적이지 못한 이유는 바로 거기에 있다. 그렇다고 우리의 불순이 절대적이고 결정적인 것은 아니다. 자신의 불순을 안다는 것은 적어도 순수에 대한 어떤 개념이나 이상이 있다는 말이고, 예술은 그 점을 반증하고 있다. 디누 리파티, 모차르트, 바흐, 얀 베르메르, 폴 엘뤼아르를 보라! 그리고 우리의 삶은 나날이 한 걸음씩 그곳에 다가가고 있다. 여러분이 여러분의 아이들에 대해서, 친구들에 대해서, 부모에 대해서 느끼는 사랑의 느낌을 생각해보라! 물론 이때의 순수는 본질적 순수는 아니다. 그것은 정화 작업, 프로이트가 말하는 승화(昇華)의 결과이다. 사랑은 바로 자아를 벗어나려는 노력의 끝에 올 수 있다. 육체는 화로이고, 욕망은 불길, "금이 아닌 것은 모두 태워 없애는 불길"[24]

순수 221

이다. 거기에 남는 것이 있다면 그것은 어떤 희망으로부터도 벗어난 "순수하고도 사심 없는 사랑의 행위"[25]이다. 순수는 사물이 아니며, 현실의 속성도 아니다. 순수는 사랑의 한 형태라고 할 수 있으며 또는 아무것도 아니다.

  미덕? 미덕이라고 할 수도 있고 또는 사랑으로 하여금 하나의 미덕이 되게 하고 그렇게 해서 다른 모든 미덕을 대신하게 하는 것이라고 할 수도 있다. 그래서 순수는 절제, 수줍음 또는 순결과는 다르다. 사랑은 "이해에 얽혀 있지 않으면"[26] 순수하다고 말할 수 있다. 또는 절대 순수는 없으므로 이해에서 벗어나 있음을 증명할 수 있으면 순수하다. 우리는 순수하게 진리, 정의 또는 미를 사랑할 수 있다. 또는 존재하는 것만으로도 나를 풍족하게 하는 저기에 있는 남자 또는 여자를 순수하게 사랑할 수 있다. 그것은 소유보다도 더 소중한 것이다. 순수는 탐욕 없는 사랑이다.[27] 우리는 아름다운 풍경을 사랑할 수도 있고, 유순한 어린아이를 사랑할 수도 있고, 고독한 친구를 사랑할 수도 있고, 때로는 우리의 육체가 탐하는 어떤 남자나 여자를 사랑할 수도 있다. 절대 순수는 있을 수 없으며, 절대 불순도 있을 수 없다. 사랑, 쾌락, 환희는 어느 정도 우리를 우리 자신으로부터, 우리의 탐욕으로부터, 우리의 이기주의로부터 벗어나게 해주며, 또한 사랑은 우리가 가끔 체험하듯이 사랑을 정화시켜서 주체가 자신을 상실해서 스스로를 구원하게 만들기도 한다. 그러면 이제 기쁨만 남고, 크리스티앙 보뱅이 말하는 "모든 소속으로부터 해방된 사랑"만 남고, 전체만 남고, 순수만 남는다. "지복은 미덕의 대가가 아니라, 미덕 자체이다. 아름다운 그 꽃은 우리가 관능을 줄인다고 피는 꽃이 아니다. 우리의 관능을 줄이는 길은 오직 그 꽃을 활짝 피움으로써이다."[28] 스피노자의 『에티카』의 마지막 명제이다. 스피노자는 우리와는 아주 먼 길을 가리키고 있다.

  그러나 아무리 더러움이 가득 찬 그 길도 순수한 시선으로 보면 순수하다.

# 15 유순

유순(柔順, douceur, douceness)은 여성의 미덕이다. 유순이 특히 남성의 환심을 사는 이유는 바로 그 때문이다.

미덕에도 성의 구분이 있느냐고 반박할지 모르겠다. 물론 미덕에 성은 없다. 그러나 그럼에도 우리에게는 성이 있으며, 성은 우리의 행동, 감정, 더 나아가 모든 미덕들에 스며 있다. 씩씩함은 어원적으로는 상당히 그럴듯하지만 미덕일 수는 없으며, 미덕의 원리일 수는 더더욱 없다. 그래서 말하자면 다소 남성적인 미덕이 있는가 하면, 다소 여성적인 미덕이 있을 수 있다. 남자의 용기는 여자의 용기와는 다르며, 후의와 사랑도 마찬가지이다. 시몬 베유나 에티 힐레섬을 보자. 어떤 남자도 그렇게 글을 쓸 수 없으며, 그렇게 살 수도 없으며, 그렇게 사랑할 수도 없을 것이다. 절대적으로 보편적인 것, 성과 관계없는 것은 진리뿐이다. 그러나 진리는 도덕도, 감정도, 의지도 없다. 그래서 진리는 미덕일 수 없다. 미덕은 욕망과 관계할 뿐이다. 그렇다면 성과 무관한 욕망이 있을까? "우리의 가장 고상한 논리와 우리의 가장 순수한 애정 안에는 어느 정도 고환(睾丸)이 숨겨져 있다"[1]고 디드로는 말했다. 고환은 그 당시에는 난소(卵巢)의 의미도 있었다. 그럼에도 불구하고 차이가 없는 것은 아니다. 내 생각에는 가치가 있는 것은 욕망뿐인데, 그렇다면 모든 가치들이 성적이라는 것은 당연한 결론이다.2) 물론 그 가치들이 한쪽 성에 전적으로 속한다는 의미는 아니다. 그것은 가당치도 않거니와, 말하자면 각자가 자신의 현재, 이를테면 자신이 남자인가 여자인가에 따라서 얼마나 남성답게 또는 여성답게 가치실현을 하느냐에 달린 문제이다. "모든 사람이 남성의 가치에 맞춘다면 이는 얼마나 큰 재난인가!"3) 토도로프의 지적이다. 전쟁의 승리, 사상의 승리도 마찬가지이다. 그것들이 아무리 정당한 것일지라도, 또는 관대한 것일지라도 그렇다. 거기에서는 본질이나 사랑 즉 사람살이의 유순을 찾아볼 수 없다. 누가 어떤 반박을 한다고 해도, 나의 확고한 생각은 개인의 사랑도 집단의 사랑도 사랑은 어머니로부터 시작한다는 것이다. 사람들이 혀를 차면서 내게 "여자들도 생각은 있다!"라고 반박할지 모르겠다. 물론 나도 모르지 않는다. 오히려 여성들은 대개의 경우 남성들보다 사상에 덜 속으며, 그 점에서는 분명히 여성들이 남성들보다 낫다. 여자는 『순수 이성 비판(Kritik der reinen Vernunft)』이나 헤겔의 『논리학(Wissenchaft der Logik)』 같은 책을 쓰지는 않는다. 비록 독창적이기는 하지만 그 책들은 그만큼 무겁고, 지루하다. 남자에게도 여성성이 없는 것은 아니다. 그러나 그 책들은 약간의 여성성만 있으면 아무도 쳐다보지 않을 지적 진지함, 사상적 신념, 개념의 숭배 등으로 가득 차 있다. 추상보다 더 초라한 것이 있을까? 그렇다면 추상을 진지하게 다루는 일보다 더 우스꽝스러운 일이 또 있을까?

여성의 난폭성! 여성에게도 난폭성이 없는 것은 아니다. 그러나 거의 모든 잔인한 범죄를 대개 남자들이 저지르는데, 그것을 우연이라고 할 수 있을까? 어린 소년들은 누가 가르쳐주지 않아도 자기네끼리 전쟁놀이를 즐기지 않던가? 남자들은 그들만의 전쟁을 하면서, 이따금 그것에서 쾌락을 찾지 않던가? "그것은 본성과 문화의 문제"라고 반박할 수도 있다. 그럴지도 모른다. 그러나 그것이 전부인 것도 아니다. 나는 여성성이나 남성성을 오로지 생물학적으로만 구분하지도 않는다. 성은 육체와 교육 또는 본성과 문화를 함께 고려해야 설명되는 보편적이고 근본적인 어떤 것이다. 그리고 문화는 현실의 영역에 속한다. "여자는 태어나는 것이 아니라 만들어진다." 사실 이 말은 생각보다는 쉬운 말이다. 우리는 일단 여자나 남자로 태어나며, 그런 다음 지금의 상태로 자란다. 씩씩함은 미덕도 아니고, 잘못도 아니다. 여성성이 풍요라면, 남성의 씩씩함은 일반적인 힘과 다른 것이기는 하지만 힘이다. 진리를 제외하면, 우리 안의 모든 것은 성적이다. 얼마나 잘된 일인가! 이보다 더 값지고 바람직한 차이가 또 있을까?

이제 유순에 대한 이야기로 돌아가자. 난폭하지 않은 용기, 잔인하지 않은 힘, 분노 없는 사랑. 바로 유순의 여성성 또는 여성적으로 보이는 어떤 측면이다. 슈베르트의 음악, 에티 힐레섬의 작품에서 듣고 보는 내용이 바로 그런 것들이다. 유순은 우선 현실적 평화 또는 평화의 희구를 말해준다. 그런 의미에서 유순은 전쟁, 잔혹, 난폭성, 공격성, 과격성의 반대말이다. 유순은 내적인 평화로서, 그 자체가 미덕일 수 있는 유일한 것이다. 슈베르트는 자주 번민과 고통으로 얼룩진 인생을 살았고 에티 힐레섬은 이따금 환희와 감사로 빛날 뿐이었지만 거기에 증오, 잔인, 냉담은 없다. 1942년의 에티 힐레섬에 의하면 "전쟁 훈련과 평화 훈련은 다른데",[4] 둘을 구분시켜주는 것이 바로 유순이다. 그러나 사실 전쟁 시에든 평화 시에든 보다 강한 것은 부드러운 것이다. 공격성과 분노는 약점이며, 통제 불능의 과격성은 더욱 그렇다. 과격, 분노, 공격성을 통제할 수 있는 것은 유순뿐이다. 그러므로 유순은 힘이다. 유순이 미덕인 까닭이 바로 거기에 있다. 유순은 인내와 관용으로 충만한 부드럽고 아늑한 평화적 힘이다. 아기를 안고 있는 엄마를 보라. 유순은 어머니의 서약이다.[5] 사람들과 함께 거닐던 예수와 부처를 보라. 유순은 후의보다도, 연민보다도 더욱 사랑에 가깝다. 유순은 대체로 후의 또는 연민을 동반하지만, 그것들과 섞이지는 않는다. 연민은 타인의 고통을 함께 괴로워한다. 반면에 유순은 타인에게 고통이 일지 않게 또는 더하지 않게 한다. 후의는 타인에게 좋은 일을 하는 반면, 유순은 타인에게 해를 입히지 않는다. 얼핏 후의가 더 나은 미덕일 듯하다. 그러나 귀찮은 후의, 지나치게 강압적이고 무례한 선행들이 얼마나 많은가! 차라리 약간의 부드러움이 좋은 경우가 훨씬 더 많지 않던가! 상대가 원하는 것을 또는 원할 수 있는 것을 해주지 못할 때 마음 아파하는 유순은 후의에서 멀지 않으며, 연민과는 달리 다른 사람보다 앞서 고통을 느끼는 유순은 연민보다 한발 앞선 미덕이다. 유순은 전적으로 적극적인 후의와 비교할 때 부정적인 측면이 없지 않지만, 반사적 반응을 보일 뿐인 연민에 비교하면 더 긍정적이다. 그런 점에서 유순은 후의와 연민의 중간에 위치하는, 부담스럽지도 않고 강제적이지도 않은 미덕이다. 순수에 대해서 언급하면서, 나는 파브즈의 『일기』를 인용했다. "네가 너의 약점을 보여주면, 상대는 너의 약점을 이용해서 너를 강제하려고 들기는커녕 너를 더욱 사랑할 것이다." 순수한 사랑, 아니 한마디로 사랑을 받고 싶거든 사랑하라는 말이다. 강간은 제일의 악, 제일의 음란이다. 거칠고, 야비하고, 탐욕스러운 이기주의는 모든 악의 근원이며, 악은 악을 낳는다. 그래서 사실 유순과 순수는 거의 언제나 하나이다. 연인의 애무는 얼마나 부드럽고, 얼마나 상큼하고, 얼마나 순수하게 느껴지는가! 남자의 모든 난폭성, 야비성, 음란성은 어디로 사라졌는지 흔적도 보이지 않는다. "음, 부드러워." 이 사랑의 한마디는 아마도 어떤 진리보다도 더 진실되고 부드러운 진리일 것이다.

   토도로프가 지적했듯이 모든 가치에는 성이 있으며, 모든 개인은 필연적으로 불완전하다. 그러므로 보다 완성된 인간의 길, 가장 훌륭한 인간적 길은 이성의 사랑 또는 부부에게서나 찾을 수 있다. 남자는 오직 자기 안에 내재된 여성성에 의해서만 악으로부터 구원을 받을 수 있다.[6] 여성성이 없는 패거리들이나 군인들을 보라. 얼마나 끔찍한 폭력성, 저속성이 만연하는가? 여자들의 경우는 어떤지 모르겠다. 그들도 남자들에게 여성이 필요한 것처럼 남성이 필요할까? "여자는 남자보다 훨씬 더 인간적이다." 릴케의 말이다. 여자의 경우도 이성의 사랑은 더한 풍요, 매력, 힘이 될 수 있다. 그러나 그것이 필요한 것인가? 그것이 미덕인가? 사람들은 지나치게 여성성과, 여성의 임상적 희화화에 불과한 히스테리를 혼동해왔다. 남자의 경우에도 히스테리는 있다. 히스테리 환자는 유혹하고 싶어하고, 사랑받고 싶어한다. 그러나 그런 욕망은 유순도, 사랑도 아니다. 라캉이 "히스테리 환자는 지배할 주인을 찾는다"고 말했듯이 그건 나르시시즘이고, 책략이고, 우회적 공격이고, 권력의 장악이고, 과도한 나머지 길을 잃은 유혹이다. 그런 욕망은 사랑의 전쟁일 뿐, 사랑과는 반대이다. 그것은 정복의 수단일 뿐 헌신과는 반대이며, 과시의 기술일 뿐 진리와는 반대이다. 유순은 그와는 다르다. 유순은 열림, 영접, 존중이다. 그러면 유순은 수동적인 미덕, 복종의 미덕, 수용의 미덕인가? 나는 그렇다고 본다. 수동적이지 않으면, 지혜가 가능할까? 수동적이지 않으면, 사랑이 가능할까? 수동적이지 않으면, 심지어 행동이 가능할까? 서양에서는 이 말이 충격적으로 들릴 수도 있겠지만, 동양에서는 아주 당연한 이야기이다. 어딘가에서 레비-스트로스가 지적했듯이,[7] 동양은 여성적이거나 또는 적어도 남성적 가치에 덜 속는다. 행동은 행동주의와 다르고, 초조와 다르며, 분주와도 다르다. 그렇다고 수동성은 무기력이 아니며, 게으름도 아니다. 물살을 거슬러올라가려고 애쓰기보다는, 물살에 몸을 실어 흐름과 함께 또는 흐름을 따라서 떠내려갈 일이다.[8] 프라즈난파드의 말이다. 유순은 현실에, 삶에, 변화에 그리고 일상에 자신을 맡긴다. 유순은 유연, 인내, 헌신, 적응의 미덕이다. 릴케도 말했듯이 유순은 "자기주장이 강한, 안달이 심한 남성" 또는 경직성, 성급함, 집요한 힘의 반대이다. 노력이 만능열쇠일 수는 없다. 행동이 만능열쇠일 수는 없다. 투키디데스는 "모든 존재는 천성적으로 자신이 가진 힘을 언제나 한껏 발휘하도록 되어 있다"고 했다. 그러나 그 규칙을 어기는 예외가 있으니, 유순이다. 유순은 자신 위로 또는 자신에 대해서 행사하는 힘이다. 시몬 베유가 말하기를 사랑은 힘의 행사를, 권력의 행사를, 폭력의 행사를 거부한다. 사랑은 유순과 헌신이다.[9] 사랑은 강간의 반대이며, 살해의 반대이며, 권력의 장악과 반대이다. 유순은 자아와 타나토스로부터 해방된 에로스이다. 시몬 베유는 초자연적 미덕이라고 했지만, 나는 그렇게 생각하지는 않는다. 새끼와 노는 어미 고양이, 새끼와 함께 있는 어미 개를 보라. 유순은 인간만의 일이 아니다. 그러나 인간은 유순을 경작하며, 유순에서 영양을 공급받는다. 인간을 더욱 인간답게 하는 것은 그래서 바로 유순이다.

스피노자가 말하기를, 현자는 인간성과 유순성[10]으로 행동한다고 한다. 스피노자의 유순은 몽테뉴가 말하는 온화(bénignité)이다. 우리는 짐승, 나무, 식물을 유순하게 대해야 한다.[11] 유순은 고통을 주지 않음이며, 꼭 필요한 경우가 아니고는 파괴시키지 않음이며, 약탈하지 않음이다. 유순은 존중, 보호, 친절이다. 온화는 이웃을 "네 몸같이 사랑하는" 자비와는 다르다. 자비는 남이 네게 해주었으면 하는 대로 남에게 행하라[12]는 루소의 말을 생각나게 한다. 유순은 그런 높은 경지의 미덕은 아니다. 유순은 자연적이고 즉흥적인 선이며, 그래서 앞의 금언에 비해서 비록 덜 완전하지만 루소의 다른 금언에 해당하는 미덕이다. "가능한 한 다른 사람에게 해를 덜 주면서 행복을 추구하라."[13] 유순에 대한 이 금언은 비록 자비보다는 덜 고상한 대신 덜 부담스럽고 그래서 한결 행하기 쉬운, 훨씬 실용적이고 현실에 꼭 필요한 미덕이다. 자비를 베풀지 않고 살 수는 있다. 인류의 역사가 그것을 반증한다. 그러나 최소한의 유순 없이는 살 수 없다.

그리스인들 특히 아테네인들은 유순을 세상에 전파했다고 자부하고 있다.[14] 그들은 유순을 야만의 반대로 생각하며, 문명의 유사어로 생각했다. 민족중심주의는 어제 오늘의 일이 아니다. 그럼에도 불구하고 오늘날 우리의 문명은 그리스에 빚진 바가 크며, 우리의 유순은 어느 모로 보면 그리스인들의 것이기도 하다. 그렇다면 과연 고대 그리스인들에게 유순은 어떤 것이었나? 우리와 크게 다르지 않았다. 진정시키다(apaiser)[15]라는 동사와 같은 것들이 거기에서 왔다. 전쟁의 반대, 분노의 반대, 폭력 또는 잔인의 반대가 그리스식 유순의 의미였다. 그러니까 유순은 하나의 미덕이라기보다 여러 의미들의 복합이었다.

유순은 가장 소박한 의미로 보면 친절한 태도, 다른 사람에 대한 호의를 의미한다. 그러나 유순은 훨씬 더 복잡한 문맥에 사용될 수도 있다. 불행한 사람들 앞에서 유순은 후의 또는 선 자체와 가깝게 된다. 죄를 지은 사람 앞에서 유순은 관대한 또는 이해하는 마음씨와 가깝다. 모르는 사람 또는 일반적인 낯선 사람들 앞에서 유순은 인간성 또는 자비와 가까워진다. 정치적 문맥에 들어가면 시민과의 관계이냐 신하와의 관계이냐 또는 패전자와의 관계이냐에 따라서 유순은 관용과 가깝든지 또는 관대와 가깝다. 그러나 그런 여러 가지 의미에도 불구하고 근원으로 거슬러올라가서 보면 유순의 한 가지 공통적 의미가 있으니, 다른 의무를 저버리지 않는 한 다른 사람을 영접해서 그에게 좋은 일을 베푸는 태도이다. 그리고 그리스인들은 그 많은 여러 가지 가치들을 유순의 의미를 가지는 프라오스(praos)라는 한 단어로 묶었다.[16]

그러다가 아리스토텔레스가 나중에 유순을 하나의 미덕으로 간주하기에 이르렀는데,[17] 그에 의하면 유순은 성마름과 무기력이라는 두 결점의 한가운데에 있는 미덕이다. 유순한 사람은 "화를 잘 내고, 까다롭고, 야만적인 사람"

과, 지나치게 무감각하거나 태평해서 "비굴하고, 바보 같아 보이는 사람"[18] 사이에 있는 사람이다. 왜냐하면 이 세상에는 정당한 전쟁, 옳은 폭력이 있을 수 있듯이, 정당하고도 필요한 분노 또한 있을 수 있기 때문이다. 다만 유순은 그것을 결정하기만 하면 된다. 한편 아리스토텔레스는 프라오테스라는 미덕이 "위험하게도 결핍의 의미에 기울어 있음"[19]을 보고 당황한다. 유순한 사람을 정의하면, "분노를 사서 마땅한 대상들이나 사람들에 대해서 분노하는 사람 그리고 분노의 정도와 시간을 조절할 줄 아는",[20] 그러면서도 너무 자주 또는 너무 지나치게 분노하지 않는 사람이다. 그러나 그 기준과 정도를 어떻게 그리고 무슨 수로 정한단 말인가? 누가 대상과 범위 그리고 분노의 정도와 시간을 기준으로 마련할 것인가? 그리스인의 오만이 유대인의 겸허와 다르듯이, 그리스인의 유순은 그래서 유대인의 아량과는 다르다. "망신을 참거나 친구가 모욕을 당하는데도 참는 것은 비굴한 영혼의 소치이다"[21]라고 아리스토텔레스는 쓰고 있다. 알렉산드로스 대왕의 스승은 나머지 뺨을 내주라고 하지 않았다.[22] 그에 반해서 성서가 가르치는 유순은 보는 시각에 따라서 비열한 것으로 볼 수도 있고, 고상한 것으로 볼 수도 있다. 비열하게 볼 수도 있다고? 그렇지는 않다. 유순은 두려움과 무관한 것일 때 유순일 수 있다. 간단히 말하자면, 여기에서는 선택이 문제이다. 명예냐 자비냐, 둘 중 하나이다. 유순이 어느 쪽에 속한 것인지 모르는 사람은 없을 것이다.

그러면 유순을 위해서 비폭력을 호소해야 하는가? 그것은 그리 간단한 문제가 아니다. 왜냐하면 극단적인 비폭력은 우리로 하여금 범죄적이고 야만적인 폭력에 효과적으로 대항할 수 없게 하기 때문이다. 폭력이 우리가 당하는 것일 때에는 그나마 자비로 감쌀 수 있다고 치자. 그러나 폭력이 다른 사람을 다치게 하는 경우 예컨대 무고한 많은 사람들을 억압하고 학살하는 것일 때에는 자비로도 정의로도 관용될 수 없다. 어린아이를 위해서라면 누군들 싸우지 않겠는가? 어린아이가 폭력을 당하는데도 피한다면, 그것은 수치스러운 일이 아닐까? "비폭력은 효과를 거둘 수 있을 때에만 좋은 것이다"[23]라고 시몬 베유는 쓰고 있다. 선택은 원칙의 문제가 아니라 상황의 문제이다. 같은 또는 더한 효과가 있다면 비폭력이 낫다. 인도의 간디가 호소한 비폭력이 바로 그런 비폭력이다. 그러나 이런저런 방법에 대한 생각은 신중의 몫이다. 물론 자비의 미덕을 어기지 않도록 조심해야 할 일이지만 다른 사람이 위험에 빠져 있을 때에는 신중을 동원해야 한다. 어떤 여자가 내 눈앞에서 공격을 당하고 있다고 해보자. 어떻게 할 것인가? "당신이 그 여자를 구할 힘만 있다면 힘을 사용하라"[24]라고 시몬 베유는 권한다. 그러나 시몬 베유도 결정은 사람과 상황마다 다를 수 있으며 특히 "어떤 상대인가"[25]가 중요하다고 한다. 영국 군대에 대한 비폭력은 효과가 있었다. 그러나 히틀러와 나치 기갑사단에 대해서도 비폭력을 권해야 하는가? 음모보다는 폭력이 낫다. 공포 앞에서 두려워 떨기보다는 폭력이 낫다. 죄악을 합리화시키는 것보다는 폭력이 낫다.

그러므로 평화를 사랑하는 사람들, 다시 말해서 평화를 지키기 위해서는 심지어 힘의 사용도 불사하는 사람들과, 누구와의 어떤 전쟁이든 상관없이 전쟁이라면 무조건 배척하는 사람들은 구분해야 한다. 유순을 절대화시키면 어떤 상황에서는 유순이 주장하는 평화조차도 지키지 못할 수 있다. 막스 베버는 확신의 윤리학을 들고 나온다. 그러나 확신의 윤리학은 설득력은 있을지 몰라도 무책임하다. 절대 가치란 있을 수 없다. 또는 유순은 적어도 절대 가치일 수 없다. 도덕 체계도, 미덕 체계도 있을 수 없다. 사랑조차도 모든 것을 정당화시켜주거나 모든 것을 용서해줄 수는 없다. 사랑이 신중을 대신할 수도 없으며, 사랑이 정의를 대신할 수도 없다. 더군다나 유순은 약한 이에게 그리고 가해자보다 희생자에게 절실한 정의와 사랑을 희생시키지 않을 때에만 의미가 있다.

그러면 어떤 경우에 우리는 도덕적으로 싸울 수 있는 권리 또는, 특별한 경우겠지만 죽일 수 있는 권리, 더 나아가 의무가 있을까? 오직 한 경우뿐이다. 즉 더 큰 악, 더 많은 희생, 더 많은 고통, 더 많은 폭력을 막을 수 있을 때에만 그래야 한다. 그러면 아무나 자기 방식으로 판단해도 좋은가? 그런들 어떤가? 개별적인 여러 가지 경우들 또는 특별한 경우들이 있으며, 그래서 상황에 따라서 판단은 우리 자신이 내려야 하는 것을. 아무도 우리 대신 판단해줄 수는 없다. 예컨대 사형? 그것이 정당화되어야겠는가? 왜 아닌가, 그것이 효과가 있다면? 그러나 이런 문제는 도덕적인 문제라기보다는 기술적이고 정치적인 문제가 된다. 어린아이를 살해한 살인범들의 사형은 앞으로 있을 수도 있을 어린아이의 살해를 방지하든지 또는 덜 일어나게 하든지 또는 최소한 그 정도로 그치게 할 수 있기만 하다면, 누가 나서서 그 일을 말리겠는가? 그런 사형은 혹시 있을 수 있는 살해 의도를 사전에 예방할 수도 있으려니와, 살해자 본인의 재범을 막을 수도 있을 테니까. 아니면 이런 주장도 있을 수 있다. 즉 인간의 생명은 절대적으로 존엄한 것이다. 그렇지 않은가? 그러니까 낙태는 벌해야 하며, 아직 태어나지 않은 아이에 대한 살해인 낙태를 벌하듯이, 태어난 아이의 살해 행위는 더욱 벌 받아야 한다고. 그런데 제2차 세계대전 당시에 과연 그런 나치들이 벌을 받았던가? 그리고 괴링, 리벤트로프 그리고 그 외의 많은 사람들을 처형시킨 뉘른베르크의 재판관들이 대가를 지불했던가? 절대는 절대여야 한다. 절대는 상황과도 개인과도 상관없이 적용되어야 한다. 그러나 생명 그리고 생명의 가치보다 상대적인 것이 있을까? 어떤 절대도 믿지 않는 나는 어떤 것이든 적절성의 문제, 정도의 문제, 효과의 문제를 중시한다. 그래서 나치의 경우는 유순보다는 신중, 또는 신중과 자비의 통제를 받는 유순이 중요하다. 특히 중요한 것은 벌 자체가 아니라, 불행을 막는 것이다. 사형과 관련해서 말하자면, 나는 사실 거의 의견이 없다. 그리고 그 문제는 별로 중요하지 않다고 본다. 종신형에 처할 수도 있고, 20년 또는 30년 형을 언도할 수도 있다. 마르셀 콩슈는 그 부분에 대해서 아주 합리적인 해결책을 제시했다.[26] 나는 거기에 동의한다. 그러나 "어떤 경우에든 절대로 사람을 죽여서는 안 된다. 히틀러조차도 생포한 경우는 종신형을 주었어야 한다"고 내게 강요하지는 말기 바란다. 희생자들은 너무도 잘못 보호되고 있고, 너무도 안전하지 못하며, 그래서 과거의 또는 미구의 희생자들은 가해자들에 대해서 더 가혹한 벌을 요구할 권리가 있다.

나는 이 문제는 정치적인 또는 기술적인 문제라고 했다. 그것은 도덕의 문제가 해결해주는 것은 아니다. 더 큰 죄악을 예방하기 위한 살해가 정당한 것으로 인정된다면, 어떤 일정한 상황 예컨대 전쟁 또는 개인적 행위의 개별적인 가치는 많은 변수를 낳는다. 판단은 각자의 몫이다. 그러나 어떻게? 기준이 필요하다. 시몬 베유가 하나의 기준을 제시해준다. 유순함과 엄격함이 함께 가득한.

전쟁 상황이라고 하자. 생명에 대한 사랑을 가슴속에 철저히 간직하자. 자신의 죽음을 각오하지 않고는 죽이지 말자. 갑이라는 사람의 목숨과 자신의 목숨이 함께 걸렸다고 하자. 그 사람의 죽음을 바라는가라고 자문하자. 나는 몸과 영혼으로 삶을 갈구한다. 그래서 그를 죽여야 한다는 대답이 나오면, 그러면 그때에는 죽일 권리가 있다.[27]

이런 정도로 애통해하는 유순은 아무나 가능한 것은 아니다. 그러나 그런 사람만이 무죄 상태의 폭력을 행사할 수 있다. 물론 우리는 거기까지는 어림도 없다. 그렇더라도 우리의 어떤 폭력도 정당화될 수 없다거나 무죄일 수 없다는 말은 아니다. 폭력을 쓰지 않는 경우 더 나빠진다면, 폭력도 필요하다.

슬퍼하는 사람은 행복하다?[28] 슬퍼하는 사람들은 복을 바라지 않는다. 그러나 복을 받을 자들이 있다면 바로 그들이다.

대체적으로 유순은 폭력을 제한하거나, 적어도 필요한 경우로 한정한다.

여성의 미덕으로서의 유순은 인간을 인간이게 하는 유일한 미덕이다.

# 16 정직

정직(正直, bonne foi, good faith)이란 무엇인가? 정직은 심리적 차원에서 보면 사실이고, 도덕적 차원에서 보면 미덕이다. 사실이란 말하자면 행동과 말을 일치시키는 것 또는 거꾸로 생각을 말과 행동에 일치시키는 것을 말한다. 정직을 미덕이라고 한 것은 진리에 대한 사랑 또는 존중이 바로 정직이기 때문이다. 진리를 유일한 대상으로 삼고 있는 정직은 그래서 진리(alèthéiogale)[1])의 미덕이라고도 할 수 있다.

물론 정직이 확신의 가치를 가진다거나 진리의 가치를 가진다는 말은 아니다. 정직은 거짓말은 배제하지만, 오류를 배제하지는 않는다. 그러나 정직한 사람은 비록 잘못 생각할 수 있을지언정 자신의 생각을 말하며 자신이 말하는 것을 믿는다. 그래서 정직은 믿음과 성실이라는 이중적 의미를 가진다. 정직은 성실한 믿음, 믿음에 대한 성실이다. 성실이 성실이기 위해서는 우선 진리에 성실해야 한다. 여기에 정직의 올바른 정의가 있다. 정직하다는 말은 언제나 진리를 말한다는 말은 아니다. 사람은 착각할 때도 있으니까. 그러나 정직하다는 말은 적어도 자신의 생각을 사실대로 말하는 것이다. 그러나 비록 나중에 그 생각이 잘못된 것으로 드러난다고 하더라도, 그 당시의 그의 생각은 거짓이 아니었던 것이다. 우리는 그것을 정직, 착실함, 참됨이라고 부를 수 있다. 그리고 그것은 거짓, 위선, 이중성 또는 간단히 말해서 개인적인 것이든 공공적인 것이든 거짓 형태를 가진 모든 것과 반대된다. 그러나 정직과 성실에는 차이가 있다. 성실은 다른 사람과 관계한다. 반면 정직은 다른 사람에게든 자기 자신에게든 거짓말을 안 하는 것이다. 외딴섬에 혼자 살던 로빈슨 크루소는 적어도 식인종에게 잡혀 있던 프라이데이를 구출하기 전까지는 성실성이 필요 없었다. 그러나 정직은 그런 상황에서도 필요하며, 칭송받아 마땅하며, 또한 의무이다. 누구에게 그런 의무를 행사해야 하는가? 바로 자기 자신에게이다.

정직은 말하자면 상대적인 정직성인 동시에 반성적인 정직성이다. 정직은 우리와 다른 사람과의 관계 또는 우리와 우리 자신과의 관계를 조절한다. 정직은 일정한 사람들 내부에서 그 사람들 사이에 가능한 최대의 진실과 참이 교류하게 하며, 기만과 속임수를 최소화시킨다. 절대적인 사랑, 절대적인 정의는 불가능하다. 마찬가지로 절대적으로 정직할 수도 없다. 그러나 불가능하다고 해서 노력하지 않아도 된다는 말은 아니다. 가까이 가려는 노력은 기울여야 한다. 정직하려는 노력 자체가 바로 미덕이다. 정직은 진리와 관계하지만 우리의 오류와 환상까지도 자칫 진리로 믿게 할 수 있다는 점에서 한 개인을 육체와 영혼, 지혜와 광기까지 온통 위태롭게 할 수 있는 지적 미덕이다. 정직은 몽테뉴의 미덕이다. 그의 첫마디는 이렇다. **독자여, 이 책은 정직에 관한 책이니.**[2] 정직은 또한 일차적으로 보면 지식인의 미덕이며, 따로 놓고 보면 철학자의 미덕이다. 지나치게 정직성을 결여한 지식인 또는 철학자는 사실 진정한 지식인 또는 철학자일 수 없다. 사유는 직무일 수도 없고, 유흥일 수도 없다. 사유는 인간의 당위이며, 인류의 미덕이다. 언어는 언어 내부에 아무런 진리도 낳지 못했다. 진리란 영원하므로. 반면 언어의 개발은 뜻하지 않은 새로운 가능성을 열어놓았으니, 동물들이 보여주는 간교와 책략이 아닌 거짓말의 가능성이다. 수

다스러운 인간(homo loquax) : 거짓말하는 인간(homo mendax). 인간은 거짓말을 할 줄 알고, 실제로 거짓말을 잘하는 동물이다. 정직이 논리적으로 가능한 것은 그리고 도덕적으로 필요한 것은 바로 그 때문이다.

정직이 무엇을 증명해줄 수 있느냐고 반문할지도 모르겠다. 인정한다. 정직한 깡패가 얼마나 많은가? 또 성실성 때문에 저지른 끔찍한 일은 또 얼마나 많은가? 그리고 광신자보다 더한 위선자는 또 어디 있는가? 위선의 화신 타르튀프(몰리에르의 희극 「타르튀프(*Tartuffe*)」의 주인공/역주)는 많다. 하지만 광신자 사보나롤레(15세기 이탈리아의 인물. 신앙을 통해서 정치적 권력까지 얻었지만 지나친 독선으로 실각한 뒤 처형당했다/역주)보다는 적을 것이며, 덜 위험할 것이다. 정직한 나치도 나치는 나치이다. 그러나 그들의 성실성은 우리에게 어떤 일을 저질렀던가? 진솔한 깡패는 해롭지 않던가? 진솔한 깡패도 깡패는 깡패이다. 충실성이나 용기와 마찬가지로, 정직도 자체로는 충분할 수 없는 미덕이다. 정직은 정의를 대신할 수도 없고, 후의를 대신할 수도 없고, 사랑을 대신할 수도 없다. 그렇다면 여기에서 하나 묻자. 거짓 정의는 있는 것일까? 한마디로 말해서, 없다. 그것은 정의도, 사랑도, 후의도 아닐 것이다. 아니면 위선, 맹신, 거짓으로 타락한 정의, 사랑, 후의이다. 어떤 미덕도 진리의 미덕이 없이는 진정한 미덕일 수 없다. 정직하지 못한 미덕은 거짓이며, 따라서 그런 것은 미덕이 아니다.

"성실성이란 우리의 있는 그대로를 우리에게 열어 보여주는 것이다. 성실성은 진리의 사랑이고, 위장에 대한 혐오이고, 결점을 메우려는 또는 결점을 고백함으로써 그것을 줄이려는 욕망이다."[3] 라 로슈푸코의 말이다. 성실성이란 속이고 감추고 위장하는 것을 거부하는 것, 소위 기만이라고 할 수 있는 모든 것을 거부하는 것 그리고 라 로슈푸코가 소위 자기애라고 부르는 것을 거부하는 것이다.⁴⁾ 정직은 자기를 기만하는 자기애와 다르다. 진리를 자기보다 더 사랑해야 한다. 다른 모든 미덕이 그렇듯이, 정직도 나르시시즘이나 맹목적인 이기주의의 반대이다. 그런 점에서 정직은 후의, 겸손, 용기, 정의 등의 미덕과 만나게 된다. 계약과 교환에도 정의가 있다. 물건의 이런저런 나쁜 점을 밝히지 않은 채 물건을 속여서 파는 것은 거짓이며, 정의롭지 못한 행동이다. 생각하고 말하는 용기, 진실 앞에서의 겸손, 다른 사람에게 베푸는 후의. 진리는 나의 일부가 아니다. 내가 진리의 일부이며, 그래서 진리는 나를 안아 가로질러 용해시키는 어떤 것이다. 정직은 언제나 거짓을 말하며 환상에 젖어 있는 나를 환상에서 벗어나게 해준다. 그래서 정직은 좋은 것이다.

그렇다면 언제나 진실만을 말해야 하는가? 아니다. 그리고 그럴 수도 없다. 게다가 진실만을 말하는 것은 단정치 못하기도 하거니와, 유순을 벗어나는 것이기도 하다. 성실성은 폭로주의와는 다르다. 성실성은 야만도 아니다. 우리에게는 침묵할 권리가 있다. 그리고 때로는 그래야만 한다. 정직은 침묵을 금하는 것이 아니라, 거짓을 금한다. 또는 거짓과 관계하는 침묵을 금한다. 그것에 대해서는 나중에 다시 말할 기회가 있을 것이다. 어쨌든 진실은 어리석음과는 다르다. 몽테뉴가 말했듯이, "진리는 미덕의 가장 중요한 부분"⁵⁾이다. 그러나 진리는 다른 모든 미덕의 조건일 수는 있지만 그 역은 가능하지 않다. 즉 미덕이 진리의 조건일 수는 없다. 진리는 후의, 사랑, 정의와는 무관하다. 반면 사랑, 후의, 정의 등은 진실된 것일 때 즉 겉으로 보이는 것과 실제가 같을 때, 그러니까 정직한 것일 때 비로소 미덕일 수 있다. 진리는 그 어떤 것에도 예컨대 정의 또는 사랑에도 복종하지 않으며, 종사하지 않으며, 값을 치르거나 보상하지 않는다. 그런 이유에서, 몽테뉴는 "진리는 오직 그 자체로 사랑해야 하는 것"⁶⁾이라고 말한다. 정직이란 바로 그런 것이다. "그럴 수밖에 없어서, 직업적으로 종사하기 때문에 진실을 말하는 사람은 진정으로 진실된 사람은 아니다."[7] 그런 사람은 두려움 없이 거짓말을 말할 수 있다. 물론 모든 것을 말할 필요는 없다. 그러나 말을 할 때에는 진실만을 말해야 하고, 또 오직 진실이라고 믿는 것만을 말해야 한다. 여기에서는 **상황론**이 끼어들 여지가 있다. **상황론**이란 무엇인가? 바로 양심의 상황에 대한 연구이다. 다른 말로 하면, 양심에서 비롯되는 여러 가지 도덕적 어려움, 예컨대 "거짓말은 하지 말아야 한다"와 같은 일반적인 규칙을 특별한 여러 상황들 즉 규칙과는 달리 모호하고도 다양한 여러 상황들에 그대로 적용시킬 때 야기되는 어려움들에 대한 연구이다. 정직과 그 규칙에 대해서는 몽테뉴가 잘 정의한 바 있다. "모든 것을 말할 필요는 없다. 그것은 바보짓이다. 그러나 일단 말을 하는 경우 그 말은 생각과 같아야 하며, 그렇지 않다면 그것은 나쁜 것이다."[8] 예외에 대해서는 재론의 여지가 있지만, 우선 말하자면 예외는 예외가 전제하는 규칙에 의해서만 즉 예외에도 불구하고 폐지될 수 없는 규칙에 의해서만 가치가 있을 수 있다. 정직은 진리를 가치 있게 하는 미덕이며, 진리에 복종한다. 사랑의 대상이든, 존중의 대상이든, 의지의 대상이든 간에 스스로 가치 있는 것이란 없으니 그렇다. 우선 진리에 충실해야 한다. 그렇게 하지 않으면, 어떤 성실성도 위선에 불과할 뿐이다. 진리를 사랑할 일이다. 그러지 않으면, 어떤 사랑도 환상 또는 거짓에 불과할 뿐이다. 정직은 그렇게 행동과 정신으로 보여주는 진리에 대한 성실성이고, 진리에 대한 사랑이다. 다시 말해서, 정직이란 진리에 대한 사랑에 근거하여 행동하고 말하고 생각하는 것이다. 정직은 진실됨의 미덕이다.

그렇다면 진실된 사람이란 어떤 사람일까? 아리스토텔레스의 설명에 의하면, 진실된 사람이란 "진실을 사랑하는 사람",[9] 그래서 진실을 위해서 거짓을 거부하는 사람이다. 그것이 과정에 의한 것이든, 모르고 그러는 것이든 또는 꾸며서 그러는 것이든 간에 말이다. 또한 진실된 사람이란 허풍과 감춤 사이,

자기 자랑과 비밀 사이, 지나친 과장과 지나친 겸허 사이에서 "중용을 지킬 줄 아는 사람이다."[10] 진실된 사람이란 또 "말과 삶이 일치하는 사람, 교활하지 않은 사람, 자신의 장점을 가감 없이 인정할 줄 아는 사람이다."[11] 그것이 미덕인가? 물론이다. "거짓은 그 자체로 나쁜 것이고 비난받을 일인 반면, 성실은 고귀하고 칭찬받을 일이다."[12] 그런 사실을 받아들여서 실천에 옮길 줄 알았던 그리스인들은 참 행복한 사람들이었고, 고귀한 사람들이었다. 아니 그 이상이다. 그리스인들 사이에도 우리처럼 궤변론자들은 있었고, 그런 궤변론자들에게는 순박할 정도로 성실한 사람들이 우습게 보였을 것이다. 그랬다고 한들 어떤가. 진리가 없다면, 사상이 무슨 가치가 있겠는가? 진리를 진리 외의 다른 것에 종속시킨 채 그것을 따르는 사상을 나는 **궤변론적 사상**이라고 부른다. 궤변은 실천적인 측면의 정직, 이론적인 측면의 철학과 반대이다. 고통이 따를지라도, 불행이 따를지라도, 환상이 깨질지라도, 할 수 있는 한 진실되게 살고 생각하는 것이 중요하다. 우선 진리에 충실하자. 거짓 기쁨보다는 참된 슬픔이 더 가치가 있다.

정직은 특히 허풍에 저항한다는 점에서 허풍과 관계가 있다. 특히 아리스토텔레스는 그 점을 지적하면서,[13] 그래서 정직은 나르시시즘 또는 자기애와 대비되는 것이라고 한다. 정직이 자신에 대한 사랑과 대비된다는 말인가? 그런 것은 아니다.[14] 자신의 진실됨은 사랑해야 하고, 자신에 대한 사랑은 의무이기도 하다. 자신을 사랑하지 않는 척하는 태도는 오히려 위선이고 거짓일 수 있다. 그러나 진실된 사람은 있는 그대로의 자신을 사랑할 뿐, 그렇게 되기를 기대하는 자신 또는 환상 속의 자신을 사랑하지 않는다. 자신에 대한 사랑과 자기애의 차이, 고결함과 아리스토텔레스가 말한 허영의 차이는 거기에 있다. 고결한 사람은 "사람들의 생각보다는 진리를 더 염려하며, 그래서 다른 사람들을 개의치 않고 말하며 행동한다. 왜냐하면 그럴 때 비로소 보다 정직해질 수 있기 때문이다. 그래서 그는 대중을 상대로 아이러니를 사용해야 할 경우가 아니면, 언제나 진실을 말하는 것을 좋아했다."15) 그런 고결한 태도는 자비를 결여한 듯해 보인다. 사실이다. 그러나 자비의 결핍은 고결한 태도 때문일 수 없다. 그리고 거짓 겸손보다는 참된 고결이 낫다. 고결함은 또한 너무 명예만을 소중히 여기는 듯하며, 그것은 사실이다.16) 그러나 적어도 고결은 거짓의 대가로 명예를 얻으려고 하지는 않는다. 거짓 영광보다는 참된 긍지가 낫다.

스피노자도 말했듯이, 참된 사람은 가능한 한 참된 사상적 규범을 따르는 사람이다. 혹은 내가 덧붙여보면, 참된 사람이란 참되다고 아는 것 또는 그렇게 믿는 것만을 말할 뿐, 거짓된 것 또는 거짓되다고 생각하는 것은 말하지 않는 사람이다. 그렇다면 어떤 거짓도 용납하지 않는 것이 정직인가? 정의로 볼 때, 정직은 거짓을 용납할 수 없다. 어떻게 정직하게 거짓말을 할 수 있다는 말인가? 거짓말을 한다는 것은 진실을 알거나 또는 알고 있다고 믿는다는 말이며, 그럼에도 불구하고 알고 있는 것과는 상관없이 일부러 다른 말을 한다는 말이다. 정직은 그런 일을 금하거나 또는 거부한다. 정직하다는 것은 진실이라고 믿는 것을 말하는 것이며, 그것은 또한 말에서든, 행동에서든 자신의 믿는 것에 충실한 것이며, 자신이 생각하는 진실을 따르는 것이다. 그러므로 모든 거짓은 나쁘며, 죄악이라는 것이다.

그러나 스피노자와 칸트가 인정하고 있는 듯한 이런 엄격주의에 나는 찬동할 수 없다. 이 두 철학자들을 잠시 살펴보기로 하자.

"자유 인간은 거짓되게 행동하지 않으며, 항상 정직하게 행동한다."17) 스피노자의 말이다. 자유 인간이란 사실 보편적인 이성만을 따르는 사람을 말한다. 그런데 이성이 거짓말을 허용한다면, 그것도 항상 허용한다면 지금과 같은 인간 사회는 불가능하지 않을까?18) 맞는 말이다. 어떤 개인의 생명이 걸려 있다면? 스피노자는 아주 침착하게 그런 경우도 마찬가지라고 대답한다. 왜냐하면 이성은 모든 사람에게 똑같은 것이기 때문에, 각자의 이해관계에 따라서 달라질 수 없다는 것이다. 스피노자의 다음과 같은 놀라운 주석은 바로 거기에서 비롯된다.

> 어떤 사람이 거짓을 이용해서 죽음의 위험을 벗어날 수 있다면, 그렇게 해야 하는 것은 당연한 규칙이 아닌가? 나는 즉각 대답할 수 있다. 만약 이성이 그 사람에게 그렇게 하라고 명령한다면 이성은 모든 사람들에게 그렇게 하라고 명령하는 셈이며, 그렇다면 이성은 모든 사람들에게 공동의 권리를 건설하고 힘을 단결시키기 위해서 거짓을 일삼으라고 명령하는 셈이 될 것이다. 그러나 그런 명령은 결국 사람들로 하여금 공동의 권리를 가지지 못하게 하는 결과를 초래할 것이다. 이는 어처구니없는 일이다.[19]

스피노자는 거짓말을 절대적으로 금하는 것은 아니다. 다만 자유로운 판단의 근본인 이성이 거짓을 명령할 수는 없다는 것이다. 그러나 나는 『에티카』의 같은 부분에 있는 명제 20-25와 이 주석이 어떤 관계가 있는지는 잘 이해를 못하겠다. 왜냐하면 『에티카』의 그 부분은 자신의 보존을 위한 노력이 "미덕의 유일한 근본"이자 최종 목적인 것처럼 말하고 있기 때문이다. 그러나 인간에게 중요한 것은 이성만이 아니며, 인간의 이성은 본질일 수도 없다. 본질은 욕망이고, 사랑이다.[20] 그뿐만 아니라 어떤 사람도 절대적으로 이성적일 수는 없다. 또는 그래야만 한다거나, 그렇게 되기를 바랄 수도 없다. 그래서 스피노자는 둘을 분리시킨다. 스피노자의 증명에 의하면, 거짓 행동을 하는 사람은 결코 자유로운 상태에서 그렇게 하는 것이 아니다.[21] 옳다. 반면에 거짓과 사기가 미덕일 수는 없다.[22] 그 역시 옳다. 오직 이성의 소리만을 듣는 것은 종종 비이성적인 것이 되며, 오직 미덕만을 사랑하는 것은 죄가 될 수 있으며, 자유롭게 살려고만 하면 자유를 위태롭게 할 수 있다. 물론 정직은 미덕이다. 그러나 정직만 미덕인가? 신중도 미덕이며, 정의와 자비도 미덕이다. 살기 위해서, 야만을 모면하기 위해서 또는 사랑하는 사람을 구하기 위해서 거짓말이 필요하다면 그리고 다른 방법이 없다면 또는 다른 방법은 더 나쁘다면, 물론 거짓말을 해야 한다. 스피노자도 그에 대해서는 인정하고 있는 듯하다. 다만 보편적이어야 할 이성이 그렇게 하라고 **명령할** 수는 없다는 말이다. 거짓말은 보편성을 띨 수 없다. 만약 모든 사람이 거짓말을 한다면, 거짓말이 무슨 의미가 있을까? 아무도 믿지 않을 것을. 또 말하는 것이 무슨 소용이 있을까? 모든 말이 거짓말인 것을. 그러나 욕망과 유리된 스피노자의 이성은 너무 추상적으로 느껴진다. 욕망은 언제나 개별적이며 구체적이다. 『정치론(*Tractatus Politicus*)』에서 볼 수 있듯이[23] 욕망은 거짓말을 시키기도 한다.[24] 그러나 그 거짓말이 항상 자연의 권리 또는 다른 사람 또는 모두의 이익을 침해하는 것은 아니다. 정직의 본질은 진리의 욕망 또는 욕망의 진리에 있다.[25] 진리를 위해서 사랑과 연민[26]을 희생시킬 수는 없으며, 다시 진리를 위해서 스피노자가 모든 것의 규칙이자 진정한 성실성이라고 부르는 정의와 자비를 어길 수는 없다.[27] 진실에 충실하다는 것은 욕망의 진실 또는 욕망을 어기지 않는다는 것을 의미한다.[28] 다른 사람을 속여야 하든지 또는 자신을 배반해야 하든지, 나쁜 사람을 속여야 하든지 또는 약한 사람을 포기해야 하든지, 약속을 어기게 되든지, 사랑을 지키지 못하게 되든지 하는 상황은 거짓말을 피할 수 없게 만든다. 자신이 사랑하고 염원하는 진실에 대한 성실성은 이따금 거짓말을 강요하기도 한다. 스피노자의 명제 72에 대한 주석을 통해서 보면 스피노자는, 내가 이해하기로는, 칸트와 다르다. 정직이 미덕이라면, 거짓말은 미덕일 수 없다. 그러나 그 말은 모든 거짓말이 죄가 된다는 말은 아니다. 그리고 거짓말을 일절 금할 수도 없다. 누군들 자유로울까마는, 거짓말도 자유롭게 선택할 수 있는 것은 아니다. 나쁜 사람, 무지한 사람, 힘이 막강한 광신자가 성실하기조차 하다고 해보자. 그들 앞에서 자유로울 수 있는 사람이 있을까? 거짓말은 결코 미덕일 수는 없다. 그러나 바보짓도 미덕은 아니다. 자살도 미덕은 아니다.29) 간단히 말하자면, 주석 29에서처럼 악을 최소화하는 것이 좋은 것이고 때로 거짓말은 악을 줄여줄 수 있다.

칸트는 좀더 분명하다. 칸트에 의하면, 거짓말은 결코 미덕일 수 없으며 더 나아가 저질러서는 안 되는 잘못이며 죄악이다.30) 반면 거짓의 반대말인 진실은 "어떤 상황에서든 지킬 가치가 있는 절대 의무이며", "근본적으로 예외를 허용하지 않는 규칙"31)이어야 한다. 여기에서 뱅자맹 콩스탕은 반문한다. "예컨대 당신의 친구가 살인자들에게 쫓겨 당신 집에 숨어들었는데도, 거짓말을 하면 그것이 죄가 되는가?"32) 그러나 칸트는 그런 정도의 사소한 개인사에 동요하지 않는다. 아무리 그런 상황이라고 해도 인간성 자체가 문제이기 때문에, 그리고 보다 정직히 말해서 진실은 "신성한 이성의 명령이며, 어떤 편리함 때문에도 제한받을 수 없는 절대 명제"33)이므로 당연히 거짓말은 죄라고 한다. 다른 사람의 목숨이 걸렸건 자신의 목숨이 걸렸건 마찬가지이다. 여기에 의도성은 끼어들 틈이 없다. 경건한 거짓말이란 있을 수 없으며, 관대한 거짓말은 더더욱 말도 안 된다. 모든 거짓말은 죄이다. "거짓말은 가벼움을 명분으로 내세울 수도 있고, 선을 명분으로 내세울 수도 있다. 그리고 거짓말을 하면서 훌륭한 목적을 내세울 수도 있다. 그러나 아무리 그래도 거짓말이 목적을 위해서 정당화될 수는 없으며, 그래서 거짓말은 거짓말을 하는 본인의 인격을 침해하는 죄이며, 스스로의 존엄성을 상실하게 하는 비천한 짓이다."34)

그러나 아무리 그렇다고 해도, 칸트의 말은 개인의 인격에 너무 큰 의미를 부여하는 것 같다. 과연 그런 하찮은 위엄을 위해서, 그 알량한 청렴을 지키기 위해서, 죄 없는 사람을 살인자들에게 넘겨주는 미덕이 정직의 미덕인가? 신중이 없는, 연민이 없는, 자비가 없는 정직의 의무가 무슨 의미가 있는가? 거짓말은 죄인가? 그럴 수 있다. 그러나 메마른 심정은? 더 문제이다. 진실은 의무인가? 그렇다고 하자. 그러나 위험에 처한 사람을 돕는 일은 더욱 절박한 의무이다. 이웃 사랑보다 양심을 선택하는 불행한 사람아!

뱅자맹 콩스탕의 반박에서 볼 수 있었듯이, 18세기에 이미 충격적으로 받아들여진 칸트의 이론은 오늘날에는 아예 더 이상 지지받을 수 없는 입장으로 정리된다. 왜냐하면 이 슬픈 20세기는 야만이 어찌나 극성스러운지, 더 이상 양심이나 외치면서 살인자들에게 종사하는 엄격주의는 웃음거리가 되어버린 지 오래인 세기이기 때문이다. 여러분이 유대인이나 레지스탕스를 다락방에 숨겨주었다고 해보자. 그를 추적 중인 게슈타포가 당신에게 와서 묻는다. 그때 여러분은 사실을 말하겠는가? 아니면, 그것도 결국 마찬가지지만, 대답을 거부하겠는가? 그래서는 안 된다. 명예를 소중히 하는 사람이든, 가슴이 따뜻한 사람이든, 의무에 충실한 사람이든 간에 거짓말을 해야 할 필요를 느낄 것이다. 나도 단호히 말하겠다. 거짓말을 하라고. 왜냐하면 여기에서의 거짓말은 거짓말이 아니기 때문이다. "너희가 애국자를 숨겼느냐고 독일 경찰이 와서 묻거든, 아니라고 거짓말을 하라. 그것은 거짓말을 하는 것이 아니라, 진리를 말하는 것이다. 누군가를 숨기고 있어도, 아무도 없다고 대답하라. 그런 상황에서는 그것이 가장 신성한 의무이다."35) 장켈레비치의 말이다. 나도 이 입장을 지지한다. 아예 생각을 포기하지 않는 한 또는 문제의 해결을 아예 외면하지 않는 한, 어떻게 칸트의 입장을 지지할 수 있을까? 독일 경찰에게 거짓말하는 것도 명백한 거짓말인 것만은 틀림없는 사실이다. 그러나 그 거짓말은 아름다운 미덕의 거짓말이다. 칸트의 주장에도 불구하고, 그런 점은 진실이 절대적 의무일 수만은 없으며 무조건적이고 보편적인 의무일 수는 없음을 반증한다. 더 정확히 말하자면 무조건적인 절대적 보편의 의무는 없으며, 칸트의 의미로 말하자면, 아예 의무 자체가 없다. 오직 정도의 차이가 있는 가치들, 절박하거나 절실한 또는 값진 정도의 차이만 있는 미덕들이 있을 뿐이다. 반복하지만, 진실도 그중 하나이다. 그러나 진실은 정의나 연민 그리고 후의나 사랑보다도 덜 중요하다. 그뿐만 아니라 그것은 이웃 사랑을 의미하는 자비보다도 덜 중요하다. 더군다나 이웃 자체가 진실 아닌가? 살과 뼈로 이루어진 그 진실이 고통 받는다면, 그 고통은 우리의 한마디 진실보다 훨씬 더 중요하지 않을까? 우선 진실에 충실하자. 그러나 선언의 진리보다는 감정의 진리에 더 충실하자. 그리고 말의 진리보다는 고통의 진리에 더 성실하자. 정직을 절대화시키다보면, 정직을 잃을 수 있다. 왜냐하면 그러다가는 정직이 더 이상 선한 것일 수 없고, 메마른 진실, 증오스러운 진실로 전락할 수 있기 때문이다. 그것은 더 이상 정직이 아니라 사실주의이다. 그것은 미덕이 아니라 광신이다. 이론과 껍질뿐이 추상적인 광신, 진리를 광적으로 추구하는 철학자의 광신. 광기는 어떤 것이든 좋지 않다. 그리고 어떤 광신도 미덕일 수 없다.

다소 덜 극단적인 다른 예를 들어보자. 곧 죽을 사람에게 그가 곧 죽을 거라는 사실을 말해야 하는가? 칸트는, 특히 죽어가는 당사자가 묻는 경우에는 그래야 한다고 대답한다. 그에게 진실은 절대 의무이기 때문이다. 그런가 하면 장켈레비치는 그래서는 안 된다고 대답한다.[36] 왜냐하면 사실을 그대로 말하는 일은 죽어가는 사람에게 "절망적인 고문"을 가하는 결과가 되기 때문이다. 이 문제는 내게는 훨씬 더 복잡해 보인다. 나는 죽어가는 사람이 묻는 경우, 죽는다는 사실을 견딜 만하면 사실을 말해줄 수도 있다고 본다. 오히려 사실을 알게 하는 것은 죽어가는 사람이 죽음을 부인하는 대신, 위엄을 가지고 죽음을 담담히 맞이하게 하는 일이기도 하다. 죽어가는 사람에게 하는 거짓말은 그의 죽음을 훔치는 일이라고 릴케가 말했던. 장켈레비치의 말을 들어보자. "어떤 사람더러 그가 죽어간다고 말하는 것은 잘못된 것이다. 왜냐하면 첫째, 삶과 죽음은 신만이 알 수 있는 것이며, 따라서 어느 누구도 다른 사람에게 '너는 죽을 것이다'라고 말할 권리는 없기 때문이며, 둘째, 사실을 알면 죽어가는 환자는 더 고통 받을 것이기 때문이다."37) 그러나 내가 보기에, 진실을 말해서는 안 된다고 하는 장켈레비치의 첫 번째 이유는 신의 전지(全知)와 인간의 확신을 혼동한 결과이다. 의사는 그가 알고 있는 의학적 지식에 근거해서 말할 권리가 있으며 또 의사는 그래야만 하는 것이 아니겠는가? 장켈레비치의 두 번째 이유도 나는 부인하고 싶다. 그는 진실의 가치와 정신력을 너무 과소평가하는 것 같다. 희망을 진리, 용기 또는 정신보다 더 위에 위치시키는 것은 결과적으로 희망을 너무 높은 곳에 자리잡게 만든다. 거짓말의 대가 또는 환상을 가지게 한 대가로 희망을 가진들 무엇하겠는가? 장켈레비치는 또 말한다. "외롭고 불쌍한 그들에게 고통을 주어서는 안 된다. 그것은 진실보다 더 중요한 일이다"38)라고. 그렇다. 외롭고 불쌍한 그 사람이 도저히 견딜 수 없는 고통이라면, 그래서 오직 환상이 아니고는 그나마 남은 인생을 살 수 없겠다고 판단한다면 어쩔 수 없다. 그러나 항상 그런 경우뿐인가? 죽음 앞에서 철학과 성실성이 기능을 상실한다면, 그런 철학과 성실성을 어디에 쓰겠는가? 그리고 진리가 오직 우리를 위로하는 데에 쓰일 뿐이라면 또는 고통을 당하지 않게 하는 데에 쓰일 뿐이라면 그런 진실을 어디에 쓰겠는가? 그래서 나는 여기에서도 절대로 안 된다고 말하는 사람도 못 믿지만, 항상 그래야 한다고 말하는 사람도 안 믿는다. 거짓말은 사랑이나 연민 때문에 할 수도 있다. 어떤 때에는 그래야 한다. 자신은 감당할 자신도 없으면서 다른 사람에게 용기를 가지라고 말하는 것처럼 비겁한 태도가 있을까? 그렇다. 결정은 죽어가는 사람이 할 일이다. 죽어가는 본인이 진실을 원하면 진실을 말해주어야 하며, 그가 자신 없어하면 진실을 감추는 것이 좋다. 여기에서 중요한 것은 과격함보다는 부드러움이며, 진실보다는 연민이다. 그럼에도 불구하고 뚜렷한 이유가 없이는 진실을 다른 사람에게서 빼앗을 수 없는 것이며, 특히 상대가 진실을 요구할 때에는 더욱 그렇다. 안락이 전부일 수는 없다. 마음만 편한 것이 최고는 아니다. 할 수 있는 한 육체적 고통을 줄여야 하고, 의사는 그 일에 정진해야 한다. 그러나 목숨과 관련된 정신적 고통은, 고뇌는, 두려움은? "모르고 죽는 것이 낫다"고 이따금 사람들은 말한다. 과연 그것이 의술의 승리인가? 그렇다고 그가 안 죽는 것은 아니지 않은가? 내가 알기로는, 의사의 본분이란 치료할 수 있는 한 우리를 치료하고, 치료할 수 없는 경우 우리에게 그 사실을 알리는 것이다. "그에게 사실을 말하면, 자살할 수도 있습니다"라고 의사가 말할 수 있다. 그러나 자살은 병이 아니다. 그리고 자살도 권리이다. 반면 신경쇠약은 병이다. 의사는 환자 대신 살아야 할지 죽어야 할지를 결정하기 위해서가 아니라, 병을 치료하기 위해서 존재한다. 의사들이여, 지나친 배려를 경계하라. 당신들은 환자들의 건강을 책임질 뿐, 그들의 행복이나 안정을 책임지지 않는다. 죽어가는 사람이 불행을 느낄 권리가 없다는 말인가? 그가 고뇌할 권리가 없다는 말인가? 그의 고뇌, 그의 불행이 당신을 그토록 두렵게 하는 이유가 무엇인가?

연민, 애정, 애통을 외면할 수는 없다. 고문하는 것보다는, 미칠 지경으로 만드는 것보다는, 거짓말하는 것이 낫다. 진실이 모든 것일 수는 없다. 그러나 어떤 미덕도 진리를 대신할 수는 없으며, 진리 없이는 어떤 미덕도 가치가 없다. 가장 아름답고 인간적인 죽음은 맑은 상태에서의 죽음이다. 우리는 죽어가는 사람에게, 할 수만 있으면 사실을 알려주어야 한다. 그것이 우리의 의무이다. 예수, 부처, 소크라테스, 에피쿠로스, 스피노자 또는 시몬 베유에게 누가 감히 죽음을 속일 수 있었겠는가? 그런 사람들은 병실이나 병원 복도를 드나들지 않은 사람들이라고 당신은 말할지 모른다. 그렇기도 하다. 그러나 우리는 쓰라린 아픔을 외면하기보다는, 그들을 닮으려고 노력해야 한다. 죽어가는 사람의 침대 머리맡이라고 해도 진실은 가치가 있다. 그러나 다시 한번 반복하건대, 중요한 것은 그것만이 아니다. 연민도 중요하지만, 사랑은 더욱 중요하다. 요구하지도 않을뿐더러 감당할 수도 없는 사람에게 진실을 밝히는 것은 폭력이고 잔인성이다. 진실은 성실하게 밝히는 것이 미덕일 때 또 그럴 가치가 있을 때 밝히는 것이다. 아무 때나, 누구에게나, 아무렇게나 그렇게 해서는 안 된다. 진실은 그보다 위에 있는 미덕 또는 더 긴급한 미덕을 해치지 않는 범위에서 밝히는 것이다. 장켈레비치는 누구보다도 그 점을 잘 지적했다. "범죄적인 밀고를 사랑보다 높이 사는 사람처럼 불행한 사람이 있을까! 잔인한 사람들에게 서슴없이 진실을 밝히는 사람처럼 불행한 사람이 있을까! 한번도 거짓말을 해보지 않은 사람처럼 불행한 사람이 있을까!"[39]

지금까지의 말은 오직 다른 사람을 상대할 때에만 옳은 이야기이다. 특히 상대가 고통을 받고 있는 약한 사람일 경우에는, 진실보다는 그 사람을 보살피는 일이 더 중요하다. 그러나 진실 대신 자기 자신을 택할 수 있을까? 결코 그렇지 않다. 다른 사람을 상대할 때는 진실을 밝히는 것보다 거짓말을 하는 것이 더 정당한 경우도 있다. 그러나 자기 자신에게는 참보다 거짓이 결코 우선할 수 없다. 그렇게 하는 것은 자신을 진실보다 더 위에 자리잡게 하고 자신의 안락을 정신보다 더 위에 놓는 결과가 되며, 진실과 자신에게 죄를 범하는 이중적인 잘못을 저지르는 결과가 된다. 어떤 잘못일지라도 자비는 있어야 한다. 인생이란 너무나 복잡 미묘한 것이어서, 이 경우라고 해서 그를 단죄해야 한다고 단정적으로 말하기는 어렵다. 엄청난 불행을 만나면 자신이 어떤 일을 저지를지, 자신이 감당할 만한 고통이 어느 정도의 고통인지 누가 알겠는가? 자비, 누구에게든 자비가 있어야 한다! 그러나 그 말은 모든 것에 가치가 있다는 말은 아니며, 자기 자신에 대한 거짓을 아무렇지도 않게 지나갈 수 있다는 말은 아니다. 물론 우리의 목숨이 걸렸는데도 옳지 않은 사람

정직 249

에게 진실을 말할 수는 없다. 그것은 우리 자신을 진리 위에 위치시키는 일과는 상관없는 일이다. 우리가 진리를 사랑하지 않아서, 진실을 존중하지 않아서 그렇게 하는 것은 아니기 때문이다. 살인자나 야만인에게 거짓말을 하는 것은 거짓이 아니며, 오히려 그것은 선의의 거짓말이다. 그러나 여기에서 우리는 상황에 따라서 예외를 인정해야 하는 타자에 대한 조건부 정직과, 오직 자기 자신에게만 관계되기 때문에 오히려 더욱 보편적인 반성적 정직을 구분해야 한다. 다른 사람에게는 연민 때문에 또는 신중을 위해서 때로 거짓말을 할 필요가 있다. 우리는 그것에 대해서 이미 살펴보았고, 그래서 그것에 대해서는 더 이상 말하지 않겠다. 그러나 자기 자신에게 거짓말을 한다면, 어떻게 정당화될 수 있을까? 신중? 신중을 핑계 삼는다면, 그것은 자신의 안락을 명료성보다 위에, 자신의 자아를 정신보다 더 위에 위치시키는 결과가 될 것이다. 연민? 연민을 핑계 삼으면, 그것은 용기의 미덕을 위반하는 결과가 될 것이다. 사랑? 정직이 없는 사랑은 자기애, 나르시시즘 외에 다른 것일 수 있던가?

 사르트르는, 나의 문제 제기와 성격은 다르지만, 한 논의에서 부정직(不正直)을 "자신에 대한 거짓말"이라고 부르면서, 그것은 인간의 모든 양심을 본질적인 차원에서 배반하는 것, 다시 말해서 일단 말한 뒤에 부인하는 것이며 자기 자신과 양심을 어긋나게 하는 것이라고 정의하고 있다.[40] 식탁은 식탁이다. 그러나 자신을 철저히 카페의 종업원이라고 믿는다거나, 철학교수라고 믿는다거나, 슬프다고 또는 기쁘다고 믿는다거나, 금발이라고 또는 갈색머리라고 믿는 것은 부정직이라는 것이다. 존재는 결정된 것이 아니다. 따라서 지금의 존재를 결정된 것이라고 믿는다면 그런 태도는 자신의 고뇌, 자신의 백지 상태, 즉 자신의 자유를 부인하는 결과가 된다. 그래서 부정직은 모든 의식에 "영원한 위험"[41]으로 작용한다. 우리는 그 위험과 대항해서 싸울 줄 알아야 한다. 부정직은 존재도 아니며, 사물도 아니며, 운명도 아니다. 부정직은 현재의 존재 또는 그렇게 믿는 존재 또는 그렇게 되기를 희망하는 존재에 대한 즉자(卽自)와 대자(對自) 형태, 신인 동시에 아무것도 아닌 형태의 사물화이다. 그러면 부정직의 반대 지점에는 무엇이 있는가? 자기의 존재를 믿는 것은 자기기만이다. 거기에는 존재가 있는 것도 아니며, 사물이 있는 것도 아니며, 자질이 있는 것도 아니다. 거기에는 노력과 요구와 미덕이 있다. 사르트르에게서든[42] 다른 누구에게서든 간에, 정직 또는 진솔은 그렇다. 정식은 자기만족적인 의식과의 일치가 아니라, 거짓말이나 부정직 또는 자아로부터의 끊임없는 벗어남이다.

  말의 가장 넓은 의미에서 보면, 정직은 진실에 대한 사랑에 다름 아니다. 정직이 다른 어떤 것보다 철학적인 미덕인 이유가 거기에 있다. 그러나 정직이라는 미덕이 누구에게나 똑같이 적용되는 것은 아니라고 했다. 그래서 말의 가장 일상적인 의미로 보건 또는 진실을 명예, 권력, 행복 또는 체계 심지어는 미덕보다도, 사랑보다도 더 위에 놓는 철학자와 관련해서 보건, 정직은 철학의 미덕이라고 할 수 있다. 철학자는 자신을 그럴듯하게 위장하는 것보다는 좋지 못한 그대로의 자신을 알고 싶어하며, 환멸이 오면 환멸을, 이기주의가 지배하면(사실 언제나 이기주의가 지배하지만) 이기주의를 인정할 뿐, 자신을 관대한 사람인 것처럼 또는 사랑스러운 사람인 것처럼 꾸미려고 하지 않는다. 그럼에도 불구하고 철학자는 사랑이 없는 진리를 신으로 섬기지도 않으며,[43] 진리가 없는 사랑은 사랑이 아니라 다른 거짓과 마찬가지 거짓이라고 말한다. 스피노자는 어떤 대상이든지 상관없이 알고 싶어하는 앎의 희열을 신의 지적 사랑[44]이라고 불렀다. "우리는 특별한 것을 알면 알수록 신을 더 잘 알게 된다."[45] 모든 것은 신 안에 있고, 신은 모든 것 안에 있으니까. 어떤 진리도 신이 아니고 어떤 신도 진리가 아니라면, 스피노자의 말은 지나친 말이 될 것이다. 그러나 그의 말은 그래도 본질을 꿰뚫었다. 진리에 대한 사랑은 종교보다 더 중요하며, 명료성은 희망보다 더 소중하고, 정직은 신앙보다 더 중요하다는 것을 일깨운 점에서 말이다.

정직은 정신분석적 정신이다. 왜냐하면 정신분석적 정신이 없는 정직은 다른 모든 것과 마찬가지로 궤변에 지나지 않을 것이기 때문이다. "진실, 그러고도 진실"[46]은 중요하다. "환상과 기만을 배척하고" "진실만을 사랑할"[47]때, 궤변을 벗어날 수 있다.

정직은 또한 우리 시대의 정신이기도 하다. 우리 시대가 신앙과 함께 정신까지 잃지는 않아서 시대정신을 가지고 있다면 말이다.

알랭이 말했듯이, 정직은 "모든 것을 가볍게 아는",[48] 자신마저도 가볍게 아는, 영원하면서도 덧없는 정신이다. 진리를 만나면 사랑하라. 그러나 경배하지는 말라, 우상숭배가 될 테니까. 신으로 섬긴다고 하지는 말라, 거짓말하는 것이 될 테니까. 모든 진리는 가치가 있다. 그와 동시에 그것은 아무것도 아니다. 진리는 우리가 그것을 사랑할 때 의미가 있는 것이다.[49] 스피노자의 말이다. 진리는 우리가 사랑하니까 아름다워 보이는 것이다. 진리는 사랑하면 정말 아름다워 보인다. 그러나 진리가 신은 아니다. 진리는 사랑하는 사람에게만 가치가 있을 뿐이다. 진리를 사랑하라. 그러나 지나친 경배나 복종을 조심하라, 함정에 빠질 수 있으니까. 사랑이 제일이다. 물론 진실된 사랑을 말하는 것이지만 말이다. 사랑이 제일의 가치라면, 진리는 제일의 존재이다.

정직은 거짓말보다는 성실을, 환상보다는 앎을, 진지함보다는 웃음을 선호하는 정신의 정신이다.

그래서 정직은 유머에 가 닿는다. 부정직이 아이러니와 손을 잡듯이.

## 17 유머

유머(humour, humor)가 미덕일 수 있다니 놀라울 것이다. 그러나 사실을 말하자면, 자신을 억누르는 근엄은 좋지 않다. 반면 유머는 우리를 근엄으로부터 벗어나게 해준다. 유머는 우리에게 기쁨을 선사하기도 하지만, 그보다는 우리를 근엄에서 벗어나게 해주는 매력이 있다.

장켈레비치가 재미있게 표현했듯이, "근엄이란 절망과 무익 사이에 어중간하게 끼어 있는 상황"[1]이다. 반대로 유머는 두 극단을 단호하게 선택하는 태도이다. 보리스 비앙은 "절망의 예의"라는 표현을 썼는데, 무익의 예의도 있을 수 있겠다. 근엄한 표정을 지어 보이는 것은 불손한 태도이다. 유머를 결여하면, 겸손을 결여하게 되고 명철성을 결여하게 되는 결과를 가져온다. 그리고 유머의 결여는 자만을 부르고, 자기기만을 부른다. 유머가 없으면 너무 까다롭게 되며, 너무 공격적이게 된다. 그래서 유머를 결여하면, 결국 언제나 관용의 미덕, 유순의 미덕, 자비의 미덕도 결여할 수 있다. 지나치게 근엄한 미덕은 불안하고 의심스러운 무엇인가를 숨기고 있다. 그것이 환상이든, 광신이든. 그래서 근엄한 미덕은 자신만을 믿는 그러나 오히려 그렇기 때문에 자신을 잃는 미덕으로 전락할 수 있다.

그렇다고 유머의 중요성을 지나치게 과장해서도 안 된다. 우리가 이미 살펴보았듯이, 대부분의 미덕들이 그렇듯이, 깡패에게도 유머가 있을 수 있고, 영웅에게도 유머가 있을 수 있지 않겠는가. 그러나 분명한 그 사실이 증명하는 것은 아무것도 없다. 그렇다면 유머는 어떤가? 유머는 사실 부수적인, 가볍고 비본질적인, 어떤 의미에서는 좀 웃기는 미덕이다. 왜냐하면 유머는 도덕을 가볍게 알며, 웃기는 것을 좋아하는 미덕이기 때문이다. 그럼에도 불구하고 유머는 대단한 자질이요 값진 자질로서, 때로 괜찮은 사람도 결여하기 쉬운 자질이다. 유머는 특별히 그것 때문에 상대에 대한 존경을 더하게 하거나, 결여했다고 해서 존경을 덜하게 하거나 하는 미덕은 아니다. 유머가 없는 성자는 슬픈 성자이다. 그러나 유머가 없는 현자는? 아니, 유머가 없는 현자라는 말이 과연 성립이나 될까? 알랭은 유머란 모든 것을 가볍게 아는 정신이라고 한다.[2] 따라서 유머는 전적으로 정신의 소관이다.

　이 말은 다른 사람의 근엄을 금하라는 말도 아니며, 특히 우리의 행동과 관련해서는, 다른 사람에 대한 우리의 의무와 우리의 도리를 하지 않아도 좋다는 말은 아니다. 그러나 적어도 거기에 속거나 기만당해서는 안 된다. 허영 중의 허영이 근엄이다. 본질을 말하는 성경에 부족한 것이 딱 한 가지 있으니 바로 유머이다. 유머는 사랑을 있게 하고 기쁨을 있게 한다. 이유가 있을 필요도 이유가 없을 필요도 없다. 절망과 무익 사이에서 미덕은 때로 중용이 아닌 끌어안는 능력을 발휘한다. 같은 시선, 같은 미소로 우리가 살아가는 양극단을 말이다. 유머는 그렇게 양극단을 하나 되게 한다. 날카로운 시선으로 보면 절망적이지 않은 것이 어디 있겠는가? 절망적인 시선으로 보면 무익하지 않은 것이 어디 있겠는가? 그래도 우리는 웃어야 한다. 웃음만이 우리가 삶을 버텨낼 수 있는 유일한 길이다. 기쁨이 없는 사랑이 무슨 소용일까? 유머가 없는 기쁨이 어찌 가능할까?

　비극적이지 않은 것은 어떤 것이나 재미있다. 이는 현자의 교훈이다. 여기에 유머가 웃으면서 덧붙여 말한다. 비극은 없다고.

유머의 진리 : 상황은 절망적이다. 그러나 그리 심각하지는 않다.

전통적으로 데모크리토스의 웃음과 헤라클레이토스의 눈물이 대비되어왔다. 몽테뉴의 회상을 들어보자. "데모크리토스와 헤라클레이토스는 철학자들이었다. 둘 중 인간의 조건을 우습고 허망한 것으로 본 데모크리토스는 대중 앞에 나설 때에도 언제나 조소를 머금고 나타났다. 반면 같은 인간의 조건을 연민과 동정으로 바라본 헤라클레이토스는 눈물을 흘리는 슬픈 표정으로 나타났다."[3] 웃을 이유가 없는 것도 아니고 울 이유가 없는 것도 아니다. 그러나 둘 중 어느 태도가 나을까? 현실은 양극단 중의 어느 한쪽이 아니다. 웃을 줄 모르는 사람은 울 줄도 모른다. 그런 점에서는 선택을 강요하는 것이 의미가 없을지도 모른다. 그럼에도 선택은 우리에게 달린 일이다. 웃음이냐 눈물이냐 또는 웃음과 눈물 둘 다이냐 하는 선택은 우리의 본질을 구성하며 우리를 끊임없이 건드린다. 어떤 사람은 웃음 쪽에 기울 수 있고 다른 사람은 눈물 쪽에 기울 수 있다. 슬픔과 기쁨의 싸움인가? 그것은 그리 간단한 문제가 아니다. 그러나 한 가지 분명한 사실은 슬픔, 괴로움, 환멸이 없지 않았던 몽테뉴는 데모크리토스 쪽 손을 들었다. 그는 설명한다. "나는 데모크리토스의 유머가 좋다. 울음보다 웃음이 더 좋아서가 아니다. 다른 사람이 아닌 우리 자신을 벌하는 태도가 바로 유머이기 때문이다. 내 생각에 우리는 우리의 미미한 가치를 볼 때 멸시받아 마땅하다."[4] 그러니까 울자는 말인가? 아니다. 그것은 몽테뉴의 말을 너무 근엄하게 받아들인 것이다. 그러니까 웃자는 말이다. "내 생각에 우리는 너무 많은 허영과 불행, 너무 많은 어리석음과 악의로 가득하다. 우리의 가소롭고 형편없는 삶의 조건이라니!"[5] 그러나 그렇다고 우리 존재의 형편없는 상황을 어디에 가서 하소연한단 말인가? 아니면 우리 자신을 증오한들 무슨 소용인가?[6] 웃으면 그만인 것을.

여기에서 우리는 유머와 아이러니를 구분할 필요가 있다. 아이러니는 미덕이 아니다. 아이러니는 거의 언제나 다른 사람을 향해서 사용하는 무기이다. 아이러니는 나쁜 웃음이다. 아이러니는 빈정거리고 야유하는 파괴의 웃음이다. 아이러니는 다른 사람에게 상처를 입힐 수 있고, 다른 사람을 죽일 수도 있는 웃음이기 때문에 스피노자가 만류한 웃음이다.[7] 아이러니는 증오의 웃음이고, 싸움의 웃음이다. 아이러니도 유용할 때가 있다고? 물론, 필요할 때도 있을 것이다. 필요하지 않은 무기가 어디 있던가? 그러나 어떤 무기도 평화일 수는 없으며, 어떤 아이러니도 유머일 수는 없다. 말에 속지 말자. 우리가 알고 있는 또는 스스로 자처하는 해학가들은 사실 알고 보면 아이러니를 즐기는 자들이거나 풍자가들인 경우가 태반이다. 물론 좋은 경우는 둘이 적절히 섞여 있을 때이다. 베도스의 견해가 그런 견해이다. 그는 우익에 대해서 말할 때에는 아이러니하다. 그러나 좌익에 대해서 말할 때에는 유머러스하다. 그리고 자기 자신에 대해서 또는 우리에 대해서 말할 때에는 유머 그 자체이다. 적개감에 의해서만 웃는 사람처럼 안타까운 일이 또 있을까! 다른 사람을 비웃는 사람의 근엄함이란! 그것이 바로 아이러니이다. 아이러니는 근엄한 웃음이다. 아이러니는 다른 사람을 비웃으면서 자신은 비웃지 않으며, 고고한 척하면서 다른 사람을 바보 취급하는 웃음이다. 그러나 아이러니는 방향을 바꿔서 부메랑처럼 자신에게 돌아올 수 있고, 자신에게 치명적인 것이 될 수도 있다. 아이러니는 가차 없이 멸시하고 단죄한다. 아이러니는 근엄한 표정을 지으면서, 다른 사람의 근엄은 의심한다. 키르케고르가 제대로 지적했듯이, 근엄은 "마치 제삼자처럼"[8] 말하기를 즐긴다. 아이러니는 반짝이는 정신의 소유자들을 공격한다. 겸손인가? 천만의 말씀이다. 근엄한 표정을 짓는 것은 오직 다른 근엄한 사람들을 비웃기 위해서이다. 자신을 멸시하는 가장 좋은 방법은 바로 오만한 태도라는 것을 모르는가! 아이러니는 모든 것에 조소밖에 보낼 줄 모르는 근엄함이다. 아이러니는 모든 것을 쩨쩨하게 보는 쩨쩨함이다.

릴케가 거기에 처방을 준다. "심오함을 얻으라, 아이러니는 그 바닥에 이르지 못하리니."9) 유머는 다르다. 천박한 아이러니, 심오한 유머. 둘 사이의 첫 번째 차이이다. 두 번째 차이는 유머의 반성적, 내재적 특성에 있다. 아이러니는 다른 사람을 또는 자기 자신을 비웃는다. 반면 유머는 자아에 웃음을 보내거나, 다른 사람에게 유쾌한 웃음을 보낸다. 그래서 유머는 언제나 그것이 드러내는 비의미에 감싸인다. 아무것도 진지하게 생각하지 않는 사람이 해학가는 아니다. 유머는 경박성이 아니다. 해학가는 단지 자신의 웃음을 또는 자신의 고뇌를 심지어 자기 자신까지도 진지하게 여기지 않을 뿐이다. 키르케고르도 말했듯이, 아이러니는 자신을 내세우려고 한다.10) 그에 비해서 유머는 자신을 없애려고 한다. 유머는 체계화될 수도 없으며, 지속적인 것일 수도 없다. 또는 유머가 방어적인 무기로 쓰인다면, 그런 유머는 더 이상 유머일 수 없다. 우리 시대는 유머를 너무 찬양하다가 변질시켜버렸다. 유머를 연마하는 것처럼 슬픈 일이 있을까? 유머를 유혹의 수단으로 삼는다거나 나르시시즘의 기념비로 삼는다면? 목구멍이 포도청이라고 하면서 유머를 직업으로 삼는 것은 그래도 괜찮다. 그러나 유머가 종교가 된다면? 그것은 유머를 배반하는 처사이며, 유머를 결여하는 결과가 된다.

자아에 충실한 유머는 우리를 겸손에 이르게 해준다. 근엄한 정신은 오만을 부르며, 오만은 근엄한 정신을 부른다. 반면 유머는 오만을 깨고, 겸손을 알게 한다. 그래서 유머의 본질은 자기반성에 있다. 유머는 그것이 쓴웃음일지라도 그 끝에 오는 웃음에 자신을 묻는다. 그것은 내용의 문제가 아니라, 정신 상태의 문제이다. 같은 표현, 같은 농담이라도 말하는 사람의 상태에 따라서 성격이 달라질 수 있다. 같은 농담이라도 자신을 제외시키면 그것은 아이러니가 될 수 있으며 자기 자신을 포함시키면 유머가 된다. 아리스토파네스는 「구름(Nephelai)」에서 소크라테스를 조롱하기 위해서 아이러니를 사용했다. 사실 소크라테스는 위대한 아이러니스트이다. 연극을 관람하던 소크라테스는 다른 관객들과 함께 너털웃음을 지음으로써 유머를 보여주었다.[11] 아이러니와 유머는 어조나 문맥만 아니라면 서로 구분해낼 수 없을 정도로 달라붙어 있는 경우도 있다. 그루초 마르크스가 "나는 아주 훌륭한 밤을 보냈습니다. 그러나 오늘밤은 아니고요"라고 들뜬 목소리로 말했다. 그가 그 말을 그날 밤에 시시한 야연을 연 집주인에게 했다고 하자. 그러면 그것은 아이러니가 된다. 그러나 그가 그 말을 회중에게 했다고 하자. 그러면 그것은 유머가 된다. 그러나 앞의 경우에도 유머를 가미시킬 수 있다. 그루초 마르크스가 그날 밤에 있었던 실패의 일부를 책임진다면 그것은 유머가 된다. 뒤의 경우도 아이러니가 될 수 있다. 회중이 재치가 없다면. 우리는 어떤 것을 두고서든지 농담을 할 수가 있다. 실패를 두고, 전쟁을 두고, 죽음을 두고, 사랑을 두고, 병을 두고, 고문을 두고. 그러나 그때 유머는 비참한 세상에 조금은 즐거움을 선사할 수 있어야 하고 유순과 가벼움을 줄 수 있어야지, 증오와 고통과 멸시를 얹어서는 안 된다. 우리는 모든 것을 두고 웃을 수 있지만, 아무렇게나 그래서는 안 된다. 유대인의 역사가 유대인 배척자의 웃음거리가 될 수는 없다. 웃음이 전부일 수는 없으며, 웃음이 용서를 대신할 수도 없다. 더군다나 막을 수도 있는 불행을 두고 우스개를 한다면 죄가 될 것이다. 유머는 행동을 대신할 수 없으며, 다른 사람의 고통에 무감각한 것은 죄이다. 그러나 행동을 하는 경우든 아닌 경우든 자신의 감정을, 자신의 고뇌를, 자신의 분개를 또는 자신의 미덕을 지나치게 근엄하게 앞세운다면 그것도 죄이다. 제대로 된 명철은 자아에서 출발한다. 자아에 대해서 웃을 수 있을 때, 유머는 모든 그 나머지를 웃어줄 수 있다.

"내게 제일 아쉬운 것은 내가 다른 사람이 되지 못한다는 것이다." 우디 앨런의 말이다. 그러나 그는 그 사실을 수용한다. 유머는 애도의 행위이다. 그래서 유머는 고통스럽지만 현실을 받아들인다. 아이러니와 유머가 다른 점은 거기에도 있다. 아이러니는 상처를 입힌다. 유머는 치료를 한다. 아이러니는 죽일 수도 있다. 유머는 살도록 도와준다. 아이러니는 지배하려고 든다. 유머는 자유롭게 한다. 아이러니는 가차 없다. 유머는 자비롭다. 아이러니는 모욕적이다. 유머는 겸손하다.

그러나 유머가 겸손에 봉사하는 것만은 아니다. 유머는 그 자체로도 가치가 있다. 유머는 슬픔을 기쁨으로 바꾸는 힘이 있는가 하면, 환멸과 절망을 유쾌하게 감싼다. 그리고 스피노자에 의하면 유머는 증오를 사랑으로 바꾸어 주는 힘도 있다. 유머는 근엄, 증오, 분노, 원한, 광신, 체계 정신, 굴욕, 심지어 아이러니까지도 무장 해제시킨다. 우선 자아에 대해서 웃자. 그러나 증오심은 버리고서 말이다. 또는 모든 것을 웃어주자. 그러나 사실을 인정할 뿐, 거기에서 자신을 배제시키려고 들지는 말자. 아이러니가 사실 속으로는 '그렇다'라고 하면서도 "아니다"라고 말한다면 유머는 "그렇다"라고 대답하는 것이다. 그래도 그렇지. 아무려면 어때. 심지어 도저히 받아들이기 어려운 것까지도. 그렇게 하자. 이중성일까? 이중적인 것은 아이러니이다. 위장 즉 부정직이 없는 아이러니는 아이러니가 아니다. 그러나 유머는 그렇지 않다. 거짓 유머가 유머일 수 있을까?[12] 애매함, 모순, 찢김은 있을 수 있다. 그러나 그것조차 마지막에는 수용되며 극복된다. 피에르 데프로주는 자기가 암에 걸렸음을 알고는 "나보다 심한 암 환자는 죽어야지"라고 했다. 우디 앨런은 자신의 고뇌, 실패, 병적 증세를 영화에 담았다. 인간의 조건 앞에서 피에르 다크는 질문한다. "우리에게는 영원히 풀 수 없는 문제가 세 가지 있다. '우리는 누구인가? 우리는 어디에서 왔는가? 우리는 어디로 가는가?' 그것에 나는 대답한다. '내 개인적으로만 보면, 나는 나이고, 나는 나의 집에서 왔고, 나는 그곳으로 돌아간다.'"

나는 어디에선가 코믹한 철학은 없다는 내용을 본 적이 있다.[13] 아마도 거기가 웃음의 한계일 것이다. 웃음이 사상을 대신할 수는 없으니까. 그러나 철학의 한계 또한 거기에 있다. 철학은 웃음을 대신하지 못하며, 그뿐만 아니라 즐거움도 지혜도 대신하지 못한다. 오! 체계화의 슬픔이여. 약간의 유머만 있으면 슬픔을 벗어날 수 있으련만. 칸트와 헤겔에게는 유머가 없는 반면, 몽테뉴와 흄에게는 유머가 있다. 나는 다른 데에서 스피노자의 유명한 말을 인용한 적이 있다. "비웃지 말라, 울지 말라, 증오하지 말라, 다만 이해하라."[14] 그렇다. 그러나 이해할 일이 없다면? 웃는 일만 남는다. 다른 사람을 짓밟는 아이러니의 웃음이 아니라 다른 사람과 함께 웃는 그리고 다른 사람 안에서 웃는 유머의 웃음. 우리에게 배는 없지만 우리는 한 배를 탄 운명이다. 그리고 우는 것보다는 웃는 것이 낫다. 그것은 셰익스피어의 지혜이고, 몽테뉴의 지혜이고 그리고 그것이 진실이다.

"나르시시즘의 승리"[15]라는 기이한 말을 프로이트가 했다. 그 말은 자아를 희생시키되 초자아를 통해서 자아가 제자리를 찾게 만든다는 말인 듯하다.[16] 자아는 "당당하게 자리잡고서 자아에 대한 공격을 즐기며, 마침내 자아를 극복한다."[17] 그래서 나르시시즘의 승리는 나르시시즘에 대한 승리이다. 또 프로이트는 "쾌락의 승리"[18]라는 말도 한다. 그러나 쾌락의 승리는 그것이 단순히 웃기 위한 것일지라도 현실을 있는 그대로 받아들이는 조건에서만 가능하다. "유머는 말하는 듯하다. '세상이 너무 위험하다니! 아니, 어린아이 장난 같지 않은가! 그러니까 최선은 웃어주는 것이다.'"[19] 프로이트가 말했듯이 "현실의 부인"[20]은 자신마저 부인할 수 있을 때, 그러나 그런 다음 자신이 웃어주는 현실을 인정하고 극복해서 즐길 수 있을 때 유머러스해질 수 있다. 그렇지 않으면 그것은 유머가 아니라 광기이며, 현실의 부인이 아니라 치매이다. 월요일, 형장으로 끌려가는 사형수가 외친다. "화사한 일주일이 또 시작되는구먼!"[21]

유머에는 용기, 위대성, 넓음이 있다. 유머의 나는 나로부터 자유롭다. "유머는 우리를 자유롭게 하는 어떤 것이 있을 뿐만 아니라, 숭고한 어떤 것까지도 있다."22) 프로이트의 지적이다. 유머가 다른 우스운 것들과 다른 점은 거기에 있으며,23) 유머가 미덕이 될 수 있는 것도 그 때문이다.

유머와 아이러니의 차이를 더 살펴보면, 아이러니는 고상하지 못하며, 넓지 못하고, 천박하다. "아이러니는 탐욕의 다른 모습이며, 도대체 칭찬이라고는 할 줄을 모르고 이빨만 가는 지적 발작이다. 반면에 유머는 사랑하는 것에 미소를 보낼 줄 알고 그래서 곱절로 사랑하기에 이르는 넓음의 다른 모습이다."24) 곱절 사랑? 그 말은 자신 없다. 다만 더 가볍게, 더 자유롭게 사랑할 수 있는 것만은 사실이다. 그러나 아이러니는 증오, 비판, 멸시밖에 모른다. 더 독설적인 데가 있는 도미니크 노게즈는 유머와 아이러니를 대립시켜서 그 둘의 방향을 제대로 짚어내고 있다. "유머와 아이러니는 언어와 현실의 불일치에 근거하고 있다는 점에서는 서로 비슷하다. 그러나 유머는 사물과 사람에 대한 다정스러운 형제애가 느껴진다면, 아이러니는 증오, 멸시, 분노가 느껴진다. 유머가 사랑이라면, 아이러니는 멸시이다."25) 최소한의 공감이 없다면 유머는 불가능하다고 키르케고르는 말한다. "유머는 아이러니에 없는 공감이 있다."26) 고통에 대한 공감, 고독에 대한 공감, 약점과 고뇌와 허영 그리고 무의미한 모든 것에 대한 공감. 유머는 부조리, 영어로 말하자면 난센스(nonsense), 절망과 관계된다. 아무 의미도 없는 어처구니없는 말이 모두 유머가 될 수 있다는 말은 물론 아니다. 오히려 의미가 있는 말에서 웃음이 나올 수 있다. 그러나 의미 있는 것이라고 해서 모두 웃음을 주는 것도 아니다. 대부분의 의미 있는 말들은 웃음과 무관하다. 웃음은 의미에서 나오는 것도 아니고, 비의미에서 나오는 것도 아니다. 웃음은 한쪽에서 다른 쪽으로의 건너감에서 나온다. 의미가 흔들리면 유머가 있다. 의미가 없어지는 순간, 그러니까 의미가 있음에서 없음으로 건너가면서, 마치 공중에 매달린 듯이 흔들거릴 때에 유머가 있다. 예컨대, 그루초 마르크스가 환자를 진료하다가 말한다. "내 시계가 죽은 거야, 이 사람이 죽은 거야?" 이 말은 물론 의미가 있다. 그러나 이 말이 웃음을 자아내는 것은 바로 그 의미 때문이다. 그러나 여기에 담긴 의미는 가능하지 않은 의미이다. 유머는 의미의 진동, 의미의 망설임 또는 의미의 폭발이다. 간단히 말해서, 유머는 하나의 과정이며 진행이다. 그러나 유머는 진지한 의미에서 기원에 가까이 가 있는 동시에 부조리한 비의미라는 자연스러운 배출구에 가까이 다가간, 그렇게 해서 무한 변조(無限變調)를 드러나게 하는 힘이다. 아무튼 유머는, 내가 보기에는, 의미와 비의미 사이의 갑작스러운 진동, 순간적으로 포착되는 진동 사이에 있다. 의미가 너무 가득하면 유머가 아니다. 그것은 오히려 아이러니에 가깝다. 의미가 너무 빈약해도 유머가 아니다. 그것은 어처구니없게 들릴 수 있다. 여기에서도 아리스토텔레스의 중용은 필요하다. 근엄한 사람에게는 모든 것이 의미이다. 따라서 유머는 근엄한 사람의 것이 아니다. 반면 경박한 사람에게는 아무것도 의미가 없다. 따라서 유머는 경박한 사람의 것도 아니다. 유머는 모든 진지한 것 속에서 경박함을, 모든 경박한 것 속에서 진지함을 끌어내는 불안정하고 모호한 중간의 어떤 것이다. 아리스토텔레스는 말한다. 유머러스한 사람은 웃을 일이 있을 때, 웃을 필요가 있을 때 너무 지나치지도, 모자라지도 않게 적당히 웃는 사람이라고. 그러나 아리스토텔레스를 웃어줄 것인지, 중용을 웃어줄 것인지, 유머를 웃어줄 것인지를 결정하는 것은 유머의 일이다. 유머는 모든 것을 웃어줄 수 있기 때문이다.

유머는 우리의 인생에서 중요한 영역들, 예컨대 우리의 근엄한 신앙, 가치, 환상의 자락들을 흔들어대고 나풀거리게 함으로써 더욱 심오해질 수 있으며, 그렇게 되면 웃음은 더욱 활짝 핀 웃음이 된다. 어떤 때에는 사상이 폭발을 한다. 예컨대 "칼자루가 없고, 칼날이 없는 칼"이라는 리히텐베르크의 표현이 그렇다. 또 어떤 때에는 현대의 허풍, 예컨대 어떤 영역에서 보여주는 상상할 수 없는 속도, 즉 독서의 속도 같은 것도 웃음이 될 수 있다. "나는 『전쟁과 평화(Voyna i mir)』를 20분 만에 읽었는데, 러시아 이야기더라." 우디 앨런의 허풍이다. 또 어떤 때에는 우리의 행동이나 반응을 문제 삼을 수도 있다. 거기에는 우리의 가치, 기준 또는 주장들이 함께 연루된다. 다시 우디 앨런이 말한다. "나는 나 자신의 방어를 위해서 검을 가지고 다닌다. 공격을 당하는 경우 나는 손잡이를 잡는데, 그 순간 검은 하얀색 지팡이로 변해 있다. 그러면 사람들이 나를 구하러 온다." 마지막 경우는 의미가 비의미로 변하는 예가 아니라, '내가 싸울 준비가 되어 있다'라는 검에 대한 잘못된 확신이 하얀색 지팡이의 비겁성이라는 다른 현실로 전환됨을 볼 수 있다. 그러나 한 의미에서 다른 의미로, 즉 당당함에서 우스꽝스러운 비겁성으로의 전환은 둘 모두를 허약하게 만들며, 그렇게 해서 적어도 잠재적으로나마 비의미가 생성되기에 이른다. 여기에서 드는 예들은 모두 우디 앨런에게서 빌려온 것들인데, 또다른 경우는 고뇌를 터무니없는 것으로 만들어서 고뇌로부터 거리를 유지하는 것이다. "나는 죽음을 두려워하지 않지만, 그래도 나는 여기에서 누가 죽는 것은 싫다." 또는 우리의 감정을 객관화시켜볼 수 있다. "사랑하는 편이 나은가 사랑받는 편이 나은가? 사실 우리의 콜레스테롤 수치가 5.35를 넘으면 사랑받는 편도 사랑하는 편도 안 좋다." 사실 이런 유머는 얼마든지 있을 수 있다. 문제 삼을 의미는 많으며, 털어내야 할 근엄도 많기 때문이다. "영원은 길다, 끝이 안 보일 정도로" 같은 유머처럼 우리의 희망이 드러내는 문제를 문제 삼거나, 또는 "신이 내게 당신의 존재를 증명할 수 있는 징표를 주시기만 한다면, 가령 신이 내 스위스 은행 구좌로 돈다발을 입금시켜주시기만 한다면!" 같은 유머처럼 비열함을 문제 삼거나, 또는 "신이 존재하지 않는다면, 주말에는 벽돌공이나 찾아볼까나!" 같은 유머처럼 있음직하지 않은 일을 배치할 수 있다. 우디 앨런은 인정받아 마땅한 사람이다. 프로이트가 우디 앨런을 알았더라면, 아마도 그를 충분히 인정해주었을 것이다. 우디 앨런은 미국의 장의사가 선전 문구로 사용해도 좋을 다음과 같은 말까지 한 사람이다. "단돈 10달러에 묻힐 수 있다면 더 이상 살 이유가 있을까요?"27) 그리고 그는 거기에 다음과 같은 설명까지 덧붙인다. "인생은 객관적으로 볼 때 의미도 가치도 찾을 수 없는데도 인생의 의미가 무엇이고 가치가 무엇이냐고 묻는 순간, 우리는 병이 난 것이다."28) 유머는 이처럼 우는 대신에 즐기는 것이며, 유머의 바탕은 바로 거기에 있다.

다시 키르케고르로 가보자. "연속된 시간, 끝도 없는 시간이 힘겹게 느껴지면, 유머 감각이 있는 사람은 일순간 거기에서 벗어나 부조리의 위안을 찾는다."29) 키르케고르의 위의 말은 유머의 진리보다는 유머의 "날조", "파기", "철회"30)와 관계한다. 그에 의하면, 유머는 윤리와 종교를 잇는 진정한 소명을 이루어야 한다.31) 즉 유머는, 키르케고르의 표현을 그대로 쓰면, "신앙 이전의 마지막 내적 실존 단계",32) 아이러니가 미학 안에 숨은 윤리의 익명성이듯이, 유머는 윤리 안에 숨은 종교의 익명성이어야 한다는 것이다.33) 나는 물론 그렇게 생각하지 않는다. 유머는 윤리의 근엄성을 문제 삼아서 객관화시키고 의심해보고 그 허영과 자만을 즐기는가 하면, 미학자의 근엄을 또는 여자의 꽁무니를 따라다니는 속물을 문제 삼거나, 더 근본적으로는 성직자의 근엄성을 문제 삼는 것이다. 윤리를 그보다 상위 개념, 예컨대 신앙에 빗대어 웃는 것은 유머가 아니라 아이러니이다. 유머는 윤리 또는 미학 그리고 종교를 그보다 하위 개념에 빗대거나, 또는 비의미에 기대거나, 진리에 기댐으로써 웃는 것이다. 피에르 데프로주를 예로 들어보자. "예수는 '네 이웃을 네 몸과 같이 사랑하라'고 하셨지만, 나는 개인적으로 나를 더 사랑한다. 하지만 나는 개인적인 견해를 그런 논쟁에 개입시키고 싶지는 않다." 다시 우디 앨런의 예를 보자. "나는 죽음의 강박관념에 사로잡혀 있다. 나는 끊임없이 죽음을 생각한다. 그래서 나는 과연 저 세상이 있는 것인지 자문해본다. 만약 저 세상이 있다면 거기에서는 20달러짜리 동전을 만들 수 있을까?" 여기에는 진리가 재미있게 표현되어 있으며, 유머러스하다. 비의미가 우리를 즐겁게 해주는 것도 바로 그 때문이다. 의미 안에서는 근엄을 가장하지 않으면, 아무것도 진리로 받아들여지지 않는다. 우리는 언제나 농담만 하고 있을 수는 없으며, 그래서도 안 된다. 우리가 아무것에나 대고 농담할 수는 없지 않은가. 그리고 유머는 의미가 어느 정도 유지될 때 웃음을 자아낼 수 있다. 그런 점에서 유머는 근엄을 제거하는 것이 아니라 그것을 상대화시키거나, 불안정하게 만들거나 또는 그것과의 거리를 유지함으로써 우리를 그것으로부터 자유롭게 한다. 그러나 근엄이 폐지되는 것은 아니다. 유머는 현실을 변화시키지 않으며, 우리의 욕망, 우리의 신앙, 우리의 환상은 여전히 현실의 일부이다. 유머는 즐거운 각성이다. 그것이 두 가지 미덕을 가질 수 있는 이유는 거기에 있다. 각성이라는 점에서 유머는 명철을 얻게 하고, 그래서 정직에 이르게 한다. 즐겁다는 점에서 유머는 사랑에, 즉 전체에 이르게 한다.

알랭의 말을 다시 반복해보면, 정신은 전체를 조롱한다. 정신이 혐오의 대상을 또는 멸시의 대상을 조롱하면 그것은 아이러니이다. 그러나 사랑의 대상을 또는 존경의 대상을 조롱하면 그것은 유머이다. 유머의 가장 손쉬운 대상은 내가 가장 사랑하는 대상, 내가 가장 존경하는 대상이 아닐까? 데프로주가 말했듯이, 그것은 바로 나 자신이다. 유머의 위대성, 또 희귀성은 바로 거기에 연유한다. 그러니 유머가 어찌 미덕이 아닐까?

# 18 사랑

두뇌와 섹스는 근육이 아니며, 근육이 될 수도 없다. 여기에서 중요한 여러 가지 결론들이 도출될 수 있는데, 다음과 같은 결론도 하나의 중요한 결론이다. 우리는 우리가 원하는 대상, 욕망하는 대상, 사랑하는 대상을 마음대로 사랑할 수도, 선택할 수도 없다. 아무리 욕망과 사랑의 대상이 많고 다양하다고 해도, 그것들은 선택의 대상이 아니다. 사랑은 마음대로 되는 것이 아니다. 그래서 사랑은 의무일 수도 없다.[1] 그렇다면 사랑(amour, love)이 어떻게 미덕을 다루는 책의 한 장을 차지할 수 있는가 하는 문제가 제기될 수 있다. 문제로 제기하자면 제기할 수도 있다는 말이다. 그러나 의무는 강제이고, 미덕은 자유라는 점에서 미덕과 의무는 서로 다를 수 있지만, 그럼에도 불구하고 둘 다 없어서는 안 될 필수적인 것들이며, 서로 유사한 점에서보다는 서로 보완적인 또는 대칭적인 점에서 불가분의 관계가 있는 것들이다. 내가 보기에는 모든 미덕이 그렇다. 예컨대, 관대한 사람은 호의를 의무 즉 강제로 여기지 않는다.[2] 사랑은 더욱 그렇다. "사랑으로 하는 일은 언제나 선악을 초월한다"[3]고 니체는 말했다. 그러나 나는 그렇게 생각하지 않는다. 사랑은 선 자체가 아니던가. 사랑은 차라리 거의 언제나 의무, 금기를 초월한다고 할 수 있으며, 사랑이 고귀한 이유는 바로 거기에 있다. 의무는 칸트가 "멍에"[4]라고 표현한 슬픈 강제이며, 사랑은 기쁜 자발성이다. "강제로 하는 일에는 사랑이 생기지 않는다."5) 칸트의 말이다. 말을 뒤집어도 뜻이 성립된다. 사랑으로 하는 일은 강제할 필요가 없다. 누구나 알고 있듯이, 우리의 경험 중 윤리적인 어떤 경험들은 도덕과 대립적이어서가 아니라 도덕적 책임을 필요로 하지 않기 때문에 도덕과 아무런 관계가 없다. 어떤 어머니가 자기 아이에게 젖을 주는 일을 의무라고 할까? 그리고 사실 부부의 의무라는 말보다 더 혹독한 표현이 어디 있을까? 사랑이 있다면, 욕망이 있다면, 의무가 무슨 필요가 있을까? 반대로 부부의 미덕은 쾌락 중에도 있으며, 모성의 미덕은 사랑 중에도 분명히 있다! 정도의 차이는 있을 수 있다. 후의의 차이, 유순의 차이, 성실의 차이, 순수의 차이, 신중의 차이, 유머의 차이, 단순의 차이, 정직의 차이, 사랑의 차이. 그러나 중요한 것은 차이가 아니라 미덕이다. 즉 최선을 다하는 태도이다. 훌륭한 어머니, 훌륭한 아내가 따로 있겠는가? 이기적이고 저속하고 혐오감을 주는 사랑이 한편에 있는가 하면, 훌륭한 사랑, 미덕과 일치된 사랑을 하는 많은 사람들과 부부들이 다른 한편에 있다. 육체적인 사랑은 한 예에 불과할 뿐이다. 육체적 사랑을 지나치게 떠받드는 오늘날의 풍속은 그것을 악령처럼 여기던 과거의 풍속만큼이나 잘못된 것이다. 물론 사랑은 성에서 비롯된다. 그 점은 프로이트가 주장하고, 나도 기꺼이 공감하는 바이다. 그러나 아무리 그렇더라도 사랑이 성에 귀착될 수는 없다. 사랑은 에로스의 쾌락을 초월한다. 개인적인 생활이든, 공적인 생활이든, 가족의 삶이든, 직장에서의 생활이든, 사랑이 있을 때 비로소 그것들은 의미가 있을 수 있다. 우리가 우리 자신조차 사랑하지 못한다면, 이기주의자가 된들 무슨 소용이겠는가? 단지 돈과 안락 또는 일을 사랑할 뿐인 일이라면, 일이 무슨 소용이겠는가? 또는 지혜를 사랑하지 못한다면, 철학이 무슨 소용이겠는가? 철학을 사랑하지 못한다면, 이 많은 책들이 무슨 소용이겠는가? 미덕을 사랑하지 못한다면, 내가 쓰고 있는 책이 무슨 소용이겠는가? 여러분이 이런저런 사랑을 나와 함께 공감하지 않는다면 이 책을 읽을 필요가 어디 있겠는가? 그러나 사랑은 명령할 뿐, 명령받지 않는다.

그 말은 도덕적, 윤리적 삶에도 그대로 적용된다. 우리는 사랑을 명령할 수 없으니 도덕을 명령하는 것이다. 우리에게 그토록 도덕이 요구되는 이유는 바로 거기에 있다. 사랑은 부재한다. 사랑은 부재하면서, 바로 그 부재를 통해서 지휘한다. 사랑은 자신이 부재한 자리에 의무를 들어서게 한다. 그러나 의무는, 사랑이었다면 강제하지 않았을 일을 강제한다. 사랑은 강제로는 안 된다. 명령으로 다룰 수 없는 것이 사랑이라면, 결국 그 비슷한 다른 것이라도 생각해내야 하지 않을까? 그래서 우리는 도덕을 통해서 행동을 명령하는 것이다. 이는 중요한 말이다. 도덕은 사랑을 명령하는 대신, 사랑이 있었으면 자발적으로 할 일을 의무로 이행하게 한다. 의무의 금언이 있다면 "사랑하는 것처럼 행동하라"이다.

칸트가 실천적 사랑이라고 부른 것은 사실 그것이다. "사랑을 사랑하는 것이 불가능한 것은 아니다. 그러나 사랑은 명령을 받지 않는다. 명령을 받고 어떤 사람을 사랑하는 일은 인간의 능력 밖의 일이다. 그러므로 이 모든 규칙의 중심에 실천적 사랑이 있어야 한다. 따라서 이웃 사랑이란 모든 의무의 **자발적** 실천을 의미한다. 그러나 사랑을 규칙으로 삼으라고 명령한다고 해서, 의무를 자발적으로 이행할 수 있는 것은 아니다. 다만 그렇게 하려고 노력할 수 있을 뿐이다. 왜냐하면 어떤 것을 자발적으로 하라고 하는 명령은 스스로 모순이기 때문이다."[6] 사랑은 명령이 아니라, 칸트가 말하는 "성자의 이상"[7]이다. 그럼에도 불구하고 우리를 인도하고 밝혀주는 것은 바로 이상이다.

우리는 미덕을 갖추고 태어나지는 않는다. 미덕은 서서히 갖추어지는 것이다. 어떻게? 예절 교육, 도덕 교육, 사랑 교육 등을 통해서. 예의는, 앞 장에서 보았듯이 유사 도덕이다. 예절 바르게 행동하는 것은 마치 미덕을 갖춘 것처럼 행동한다는 말이다.[8] 가장 낮은 차원의 도덕은 바로 거기에서 즉 미덕을 모방함으로써 시작한다. 말하자면 교육은 도덕이 우리를 향해서 또는 우리가 도덕을 향해서 가까이 다가갈 수 있게 해준다는 말이다. 따라서 올바른 세상이라면 예의는 점점 덜 중요해지고, 그에 반비례하여 도덕은 점점 더 중요해진다. 청소년들은 바로 그 점을 깨달아야 한다. 그러나 그것이 끝은 아니다. 그것은 하나의 시작일 뿐이다. 도덕은 일종의 유사 사랑이다. 도덕적으로 행동한다는 말은 사랑하는 사람처럼 행동한다는 말이다. 도덕은 그렇게 사랑을 모방함으로써 유지된다. 그러나 도덕은 습관을 통해서, 내재화를 통해서, 승화를 통해서 사랑에 가까이 가거나 우리를 사랑에 가까이 다가가게 해주며, 그러다가 심지어 그 사랑 속에 묻혀 자신의 모습을 잃어버리기조차 한다. 올바로 행동한다는 것은 우선 관례대로 행하는 예의이고, 그런 다음 도리를 다해서 행하는 도덕이고 그리고 마지막으로 사랑으로 원하는 바를 행하는 윤리이다. 도덕이 예의를 완성시킴으로써 우리를 예의에서 벗어나게 하듯이, 사랑은 도덕을 완성시킴으로써 우리를 도덕에서 벗어나게 해준다. 미덕을 갖춘 사람은 미덕을 갖춘 것처럼 행동할 필요가 없으며, 사랑할 줄 아는 사람은 사랑하는 것처럼 행동할 필요가 없다. "사랑하라 그리고 원하는 바를 행하라"[9]고 하는 성서의 정신이 바로 거기에 있으며, 스피노자도 설명했듯이 "내가 율법이나 예언서의 말씀을 없애러 온 줄로 생각하지 말아라. 없애러 온 것이 아니라 오히려 완성하러 왔다"[10]고 선언한 예수는 율법의 폐지를 통해서가 아니라 율법의 완성을 통해서, 율법을 "우리의 가슴 깊은 곳"[11]에 각인시킴으로써 우리를 율법으로부터 자유롭게 했던 것이다. 도덕은 이처럼 유사 사랑을 통해서 우리를 도덕에서 해방시킴으로써 사랑을 가능하게 하는 것이다. 도덕은 예의에서 태어나서, 사랑을 향한다. 도덕은 우리를 한쪽에서 다른 쪽

사랑 269

으로 건너가게 해준다. 도덕이 준엄해 보이고 반감을 불러일으키지만, 그럼에도 불구하고 우리가 도덕을 사랑하는 이유는 거기에 있다.

그래도 사랑을 사랑해야 하지 않을까? 사실 우리는 사랑을 사랑한다. 사랑받고 싶어하지 않는 사람은 없지 않을까. 또는 사랑을 사랑할 줄 모르는 사람에게는 도덕도 아무런 소용이 없다. 사랑을 사랑하지 않으면, 우리는 끝이다. 아마도 지옥이 있다면, 그것이 지옥일 것이다. 저주와 타락이 따로 없다. 사랑을 사랑해야 한다. 아니면 아무것도 사랑할 수 없다. 사랑을 사랑하자. 그러지 못하면 끝이다. 강제가 무슨 소용이고, 도덕이 무슨 소용이고, 윤리는 또 무슨 소용이겠는가?[12] 사랑이 없으면, 미덕을 사랑하지 않으면, 우리가 말하는 미덕들이 무슨 소용이겠는가? 파스칼, 흄, 베르그송은 그 점에서는 칸트보다 더 명석하다. 왜냐하면 도덕은 논리보다는 감정, 이성보다는 가슴과 관계하기 때문이다.[13] 이성은 오직 우리가 원할 때에만 그 보편성에 의해서 명령할 수 있거나 또는 그 신중성에 의해서 봉사할 수 있다. 이기주의와 잔인성은 무모순율(無矛盾律)로 이겨낼 수 있다고 주장하는 칸트는 황당한 데가 있다. 서슴없이 거짓말하고 죽이고 고문한 다음, 과연 자신의 행동이 무모순율의 보편법에 근거한 행동인지 아닌지 걱정하는 사람이 있다고 하자. 그에게 과연 무모순율은 무엇인가? 그에게 과연 보편은 무엇인가? 우리에게 도덕이 필요한 것은 사랑이 없기 때문이다. 그리고 우리가 도덕적 감정을 가질 수 있으려면, 아니면 최소한 도덕의 필요성만이라도 느낄 수 있으려면, 비록 우리에게 이미 주어진 그리고 우리가 간직하기 쉬운 그리고 우리가 꿈꾸거나 갈망하는 우리 자신에 대한 사랑일지라도 어느 정도의 사랑이 필요하다.

그러므로 사랑은 신이 아니니 우리가 사랑을 절대화시킬 수는 없다고 하더라도, 적어도 사랑은 도덕보다는 또는 의무나 법보다는 더 중요하다. 사랑은 모든 미덕의 알파요 오메가이다. 우선 어머니와 아이가 있다. 두 몸과 가슴의 따스함이 있다. 거기에는 배고픔과 젖이 있다. 그리고 거기에는 욕망과 충족이 있다. 어르는 손길이 있다. 젖먹이고 보호하는 몸짓이 있다. 어머니의 안도의 목소리가 있다. 우선 젖먹이는 어머니가 있고, 그다음에 놀라운 일, 즉 잠자는 아이를 자는지 안 자는지 지켜보는 남자가 있다. 사랑이 도덕보다 우선하지 않는다면, 우리가 어떻게 도덕을 알 수 있겠는가? 도덕이 우리에게 제안하는 것, 애타게 희망하는 것, 그것은 바로 사랑 아닐까? 사랑은 도덕을 가능하게 하고 도덕은 사랑을 지향하니, 그렇게 사랑은 우리를 도덕으로부터 자유롭게 한다. 웬 순환논법이냐고? 물론 순환논법이다. 그러나 여기의 순환논법은 꼬리에 꼬리를 무는 문자 그대로의 순환논법은 아니다. 여기에서는 처음 사랑과 나중 사랑이 다르다. 처음 사랑이 법의 조건이요 기원이요 근원이라면, 나중 사랑은 법의 결과요 초월이요 완성이다. 사랑은 그래서 미덕의 알파요 오메가인 것이다. 말을 바꾸면, 그것들은 서로 다른 글자이고, 적어도 두 가지의 다른 사랑이다. 그래서 사랑은 삶의 알파벳이며, 그 첫 글자요 끝 글자이다. 그러니까 사랑은 순환이지만, 미덕적인 순환이고 미덕을 가능하게 하는 순환이다. 우리는 욕망을 벗어날 수 없으니, 사랑을 벗어날 수 없다. 사랑은 스스로 변하며 우리를 변화시킨다. 사랑의 미덕에 대해서 말하기 전에 우리가 약간 걸음을 늦추어야 하는 이유가 거기에 있다.

　사랑이란 무엇인가? 이는 아주 대단한 질문이다. 나는 세 가지 답변을 생각해보았다. 그러나 그것들은 서로 대립적이라기보다는, 비록 서로 대립적인 것 같은 구석도 있지만, 서로 보완적이다. 세 가지 답변 중 내가 생각해낸 것은 없다. 사랑은 내가 새롭게 정의를 해야 할 정도로 미지의 것이 아니다. 이미 많은 사람들이 사랑에 대해서 같은 말을 되풀이해왔다. 이제 그것을 이해하는 일만 남았다.

## 에로스

나는 플라톤이 『향연(*Symposion*)』에서 내린 정의에서 출발하려고 한다. 『향연』은 적어도 직업 철학자들이 『국가』를 선호하게 되기 전까지는 플라톤이 쓴 책들 중 가장 유명했던 책인데, 그 책이 유명해진 것은 그것이 다룬 주제 덕분이다. 사랑은 모든 사람들의 관심사이다. 거기에 사랑이 없었다면, 무슨 다른 주제가 재미있었을까?

연극 작품에 대한 논쟁을 떠올려보자. 사실 향연 자체가 한 편의 연극 작품이기도 하다. 여러 명의 친구들이 아가톤의 집에 모여서, 며칠 전 연극제에 출품했던 그의 작품이 성공적이었다고 축하를 하는 중이다. 그러니까 그것은 제목 그대로 일종의 향연(饗宴)의 자리이다. 사람들은 먹고 마신다. 그리고 말한다. 무엇에 대해서? 에로스(eros)의 사랑에 대해서. 거기에 사랑의 고백 또는 사랑은 거의 없다. 그 자리는 남자들의 만찬 식탁이다. 그곳의 사랑은 특히 사랑의 부재에 의해서 또는 개념에 의해서 더욱 빛난다. 그래서 그들이 찾는 것은 오히려 사랑에 대한 정의이고, 사람들은 저마다 사랑을 찬양하면서 또는 사랑이 어떤 것인지에 대해서 말하면서 사랑의 본질을 붙잡으려고 한다. 사랑에 대한 아주 재미있는 정의는 "사랑은 본질적으로 사랑받고 찬양받고 칭송받는다. 즉 사랑은 영광에 있다"는 정의이다. 그러나 조심할 필요가 있다. 영광이 무엇을 증명할 수 있는가? 지나친 찬탄은 정신을 흐릴 수 있다. 그런 예들은 『향연』에서도 볼 수 있는 예들이다. 소크라테스는 친구들을 비난한다. 그들은 찬양을 진리에 희생시켜야 할 텐데도, 진리를 찬양에 희생시켰던 것이다.[14] 그런 태도는 명백히 짚어주어야 한다. 그런 명백성이 바로 철학이다. 명백성은 철학 자체이다. 아무것에도 복종하지 않는 진리가 맨 앞자리를 차지한다. 그리고 찬양이든 비난이든 나머지 것들은 그 진리를 붙잡고 뒤따라와야 한다. 그런 말이 있은 다음 소크라테스가 사랑에 대해서 말한다. 소크라테스는 철학자의 가장 중요한 주제는 사랑이라고 반복하면서 사랑이야말로 자신의 관심을 끄는, 또 자신이 정통하고 싶은 유일한 주제라고 한다.15) 여기에서는 특히 변론 또는 사상이 문제인 만큼 소크라테스는 진리의 사랑이 다른 어떤 사랑보다도 더 중요하다고 한다. 진리의 사랑을 결여한 변론은 웅변, 궤변 또는 이데올로기에 지나지 않는다. 그러나 그런 논의는 지나가자. 그보다는 그다지 중요하지 않은 몇 가지 초반부 변론들부터 살펴보기로 하자. 우선 파이드로스가 변론을 펼친다. 파이드로스는 아버지도 어머니도 없는 에로스야말로 가장 오래된 신이라는 사실을, 경쟁심을 고취시키는 신이라는 점에서 인간과 국가에 가장 유용한 신이라는 사실을 증명하려고 한다. 파우사니아스는 영혼보다 육체를 사랑하는 일반 사람들의 사랑과 육체보다 영혼을 더 사랑하는 천상의 사랑을 구분하면서, 전자가 아름다움과 함께 시드는 사랑이라면 후자는 "영속적인 것과 일체가 되는" 영원히 성실한 사랑이라고 말한다. 의사 에릭시마코스는 "에로스의 보편적 능력"을 찬양하면서, 의학적, 미학적, 우주적 차원에서 일종의 범에로티시즘주의를 끌어낸다. 그는 아마도 헤시오도스, 파르메니데스, 또는 엠페도클레스의 영향을 받은 듯하다. 마지막으로 아가톤이 변론을 펼친다. 아가톤은 에로스의 젊음, 섬세함, 아름다움, 유순, 정의, 절제, 용기, 기교 등 모든 미덕을 열거하며 찬양한다. 에로스는 그 모든 미덕의 근원이라는 것이다.16) 그런데 이들의 변론들은 대단히 훌륭함에도 불구하고, 사람들은 거기에 별로 주목하지 않았다. 대신 사람들은 『향연』을 다룰 때면 거의 언제나 "남녀 양성"의 신화에 대하여 말하는 아리스토파네스나 소크라테스의 변론을 떠올리곤 한다. 플라톤에 의하면, 물론 사랑의 진리에 대해서 말한 사람은 소크라테스이다. 그런데 이상한 것은 사람들은 『향연』을 이야기할 때, 내가 확인한 바에 의하면 아리스토파네스의 시, 진리, 심오성 등을 찬양하면서 아리스토파네스를 더 자주 인용한다는 사실이다. 그리고 소크라테스는 간데없고, 플라톤은 간데없다! 그런데 그것은 우연이 아닌 것이, 아리스토파네스는 우리가 꿈꾸는 사랑에 대해서 제대로 이야기해주고 있기 때문이다. 그는 우리가 꿈꾸는 사랑, 충만한 사랑, 행복한 열정에 대해서 말한다. 반면 소크라테스가 말하는 사랑은 불완전, 비참, 결핍에 시달리는 사랑이며, 그래서 결국 우리는 불행에 빠지거나 종교에 빠지게 된다는 현실 그대로의 사랑이다. 자, 이제 그들의 논의들을 좀더 세밀하게 다루어보자.

우선 아리스토파네스의 주장[17]부터 들어보자. 시인은 말한다. "옛날 우리의 조상들은 지금의 우리와는 달랐다. 완전히 딴판이었다." "우리의 조상들은 지금의 우리와 비교해볼 때 모든 것이 우리의 두 배였으며, 그러면서도 우리에게서는 찾아볼 수 없는 일관성이 있었다." "우리의 조상은 등과 허리가 둥근 구형(球形) 몸체를 가지고 있었다. 손이 넷, 발도 넷, 아주 둥글고 긴 목 위로 완전히 똑같은 얼굴이 둘 그리고 서로 반대쪽에 있는 두 얼굴을 하나로 합친 머리가 하나, 귀는 네 개, 생식기는 두 개가 있었고, 모든 나머지는 거기에 맞추어져 있었다." 그런데 조상에게 생식기가 두 개씩 있었다는 말은, 말하자면 인간에게 세 가지의 성이 존재했음을 의미한다. 즉 둘 다 남성 생식기인 경우, 둘 다 여성 생식기인 경우, 양성 모두를 가지는 경우 말이다. 아리스토파네스의 설명에 의하면, 남성은 태양에서, 여성은 땅에서, 양성은 달에서 태어났다고 한다. 그런데 그들은 어찌나 힘이 세고 용감했던지, 사다리를 타고 하늘에 올라가 신들과 싸움을 벌일 정도였다. 화가 난 제우스는 벌로서 그들을 위에서 아래로 마치 두부를 자르듯이 두 쪽을 내버렸다. 그렇게 해서 통일성, 완전성, 행복은 두 동강이 났던 것이다! 이후 사람들은 자신의 짝을 찾아 헤매게 되었다. 짝이라는 말은 바로 이런 데에서 써야 하는 말인 것 같다. 옛날, "우리는 하나의 전체를 이루고 있었으며……우리는 하나였다. 그러나 우리는 둘로 갈라졌고", 이후 우리는 "끊임없이 나머지 반쪽"을 되찾으려고 애쓰게 되었다. 과거의 완전한 몸을 회복하려는 노력, 열망, 우리는 그것을 사랑이라고 부르며, 행복의 조건이라고 부른다. 오직 사랑만이 "과거의 우리를 회복시켜줄 수 있으며, 두 존재를 하나로 용해시켜서 현재의 잘못된 인간의 상태를 치유시켜줄 수 있다." 그렇다면 우리는 과거의 자신이 둘 다 남성 생식기를 지녔던 경우, 둘 다 여성 생식기를 지녔던 경우 그리고 양성을 모두 지녔던 경우를 각각 나누어 생각할 수 있는데, 바로 거기에서 남성 동성애, 여성 동성애 그리고 이성애가 생겨난다. 마지막 경우는 아리스토파네스에게 별로 중요한 화제가 아니다. 그것은 전혀 고려의 대상도 아니다. 달에서 또는 땅에서 태어나는 것이 더 낫다고 가정해볼 수도 있지만, 사실 태양에서 태어나는 것보다는 결코 나을 수 없다. 그런 관점에서 보면 인간의 기원 중 한 부분에 불과한 양성 동체의 신화만을 다루는 것은 옳지 못하다. 그러나 여기에서 지금 중요한 것은 그런 논의가 아니다. 사실 사람들이 아리스토파네스에 더욱 주목하는 것은, 그의 신화는 사랑의 신화에 대한 논의 즉 일반적으로 사람들이 말하고 꿈꾸는 또는 믿고 싶어하는 사랑, 종교와도 같은 또는 요정 이야기와도 같은 사랑, 위대한 사랑, 총체적이고 결정적이고 배타적이고 절대적인 사랑의 신화에 대한 논의를 제공하기 때문이다. "남자이든 여자이든 한 남자가 나머지 짝을 만나는 경우, 그 만남은 하나의 기적이 되어 둘을 사랑과 신뢰와 애정으로 묶어준다. 둘은 더 이상 단 한순간이라도 떨어져 있고 싶어하지 않는다." 그들이 염원하는 것은 어떤 것인가? "사랑의 대상과 결합하여 둘이 아닌 하나가 되는 것이다." 진정한 사랑이란 사랑하는 두 사람이 "마치 용접된 철물처럼" 더 이상 떨어지지 않는 사랑으로서 우리의 "본모습"과 통일성을 회복시켜주는 사랑, 우리를 고독에서 벗어나게 해주는 사랑, 이승에서든 전생에서든 간에 "우리가 이를 수 있는 최고의 행복"을 안겨주는 사랑이라고 아리스토파네스는 정의한다. 오직 완성, 일체, 통일성 안에서 마침내 회복된 자신을 사랑할 뿐이니, 그런 사랑이야말로 바로 총체적 사랑, 절대적 사랑이다. 단 하나의 짝, 단 하나의 사랑만을 알 뿐이니, 바로 배타적 사랑이다. 그리고 마지막으로, 기원의 통일성이 우리를 선행하고, 그것이 일단 회복된 다음에는 죽을 때까지 그리고 죽음을 넘어서까지 우리를 가득 채우니, 바로 결정적 사랑이다. 착각한 경우를 제외하자. 사실 그 경우의 사랑은 위대한 사랑일 수 없다. 그렇다. 우리가 꿈꾸는 미친 듯한 사랑의 꿈은 바로 이 신화가 담고 있는 내용을 한 치도 벗어나지 않으며, 어느 내용 하나 다른 점이 없다. 그러나 우리의 꿈은 과연 가치가 있는가? 또 신화가 증명해줄 수 있는 것은 무엇인가? 같은 가치, 같은 신앙, 같은 환상들이 연애소설류에 반복적으로 나타나지만, 어떤 경우든 그것이 증명하는 것은 아무것도 없다. 아리스토파네스는 우리가 꿈꾸는 사랑, 프로이트가 말했던 것처럼 우리가 어머니와 함께 나누었던 사랑 또는 아무도 다시 살 수 없는 그리고 사실은 임상병리학이나 거짓말이 아니고는 또는 기적이나 망상이 아니고는 아무도 느낄 수 없는 어머니의 뱃속에서의 사랑을 말하고 있다. 사람들은 이렇게 말할지도 모르겠다. 증명이 괴로우니까 내가 미리 체념하는 것이 아니냐고. 사실이다. 사실 아리스토파네스와 연애소설류는 내 적성에 안 맞는다.[18] 나는 차라리 아리스토파네스를 싫어한 플라톤, 루크레티우스, 파스칼, 스피노자, 니체 그리고 모든 철학, 프로이트, 릴케 또는 프루스트 쪽에 기운다. 사람들은 또 말할 것이다. 본질은 책에 있는 것이 아니라고. 그것도 맞는 말이다. 그러나 그렇다면 실생활에서의 그 반대의 예는 무엇을 증명하는가? 완전한 결합, 절대적 결합을 이루고 산 짝의 예는 정말 찾기 힘들다. 어떤 사람들은 성모 마리아를 분명하게 본 사람들이 있다고 말한다. 나는 그것에도 별 신빙성을 두지 않는다. 기적에 대해서 흄이 중요한 말을 했는데, 그의 말은 기적에 대해서뿐만 아니라 사랑에 대해서도 해당되는 말이다. 흄에 의하면, 하나의 증언은 다만 가능성을 말해줄 뿐이다. 그리고 가능성은 검증을 남겨놓고 있다. 거짓 증언으로 판명되거나 전혀 가능성 없는 사건으로 판명되는 경우에는, 아무리 그 가능성이 이성적으로 그럴듯해 보일지라도 즉 아무리 가능성이 있어 보일지라도 우리는 진실성을 의심해야 한다. 가능성은 현실적 불가능성을 결코 보상하지 못하기 때문이다. 그러므로 흄의 정의로 볼 때, 어떤 경우든 기적은 믿을 수 없다.[19] 이 말을 우리의 주제와 관련시켜 말하면, 두 사람이 합쳐져 하나가 된다는 말만큼 우리의 일상과 거리가 먼 이야기, 즉 가능성 없고 기적 같은 이야기가 어디 있는가? 그리고 나는 책 또는 증언보다는 육체를 신뢰한다. 사랑을 나누려면 최소한 둘이 필요하다. 성교는 고독을 폐함으로써가 아니라, 고독을 확인함으로써 가능하다. 연인들은 잘 안다. 영혼이 있다면, 두 영혼이 서로 용해될지는 모르겠다. 그러나 서로 접촉하고 사랑하고 즐기는 것은 우선 육체이다. 거기에 대해서는 루크레티우스가 잘 묘사하고 있다. 사랑의 포옹, 서로를 찾는 그 결합, 그러나 그들은 이따금, 아니 자주 서로를 찾지 못하거나, 자아가 모습을 감추었기 때문에 가능한 말이지만 서로를 확인하는 순간 바로 서로를 잊고 만다.

짝을 이룬 두 몸은 활짝 핀 젊음을 즐긴다. 그들의 몸은 곧 있을 관능을 예감한다. 베누스는 여성의 밭에 씨를 뿌린다. 둘은 서로의 몸을 열렬히 탐하면서, 입술과 입술을 포갠 채 키스를 나누고 숨결을 나눈다. 그러나 얼마나 헛된 노력인가. 그들은 아무것도 얻어내지 못한 채, 아니 전혀 안으로 파고들지 못한 채, 아니 전적으로 용해되지 못한 채 서로 떨어지고 마는 것을.[20]

언제나 오는 실패감, 슬픔은 바로 그 때문이다. 그들은 하나가 되고 싶지만, 언제나처럼 다시 둘인 것이다. 루크레티우스가 놀랍게 지적했듯이, "어떤 알

사랑 277

수 없는 고뇌가 쾌락의 근원으로부터 목구멍까지 치밀어 오른다."[21] 물론 이 말은 순수한 쾌락 또는 진실된 사랑을 반박하는 것은 아니다. 다만 루크레티우스는 우리가 적어도 쾌락의 순간에만큼은 달성했다고 착각하는 결합의 가능성을 반박하고 있을 뿐이다. 교접이 끝나면 모든 동물은 다시 슬픔으로, 연인은 이제 다시 자신으로, 자신의 고독으로, 자신의 범속성으로, 욕망이 사라지고 난 뒤의 텅 빔으로 돌아가는 것이다. 그가 슬픔을 벗어난다면, 그것은 쾌락, 사랑, 감사 또는 간단히 말해서 놀라운 만남에 눈떴기 때문일 뿐이지, 서로 다른 두 존재의 융합이나 폐지에 의한 것은 아니다. 사랑의 진리 하나를 말하자면, 사랑은 꿈꾸는 것보다는 체험하는 쪽이 낫다. 드물게 두 연인이 동시에 쾌락을 느낀다고 해도 그들의 쾌락은 서로 다르며 서로는 서로에게 여전히 신비이며 경련과 고독은 각각이다. 육체는 어떤 시인보다도 사랑에 대해서 더 잘 안다. 시인들은 사실 육체에 대해서 우리에게 거짓말을 한다. 시인들은 무엇을 두려워하는 것일까? 시인들은 무엇을 위로받고 싶은 것일까? 자기 자신 또는 미친 듯한 욕망 또는 그 후에 느껴지는 왜소함? 자신 내부에 숨은 짐승, 그렇게 쉽게 메워지는 심연, 그렇게도 얕은, 그럼에도 찬양받는 쾌락, 갑자기 닥쳐오는 죽음과도 같은 평화. 고독은 우리의 몫이다. 그리고 그 몫은 바로 육체이다.

소크라테스 또는 적어도 플라톤이 본 소크라테스는 앞의 내 생각에 동의하지 않을 것이며, 소크라테스의 입장은 아리스토파네스의 입장과는 더더욱 다르다. 소크라테스는 어느 누구의 생각도 따르지 않는 철학자이기 때문인가? 아니, 그 반대이다. "에로스의 진실" 또는 "사랑의 진실"[22]에 대해서 말할 때면, 그는 그것이 자신의 생각이 아니라 디오티마라는 여자의 생각이라고 밝히면서 주로 그녀의 말을 전하는 데에 그친다. 사랑에 관한 한, 소크라테스는 디오티마의 제자를 자처한다. 이는 소크라테스의 경우, 보기 드문 일이다. 그렇다면 그녀는 무슨 말을 하는가? 아니면 소크라테스는 그녀의 말 중 어떤 말을 우리에게 전해주는가? 그 또는 그녀에 의하면, 사랑은 신이 아니거나 또는 신일 수 없다. 사랑은 어떤 사랑이든 간에, 우리가 욕망하는 대상 또는 결핍을 느끼는 대상이 있다.[23] 그런데 우리가 결핍을 느끼는 또는 욕망을 느끼는 우리의 삶의 어떤 것이 과연 신일 수 있는가? 사랑을 보는 시각이 아리스토파네스와는 너무 다르다. 소크라테스에 의하면 사랑은 완전에서 오는 것이 아니라, 불완전에서 온다. 사랑은 융합이 아니라, 찾음이기 때문이다. 사랑은 충만한 완성이 아니라, 극도의 결핍이기 때문이다. 출발점은 바로 거기이다. 사랑에 대한 소크라테스의 정의는, 사랑은 욕망이며 욕망은 결핍이라는 두 가지 틀을 벗어나지 않는다. 그렇다면 사랑, 욕망, 결핍은 서로 유사어인가? 전혀 그렇지 않다. 욕망이란 오직 결핍이 결핍으로 느껴질 때 오는 것이다. 결핍을 느끼지 못하면 욕망도 있을 수 없다. 사랑이란 미결정의 어떤 욕망, 예컨대 특별히 어떤 것을 먹어야겠다는 것이 정해지지 않은 배고픔이 소고기, 생선, 과자류 등 이런 저런 특별한 대상을 향할 때 느껴지는 것이다. 배가 고파서 먹는 것과 좋아하는 것을 먹는 것은 서로 다르다. 마찬가지로 상대를 가리지 않고 아무 여자나 탐하는 것과 특별한 어떤 여자를 탐하는 것은 서로 다르다. 전자가 욕망이라면 후자는 비록 그것이 성적인 것에 그치거나, 순간에 머무는 것일지라도 사랑이다. 그래서 사랑에 빠진 것과 성적 욕망에 시달리는 것과는 다르다. 그렇다면 욕망이 없는데도 어떤 여자를 사랑하는 일이 과연 가능할까? 그럴 수는 없을 것이다. 그런 점에서 보면, 모든 욕망이 사랑은 아니지만, 적어도 에로스라고 말하는 모든 사랑만큼은 욕망과 관계한다. 사랑은 **특별히** 결핍을 느끼는 어떤 대상에 대한 결정된 욕망이다. 나는 이것을 사랑의 제일의 정의라고 본다. 플라톤은, 사랑은 "결핍된 것, 가지지 못한 것을 사랑한다"[24]고 한다. 플라톤이 보기에는, 결핍이 모두 사랑일 수는 없지만(진리를 모르고 있다고 해서 진리를 사랑할 수는 없다. 진리를 사랑하려면, 진리를 모르고 있음을 알아야 하며 진리를 알고 싶어해야 한다), 사랑은 모두 결핍이다. 사랑이란 어떤 결정된 대상의 결핍에 다름 아니다. 그러나 이때 주체는 결핍을 결핍으로 느끼고 의식해야 한다. 소크라테스는 다시 한번 강조한다. "우리가 가지지 않은 것, 우리가 결핍을 느끼는 것, 우리의 욕망의 대상, 사랑의 대상은 바로 그런 것들이다"[25)라고. 우리가 체험하듯이, 사랑은 미와 선을 선호하며, 그것들에 대해서 결핍을 느낀다. 그런데도 사랑이 신일 수 있겠는가? 반면 사랑은 악하거나 추한 것도 아니다. 사랑은 다만 그 두 극단의 중간, 예컨대 인간과 신의 중간에 위치할 뿐이다. 디오티마에 의하면 사랑은 악마이다. 그러나 그 말은 사랑이 악마적이라는 말이 아니라, 신과 인간의 중간에 있는 존재라는 말이다. 아무리 대단한 악마라고 해도 그 악마가 최종적으로 이르는 곳은 결국 결핍이다. 극빈의 신 페니아와 편법의 신 포로스의 아들이 에로스 아니던가? 디오티마에 의하면 사랑은 집도 절도 없이 신발도 못 신은 채 미와 선을 찾아 헤매며, 항상 불안에 떨고, 배고픔과 목마름과 추위에 시달린다. 아리스토파네스가 말하는 회복된 통일성, 편안한 휴식, 둥근 전체와 얼마나 거리가 먼가! 에로스는 결코 휴식이 없다. 불완전은 에로스의 운명이며, 결핍은 그것의 정의이다. "에로스는 어머니를 닮아 길가 풀숲에서 별 헤는 밤을 보낸다. 궁핍은 그의 영원한 동반자이다.……때로 그는 생기에 넘치지만 다시 시들며, 그러면서도 아버지를 닮아 다시 소생하곤 한다. 그는 모자란 것을 손에 넣지만 다시 잃곤 한다."[26) 조금만 얻어도 풍요를 느끼지만, 다시 결핍에 시달리는 에로스. 그래서 에로스는 풍요도, 가난도 아니다. 그러니까 그것은 둘 다이다. 풍요와 빈궁 사이, 지식과 무지 사이, 행복과 불행 사이. 그래서 방랑자 보헤미안의 아들 에로스는 언제나 결핍을 느끼면서, 길 위를 떠돌며 방황한다. 플라톤에 주석을 붙인 플로티노스도 말했듯이, 사랑은 "결코 만족을 모른다." 또한 "사랑은 본질적으로 욕망하는 것을 항상 빼앗기고 마는 욕망이다." 그래서 사랑은 "목표에 도달하는 순간, 다시 그 대상을 놓치고 만다."[27] 이런 사랑은 우리가 꿈꾸는 충족된 사랑, 해피엔딩의 연애소설과는 다르다. 이는 차라리 "고뇌와 즐거움이 교묘하게 결합된" 현실 그대로의 고통 속의 사랑이며,[28] 나중에 『파이드로스』에서도 말하는,[29] 결핍에 항상 시달리는 만족을 모르는 사랑, 고독한 사랑이다. 우리를 미치게 하고, 배고픔과 갈증에 시달리게 하고, 우리를 흥분시켜 포로로 만들곤 하는 열정. 달리 어쩌겠는가? 가질 수 없는 것만을, 가지지 못한 것만을 욕망할 뿐인데, 달리 어떻게 얻을 수 있다는 말인가? 행복한 사랑이란 없다. 결핍 자체가 이미 행복이다. "그녀가 나를 사랑하고, 그래서 그녀가 내게 왔다면 나는 얼마나 행복할 것인가!"라고 누군가 외친다. 그러나 그가 행복하다고 해보자. 그렇다면 그는 더 이상 그녀를 사랑하지 않게 되든지, 아니면 사랑한다고 해도 그것은 사랑이 아닐 것이다.

　나는 플라톤과 거리를 둔 채 아니면 적어도 플라톤을 어느 정도 현대화시켜서 교훈을 얻어내려고 한다. 만약 사랑이 결핍이라면 사랑의 정의로 볼 때 완전한 사랑은 있을 수 없다. 연인들은 그런 사실을 잘 알고 있으며, 그렇다면 우리가 보기에 잘못된 쪽은 아리스토파네스이다. 충족된 결핍은 결핍으로서는 끝이다. 열정은 행복과 더불어 지속될 수 없으며, 행복은 열정과 더불어 유지될 수 없다. 결핍이 지배하면 사랑의 고통이 따르며, 더 이상 결핍을 느끼지 않는 부부는 서글프다. 욕망은 충족되는 순간 더 이상 욕망일 수 없다. 그러므로 욕망은 만족되어서는 안 된다. 빠져나갈 구멍은 없는가? 플라톤은 두 가지 방법을 제안한다. 그러나 내가 보기에는, 둘 중 어느 방법도 우리의 애정 생활의 어려움을 해소시켜주지는 못한다. 사랑한다는 것은 어떤 것인가? 그것은 바로 사랑하는 대상을 아쉬워하는 것이고, 계속 가지고 싶어하는 마음이다.[30] 사랑은 그래서 이기적이다. 라캉이 말했듯이,[31] 사랑은 제정신이 아닌

사랑　281

황홀한 상태에서 대상을 쫓는다. 열정은, 정의하면 황홀, 상대에게서 얻는 나의 황홀이다. 중심을 잃은 이기주의, 찢긴 이기주의, 텅 빔, 대상과 자아의 부재에 의한 텅 빔이 가득 찬 이기주의. 그런데도 이기주의는 소유하지 않던가? 이기주의가 무엇인가를 소유할 수 있다면, 어떤 방법에 의해서 그렇게 할 수 있는가? 플라톤의 대답에 의하면, "육체에 의한 것이든 또는 정신에 의한 것이든 간에, 아름다운 것을 분만함으로써이다."[32] 다시 말해서, 예술 또는 가족, 창작 또는 생식을 통해서이다. 이것이 플라톤이 말하는 가장 손쉬운 그리고 자연스러운 탈출구이다. 디오티마의 설명에 의하면, 그 자연스러운 일차적 탈출구는, 분만의 욕망에 사로잡혀 교미에 애쓰다가 마침내 태어난 새끼들을 위해서 헌신하는 동물들에게서 얼마든지 확인할 수 있다. 거기에서 이성은 아무런 의미가 없다. 사랑이 이성을 선행하고 넘어선다는 것을 보여주는 대목이다. 그렇다면 그 사랑은 어디에서 오는가? 자연은 "죽을 수밖에 없는 운명을 타고났음에도, 할 수 있는 한 영속과 불멸을 추구한다. 그런 불멸이라면 늙은 개체 대신 젊은 개체를 들어서게 하는 방법 외에 다른 방법이 있을까?"[33] 디오티마의 물음이다. 사랑의 원인 또는 원리는 바로 거기에 있다. 죽을 수밖에 없는 운명의 존재들이 불멸에 이르는 가능한 방법이 바로 생식이다. 교체는 영원성이자 신성이다. 어른의 아이 사랑은 바로 거기에서 온다. 그들을 강박하는 것은 죽음이며, 그들이 추구하는 것은 생명이요 불멸이다.[34] 사랑은 영원히 자신을 아쉬워하는, 그래서 자신을 지키고 싶어하는, 그러면서도 그럴 수 없어서 죽음에 시달리는 생명 자체이다. 그래서 사랑은 절대 결핍, 절대 궁핍, 절대 불행을 벗어날 수 없으며, 오직 방법이 있다면 플라톤이 말한 출산의 방법뿐이다. 어떤 사람들은 육체에 의한 출산을 한다. 소위 가족이다. 다른 어떤 사람들은 정신에 의한 출산을 한다. 소위 창작이다. 창작은 예술적 창작도 있을 수 있고, 과학적 창작, 철학적 창작, 정치적 창작도 있을 수 있을 것이다.[35]

이들도 하나의 탈출구인가? 그럴 수 있다. 그러나 그것이 구원일 수는 없다. 왜냐하면 그럼에도 죽음은 여전히 우리를, 우리의 아이들을, 우리의 창작들을 앗아가려고 기다리고 있고, 결핍은 여전히 우리를 괴롭히기 때문이다. 누구나 알고 있듯이, 사랑의 미래, 사랑의 자연스러운 배출구가 가족인 것만은 틀림없지만, 그렇다고 가족이 사랑을 구원하거나 부부를 구원할 수는 없다. 창작을 보자. 사랑과 관계있는 창작이든 또는 관계없는 창작이든, 창작이 사랑을 구원할 수 있을까? 플라톤은 좀더 어렵고 힘든 방법이기는 하지만 다른 방법을 제안한다. 유명한 등반식(登攀式) 변증법이 그것인데, 디오티마의 변론은 바로 그 변증법을 통해서 완성된다. 그렇다면 등반식 변증법이란 어떤 것일까? 그것은 일종의 정신적인 등반으로서 비전 전수의 길 또는 구원의 길이다. 사랑의 행로, 미의 구원으로서의 등반식 변증법의 사랑은 사랑을 따라가되 사랑에 빠지지 않고, 사랑의 명령에 순종하되 사랑에 갇히지 않음으로써 사랑의 단계를 차근차근 밟아 올라가는 것이다. 우선 한 육체를, 그 육체의 아름다움을 사랑하는 것으로 시작해서, 나중에는 아름다움은 공통된 것이므로 모든 아름다운 육체를 사랑하는 것이다. 이어서 육체의 아름다움보다 더 상위의 아름다움인 영혼의 아름다움을 사랑하고, 이어서 행동의 아름다움과 법의 아름다움을 사랑하고, 이어서 과학의 아름다움을 사랑하다가[36] 마침내 절대적이고 영원한 초월적인 아름다움, 그 자체로 아름다운 아름다움, 모든 다른 아름다움을 잉태하거나 발원시키는 아름다움 자체를 사랑하는 것이다. 사랑이 우리를 인도해서 사랑과 우리를 구원받게 해주는 곳이 바로 거기이다. 말하자면 사랑을 구원할 수 있는 것은 오직 종교라는 말이다. 디오티마의 비밀, 플라톤의 비밀은 다름 아닌 그것이다. 사랑이 결핍이라면, 논리대로 나간다면 사랑은 당연히 더한 결핍을 지향하게 된다. 따라서 사랑이 궁극적으로 가는 곳은 선 자체, 절대 결핍, 초월, 신일 수밖에 없으며, 거기에 이르러 포만 속에서 위로받고, 그렇게 행복하게 소멸하거나 사라지는 길 외에 다른 길이 없다.[37] 아름다움은 선의 찬란한 외형에 불과하다. 부족이 느껴지지 않는 사랑! 그것도 여전히 사랑일까? 그것은 모르겠다. 플라톤은 그것을 아름다움이라고 할 것이고, 플로티노스는 유일자라고 할 것이고, 신비주의자들은 신이라고 할 것이다. 그러나 신은 사랑이 아니지 않은가? 신이 도대체 무슨 상관이라는 말인가? 신이 결핍과 무슨 상관이 있다는 말인가?

우리는 플라톤이 멈추어 서는 이 지점에서 플라톤을 떠날 수밖에 없다. 플라톤은 우리를 아리스토파네스의 융합의 꿈에서 소크라테스의 결핍의 체험으로, 그런 다음 결핍에서 디오티마의 초월 또는 신앙으로 안내했다. 물론 그 과정이 대단하지 않은 것은 아니다. 책의 부피에 비하면, 사랑의 위대성을 비교적 잘 보여준 셈이다. 그러나 그가 제안한 탈출구가 과연 우리에게 가능한 탈출구인가? 과연 그의 말은 믿어도 좋은 것인가? 수용할 수 있는 것인가? 기독교인들은 그렇다고 대답할 테지만, 사실은 그들도 연애소설과 성수(聖水) 사이를 왔다 갔다 한다. 전부는 아니라고? 물론이다. 그러나 신자이든 아니든 간에 연인들은 우선 자신들이 자신들 안에서, 자신들 사이에서, 자신들을 통해서 사랑을 이루어내지 못하면 신도 그들을 구원해주지 못한다는 것을 잘 안다. 신앙은 우리가 사랑을 모르면 소용없는 것이며, 사랑을 알면 역시 필요 없는 것이다.

사실을 말하자면 우리는 사랑을 모른다. 그런 사실은 부부들이 고통을 겪으면서 어렵사리 줄곧 체험하는 바이며, 그들이 끊임없이 실패를 거듭하는 이유, 그런데도 그들을 비난할 수만은 없는 이유도 거기에 있다. 사랑을 배우지 않고 어떻게 사랑할 수 있을까? 사랑하지 않고 어떻게 사랑을 배울 수 있을까?

물론 다른 종류의 사랑이 없는 것은 아니다. 물론 강하고도 평온한 사랑이 있으니, 물론 항상 그런 것은 아니지만, 부모들의 자식 사랑이다. 우리도 나중에는 그에 대해서 논하겠지만, 지금 우리가 논하는 사랑은 어느 모로 보나 훨씬 더 강하고, 격렬하며, 고통과 실패와 환영과 환멸로 풍요로운 에로스의 사랑이다. 결핍이 그 본질이며, 사랑의 열정이 그 정상이다. 누가 결핍을 말한다면, 그는 고통을 말하는 것이다. "나, 너를 사랑해"라고 말하는 것은 "나, 너를 원해"라는 말이다. 스페인어에서는 테 퀴에로(te quiero)라는 표현이 두 의미를 동시에 내포한다. 이는 스콜라 철학자들이 말한 **음욕의 사랑**이며, 중세 프랑스의 음유시인들이 노래한 **사랑의 병**이며, 플라톤이 『향연』에서 묘사했고 또 『파이드로스』에서 보여준 사랑이다. 에로스는 사랑하는 대상의 행복을 즐거워하는 사랑, 관대한 사랑과는 거리가 먼 사랑으로서, 상대의 행복 때문에 내가 불행해진다거나 또는 상대가 행복한 상태로 떠나는 것을 도저히 참지 못하고 분노하거나 고통스러워하는 사랑,[38] 질투의 사랑, 탐욕의 사랑, 소유의 사랑이다. 에로스의 사랑을 하는 사람은 사랑이 지속되면 질투와 시기에 시달리며, 사랑이 끝나면 거짓과 속임수만 남는다. "그런 사람은 여자, 남자 또는 미소년 등 상대에게 선을 기원하기보다는, 상대를 마치 먹어치울 음식물처럼 탐한다." "마치 늑대가 어린 양을 탐하듯이"[39] 애인을 탐한다는 것이다. 음욕의 사랑을 제대로 표현한 구절이다. 이는 나 자신의 행복을 위해서 너를 사랑하는 사랑이다. 에로스의 사랑은 이기주의의 다른 말 또는 이기주의의 열정적이고 상대적이고 간접적인 한 형태처럼 느껴진다. 이기주의의 전이 또는 전이된 이기주의이다.[40] 에로스는 미덕과는 아무런 상관이 없으며, 차라리 증오와 관계가 깊다. 질투의 신 에로스는 사랑하면서, 오직 자신을 위해서 가지려고 하고 지키려고 한다. 사랑하는 여자가 다른 사람을 만나 행복해지는 것을 보기보다는, 차라리 그녀가 죽는 모습을 보고 싶어한다. 사랑하는 남자가 다른 여자를 만나서 행복하게 사는 모습을 보기보다는 불행하더라도 자신과 함께 있어주기를 바란다. 그런 사랑은 자기애 외에 다른 것이 아니다.

물론 당신에게 그녀가 얼마나 아쉽겠는가! 당신은 얼마나 그녀를 욕망하겠는가! 당신은 얼마나 고통스럽겠는가! 에로스는 당신을 붙잡고, 흔들고, 할퀼 것이다. 당신은 당신이 가지지 못한 그녀, 당신에게 없는 그녀를 사랑할 것이며, 그것이 소위 사랑의 슬픔이다.

그러다가 그녀가 다시 당신에게 돌아왔다고 해보자. 그녀가 돌아와 당신 곁에 머문다고 해보자. 당신에게 돌아와, 당신과 함께, 당신을 위해서. 그 재회는 얼마나 뜨겁고, 그 포옹은 얼마나 화끈하고, 그 쾌락은 얼마나 달콤할 것인가! 이어서 사랑이 끝난 뒤에 오는 평화, 썰물, 갑작스러운 텅 빔이란. 그녀는 이제 있어도 없는 것 같을 것이며, 별로 아쉬울 것도 없을 것이다. "저를 사랑해요?" 그녀가 당신에게 묻는다. 당신은 대답한다. "그럼, 사랑하고말고." 그러나 정직하게 말하자면, 이제 당신에게 그녀는 덜 아쉽다. 우리의 육체란 그런 것이다. 매일 낮, 매일 밤, 매일 아침, 매일 저녁 그녀가 옆에 있으므로, 그녀는 당신에게 점점 덜 아쉽다. 그런 결과는 어쩔 수 없는 결과이다. 이제 그녀와의 사랑의 강도는 점점 약하게 되고, 빈도수도 덜하게 되고, 다른 여자와 함께 있는 것만 못하거나 또는 차라리 혼자 있는 것만 못하다. 에로스는 진정되면 바로 권태를 느낀다. 당신은 그녀와 더불어 더 이상 모자람이 없다. 당신네는 부부인 것이다.

어떤 여자 친구가 내게 말했다. "당신네 남자들은 사랑 때문에 애달아 죽는 경우가 드문데, 그전에 벌써 잠이 들어서 그런가 봐요!"라고. 그렇다. 여자들은 이따금 남자들의 잠 때문에 죽으려고 한다.

내가 그림을 너무 덧칠한다고? 그러면 차라리 도식화해보자. 어떤 부부들은 열정을 잠재워가면서 아주 잘 산다. 그런가 하면 어떤 다른 부부들은 미친 듯이 사랑하면서도, 아주 못 산다. 플라톤은 언급하지 않았지만 행복한 부부들은 있으며, 우리는 그런 부부들을 충분히 이해할 수 있다. 사랑은 결핍이고, 부부는 결핍을 충족시키거나 제거하든지, 사용하거나 해체하든지, 채우거나 폐지시킨다. 쾌락과 행복은 열정의 끝에 있는 것이 아니던가? 그러나 눈앞에 없는 것만을 사랑하는 사랑이 어떻게 행복일 수 있으며,[41] 비록 행복이라고 해도 그 행복이 지속될 수 있을까? "상상해보라, 트리스탄 부인을!"[42]이라고 드니 루주몽은 썼다. 그것이 무슨 의미인지 알 수 있을 것이다. 열정은 이미 끝장이 난 판이었다. 이졸데에게 아직도 사랑을 할 수 있게 한 것은 그녀와 트리스탄을 갈라놓은 칼, 둘의 잠자리 사이에 놓인 칼이었다. 다시 말해서 사랑은 그 결핍 때문에 뜨거워질 수 있었으며, 바로 그 결핍과 부재에 의해서 극화되고 흥분에 이를 수 있었다. 열정은 오직 고통 속에서만, 고통에 의해서만 그리고 오직 고통을 위해서만 유지될 수 있다. 결핍은 고통이다. 열정은 고통이다. 둘은 마찬가지이다. 고통은 무한 가치를 획득한 어떤 대상에 대한 집착에서 오는 결핍의 강박 증세 또는 환각 증세이다. 그에게 결핍은 한한 것이 되므로 그렇다. 알랑디 박사에 의하면, 사랑도 일종의 "정상적 강박 증세이다."[43] 스탕달이 말하는 결정 작용(結晶作用, cristallisation), 브르통이 말하는 미친 사랑(amour fou)[44]과 같은 흥분의 모든 현상들은 바로 결핍에서 오는 것들이며, 모르긴 몰라도 절대적 결핍으로서의 신도 사랑도, 아니 사랑이야말로 욕구 불만이나 불행의 조건에 의해서만 더욱 강렬해진다.[45] "욕망에 대한 열정의 승리, 삶에 대한 죽음의 승리"[46]라고 드니 루주몽은 말했다. 프랑수아 트뤼포의 「아델 H.의 이야기(L'histoire d'Adèle H.)」를 우리는 기억할 것이다. 그녀는 주변 식구들의 방해로 사랑을 할 수 없게 되고, 더 이상 애인을 기다릴 이유가 없어지자 병이 낫는다. 그러나 그녀는 그 대신 죽음과 광기를 택한다. 그 역시 트리스탄의 노래와 다를 것이 없다. "나는 어떤 운명을 타고났을까? 그 옛날 노래가 생각이 나네. 욕망하고 죽기 위해서 태어났을까? 그 옛날 노래가 생각이 나네. 욕망하고 죽기 위해서 태어났다고, 욕망하다가 죽기 위해서 태어났다고!"[47] 삶은 결핍인가? 무엇에 대한? 저승의 삶, 죽음에 대한 결핍인가? "진정한 삶은 부재에 있다." 존재는 다른 곳에 있고, 존재는 결핍 자체라고 한다면 이는 허무의 논리이다. 또한 "진정한 철학자들은 벌써 죽고 없다"[48]는 것은 플라톤의 논리이다. 그리고 그것은 바로 에로스의 논리이다. 사랑은 욕망이고 욕망이 결핍이라면, 우리는 없는 것을 사랑한다는 말이고, 없는 것밖에 달리 가질 수 있는 것이 없으니 그 결핍에 시달린다는 말이고, 그래서 더 이상 사랑할 수도 없는 지경이 된다. 사랑은 결핍이기 때문이다. 그러니까 거기에는 열정 아니면 권태가 있을 뿐이다. 알베르틴이 나타나면, 알베르틴은 사라진다. 그녀가 있으면, 그는 그에게 없는 다른 여자를 꿈꾼다. 프루스트에 의하면, "알베르틴이 제공하는 진부한 쾌락은 내가 실현시킬 수도 있었을 풍부한 욕망을 빼앗아가곤 했다."[49] 그래서 그는 그녀와 함께 있으면 권태를 느끼는 것이다. 그러나 그녀가 떠나면 결핍에 의한 열정은 다시 솟고, 그는 고통스러워한다. 프루스트의 설명에 의하면, "우리가 만약 사랑에 빠져 있는지 알고 싶으면 또는 심지어 사랑에 빠지고 싶으면, 이별을 해보면 된다."[50] 이는 열정의 논리학이자, 결핍의 논리학이다. 따라서 부부는 현실적 차원에서 보면 열정의 죽음이다. 가지고 있는 것에 대해서 어떻게 결핍을 느낀다는 말인가? 결핍을 느끼지 않는데, 애가 탈 이유가 어디에 있는가? 트리스탄과 이졸데는 "있는 그대로를 위해서가 아니라 불태우기 위해서 서로를 필요로 했으며, 그래서 그들은 상대의 존재를 요구한 것이 아니라 상대의 부재를 요구했다."[51] 드니 루주몽의 설명이다. 그들 사이에 놓인 칼이 유익했던 이유는 거기에 있었으며, 순결은 의도적이었고 자살은 상징적이었다. "그들이 욕망하는 죽음은 아직 얻지 못했다. 반면 가지고 있던 삶의 환희는 벌써 잃어버렸다."[52] 에로스의 논리, 타나토스의 논리이다. "연인들은 이유를 모르는 채 죽음을 욕망한다."[53] 연인들은 생명보다 사랑을, 현존보다 결핍을, 행복이나 쾌락보다 열정을 갈구하기 때문이다. "아름다운 사랑과 죽음의 이야기를 들려드릴까요?" 『트리스탄과 이졸데(Tristan and Isolde)』54)는 이렇게 시작한다. 그리고 사실은 『로미오와 줄리엣(Romeo and Juliet)』, 『마농 레스코(Manon Les-cault)』, 『안나 카레리나(Anna Karenina)』 같은 소설들도 결국 진정한 열정에 사로잡혀 영광도 없이 죽어가는 주인공들의 이야기들이다. 이졸데, 마담 보바리는 얼마나 부지기수던가?

열정의 소설을 쓴 작가들 중에 가장 함정에 빠지지 않은 작가들로는 프루스트, 플로베르, 스탕달 등이 있었다. 열정을 과장하지도 말고, 장식하지도 말고, 열정의 소설과 혼동하지도 말자. 한 여류 소설가에게 나는 그녀가 쓴 연애소설 같은 데에서나 볼 수 있는 숭고하고 절대적이며 위대한 열정을 별로 좋아하지 않는다고 말한 적이 있다. 그러자 그녀는 내게 우리 모두가 잘 아는 어떤 친구의 예를 들었다. 그녀에 의하면, 그 친구는 우리가 읽은 위대하고도 비극적인 사랑의 이야기를 실제로 살았다고 했다. 나는 그 친구의 역사를 전혀 몰랐다. 그녀의 이야기는 나의 호기심을 자극했다. 며칠 뒤 나는 그 친구에게 물었다. 그러자 그 친구는 웃으며 말했다. "아냐, 자네가 아는 것처럼 그런 게 아니고, 그냥 좀 안 좋게 끝났을 뿐이야." 사랑을 환상과 혼동하지 말자. 우리는 사랑을 하면, 사랑의 내부로 들어가서든 또는 그 밖에서든 환상을 가진다. 기억은 꿈보다, 체험은 상상보다 진실하다. 반면 사랑에 빠진다는 것은 바로 사랑에 대해서, 자기 자신에 대해서 또는 나를 사로잡은 상대에 대해서 어느 정도 환상을 가진다는 것 아닌가? 나에 대한 환상, 사랑에 대한 환상, 상대에 대한 환상이 삼박자로 어울려 내게 강물처럼 밀려와 우리를 실어 간다. 어디로? 강물이 흘러가는 곳으로. 강물이 흘러들어 없어지는 곳으로. 바로 시간이라는 바다 또는 일상이라는 삶의 모래밭으로. "언제나 사랑한다고 주장하지만, 사실 우리는 어느 한 시기만을 사랑할 뿐이다. 그것이 바로 사랑의 본질이자 현상이다."[55] 클레망 로세의 주장이다. 환상적이고 덧없는 것이 사랑의 본질인 것이다. 우리는 열정의 사랑을 말하고 있다. 진리는 사랑에 유죄 선고를 내린다. 반면 사랑을 찬양하는 사람들은 진리에 유죄 선고를 내린다. 많은 사람들이 꿈과 환상을 편든다. 아니, 편드는 정도에 그치지 않는다. 편드는 정도로는 사랑을 구할 수 없다. 그래서 그들은 현실에 대해서 불만을 가진다. 현실이 그들의 발목을 붙잡으면 붙잡을수록, 그들은 현실을 비판한다. 그들은 열정을 구출해서 유지시키려고 한다. 그러나 과연 그럴 수 있는가? 열정의 지속은 그들의 일이 아닌 것을. 지속은 오히려 열정을 죽이지 않던가. 열정은 지속과는 반대 개념이다. 결핍이 있으면 우리는 그 결핍을 충족시키든지, 잊든지, 아니면 적응하든지 할 수밖에 없다. 사랑은 삶 속에서는 실패하게 되어 있는 결핍 또는 오직 죽음을 통해서 성공하는 결핍이다.

　사랑은 사실상 실패하며, 그렇게 보면 플라톤이 옳다. 그러나 우리가 할 수 있는 사랑이 그뿐인가? 우리는 결핍밖에 모르고, 꿈밖에 모르는가? 고통, 아니면 종교로밖에 안내를 못하는 것이 미덕일 수 있을까?


## 필리아

나는 사랑에 세 가지 정의가 있다고 말했다. 이제 두 번째 정의에 대해서 말할 차례이다. 스피노자는, 삶을 욕망할 때 미덕도 욕망할 수 있다고 했다.[56] 삶에 대한 욕망? 어떤 욕망을 말하는가? 이승의 삶이 아닌 저승의 삶을 욕망한다는 말인가? 스피노자와 플라톤이 말하는 인생은 우리를 불행과 불만에 가두는 인생이다. 인생은 욕망이고 결핍이다. 가질 수 없는 것을 욕망하므로 우리는 욕망을 결코 채울 수 없고, 따라서 만족할 수도 행복할 수도 없다.[57] 행복의 욕망 자체가 우리를 행복으로부터 멀리 떼어놓는다. "내가 행복할 수 있다면, 얼마나 행복할까!"[58] 우디 앨런의 이 표현은 다시 플라톤을 생각나게 한다. 소크라테스가 말했듯이, 우리는 "목전의 것도 현재의 것도 아닌 것", 즉 존재하지 않는 것만을 욕망한다. 현실의 여자가 아닌 여자, 현실적으로 도저히 소유할 수 없는 여자, 내 능력을 벗어나는 작품의 창작, 꿈도 꾸지 못할 영광. 우리는 허무를 욕망할 줄밖에 모른다. 우리는 죽음 외에 다른 욕망을 모른다. 아니, 어떻게 존재하지 않는 것을 욕망한다는 말인가? 사랑이 결핍이라면, 우리는 오로지 상상적인 것을 사랑한다는 말이고, 단지 도깨비를 사랑할 뿐이라는 말이 아닐까?

과연 사랑이란 정말 결핍일까? 오직 결핍만이 사랑일까? 『향연』에서 소크라테스는 자문한다. 건강한 사람이 건강을 욕망할 수는 없을까? 자기가 가진 것, 누리고 있는 것을 욕망하는 욕망은 욕망이 아닐까? 소크라테스는 그런 욕망은 있을 수 없다고 대답한다. 왜냐하면 그때 그 사람이 욕망하는 건강은 자신이 누리고 있는 건강과는 다른 건강이기 때문이다. 그가 가진 건강은 현재의 건강이다. 그가 욕망하는 건강은 지속되는 건강이며, 즉 미래의 건강, 아직 가지지 않은 건강이다.[59] 대답은 플라톤이 생각했던 것보다 훨씬 더 명확하다. 그러나 이 대답은 욕망과 희망을 제대로 이해하지 못한 대답이다. 거기에서 모든 문제가 발생한다. 물론 틀림없는 사실, 슬플 정도로 부인할 수 없는 사실 하나는 나는 내가 가진 것을 희망할 수 없으며, 지금의 나, 지금 내가 하는 행위를 희망할 수는 없다는 것이다. 내가 지금 살아 있는데, 어떻게 살아 있기를 희망할 수 있겠는가? 내가 지금 글을 쓰고 있는데, 어떻게 글쓰기를 희망할 수 있겠는가? 우리는 가지지 않는 것만을 희망할 수 있다. 희망은 비현실, 결핍과 관계한다. 틀림없는 사실이다. 그러나 모든 욕망이 희망인가? 우리는 정말 존재하지 않는 것만을 욕망할 수 있는가? 그렇다면 존재하는 것에 대한 우리의 사랑은 어떻게 된 것인가?

우리는 플라톤 철학을 한참 벗어났다. 사르트르도 "인간은 근본적으로 존재에 대한 욕망이며", "욕망은 결핍이다"[60]라고 말한다. 기독교적 실존주의든 무신론적 실존주의든, 실존주의는 우리를 다시 허무 또는 초월로 돌아가게 한다. 플라톤이 재현되는 것이다. 그 말은 상대가 지금 여기에 없으면 욕구 불만으로 끝난다는 말이며, 또는 상대가 지금 여기 있더라도 "쾌락의 충족은 욕구의 종말"[61]이라는 의미에서 보면 실패이며, 결국 진정한 사랑은 불가능하다는 말이다. 우리를 붙잡고 놓아주지 않는 허무여! 우리는 욕망, 희망, 사랑을 결핍과 혼동하곤 한다. 플라톤과 마찬가지로, 플라톤과 함께. 그러나 그것은 부분을 전체로, 사건을 본질로 호도하는 처사이다. 사실 우리는 오직 결핍된 어떤 것을 희망할 수밖에 없다. 희망은 결핍 자체이다. 우리는 가지지 못한 것을 희망할 수밖에 없으며, 모르는 것, 할 수 없는 것을 희망한다.[62] 그래서 스피노자는 희망을 불안, 무지, 무능이라고 표현하기도 했다.[63] 그러나 욕망은 다르다. 사랑은 다르다. 희망을 멈추는 순간, 욕망이 작동한다. 산책하는 사람이 욕망하는 것이 어떤 것인가? 산책 외에 다른 것일 수 있을까? 한 걸음 한 걸음 옮기는 그 걸음 외에 그가 어떤 다른 것을 원하는가? 과연 그 걸음들이 그에게 결핍된 것들일까? 그가 걷기를 지금 욕망하지 않는다면, 걸을 수 있을까? 오직 조금 후에 걸을 걸음만 생각하는 사람, 잠시 후에 나타날 풍경만을 생각하는 사람은 산책하는 사람이 아니다. 그는 산책의 즐거움을 전혀 모르는 사람이다. 바라지 않는다면, 내가 왜 앉아 있을까? 바라지 않는다면, 내가 왜 글을 쓸까? 만약 내가 글을 쓰면서 오직 지금 써나가는 단어들이 아니라 아직 쓰지 않은 단어들, 미래의 단어들만을 욕망한다고 말한다면, 누가 그 말을 믿을까? 다음에 쓸 단어들을 예감한다고? 물론 그럴 수 있다. 그러나 예감은 희망과는 다르다. 나는 단어들을 상상하고, 예감하고, 찾으려고 노력할 뿐이다. 그러면 그것들은 떠오르고, 나는 그것들 중에서 선택하기만 하면 된다. 내게 가능한 그 일을 희망이라고 할 수 있을까? 글을 쓰는 현재는 다른 모든 현재와 마찬가지로 미래를 향하여 열려 있다. 결핍이나 희망 때문이 아니다. 글쓰기를 희망하는 것과 글을 쓰는 행위 사이에는 커다란 심연이 있다. 그 심연은 결핍으로서의 욕망, 희망 또는 열정과 능력으로서의 욕망, 쾌락 또는 행위를 가르는 심연이기도 하다. 우리 뜻대로 할 수 있는 욕망이 있다. 그것은 의지이다. 의지만 있으면 가질 수 있는 대상이라면, 거기에 결핍이 적절한 말일까? 그러나 의지와는 상관없는 욕망이 있다. 충족되는 경우, 쾌락이 따르는 욕망이다. 욕망으로 즐길 수 있는 대상이라면, 거기에 결핍이 적절한 말일까? 전자를 대상의 실현이라고 한다면, 후자는 대상의 향유이다. 그러므로 양쪽 모두 대상이 있다. 지금의 행동을 욕망하는 행동, 지금 가지고 있는 것을 욕망하는 의지 또는 지금의 나를 욕망하는 향유. 언제 행동이 있는가? 언제 쾌락이 있는가? 언제 기쁨이 있는가? 대답은 지극히 간단하다. 우리가 가지고 있는 것, 우리가 누리고 있는 것, 현재의 우리, 다시 말해서 우리에게 **결핍되지 않은 것**을 욕망하면 행동이 있고, 쾌락이 있고, 기쁨이 있는 것이다. 플라톤이 삐걱거릴 때 행동이 있고, 쾌락이 있고, 기쁨이 있다. 플라톤 사상에 대한 의미심장한 말이다. 목마르면 마시고, 배고프면 먹고, 산책하고 싶으면 산책하고, 친구와 만나 한담을 나누고, 아름다운 경치에 찬탄하고, 좋아하는 음악을 듣고, 쓰고 싶은 글을 쓰고, 하고 싶은 일을 하고. 결핍은 어디 있는가? 배고픔에, 목마름에? 음악, 우정, 행동은 결핍이 없어도 좋은 것들이다. 그뿐만 아니라 아무런 결핍 없이도 먹고 마시는 것이 즐거운 경우가 있다. 예컨대 먹고 마시는 일이 결핍과는 아무런 상관이 없는 사람도 있다. 공복에 시달린 사람의 식용과 먹는 자체를 즐기는 사람의 식욕은 별개이다. 또다른 하나는 식도

락가의 취향이다. 결핍이 쾌락과 관계있을 수 있다. 그러나 결핍이 쾌락을 전적으로 설명해줄 수는 없다. 성도 마찬가지이다. 에로스가 어떻게 유일한 지배자일 수 있으며, 오직 에로스만이 지배한다고 말할 수 있을까? 열정, 고통, 욕구 불만의 경우는 그렇다고 치자. 그러나 사랑, 쾌락, 행동도 그럴까? 지금의 나와 다른 존재만을 원하거나 또는 오직 가지지 않은 것, 결핍된 것만을 욕구한다면, 우리의 성생활은 지금의 그것보다 훨씬 더 복잡하고, 덜 재미있었을 것이다.

한 남자와 한 여자가 서로 사랑하고 서로 욕망한다. 사랑을 하는 그들이 결핍을 느끼는 것이 무엇일까? 신? 다른 사람? 아니다. 온전히 나만을 위한 다른 사람이 바로 거기 있으므로! 오르가슴? 아니다. 그들이 욕망하는 것은 오르가슴이 아니다. 오르가슴은 조만간 당연히 오는 것으로, 욕망 자체가 그들에게는 즐겁다. 그들은 사랑을 나누고, 사랑 자체가 쾌락이다. 욕망에는 긴장이 있고, 긴장은 이완을 부른다. 그러나 그 긴장은 결핍에 의한 긴장이라기보다는 힘에 의한 긴장이며, 욕구 불만과는 아무런 상관이 없는 즐거운 긴장, 긍정적인 긴장, 약동하는 생명의 긴장이며, 차라리 능력과 충만의 체험이다. 그들은 얼마나 생기 넘치는가! 그들은 얼마나 현재적인가! 그들은 얼마나 지금 바로 여기에서 만족스러운가! 그들에게는 아무것도 부족한 것이 없다. 그들이 행복한 것은 오히려 그 때문이다. 사랑으로 사랑을 하면, 즐거움으로 사랑을 하면, 사랑은 힘에 넘친다. 그들은 서로를, 서로의 욕망을, 서로의 사랑을 아낌없이 즐긴다. 그들의 사랑은 아무런 결핍이 없는 욕망이며, 그들의 사랑은 행복한 사랑이다. 받는 사랑이 있으니, 소위 열정이다. 주는 사랑이 있으니, 소위 행동이다. 그런 사랑을 둘 다 체험할 수 있겠지만, 그럼에도 우리는 그 둘이 서로 다름을 체험으로 알 수 있다. 성적 흥분을 어찌 결핍이라고 할 수 있으며, 모든 사랑은 고통이라는 말을 어디에서 확인할 수 있는가?

예는 얼마든지 들 수 있다. 소크라테스는 아들을 가지기 전까지 아버지는 아버지가 아니라고 했다.64) 맞는 말이다. 그러나 일단 아들을 가지게 되면, 아버지는 아들을 사랑한다. 아들을 사랑하는 것이 결핍 때문인가? 아들을 가지기 전부터 아들을 희망하거나 욕망할 수 있다. 또는 아들이 없어서 병이 들거나, 그래서 없는 아들을 병적으로 사랑할 수 있다. 생식의 열정이란 바로 그런 것이다. 그는 부성애적 에로스의 소유자이다. 상상적 대상에 대한 상상적 사랑. 그는 꿈속의 아들을 사랑하는 것이다. 그 사랑은, 말하자면 사랑의 꿈에 불과하다. 충족될 것을 생각하면, 사랑의 꿈은 행복한 꿈이다. 그러나 꿈이 꿈으로만 지속되면, 그것은 고통이다. 아이가 생기지 않는 것처럼 큰 고통이 어디 있을까? 그러다가 아이가 생겼다고 해보자. 그러면 이제 아이가 태어났으니, 아버지는 더 이상 아들을 사랑하지 않는가? 그럴 수도 있겠지만, 그것이 일반적인 경우라고 볼 수는 없다. 대부분의 아버지들은 아이를 이제 다른 방식으로 사랑한다. 말하자면, 없는 아들이 아니라 있는 그대로의 아들, 살아 있는 그대로의 아들, 변하는 그대로의 아들을 사랑하는 법을 배우게 된다. 꿈속의 아이에 대한 사랑에서 현실의 아이에 대한 사랑으로 그의 사랑은 옮겨가게 된다. 따라서 사랑은 끝나지 않는다. 부모들은 안다. 한쪽에 있는 상상의 사랑을 버리지 않고서는, 다른 한쪽에 있는 현실의 사랑이 가능하지 않다는 것을. 사실을 말하자면, 한쪽에서 다른 쪽으로, 즉 상상의 아이에서 현실의 아이로 건너가는 것은 아니다. 둘은 어느 정도 섞인다. 완전히 섞이는 것은 아니라고 하더라도, 어느 정도 서로를 보탠다. 상상과 결핍은 남기 때문이다. 그래서 우리는 플라톤과 에로스로부터 완전히 자유로울 수는 없다. 플라톤이 아니라 누구라도 말할 수 있듯이, 아버지는 지금 가지고 있는 것을 "미래에도 여전히 가지고 싶어한다."65) 따라서 아직 오지 않은 미래의 어떤 것을 가지고 싶어한다면 아버지는 그가 가지고 있지 않은 것, 그에게 결핍된 것을 욕망하는 것이다. 아버지는 미래의 아들이 자신의 희망과 일치하기를 욕망한다. 그러나 아들은 개의치 않는다. 그런가 하면 아버지는 아들이 살아 있어주기를 욕망한다. 신을 부르짖으면서. 그러나 생명은 그런 바람과 상관없다. 아버지의 두려움, 떨리는 열정은 바로 거기에 있다. 에로스가 그를 놓아주지 않는다. 희망 없는 아버지가 어디 있을 것이며, 고뇌 없는 아버지가 어디 있을 것인가? 그러나 아버지의 사랑은 그것이 전부인가? 그리고 그런 사랑이 최선의, 가장 진실된, 가장 자유로운, 가장 행복한 사랑인가? 플라톤이 말했듯이, 아들의 미래에만 매달리는 아버지, 아들을 지키려고만 드는 아버지는 불쌍한 아버지이며, 그런 아버지의 아들 또한 불쌍하다.[66] 죽음은 언제라도 닥쳐 아들을 앗아갈 수 있다. 아니, 죽음은 필연코 아들을 앗아갈 것이다. 아버지는 "신이시여, 아들 대신 저를 데려가십시오"라고 기도할 것이다. 그런 생각만으로도 아버지는 벌써 아들을 잃은 듯하고, 아들은 벌써 존재하지 않고, 이제 꿈속의 아들, 상상의 아들, 허무가 된다. 아들은 우리의 삶에 흠집을 내는 또는 행복을 빨아들이는 커다란 블랙홀과도 같은 고뇌 덩어리가 된다. 그리고 그 덩어리는 목구멍을 치밀고 올라와 갑자기 울음이 터지게 만든다. 반복하지만, 물론 그런 사랑도 없는 것이 아니다. 아들에 대한 아버지의 그런 열정적인 사랑, 희망과 두려움으로 똘똘 뭉친 사랑은 모든 열정이 그렇듯이 아버지 자신을 구속할 수 있고, 동시에 아들을 구속할 수 있다. 그렇게 해서 아버지와 아들은 둘 다 고뇌 덩어리가 되며, 급기야는 상상에 시달리는 신세가 되기에 이른다. 그런 사랑도 존재한다. 그러나 그런 사랑만 있는 것은 아니다. 아버지는 아들을 있는 그대로 사랑한다. 눈앞에 보이는 그대로의 살아 있는 아들을 말이다. 죽음이 있은들 어쩌겠는가, 고뇌가 있은들 어쩌겠는가. 비록 약하기는 하지만, 아들은 죽음에도 불구하고, 시간에도 불구하고 무너지지 않을 영원한 어떤 것을 지니며, 절대적으로 단순한 어떤 것, 절대적으로 살아 있는 어떤 것을 지닌다. 아버지는 이따금 아들과 함께 어울리면서, 그를 달래주고 안심시켜주면 그만이다. 그렇다. 안심시켜주면 그만이다. 아들은 그것으로 족하다.

친구들과는 어떤가? 사실 친구들이 없을 때에만 친구들을 좋아할 수 있다면, 얼마나 슬픈 일인가! 그러나 친구들의 경우는 그와는 정반대이다. 우정이 열정과 다른 점은 바로 거기에 있다. 우정에는 결핍이 없고, 고뇌가 없고, 질투가 없고, 고통이 없다. 우리는 우리의 친구들을 사랑하며, 있는 그대로의, 지금 그대로의 친구들을 사랑한다. 플라톤은 우정에 대해서는 별로 쓴 것이 없는데, 그것은 우연이 아니다. 반대로 아리스토텔레스는 『니코마코스 윤리학(Ethica Nicomachea)』이라는 두 권짜리 책에서 우정에 대한 아주 본질적인 말을 했다. 어떤 말이기에 본질일까? 그는 우정 없는 인생은 헛것이라고 말한다. 그에 의하면, 우정은 행복의 조건이며 불행으로부터의 은둔처이다. 그러니 우정이란 얼마나 유익하고 즐겁고 좋은 것인가! "그 자체로 좋은 것" 그리고 "받는 쪽보다 주는 쪽이 좋은 것"이 바로 우정이다. 일종의 동등성을 전제하지 않고는 가능하지 않은 것이 우정이다. 동등성은 우정에 선행하며, 우정을 있게 한다. 그리고 아리스토텔레스는 심지어 우정이 정의보다 나으며, 정의를 포괄한다고까지 한다. 그에 의하면, 그래서 우정은 정의의 가장 고귀한 표현이며 극복이다. 우정은 결핍이나 결합이 아니라, 나눔과 신뢰의 공동체이다. 친구들은 서로서로의 우정에 즐거워한다. 그러나 우리는 모든 사람의 또는 다수의 친구가 될 수는 없다. 고귀한 우정은 열정이라기보다는 일종의 미덕이다. 그래서 결론적으로 그는 "친구들을 사랑하라"[67]고 한다. 사실 그것도 사랑이다. 사랑하지 않는 친구는 친구가 아니다. 그러나 그 사랑은 결핍에서 오는 사랑이 아니며, 에로스가 아니다. 그렇다면 무엇인가?

여기에서는 다른 정의가 필요하다. 스피노자로 가보자. 사랑은 물론 욕망이다. 욕망은 인간의 본질이기 때문이다.[68] 그러나 그에 의하면 욕망은 결핍이 아니라 능력이며,69) 기쁨이다.70) 우리는 거기에서 출발해야 한다.

　사람들은 성적 능력이라는 말을 한다. 그것은 상당히 중요한 말이다. 아니, 뭐라고? 능력이라고? 그렇다. 욕망은 결핍으로 환원될 수 없다. 욕망은 차라리 힘이고 에너지이고, 스피노자가 말하듯이 능력이다. 또는 욕망은 능력을 누리는 힘이다. 오직 성적 욕망만 그런 것이 아니다. 스피노자에 의하면 모든 욕망은 행동 능력 또는 생명력이다. 말하자면 능력은 생명 자체이다.71) 달리 무슨 쾌락이 있을 수 있겠으며, 무슨 사랑이 있을 수 있겠으며, 무슨 삶이 있을 수 있겠는가? 배고픔이 음식의 결핍이요 그 때문에 겪는 고통이라면, 음식의 결핍과는 상관없는 식욕은 음식을 먹는 능력이요 즐길 줄 아는 능력이다. 사람들은 식욕을 단지 가벼운 허기라고 치부하면서, 결핍을 여전히 본질로 여길 수 있다. 그러나 사실은 그렇지 않다. 배고픔은 죽은 사람의 것이 아니다. 배고픔은 생명을 전제한다. 결핍은 능력을 전제한다. 따라서 욕망을 결핍으로 환원시키는 일은 결과를 원인 또는 조건으로 잘못 짚는 것이다. 욕망이 우선이며, 능력이 우선이다. 음식을 맛있게 먹는 미식가와 식욕부진증 환자는 다르다. 인생을 즐겁게 살아가는 사람과 우울증 환자는 다르다. 원기 넘치는 행복한 사람과 무능한 사람은 다르다. 길고 긴 인생길을 가다보면, 누구나 우울한 시기, 침체의 시기, 무기력한 시기를 겪게 마련이다. 그때의 우울, 침체, 무기력은 어떤 결핍이 원인인가? 아니다. 물론 어떤 경우에는 어떤 결핍 때문에 그럴 수도 있지만, 반드시 결핍된 어떤 결핍 때문에 우울, 침체, 무기력이 오는 것은 아니다. 곰곰이 생각해보면, 우리에게 부족한 것은 그보다는 욕망, 식욕, 즐길 능력, 사랑할 능력이다. 욕망 자체가 결핍은 아니다. 욕구 불만처럼 욕망의 대상이 없는 경우 또는 식욕 부진처럼 더 이상 어떤 일이 지겨워지는 경우만이 있을 뿐이다.72) 따라서 결핍은 욕망의 본질일 수 없다.

　다양한 대상만큼이나 다양한 욕망이 있듯이, 다양한 대상만큼이나 다양한 사랑이 있다. 사랑을 대상을 향한 욕망의 다른 표현이라고 한다면 그렇다는 말이다. 우리는 포도주를 사랑할 수도 있고, 음악을 사랑할 수도 있고, 여자 또는 어떤 고장을 특별히 사랑할 수도 있고, 자기의 아이들 또는 자기의 일을 사랑할 수도 있고, 그런가 하면 신 또는 권력을 사랑할 수도 있다. 사람들이 대체적으로 분석의 명확성 때문에 찬양하곤 하는 프랑스어가 여기에서는 아름다운 종합 정신을 보여준다(종합 정신은 물론 다른 나라 언어[73])에서 발견되는 것이기도 하다). 돈에 대한 사랑, 음식에 대한 사랑, 남자에 대한 사랑, 여자에 대한 사랑, 부모에 대한 사랑, 친구에 대한 사랑, 그림에 대한 사랑, 책에 대한 사랑, 자기 자신에 대한 사랑, 특정 지역이나 지방에 대한 사랑, 샴페인에 대한 사랑, 여행에 대한 사랑, 정의에 대한 사랑, 진리에 대한 사랑, 스포츠에 대한 사랑, 영화에 대한 사랑, 권력에 대한 사랑, 영광에 대한 사랑. 이런 여러 가지 다른 사랑들이 있지만 말의 통일성을 정당화시켜주는 공통점 하나가 있으니, 그 대상들이 우리에게 가져다주거나 고취시켜주는, 스탕달이 말하는 기쁨 또는 스피노자가 말하는 희열이 그 사랑들에 있다는 점이다. 스탕달은 말한다. "사랑한다는 것, 그것은 모든 감각을 동원해서 사랑스러운 대상 또는 우리가 사랑하는 대상을 보는 기쁨, 만지는 기쁨, 느끼는 기쁨을 가능한 한 최대로 얻어내는 것이다."[74] 그렇다면 우리는 사랑에 대한 가능한 다른 정의 즉 '사랑은 보는 기쁨, 만지는 기쁨, 느끼는 기쁨, 아는 기쁨, 상상하는 기쁨이다'라는 정의를 찾아낼 수 있다. 일부 사람들이 지나치게 일반적인 정의라고 생각할 수 있을 이 정의는 프랑스어의 다의성 또는 좀더 정확하게 말하면 지시 대상의 다양성과 아주 잘 어울린다. 정의는 오직 명료할 때 의미가 있을 수 있으며, 그래서 사람들은 저마다 자기 방식대로 정의를 내린다. 그러나 그렇다고 언어를 지나치게 왜곡해서는 안 된다. 내가 정의를 내린다면, 나는 스탕달의 정의보다는 이해의 차원에서 훨씬 더 단순하고 의미 확장의 차원에서 훨씬 더 폭넓은 다음과 같은 정의를 내리겠다. 물론 이 정의는 스탕달의 변형이다. 사랑한다는 것, 그것은 무엇인가를 즐기는 능력이다. 굴을 사랑하는 사람이 있는가 하면 굴을 사랑하지 않는 사람이 있으며, 음악을 사랑하는 사람이 있는가 하면 음악에 무심한 사람 또는 음악에 권태를 느끼는 사람이 있다. 육체적인 사랑이든 정신적인 사랑이든 또는 둘 다이든 여자 또는 특정한 어떤 여자를 사랑하는 남자가 있는가 하면, 남자 또는 미소년을 사랑하는 『향연』의 남자도 있다. 기쁨의 이유, 희열의 이유가 많듯이 사랑의 대상은 무수히 많으며, 사랑의 대상에 따라서 사랑의 방식도 저마다 다르다. 나는 굴을 사랑하며, 나는 모차르트를 사랑하며, 나는 브르타뉴 지방을 사랑하며, 나는 내 아내를 사랑하며, 나는 내 아이들을 사랑하며, 나는 내 친구들을 사랑하며 그리고 그것들은 내게 부족함이 없는 것들이다. 나는 내가 사랑하는 아내와 아이들과 친구들과 더불어 브르타뉴에 살며, 우리는 모차르트 음악을 들으며, 바다를 바라보면서 굴을 먹는다. 그런 여러 가지 사랑들에 무슨 공통점이 있을까? 결코 결핍은 아니다. 결핍의 충족도 아니다. 모차르트, 굴 또는 브르타뉴는 내게 결코 부족한 것일 수 없다. 친구들? 오랫동안 떨어져 있는 경우도 있지만, 그렇지 않은 경우가 더 많다. 그들은 아무리 멀리 있어도, 있는 것만으로 나는 기쁘다. 여러 사랑들이 가지는 공통점은 바로 내 안의 기쁨이다. 즐길 수 있는 능력, 향유의 능력. 배가 고파서, 여자가 없어서, 아이가 없어서, 친구가 없어서 그랬다면 결핍이라는 말이 성립되겠지만, 사실 그럼에도 결핍은 본질도 아니며, 내용도 아니며, 조건도 아니다. 나의 예를 보아도 그렇듯이, 나는 결핍과 상관없는 것들을 사랑하지 않던가. 어떤 사람은 말할지 모른다. 그런 것들은 에로티시즘과는 상관없는 것들이라고. 그러나 누구보다도 연인들이 잘 안다. 사랑은 결핍의 사랑보다 기쁨의 사랑이, 수동적 사랑보다 능동적 사랑이, 고통 속의 사랑보다 희열 속의 사랑이, 욕구 불만 속의 사랑보다 충만의 사랑이, 꿈꾸는 사랑보다 실제의 사랑이 훨씬 더 관능적이고 감각적이고 강하다는 것을. 그리고 불발로 그치는 사랑, 우리를 강박관념에 시달리게 하는 사랑보다는 현실의 사랑을 욕망하는 편이 훨씬 더 낫다는 것을.

사랑에 대한 나의 정의는 사실 스피노자에게서 많이 빌린 것이다. 스피노자의 정의를 보면, 사랑은 외적 원인에서 얻어내는 기쁨이다.[75] 말하자면 원인이라는 개념을 전제한다는 점에서 사랑한다는 것은 무엇인가를 즐기는 것이며, 즐길 수 있는 능력을 의미한다. 즐기는 것은 사랑이며, 특히 영혼을 즐겁게 하는 인간들 간의 사랑은 더욱 그렇다. 사랑이 없다면 또는 오직 육체만을 사랑한다면, 육체는 슬프다. 그 점은 스피노자의 정의를 타당하게 만든다. 사랑은 기쁨이다. 그 기쁨은 쾌락에 보태지는 기쁨, 쾌락을 밝혀주고 예고하는 기쁨, 영혼을 비추는 거울처럼, 약속처럼, 행복의 메아리처럼 울려퍼지는 기쁨이다. 사랑의 바른 의미가 그것 아닌가? 내 생각에는 그렇다. 아니면 적어도 본질적으로 중요한 것은 그렇다. 누군가 당신에게 말한다. "나는 당신이 존재한다는 것이 기뻐" 또는 "당신이 있다고 생각하면 나는 행복해" 또는 "내겐 기쁨이 있어. 그런데 내 기쁨이 어디에서 오냐면, 바로 당신에게서야"라고. 그렇다면 당신은 그것을 사랑의 고백이라고 생각해도 좋다. 게다가 스피노자식의 이런 고백은 당신에게는 행운이다. 왜냐하면 스피노자식의 사랑 고백은 우선 아무나 들을 수 있는 고백이 아니기도 한 데다가, 더 좋은 것은, 그 고백은 당신에게 아무것도 요구하지 않는 고백이라는 것이다. "당신을 사랑해"와 같은 고백은 흔한 고백이다. 그리고 그 고백도 얼핏 보기에는 아무것도 요구하지 않는 것처럼 보인다. 그러나 중요한 것은 그것이 어떤 성질의 사랑과 관계하느냐이다. 만약 그 사랑이 결핍에 의한 사랑이라면, "당신을 사랑해"라는 고백은 "나도 당신을 사랑해요"와 같은 대답을 요구하고 있으며, 더 나아가 상대를 요구하는 고백이다. 왜냐하면 모든 결핍은 소유를 전제하며, 결핍에 의한 사랑은 결국 소유를 목적으로 하는 사랑이기 때문이다.[76] 사랑 고백은 듣는 쪽에서 볼 때 대단히 부담스럽다. 그 고뇌! 그런 감옥이라니! 반면에 즐거운 사랑은 상대에게 아무것도 요구하지 않는다. 다만 존재를, 있음을, 은총을 찬양할 뿐이다! 당신에게나, 상대에게나 얼마나 편한가! 얼마나 자유로운가! 얼마나 행복한가! 그것은 결핍이 아니라 감사이다. 그것은 요구가 아니라 감사이다. 그것은 소유가 아니라 즐김이다. 사랑하는 사람이 어찌 감사를 모를까? 사랑받는 사람이 어찌 사랑을 모를까?[77] 기쁨을 모를까? 결핍을 모르는 사랑만이 강하고도 가벼운, 그러면서도 적극적인 사랑이 가능하다.[78] 그 가볍고 편한 사랑에 이름을 붙이자면, 즐거운 사랑이다. 증거를 대자면, 연인들의 행복이다. 당신을 사랑해. 네가 있으니 행복해.

　스피노자식의 사랑 고백은 물론 흔한 것은 아니다. 그러나 형태가 어떠면 어떻고, 스피노자 철학이 어떠면 어떤가? 사랑을 고백하는 훨씬 더 간단한 다른 방식들도 있다. 예컨대, 당신이 있으니, 고마워! 나는 당신의 지금 그대로가 좋고, 당신 때문에 나는 풍요를 느껴. 이는 충만한 사랑의 고백이다. 또는 더 간단한 미소, 시선, 애무가 있을 수 있다. 나는 어디에선가 감사란 행복한 사랑의 결과라고 했다.[79] 거기에서 한 걸음 더 나아가면, 감사는 사랑 자체이고 행복 자체이다. 거기에 부족한 것이 무엇이 있는가? 존재 자체에 감사하고, 존재 자체를 즐거워하고, 사랑이 기쁨인 것을! 데카르트의 정의를 비판하면서 스피노자는 이런 말을 했다. "연인이 사랑의 대상에 대해서 가지는 의지는 사랑의 본질이 아니라 특성이다." 그러면서 스피노자는 다음과 같은 자세한 설명을 덧붙인다.

연인이 사랑의 대상에 대해서 가지는 의지는 사랑의 본질이 아니라 특성일 텐데, 본래 자유의지는 없으며 아무도 사랑이나 욕망을 스스로 결정할 수 없다는 점에서, 이때의 의지는 자유로운 동의나 결정이 아니며, 상대가 부재할 때 더욱 욕망에 불타고 상대가 존재할 때 더욱 집요해지는 의지도 아니다. 사랑은 그런 욕망들과는 별도로 다시 말해서 결핍 없이도 가능하다는 말이다. 그러니까 내가 말하는 의지란 대상의 존재 자체가 이유가 되는 동의이고, 연인의 기쁨을 강화하고 적어도 기쁨에 활기를 불어넣어주는 동의이다.[80]

사랑은 그 자체로는 부족한 것이 아무것도 없다. 물론 자주 볼 수 있듯이 대상의 결핍에 의한 사랑도 없지는 않지만 그것은 여전히 외적 이유에 의한 한 가지 사례일 뿐이다. 헤어짐, 부재, 사별. 그런 이유 때문에 우리가 애인을 사랑하는가! 욕구 불만, 고뇌에 찬 사랑이 없는 것은 아니다. 그러나 기쁨의 이유가 사라지면, 내가 어떻게 불행해지지 않을 수 있을까?[81] 비록 어쩔 수 없이 갈라지게 되어서 상처받는다고 해도, 또 그 때문에 감당할 수 없는 고통스러운 사랑이 없지 않지만, 그럼에도 사랑은 기쁨에 있지 결코 서로의 부재에 있지 않다. 내가 사랑하는 것은 결핍된 것 또는 부재하는 것이 아니다. 사랑이 우선이다. 기쁨이 우선이다. 또는 욕망이 우선이다. 능력이 우선이다. 사랑은 만남이며 기쁨이다. 그러니 플라톤이여 안녕, 악마여 안녕! 트리스탄이여 안녕, 이졸데여 안녕! 사랑은 본질적으로 불행일 수 없다.

그리고 사랑 없는 행복도 있을 수 없다. 사랑이 원인에 수반되는 기쁨이라면, 모든 사랑은 본질적으로 기쁨이다. 거꾸로 모든 기쁨은 사랑이며, 존재하는 모든 것이 그렇듯이[82] 원인이 있다. 그렇다면 결국 모든 기쁨은 사랑이거나 또는 적어도 사랑으로 바뀔 수 있다. 사랑이 없는 기쁨은 이해할 수 없는 기쁨이다. 그것은 소위 무지의, 모호의, 심지어 손상된 기쁨이다. 그러나 원인을 알 수 있는 기쁨보다 더 사랑스러운 기쁨은 없다.[83] 그래서 원인과 진실이 확인되고 밝혀진 사랑은 빛처럼 투명하고 맑은 기쁨이라고 할 수 있다. 스피노자의 행복과 지혜의 비결은 바로 거기에 있다. 기쁨이 없는 사랑은 없다. 사랑이 없는 기쁨은 없다.

내가 너무 미화시키고 있는 것이 아니냐고 비판할 사람이 있을지 모르겠다. 그러나 그렇지 않다. 나는 플라톤을 다룰 때 그랬던 것처럼, 도식화시키고 있을 뿐이지 미화나 왜곡은 나와 거리가 멀다. 우리는 비록 흐릿하고 모호할지라도 인생의 빛깔들을 구분할 수 있어야 한다. 그렇지 않으면 우리는 기쁨과 슬픔도 구분하지 못한 채 그 두 감정과 두 진실 사이에서 끊임없이 망설일 테고, 결핍과 능력 사이, 희망과 감사 사이, 열정과 행동 사이, 종교와 지혜 사이, 가지고 있지 못한 것만을 욕망하면서 소유하려고 드는 에로스의 사랑과, 현재의 것을 사랑하기 때문에 결핍이라고는 모르는 오직 즐거운 사랑 사이를 헤매게 될 것이다. 그 사랑에 나는 어떤 이름을 붙여야 할지 모르겠다.

프랑스어의 아무르(amour)는 바로 즐거운 사랑이다. 프랑스어에서 아무르는 존재를 사랑한다는 뜻이고, 대상이 있는 경우에는 있는 그대로의 대상을 욕망한다는 뜻이다. 그 대상의 있음을, 거기에서 오는 기쁨과 희열을 그대로 받아들인다는 것이다. 그러나 같은 단어가 결핍과 열정 특히 에로스에 대한 열정을 의미하기도 한다. 혼란은 거기에서 온다. 반면, 그리스어는 분명하다. 그리스어의 필리아(philia)라는 명사는 사람들 사이의 사랑을 의미하고, 따라서 그 단어의 동사 형태는 바로 그런 사랑을 나누는 것을 의미한다. 아리스토텔레스는 "어머니가 아이를 사랑하면서 느끼는 기쁨"[84]을, 또한 그런 사랑의 한 형태를 필리아라고 한다. "남편과 아내, 특히 기쁨을 상대방의 미덕에서 찾는 남편과 아내의 사랑"[85]이 그런 사랑 중의 하나이다. 부성애, 형제애, 가족애 역시 필리아의 사랑이리라.[86] 그뿐만 아니라 온통 독점하려는 특성을 가지는 에로스를 잠깐 옆에 두면, 연인들의 사랑도 필리아의 사랑이 된다.[87] 그리고 마지막으로 우정을 들 수 있다. 오히려 우정이야말로 넓은 의미에서 가장 숭화된 사랑의 한 형태이다. 미덕을 겸비한 남자들의 우정, "친구를 사랑하기에 궂은 일을 마다하지 않고 친구에게 베풀 줄 아는" 남자들의 우정은 "우정을 가장 아름다운 것"[88]이 되게 한다. 어떤 형태의 것이든, 필리아는 결핍, 열정, 에로스로 전락하지 않은 채 사람들 사이에서 꽃을 피우는 사랑이다.[89] 그리고 그것은 상호적인 온정이며,[90] 따라서 그리스어의 필리아는 동물이 대상이 될 수도 있고 신이 대상이 될 수도 있고 사물이 대상이 될 수도 있는 프랑스어의 "사랑"보다 제한적인 의미를 가지는 반면, 예컨대 아버지와 아들 간에는 거의 쓰이지 않는 프랑스어에서의 "우정(amité)"보다는 더 넓은 의미를 가진다. 말하자면 그리스어의 필리아는 그것의 상호성으로 볼 때 사랑이자 기쁨이다. 사랑하는 기쁨, 사랑받는 기쁨.[91] 함께 나누는 인생,[92] 상호적인 선택, 희열, 신뢰,[93] 간단히 말해서 열정으로서의 사랑, 에로스와는 대립적인 행동으로서의 사랑이다.[94] 그러나 물론 아무것도 그 둘이 하나로 일치되는 것을 막지는 않는다. 둘이 함께 행복하기만 하다면, 어떤 연인인들 친구가 되지 말라는 법이 있을까? 그리고 친구가 되지 않는다면, 어떻게 둘이 행복해질 수 있을까? 아리스토텔레스는 "남편과 아내 사이의 필리아 사랑"을 우정의 한 형태, 그것도 성적 차원의 관계까지를 포함한 가장 중요한 우정의 한 형태로 본다. 왜냐하면 "인간이란 정치적 사회를 구성하는 것보다는, 부부의 짝을 맺으려는 천성이 훨씬 더 강하기 때문이다."[95] 스피노자가 말하는 기쁨으로서의 사랑과 플라톤이 말하는 결핍으로서의 사랑의 구분을 위해서는, 더 나아가서 **사랑, 그것은 즐김이다**[96]라는 아리스토텔레스의 표현을 다루기 위해서는 필리아라는 어휘의 선택이 불가피했다. 필리아라는 말은 결핍과는 어울리지 않으며, 그것과는 뚜렷이 구분되는 단어이다.

적어도 논리적으로는 그렇다는 말이다. 그런데 실제의 경우를 보면, 두 감정은 서로 섞인다. 특히 여자와 남자의 경우에는 더욱, 아니 거의 언제나 그렇다. 우리는 우리에게 결핍된 어떤 것(에로스)으로부터 기쁨을 얻으며(필리아), 있음으로 우리에게 행복을 주는 것(필리아)을 소유하려고 하는 성향(에로스)이 있다. 달리 말하면 우리는 열정적인, 그러면서 즐거운 사랑을 하곤 하는 것이다. 대체적으로 막 신혼인 부부의 경우가 그런 경우이다. 사랑에 빠진다는 말은 거의 언제나 결핍을 느낀다는 말과 같이 들린다. 그래서 소유하려고 하고, 사랑받지 못하면 고통을 겪기 일쑤이다. 사랑의 고통이란 더 이상 사랑받지 못하면 어쩌나 하는 두려움이며, 오직 상대의 사랑, 상대의 있음, 상대의 소유에서 행복을 찾는 사랑이다. 사랑받는 것처럼 행복할까? 그리고 우리에게 결핍된 그 상대를 소유해서 즐길 수 있을 때처럼 행복할까? 두려움도 지혜도 필요 없다. 그 순간만큼은 그보다 더 강렬한, 그보다 더 나은 삶이 없다. 행복한 열정이다. 브라상스의 노랫말처럼, 공원 벤치에서 키스를 나누는 젊은 연인들의 모습이란! 그보다 감동적인 장면이 또 있을까! 그러나 과연 그것이 지속될 수 있는 것인가? 아무런 결핍이 없는데도 그렇게 아쉬워할 수 있을까? 가지고 있는 것을 그렇게 아쉬워할 수 있을까? 수십 년씩 일상생활을 함께하는 사람들끼리 과연 그렇게 열정적인 사랑을 나눌 수 있을까? 너무너무 잘 아는 상대를 과연 그렇게 우상화할 수 있을까? 현실을 어떻게 꿈꿀 수 있으며, 아니 배우자와 사랑에 빠진다는 말이 가능이나 한 이야기인가? 스탕달이 표현한 결정 작용이란 안정된 부부생활과는 거리가 먼 불안한 상태에서 오는 것이다. 다른 상대에게서는 모든 것이 갑자기 신기하게만 보인다. 그러다가 나중에는 그 상대도 있는 그대로 보이게 된다. 클로드 누가로의 노래 "야비한 남편이 매혹의 왕자를 죽일 때"가 그런 경우이다. 야비한 남편과 매혹의 왕자는 같은 인물이다. 그러나 후자는 꿈꾸는, 희망의, 부재의 존재이며, 전자는 결혼한, 소유된, 현재의 존재이다. 매혹의 왕자는 간단히 말하면 결핍 상태의 남편이다. 야비한 남편은 결혼에 성공한, 그래서 더 이상 결핍과는 무관한 현실의 남편이다. 매혹의 왕자는 부재에 의해서 매혹을 발하는 반면, 남편은 존재에 의해서 퇴색한다. 짧은 열정, 길고 우울한 부부관계. 결혼은 아름다운 모험이 될 수도 있지만, 대개는 진부함으로 이어진다. 니체의 견해가 그렇다.

슬플진저, 이 두 비참한 영혼들이여! 슬플진저, 이 두 더러운 영혼들이여! 슬플진저, 이 두 가련한 사람들의 편안함이여!
  진리를 찾아 헤매는 영웅처럼 그는 오직 위장된 거짓말을 붙잡았을 뿐이니, 이름하여 결혼이라.
  짧은 광기, 이를 우리는 사랑이라고 부른다. 그리고 결혼은 그 광기에 마침표를 찍어주는데, 거기에 이어지는 것은 길고 긴 어리석음이다.97)

트리스탄 부인, 로미오 부인, 보바리 부인. 그들은 세월이 갈수록 점점 서로를 닮아간다. 반면 남편은 세월이 가면 갈수록 아내의 근심, 아내의 비난, 아내의 심적 상태 또는 기분만 아니라면 아내와의 진정한 사랑보다는 섹스와 일만을 생각한다. 남편은 평화와 쾌락을 원한다. 반면 아내는 행복과 열정을 원한다. 그래서 서로는 서로를 비난한다. 왜 변했느냐고, 결혼 전에는 그러지 않았는데, 기대하고 욕망하고 사랑했던 과거의 그 또는 그녀가 아니라고. 왜 그렇게 변했을까? 열정이 한낱 꿈으로 변했다면, 잘못은 누구에게 있는가? 그리고 과연 각성해야 되는가? "나는 그녀가 신비했기에 사랑했어"라고 그가 혼잣말을 한다. 그러나 그 말은 그가 그녀를 몰랐기 때문에 사랑했고, 그녀를 아는 지금은 그래서 더 이상 사랑하지 않게 되었다는 말과 같다. 프랑스의 현대가수 갱스부르그는 "우리는 여자를 모르고 사랑하고, 알면서 떠난다"고 말했다. 맞는 말이다. 여자한테만이 아니라 남자한테도 마찬가지이다. 물론 이해하지 못한 채 하는 사랑, 결핍에 의한 사랑, 신비에 매혹된 사랑의 경우에 해당된 이야기이지만, 거의 언제나 사랑보다는 이별에 더한 진실이 있다. 모르기 때문에 사랑하다니, 사랑이란 얼마나 우스운 것인가?

　자, 이제 다른 사람들의 질투를 야기시키는 성공한 부부들, 행복해 보이며 아직도 사랑하고 영원히 변하지 않을 사랑을 나눌 것처럼 보이는 부부들 이야기로 넘어가보자. 어제처럼 오늘도 그리고 오늘처럼 내일도 그들의 열정은 변함이 없을까? 나는 전혀 그렇게 생각하지 않는다. 그런 일은 있다고 해도 아주 드물게 있는 일이며, 우리의 의지와는 무관하게 기적처럼 일어나는 일이기 때문에, 그것을 합리적인 인생의 선택이나 희망과 뒤섞어 말할 수는 없다. 청춘 남녀와 부부는 비교 대상이 아니다. 부부관계를 트리스탄과 이졸데에 비교한다면, 그것은 웃을 일이다. 그럼에도 불구하고 어떤 연인들이 오랜 동안 서로를 여전히 욕망하면서 함께 살 수 있었다고 하자. 그들의 경우 그것은 결핍 때문이 아니라 능력 덕분이고, 열정이 아니라 쾌락 때문이다. 그들은 말하자면 초기의 광적인 사랑을 기쁨으로, 부드러움으로, 감사로, 명철로, 신뢰로, 함께 사는 행복으로, 간단히 말해서 필리아로 전환시킬 줄 알았던 것이다. 애정? 바로 그렇다. 그들의 사랑이 바로 그런 것이다. 그러나 그것만은 아니다. 그들의 사랑에는 은밀한 나눔, 충실, 유머, 육체와 영혼의 친밀성, 찾고 또 찾는 쾌락, 르네 샤르의 시구처럼, "욕망이 욕망으로 머무는 사랑"이 있으며, 수락되고 순치된, 그러면서도 승리해서 금의환향하는 짐승이 있으며, 서로를 돕고 의지하며 사는, 아주 가깝고 아주 정성스러운, 그러면서 서로를 존중하는 고독들이 있으며, 또한 가볍고도 단순한 기쁨, 친근함, 분명함 그리고 평화가 있으며, 상대의 눈빛이 있으며, 침묵과 귀 기울임이 있으며, 둘이기에 강함이 있으며, 둘이기에 조심스러움이 있으며, 둘 사이에 열림이 있다. 둘이 하나 된다는 것은 포기한 지 오래이다. 그들은 둘이 하나가 된다는 말을 더 이상 믿지 않는다. 그들은 이중창의 조화로움을, 이따금 불협화음이 있기는 하지만 그 대위법을 너무 사랑하며, 그래서 그들은 이중창을 독백으로 바꾸려고 노력하지 않는다. 그들은 말하자면 미친 듯한 사랑에서 지혜의 사랑으로 건너간 것이다. 타락, 천박, 환멸이 아니다. 오히려 거기에는 더 깊은, 더 진실한, 더 따뜻한 사랑이 있을 뿐이다. 꿈을 사랑하는 것보다 더 쉬운 일이 어디 있을까? 현실을 사랑하는 일보다 더 어려운 일이 어디 있을까? 소유하려는 의지보다 더 쉬운 일이 어디 있을까? 현실을 수용하는 일보다 더 어려운 일이 어디 있을까? 열정보다 더 쉬운 일이 어디 있을까? 부부생활보다 더 어려운 일이 어디 있을까? 사랑에 빠지는 일은 아무나 할 수 있는 일이다. 그러나 진정한 사랑은 다르다.

사랑을 주제로 삼은 한 학회에서 나는 다음과 같은 아주 놀라운 고백을 들은 적이 있다. "나는 위대한 우정보다는 작은 열정을 체험해보고 싶습니다."[98] 슬픈 열정, 이기적 열정, 속 좁은 열정인 것을! 대체로 열정은 자기만을 사랑하며, 자기의 사랑만을 사랑한다. 열정은 상대를 사랑할 줄 모르며, 오직 나르시시즘적인 미미한 박동만을 사랑할 뿐이다. 열정에 빠진 사람은 친구들도 이제 대수롭지 않다. 세상은 오직 단 하나의 존재, 단 하나의 시선, 단 하나의 마음에 가 있다. 그에게 남는 것은 편집증 환자처럼 열정과 사랑 타령뿐이다. 물론 열정은 지속되는 동안만큼은 힘이며, 아름다움이며, 영광이다. 열정을 만나거든 살려내도록 애쓸 일이다. 물론 그래야 한다. 모든 사랑은 좋은 것이고, 어렵지도 않다. 또 열정이 좋은 것은, 사랑은 더욱 사랑하게 해주며, 더욱 잘 사랑하게 해주는 미덕이 있다. 열정을 죄악시하는 것보다 어처구니없는 일이 어디 있겠는가? 열정이란 결코 헛되지 않으며, 부질없는 열정이란 없다. 그러므로 열정을 체험하라. 다만 열정에 속거나, 열정의 포로가 되지 않도록 해야 할 것이다. 그런 조건이라면 왜 열정을 마다하겠는가? 사실을 말하자면, 우리는 열정과 우정 중 하나를 선택해야 하는 것은 아니다. 경험으로 알 수 있듯이, 우리는 둘 다 지킬 수도 있다. 열정이 생겼다고 해서 친구들을 버려야 하는 것은 아니지 않은가. 열정은 머지않은 장래에 종말을 맞게 되어 있고, 고통을 당하게 되어 있고, 망각 속에 묻히게 되어 있고, 원한으로 뒤엉키거나 또는 우정으로 변하게 되어 있다. 열정은 지속되지 않으며, 지속될 수도 없다. 열정은 종말을 맞든지, 아니면 변해야 한다. 열정에 충실하려고 하면, 사랑 또는 삶에 불성실해질 수 있다. 말하자면, 단 몇 달 동안의 행복한 열정 또는 몇 년 동안의 불행한 열정이 우리가 살아온 인생을 배반할 수 있다는 말이다. 그뿐만 아니라 통제할 수 없는 열정 때문에 우리 가까이에 있는 사람들에 대한 사랑을 버린다면, 그것은 그 사람들을 배반하는 일이기도 하다. "사랑에 빠지는 것은 상태이고, 사랑하는 것은 계약이다."99) 드니 드 루주몽의 훌륭한 명구이다. 계약은 적어도 부분적으로는 우리의 소관이다. 우리는 우리의 의지대로 계약을 떠맡으며, 연장하고, 유지한다. 그러나 상태란 어떤가? 사랑에 빠지는 일이 우리의 의지일 수 있을까? 그것은 모순이다. 차라리 열병으로 앓아 눕겠다고 또는 미쳐버리겠다고 장담하라. 약속을 전제하는 모든 사랑은 어떤 것이든 열정이 아닌 다른 것을 저당 잡는다.

내 생각에는 현대의 언어도 아리스텔레스에게 발언권을 주는 듯하다. 결혼하지 않은 동거자를 다른 사람에게 소개한다면 어떻게 불러야 할까? 동반자? 그러나 그 말은 너무 낡은 어법이다. 동거인? 그 말은 동사무소 신고용으로 쓰는 말이다. 파트너? 이는 무슨 끔찍한 발상인가? 애인? 정부(情夫/情婦)? 이 말을 쓰는 상대는 따로 있다. 그렇다면? 동거하는 두 사람 사이라면, 이름을 부르면 그만이다. 또는 간단하게 세상 사람들 모두가 그렇듯이 "자기"라고 부를 수 있다. 그러나 바깥 세상에 나가서도 그렇게 소개할까? 대개는 "친구"라고 소개한다. 또는 젊은이들의 경우, 짝이라고 소개하기도 한다. 그러면 사람들은 대개 그들이 어떤 사이인지를 안다. 남자 친구 또는 여자 친구라고 하면, 말하자면 내가 사랑하는 사람이라는 말이다. 그리고 특히 단수로 말하는 경우의 친구는 내가 생활의 많은 부분을 같이하는 상대라는 의미이고, 그/그녀와는 이따금 만나는 정도가 아니라 일정 시간이 지나면 만나는 사이 그리고 꾸준히 관계가 지속되는 사이 또는 더 나아가 함께 사는 사이라는 의미까지도 가지게 된다. 따라서 세월이 가면 우정이 욕망으로 변한다는 말이 어떻게 성립되지 않겠는가? 우정이 차츰 뜨거운 열정으로 변하는 일이 어떻게 없지 않겠는가? 우정은 열정을 준비하는 메신저일 수 있다. 행복한 결혼의 경우에도 마찬가지 이야기를 할 수 있다. 부부가 사용하는 언어 습관을 보면 분명히 드러나는 것은 아니지만 말이다. 사람들은 상대를 지칭할 때 여자를 두고는 "아내", "집사람"이라고 부르며, 남자를 두고는 "남편", "바깥양반"이라고 부른다. 어휘가 달라졌다고 해서 본질이 달라진 것이 아니라면, 그들 부부는 행복한 부부이다. 어떤 본질? 꿈이 아닌, 실현된 사랑 말이다. 나는 어떤 사십대 가량의 중년 부인을 기억한다. 그런데 놀랍게도 그 부인은 아이를 둘까지 두고 키우면서 십수 년 동안 함께 살아온 남편에 대해서 이렇게 말하는 소리를 듣고 깜짝 놀란 적이 있다. "물론 저는 아직도 그이와 사랑에 빠져 있어요. 저는 그이에게 욕망을 느끼죠. 그이는 저의 가장 좋은 친구예요." 나는 거기에서 부부의 진실을 새삼 읽을 수 있었다. 부부는 행복하면, 성적으로도 강하고 부드러운, 그러면서 육감적인 관계를 유지할 수 있으리라는 것을. 내가 보기에는 좋은 친구와 사랑을 나누어보지 못한 사람은 사랑의 본질이 무엇인지 또는 사랑의 기쁨이 무엇인지, 부부의 본질이 무엇인지 또는 부부 간의 관능의 본질이 무엇인지 모른다. 가장 좋은 남자 친구 또는 여자 친구란 결핍의 고통과 상관없는 가장 사랑하는 남자 또는 여자이며, 우리가 선택한, 그래서 우리가 가장 잘 알고 믿을 수 있을 뿐만 아니라 추억과 계획, 희망과 두려움, 행복과 불행 등을 함께하는 사람이다. 강제로 또는 이해관계 때문에 어쩔 수 없어서 맺어진 관계를 제외하면, 결혼을 한 사이든 아니든 지속적인 관계를 유지하면서 진정으로 사랑하는 두 사람 사이에서 흔히 볼 수 있는 관계가 그런 관계인데, 몽테뉴는 그런 관계를 "부부의 우정"[100]이라고 재미있게 표현했다. 처음 만남의 시절이 지났는데도 행복한 부부는 결핍, 열정, 미친 사랑과는 달리, 거의 예외 없이 몽테뉴가 말한 부부의 우정이라는 범주에 들어간다.

내 책을 읽는 젊은 여성들은 나의 이 말에 실망을 느끼거나, 부부의 우정을 퇴조라고 생각할지 모르겠다. 그러나 사실 이미 그런 길을 걸어온 여자들은, 오히려 그 꿈에서 한 걸음 물러날 때 진정한 전진이 있음을 알고 있다. 꿈꾸는 사랑보다는 현실의 사랑이 백배 나으며, 행복한 환상보다는 현실의 행복이 천배 낫다. 무슨 명목으로? 진리를 사랑하는 정직의 이름으로, 인생과 행복의 이름으로. 열정은 지속되지 않으며, 지속될 수도 없으므로. 열정은 오직 불행할 때에만 지속되는 것이므로. "열정은 고통이며, 자유와 책임을 함께 안고 있는 개인을 짓누르는 운명이다. 성 아우구스티누스의 "사랑하지 못한, 사랑하고 싶은(amabam amare)"에서 근대의 낭만주의에 이르기까지, 사랑의 대상보다 사랑을 더 사랑하는 사람, 열정을 위한 열정을 사랑하는 사람은 결국 고통을 추구하는 결과를 가져올 뿐이었다."[101] 이 세상의 삶보다는 저 세상의 삶을 노래하는 시인들은 불가능한 삶만을 동경하는 "불행에 대한 취향"을 벗어나지 못한다.[102] 삶이 얼마나 두려우면 열정을 사랑하겠는가? 진실이 얼마나 두려우면 환상을 좇겠는가! 행복한 부부 또는 어느 정도 그렇게 생각되는 부부는 그와는 달리 진리의 이 세상에서의 나눔의 삶을 사랑하며, 신뢰의 삶, 평화롭고 유순한 친밀성의 공간, 상호적 기쁨의 공간, 감사의 공간, 성실성의 공간, 후의의 공간, 유머의 공간, 사랑의 공간에서 기쁨으로 살아간다. 하나의 부부가 있게 되기까지 얼마나 많은 미덕이 필요한가! 그러나 그들의 미덕은 불편한 미덕이 아니다. 부부의 미덕은 행복한 미덕 또는 행복을 보장하는 미덕이다. 부부는 부부관계에서만 가능한 과감한 시도를 할 수도 있으며, 그래서 부부관계의 육체는 만족스러운 희열을 가져다줄 수도 있다. 그리고 특히 좋은 것은 거기에는 아이들이 있다는 것이다. 부부란 아이들을 위해서 있으며, 부부관계는 적어도 생리학적으로는 오직 아이들 때문에 정당하다.

 가족이란 부부의 미래이고 사랑의 미래이자 출발이기도 하므로, 가족에 대해서 한마디 해야 할 것 같다. 만약 우리가 사랑을 받지 못했다면, 어떻게 사랑을 알 수 있을까? 또 가족이 없었다면, 어떻게 부부에 대해서 알 수 있을까? 만약 모든 사랑이 프로이트가 말했듯이 전이(轉移)라면, 사랑은 역시 받았을 때 줄 수 있다. 더 정확하게 말하면 받는 사랑이 주는 사랑보다 더 먼저이거나 또는 받는 사랑은 주는 사랑을 준비해야 한다. 여기에서 말하는 사랑은 앞에서 우리가 말한 에로스의 사랑과는 다른 사랑이며, 또한 대상도 다른 사랑이다. 많은 실패와 위대한 성공을 문제 삼지 않고 말하자면, 사랑은 바로 가족이 준비한다. "가족이여! 나는 너를 증오한다."103) 사랑의 이름으로, 보다 폭넓은 또는 열린, 관대하고 자유로운 사랑의 이름으로 그런 말을 한다면, 그 말은 오히려 넓은 의미에서 가족을 지키는 말이다. 사실 우리는 가족을 벗어난, 자기를 벗어난, 모든 것을 벗어난 사랑을 할 줄 알아야 한다. 아니 오히려 가족은 그런 사랑을 허용하는가 하면, 더 나아가 근친상간 금기를 통하여 그런 사랑을 강제하며, 그렇게 새로운 부부와 아이들이 탄생하면서 가족은 형성된다. 프로이트의 말도 결국은 같은 말이다. 우선 어머니와 아이가 있다. 이어서, 받은 사랑, 연장된 사랑, 승화된 사랑, 금지된 에로스의 사랑 그리고 구원된 필리아의 사랑이 있다. 우선, 육체와 육체의 열매가 있다. 이어, 보호받고 지켜지고 교육받은 아이가 있다. 알랭은 "결국 부부가 정신을 구출하게 된다"104)고 말한다. 그렇다. 그들이 낳게 될 아이에게 성실함으로써. 부부는 거의 언제나 부부를 구하는 것이 아니라 잃으며, 그 대신 아이를 얻게 된다.

사랑 313

이는 가족의 황금률이다. 가족 사랑의 황금률. "네 고향과 친척과 아비의 집을 떠나……."105) 우리는 아이를 소유하기 위해서가 아니라, 보호하기 위해서 낳는다. 우리가 그들을 기르지만, 그것은 그들을 떠나보내기 위한 것이고, 다른 곳에 가서 다른 방식으로 사랑하고 또 아이들을 낳아 기르도록 하기 위한 것이다. 그들은 아이들을 길러 또 우리와 마찬가지로 그 아이들을 떠나보낼 것이다. 모두가 죽고, 모두가 살고, 그렇게 윤회한다. 인류는 바로 거기에서 시작한다. 세대에서 세대로, 세대는 이어간다. 어머니들은 그런 사실을 잘 알며, 그래서 내게는 젊은 여자들보다 어머니들이 중요하다.

스콜라 철학자들은 음욕 또는 **탐욕의 사랑**과, 온정의 사랑 또는 성 토마스 아퀴나스가 말한 우정의 **사랑**을 구분했다. 물론 그 구분이 내가 생각하는 것처럼 에로스와 필리아의 대립을 온전히 담고 있는 것은 아니다.106) 그러나 말하자면 탐욕의 사랑이 "존재는 어떤 것에 결핍을 느끼다가, 그것을 만나면 탐욕한다"107)고 하는 플라톤의 철학이라면, 온정의 사랑은 "사랑은 다른 사람에게 좋은 일을 해주고 싶은 의지"108)라고 하는 아리스토텔레스의 철학이다. 성 토마스 아퀴나스의 설명에 의하면, 그래서 사랑은 "우정의 사랑과 오직 자신을 위해서 탐하는 탐욕의 사랑으로 구분된다."109) 간단히 말하면, 탐욕의 사랑 또는 음욕의 사랑은 반드시 죄라고 할 수는 없지만 적어도 이기적인 사랑인 것만은 틀림없다. 그 사랑은 다른 사람을 사랑하되, 오직 자기 자신을 위해서 그렇게 한다. 반면에 온정의 사랑 또는 우정의 사랑은 너그러운 사랑이다. 그 사랑은 다른 사람을 사랑하되, 오직 그 다른 사람을 위해서 사랑하는 사랑이다. 성 토마스 아퀴나스에 의하면 물론 두 사랑이 서로 간섭할 수도 있으며, 대부분의 사랑의 경우 둘은 서로 혼재되어 있다.110) 그럼에도 불구하고 둘 사이에 차이가 없는 것은 아니다. 나는 굴을 사랑한다. 나는 자식들을 사랑한다. 그러나 이 두 가지 사랑은 서로 같은 사랑이 아니다. 내가 굴을 사랑한다고 할 때, 그 사랑은 굴을 위한 사랑이 아니다. 반면에 내가 아이들을 사랑한다고 할 때, 그것은 나를 위한 사랑이 아니다. 인간의 사랑은, 그것이 인간의 사랑인 한 탐욕에서 전적으로 자유로울 수는 없다. 그러나 굴에 대한 사랑, 돈에 대한 사랑, 여자에 대한 사랑의 경우처럼 오직 탐욕만이 지배하는 사랑이 있다. 그런 사랑은 아무리 강렬한 사랑이라고 해도 천박한 사랑이다. 그런가 하면 자식에 대한 사랑, 친구에 대한 사랑, 아내에 대한 사랑처럼 탐욕에 온정이 섞인 사랑이 있다. 그런 사랑은 온정이 더 많은 자리를 차지할수록 승화된 사랑으로 발전한다. 아리스토텔레스는 아이들을 태어나자마자 버린 다음, 아이들의 행복을 위해서 아이들에게 발각되지 않도록 조심하면서 평생을 헌신적으로 아이들을 사랑하는 어머니들, 자신의 행복과 아이들의 행복을 구분하지 못하는 것은 물론, 자신의 행복보다 오히려 아이들의 행복을 더 염원하면서, 아니 아이들의 행복을 위하여 자신의 행복을 희생시켜가면서 거의 몸부림에 가까울 정도로 아이들을 사랑하는 어머니들에 대해서 대단히 감동한다.[111] 그런 사랑이야말로 순전한 온정이며, 아름다움 자체이다. "돌려받을 것을 기대하지 않으면서 좋은 일을 해주는 것은 참으로 아름답다."[112] 그러나 규칙은 아니다. 대개 온정과 탐욕은 한데 어울린다. 성자가 아니고는 대체적으로 그렇다. 이기주의와 이타주의는 어느 정도 어울리며, 우리는 친구의 친구가 되는 동시에 우리 자신의 친구가 될 때 행복할 수 있다.[113] 부부관계에서도 마찬가지이다. 열정적으로 남편 또는 아내를 사랑하는 것보다 더 자연스러운 일이 어디 있겠는가! 그 사랑은 에로스에서 필리아로 건너가는 사랑이다. 우리에게 좋은 일을 해주는 사람에게 좋은 일을 해주는 일보다 더 자연스러운 일이 어디 있을 것이며, 탐욕을 불러일으키는, 그래서 강렬하게 소유하고 싶은 상대를 온정을 가지고 사랑하는 일보다 더 자연스러운 일이 어디 있겠는가. 에로스와 필리아는 이처럼 서로 어울린다. 거의 언제나 말이다. 소위 사랑의 역사도 마찬가지이다. 에로스는, 간단히 말하면, 충족이 되면서 차츰 사라진다. 또는 육체의 한계를 아는 에로스는 다음을 위해서 지금 죽는다. 그리고 나중에 다시 소생하고, 다시 죽는다. 횟수를 거듭할수록 덜 강렬하게, 덜 열정적으로, 덜한 결핍감 속에서. 그러면 에로스의 몫은 줄어들며, 반면에 행복한 부부의 필리아는 점점 힘을 얻고 깊어지고 활짝 펴서 그 자체가 행복이 되기에 이른다. 그 말은 반드시 그만큼 능력 또는 쾌락의 강도가 떨어진다는 말은 아니다. 이는 삶의 논리이며, 사랑의 논리이다. 사람은 처음에는 자기만을 사랑한다. 신생아가 어머니의 젖에 달라붙듯이, 늑대가 양에게 달려들듯이, 연인은 애인에게 달려든다. 결핍과 탐욕과 배고픔은 욕망이다. 욕망은 배고픔이다. 열정이 지배하고 포효한다. 이기적 에로스. 그러다 우리는 가족 안에서, 짝을 통해서 다른 상대를 위한 상대의 사랑을 배우기에 이른다. 기쁨, 우정, 온정. 성 베르나르가 말했듯이, 육체적인 사랑에서 정신적인 사랑으로, 자기 사랑에서 타인 사랑으로, 받는 사랑에서 주는 사랑으로, 탐욕에서 온정으로, 결핍에서 기쁨으로, 폭력에서 유순으로, 에로스에서 필리아로 건너가는 사랑이다.

『향연』은 사랑에 의한 사랑의 승화를 보여준다. 성 베르나르가 제대로 보았듯이, 육적인 사랑은 일차적인 사랑이기 때문이다. "자연은 얼마나 약한지, 당장의 필요에 언제라도 복종한다. 육적인 사랑도 그렇다. 인간은 우선 자기 자신만을 위한 자신의 사랑으로 사랑을 시작한다. 사도 바울도 마찬가지 말을 했다. 동물적인 부분이 먼저이고, 정신적인 부분은 다음이다. 그것은 계명이 아니라, 자연의 본성이다."[114] 성 베르나르에 의하면, 우리는 거기에서 자신을 위해서 신을 사랑하는 제2단계의 사랑으로 승화될 수 있어야 하며, 그다음은 신을 위해서 신을 사랑하는 제3단계의 사랑으로 도약할 수 있어야 하고, 마지막으로 신을 위해서 자신을 사랑하는 최종 단계의 사랑에 이를 수 있어야 한다.[115] 물론 그 길은 우리의 길은 아니다. 그러나 성 베르나르는 아주 중요한 것을 우리에게 가르쳐주고 있다. 즉 육체는 출발점이고, 정신은 승화라는 것이다. 이는 사랑의 길이다. 사랑은 길과 같다. 처음에는 결핍을 사랑하는 단계로서 자기를 위한 자기 사랑밖에 없다. 젖을 찾던 어린아이, 오직 젖만을 탐욕하던 어린아이는 우리 모두에게 어느 정도 남아 있으며, 여전히 그렇게 하고자 한다. 그러나 우리는 언제까지나 그래서는 안 되며, 그럴 수도 없다. 근친상간 금기는 근친상간이 아닌 다른 사랑, 우리가 소유하거나 소비하거나 가질 수 없는 사랑, 마음대로 누릴 수 없는 사랑을 하게 한다. 그러나 그것이 강제일망정 법에 욕망을 복종시키는 순간 역설적이게도 하나의 새로운 사랑이 탄생한다. 그것이 바로 사랑이다. 반복하지만, 먼저 있는 것은 에로스로서의 욕망이고, 충동이다. 그것은 우리가 결핍 상태에서 체험하는 것이라고 했다. 프로이트가 말했듯이, 처음에는 오직 그것, 살아서 탐욕하는 그것밖에 없다. 그러나 인간 세계를 사는 그 작은 포유류는 다른 동물과는 다르게 탐욕의 육체를 선행하는 어떤 것, 품어서 보호할 어떤 것이 있음을 알게 되며, 가슴이 욕망과 쾌락을 위하여 있지만 가슴과 쾌락보다 더 소중한 어떤 것이 있음을 알게 된다. 바로 어머니의 사랑이다. 그 사랑은 탐욕의 사랑이자, 주는 사랑이다. 어느 어머니가 자신의 행복과 무관하게 아이를 가질 것이며 어떤 어머니가 자신의 사랑보다 아이의 사랑을 위에 놓지 않을까. 그러므로 에로스와 필리아는 동전의 양면처럼 떼려야 뗄 수 없는 관계에 있으며, 그러면서도 서로 다르다. 필리아는 에로스에서, 온정은 탐욕에서, 사랑은 욕망에서 비롯되며, 그렇게 보면 사랑은 결국 욕망의 즐거운 승화이다. 아리스토텔레스에 이어서 성 토마스 아퀴나스도 지적했듯이, 그 사랑은 더 이상 열정이 아니라 미덕이다. 다른 사람의 행복을 기원하니, 그것이 바로 미덕이고 선인 것이다.[116)]

어머니와 갓난아이를 보라! 갓난아이는 얼마나 탐욕스러운가! 그 갓난아이에게는 오직 욕망밖에 없고, 충동과 동물성밖에 없다. 어머니는 어떤가? 어머니에게서 욕망, 충동, 동물성을 볼 수 있는가? 어머니의 욕망, 충동, 동물성은 사랑, 유순, 온정에 의해서 변모되어버린다. 동물, 특히 포유동물이 대체적으로 그렇지만, 그러나 다른 어떤 동물보다 인간이 그런 점에서는 역시 단연 앞선다. 인류가 이어지는 것은 바로 그런 사랑을 통해서이다. 아이는 가지려고 하고, 어머니는 주려고 한다. 아이에게는 쾌락이 있고 어머니에게는 기쁨이 있다. 물론 에로스가 먼저 있다고 했다. 어머니도 과거에는 그런 어린아이였다는 사실을 환기하면 더욱 그렇다. 그러나 그럼에도 사랑이 우리를 선행하며 그 사랑은 우리로 하여금 사랑이 어떤 것인지를 알게 해준다.

거기에서 인류가 비롯되며, 인류의 정신도 거기에서 나온다. 사랑만이 신이다. 그래서 사랑의 신이라고 하는 것이다. 알랭은 비록 무신론자였지만, 다음과 같은 좋은 말을 했다.

어린아이를 바라보자. 그 약한 것이 바로 신이다. 모든 것을 요구하는 그 약한 어린 것이 바로 신이다. 우리가 돌보지 않으면 더 이상 존재하지 않게 될지도 모를 그 아이가 바로 신이다. 어린아이가 바로 정신이다. 그 어린아이의 눈에는 진리도 우상일 뿐이다. 말하자면, 진리가 능력에 의해서 불명예스럽게 되어버렸다는 말이다. 시저는 진리를 다스리면서 보수를 지불했다. 그러나 어린아이는 지불하지 않는다. 어린아이는 요구하고, 또 요구할 뿐이다. 정신의 제일의 규칙이란 지불하지 않는 것이며, 결코 두 주인을 섬기지 않는 것이다. 그러나 결코 어떤 경험도 부인할 수 없는 진리의 진리가 있다. 바로 어머니이다. 어머니는 증거가 없어도, 오히려 그래서 더욱 사랑할 뿐이며, 그래서 더욱 돕고 더욱 봉사한다. 어머니가 안아 올리는 인간의 진실은 세상에는 존재하지 않는 어떤 것인지도 모르겠다. 그러나 어머니는 옳다. 어머니는 아이가 아무리 탓해도 옳다.[117]

그렇다. 그러나 아이는 그것을 모른다. 어린아이는 사랑을 배우면서 비로소 어머니가 옳았다는 것을 알게 된다.

## 아가페

그럼 이제 끝인가? 그렇다면 얼마나 좋겠는가? 사랑이 오직 욕망과 기쁨만으로 충족된다면! 그러나 그렇지 않다. 우리는 거의 우리 자신밖에 또는 기껏해야 우리의 가까운 식구나 이웃밖에 사랑할 줄을 모르며, 게다가 이기적인 우리는 사랑하는 형제뿐만 아니라 우리가 사랑하지 않는 이웃과도 싸우고 다툰다.

우정은 의무가 아니다. 사랑은 명령을 받지 않기 때문이다. 우정은 탁월한 미덕이다. 아무도 사랑할 줄 모르는 사람을 도대체 사람이라고 할 수 있을까? 반면 아리스토텔레스는, "친구를 사랑하는 사람에게 찬사를 보내자"고 한다. 우정은 "단순히 필요한 것일 뿐만 아니라, 고귀한 것"[118]이기도 하기 때문이다. 에피쿠로스의 말도 그와 다름이 없다. "모든 우정은 그 자체로 **훌륭하다.**"[119] 달리 말하면, 미덕이라는 말이다. 친구들의 마음을 사로잡는 미덕, 친구뿐만 아니라 모든 사람을 사로잡는 미덕이 우정이다. 친구에게 또는 자신의 아이에게 관대하지 않은 사람은 관대함만 없는 것이 아니라, 사랑도 없는 것이다. 그리고 그들을 지켜주어야 하는 상황에서 지켜주지 못하면 비겁하다고 해야 할 것이고, 판단해야 하는 상황에서 지켜주지 못하면, 가혹하다고 해야 할 것이다. 이때 중요한 것은 용기 또는 너그러움이 아니라 사랑이다. 그러나 사랑이 없을 때는 용기 또는 너그러움이 가치를 가지며 꼭 필요한 미덕으로 등장한다. 도덕의 제일의 금언은 바로 거기에서 비롯된다고도 할 수 있다.

"네가 사랑할 때처럼 행동하라." 반면 사랑이 있으면, 다른 미덕들은 마치 흐르는 물처럼 자취를 감춘다. 아이에게 가진 모든 것을 주는 어머니는 우리가 너그럽다고 말하지 않는다. 어머니는 너그러울 필요가 없다. 어머니는 아이를 자신보다도 더 사랑하는 것이다. 아이를 위해서 목숨을 던지는 어머니는 용감한 것도 아니다. 어머니는 자신의 목숨보다도 더 아이를 사랑하는 것이다. 아이의 모든 것을 용서하는 어머니, 아이의 있는 그대로를, 아이가 하는 모든 짓을 그대로 받아들이는 어머니를 자비로운 어머니라고 할 수도 없다. 어머니는 아이를 정의 또는 선보다 더 사랑하는 것이다. 성자들이나 예수의 생애에서도 우리는 다른 예들을 찾을 수 있을 것이다. 그러나 그런 예들은 역사적으로 논란의 여지가 있고, 해석의 어려움이 남는다. 예수가 과연 정말 존재했는가? 그가 어떤 인생을 살았는가? 성자들은 과연 어느 정도 성자인가? 우리는 성자들의 의도, 동기, 생각을 얼마나 알고 있는가? 그러나 그런 성자들의 전설 같은 이야기는 우리와 거리가 너무 멀다. 반면 부모들의 사랑 특히 어머니의 사랑은 훨씬 더 가까이에 그리고 분명하게 우리 곁에 있지 않은가. 어디에나 그렇듯이 거기에도 전설은 있다. 그렇더라도 어머니의 전설은 관찰 가능한 현실과 비교해볼 수 있지 않은가. 그러면 거기에 무엇이 보이는가? 아이를 가진 어머니의 미덕들은 우리에게는 없는 것들이다. 또는 어머니들에게는 사랑이 거의 전부이며, 그래서 다른 미덕으로부터 자유롭다. 사실 미덕들이란 오직 사랑이 결핍되어 있을 때에만 필요한 도덕적인 것들이라고 하지 않았던가. 어머니의 사랑보다 더 충실하고, 더 신중하고, 더 용감하고, 더 자비롭고, 더 부드럽고, 더 성실하고, 더 단순하고, 더 순수하고, 더 연민에 차고, 더 정의로운 것이 있던가? 물론 항상 그런 것만은 아니다. 어머니의 광기, 어머니의 히스테리, 어머니의 소유욕, 어머니의 갈등, 어머니의 자존심, 폭력, 질투, 고뇌, 슬픔, 나르시시즘도 물론 없지 않다. 그러나 그럼에도 거기에는 언제나 사랑이 깃들어 있다. 사랑이 그런 것들을 없앨 수 있는 것은 아니지만, 그렇다고 그것들이 사랑을 없애지도 못한다. 있다면 개인차가 있을 뿐이다. 훌륭한 어머니들이 있는가 하면, 정말 참아줄 수 없는 어머니들도 있다. 어떤 어머니들은 훌륭한 면과 정말 볼썽사나운 면을 동시에 가지고 있는 경우도 있다. 그러나 인류에게 다른 영역이 없다고 누가 장담할 수 있겠는가? 현실과 당위가 서로 접근하는 영역, 그래서 더 이상 나무랄 데 없는 어떤 영역이 없으란 법은 없지 않은가? 드물기는 하겠지만, 무조건적인 사랑은 바로 거기에 있을 것이다. 어머니의 사랑, 아버지의 사랑. 여자가 잉태해서 낳은 사람의 아들딸들, 생명을 타고난 신에 대한 어머니의 사랑, 아버지의 사랑.

그것 또한 미덕이라고? 물론이다. 그 또한 하나의 성향이자 능력이므로! 나는 미덕을 두고 "인간의 능력"[120]이라고 표현했다. 부모의 경우 사랑의 성향, 사랑의 능력보다 더 훌륭한 능력과 성향은 없다. 그 사랑을 통해서 우리의 동물성은 동물성 대신 다른 것, 소위 신 또는 정신이라고 하는 것에 눈을 뜨는데, 사실 그것의 올바른 이름은 사랑이다. 사랑만이 인류를 생물학적 존재와는 다른 어떤 것으로 만들어줄 수 있다. 한 세대의 인류만이 아니라, 매번 태어나는 아이를, 그 아이가 거치는 유아기를.

그러나 사실은 그 사랑도 우리 자신의 사랑에 갇힌 사랑이다.

왜 우리는 우리의 아이를 그토록 사랑하면서, 다른 사람의 아이는 그렇게 사랑하지 못할까?

그것은, 우리 아이들은 바로 우리 자신들이고, 우리는 우리 아이들을 통해서 우리를 사랑하기 때문이다.

만약 우리의 친구들이 우리를 사랑하지 않는다면, 우리 자신을 사랑할 뿐인 우리가 우리의 친구들을 사랑할 수 있었을까? 자기 사랑이 우선이며, 우선으로 남는다. 이것은 성 베르나르보다 먼저 아리스토텔레스가 한 말이다.121) 우정은 이웃에 대한 자기 사랑의 투사이고, 연장이고, 굴절일 뿐이다. 우정을 가능하게 하는 것도 자기 사랑이고, 우정의 한계도 거기에 있다. 우리는 우리 자신을 사랑한다. 같은 이유로 우리는 우리의 친구들을 사랑하는가 하면, 적들 또는 우리와 무관한 다른 사람들을 사랑하지 못한다. 이것은 하나의 역설이지만, 우리는 자기애에 의지하지 않고는 이기주의와 나르시시즘으로부터 벗어날 수 없다.

사랑은 그 결과로 보면 미덕 중에 최고의 미덕이고, 그 한정된 대상으로 보면 형편없고, 인색하고, 속 좁은 미덕이다. 비록 우리 자신을 사랑하는 사랑이라는, 약간은 빗나간 사랑에서 출발하는 것일지라도 살아 있는 많은 사람들과 나누는 사랑은 우리에게 얼마나 커다란 기쁨을 주는지 우리는 이기주의를 때때로 잊어버릴 정도이다. 그러나 우리가 사랑을 나눌 수 있는 사람들을 꼽자면 자식들, 부모들, 몇몇 친구들, 한두 명의 애인들 등 기껏해야 열 명이나 스무 명 남짓 될 것이다. 반면 우리의 사랑을 받을 수 없는 나머지 사람들은 50억 명도 넘을 것이다. 그들에 대해서 우리가 지켜야 할 도덕, 의무, 법이 있지 않을까? 이는 내가 오랫동안 생각해온 것이고 지금도 마찬가지 생각인데, 도덕이 꼭 필요하고도 중요한 것은 그 때문이다. 그러나 도덕만으로 충분한가? 사랑과 의무 사이에는 아무것도 없는 것일까? 기쁨과 구속 사이에는 아무것도 없는 것일까? 능력과 복종 사이에는 아무것도 없는 것일까? 그렇다면, 스피노자가 말한 예수의 정신,122) 다시 말해서 특별하면서도 보편적인, 끈질기면서도 자유로운, 자발적이면서도 존경스러운 사랑이란 어떤 사랑인가? 그 사랑은 결핍에 의한 사랑이 아니기 때문에 에로스의 사랑도 아니다. 이웃이 결핍을 느끼게 한다는 말이 가능할까? 말의 정의로 볼 때에도 이웃은 가까이 있고 심지어는 너무 많아서 우리와 부대끼는 사이가 아니던가? 단순한 우정과도 다른 어떤 사랑이다. 왜냐하면 예수의 사랑은 친구들만을 사랑하는 사랑이 아니라, 적의 사랑까지도 포괄하는 사랑이기 때문이다. 그러므로 예수의 사랑은 정상적이고도 비정상적인 사랑이며, 그것이 나머지 다른 사랑과 다른 점은 바로 거기에 있다.

"'네 이웃을 사랑하고 원수를 미워하여라.' 하신 말씀을 너희는 들었다. 그러나 나는 이렇게 말한다. 원수를 사랑하고 너희를 박해하는 사람들을 위하여 기도하여라."[123] 예수가 실재했는지 아닌지, 예수가 정말 그런 말을 했는지 아닌지 우리가 알아낼 수는 없다. 그러나 한 가지 분명한 것은 우리가 육안으로 보고 확인할 수 있는 이 성서의 말씀은 에로스의 범위를 너무 벗어나며, 필리아의 사랑도 한참 벗어난다. 결핍을 느끼는 대상에 대한 사랑은 누구나 할 수 있는 사랑이다. 결핍을 느끼는 것은 아니지만, 우리에게 좋은 일을 해주고 우리를 사랑해주는 친구 사랑은 좀 어렵기는 하지만, 여전히 가능한 사랑이다. 그러나 적을 사랑한다거나, 아무런 상관도 없는 사람들을 사랑하기란? 우리가 아쉽게 느끼지도 않고, 우리에게 기쁨을 주지도 않는 사람들을 사랑하기란? 우리를 슬프게 하고, 괴롭게 하고, 우리에게 해를 주는 사람들을 사랑하기란? 어떻게 그런 사랑을 할 수 있다는 말인가? 우리가 과연 그런 사랑을 받아들일 수 있을까? 사도 바울도 말했듯이, 그런 사랑의 권유는 유대인들에게는 불편한 일이요, 그리스인들에게는 미친 짓이었다.[124] 그것은 양식(良識)을 벗어날뿐더러, 법에 어긋나는 것이었다. 그런 사랑은 다만 이상 또는 상상 속에서나 찾아볼 수 있는, 에로스를 초월한 사랑, 필리아를 초월한 사랑, 사랑을 초월한 사랑, 절대 경지의 거의 불가능한 사랑, 그래서 다른 명사가 필요한 사랑이다. 프랑스어에서는 아마도 자비라는 뜻의 샤리테(charité)가 그것을 지칭하는 단어가 아닐까 싶다. 그러나 그 말도 2,000년의 종교적, 관료적, 부르주아적 교만에 의해서 얼마나 바래고 타락했는지 차라리 우리는 기원으로 거슬러올라가야 하며, 에로스와 필리아도 그리스어를 차용했지만 또다시 그리스어를 차용해야 할 것 같다. 결핍도 능력도 아니고, 열정도 우정도 아닌 사랑, 적까지도 사랑하는 사랑, 사심을 떠난 보편적 사랑, 그것은 그리스어 성서에서 말하는 아가페(agapē)의 사랑이다. 실제로는 72인의 유대인 학자들이 그리스어로 번역한 구약성서인 『70인 역 성서』에서부터 『신약성서』에 이르기까지 그리스어 성서는 그런 사랑을 아가페라고 부른다. 「요한의 첫째 편지」에 보면, 신의 사랑을 아가페로 표기하고 있다![125] 그것을 라틴어 성서는 사랑, 애정이라는 의미의 라틴어인 카리타스(caritas)라고 번역하고 있으며, 나중에 의미가 변질되기는 했지만 프랑스어의 샤리테는 바로 거기에서 온 단어이다. 나는 앞에서 사랑에 대한 세 번째 정의를 예고했는데, 성서에서 말하는 이 아가페가 바로 그 세 번째 사랑이다. 물론 이것은 아직 정의일 수는 없다. 그러나 세 번째 사랑에 이름을 붙이자면 그렇다는 말이다. 신이 사랑이라면, 신의 사랑은 결핍의 사랑과는 다르다. 왜냐하면 신은 본질적으로 결핍이 없는 존재이기 때문이다. 그런가 하면 그 사랑은 우정도 아니다. 왜냐하면 신은 어떤 인간의 존재에 만족하시는 분이 아니시고, 당신에게 기쁨이 되지 않는 존재라고 하더라도 또는 십자가에 못 박히는 수난으로 당신의 기쁨과 능력과 완전성이 잘려나가고 상처받는다고 할지라도 인간을 더욱 존재하게 하시고 더욱 살리시고 창조하시는 분이기 때문이다. 출발점은 바로 그곳이다. 창조와 십자가. 신을 찾기 위한 출발점인가? 전체를 찾기 위한 출발점, 사랑을 찾기 위한 출발점인가? 아가페는 신의 사랑이다. 신이 존재한다면 더더욱 그렇고, 존재하지 않는다고 하더라도 그렇다.

신은 세상을 왜 만드셨을까? 신의 존재는 그 물음에 답을 주기보다는 때때로 그 물음을 더 어려운 물음으로 만들곤 한다. 사실 신은 완벽한 존재로 추정된다. 그리고 데카르트와 라이프니츠에게는 그 가정이 곧 정의이다.[126] 신은 최대 존재이며, 가능한 최대 가치이다. 따라서 신은 아무것도 모자란 것이 없다. 그러나 만약 신이 작품, 영광 또는 관중이 필요해서 당신을 위한 세상을 만드셨고 인간을 창조하셨다고 상상한다든지 또는 창조의 어떤 에로틱한 이유를 상상해낸다면, 그런 상상은 서양에서 생각하는 신, 즉 절대 존재로서의 신을 전혀 이해하지 못하고 하는 상상이다. 신이 완벽한 존재라면 인간을 포함한 세상의 모든 것은 신에 대한 결핍을 느끼면서, 신을 지향해야 한다. 아리스토텔레스의 경우가 그렇다. 아리스토텔레스에게는 신이 최종 원인, 즉 어떤 대상에도 동요하지 않고 감동하지 않는 에로메논(érômenon)으로서의 사랑의 대상이다.[127] 반면 신은 아무것도 부족함이 없으며, 그래서 아무것도 바라지 않는다. 아리스토텔레스의 설명에 의하면, 신은 꿈쩍도 하지 않는다. 신은 스스로 생각하는 존재요, 사유의 사유이다. 그 명상은 자체로 즐거운 영원한 명상이며, 그래서 창조도 사랑도 필요 없는 명상이다.[128] 신은 플라톤이 말하는 모든 욕망, 모든 결핍, 모든 에로스의 최종 대상인 선 자체, 그러면서 아무런 욕망도, 결핍도, 에로스도 느끼지 못하는 선이다. 그러나 사랑이 선의 욕망이고, 욕망이 결핍인 한, 플로티노스도 말했듯이 우리는 선을 사랑할 수 없다. 없는 것을 어떻게 사랑한다는 말인가?[129]

그런가 하면 세상은 신적인 필리아만으로 설명될 수는 더욱 없다. 존재, 자기애, 능력의 법칙을 따르는 것이 우정인데, 아리스토텔레스도 말했듯이 자신을 신의 친구라고 믿는 것처럼 우스운 일은 없을 것이다.[130] 아리스토텔레스가 한 그 말은 스피노자에게서는 더욱 분명하게 읽을 수가 있다.[131] 사랑이란 무엇인가? 원인 모를 기쁨이다. 기쁨이란 무엇인가? 더 높은 단계의 완전성 또는 현실에 이르는 것이다.[132] 완전성과 현실은 스피노자에게는 유사어이다. 기쁨이란 능력의 증대이며, 승리하는 삶이다. 반대로 슬픔이란 능력의 약화, 공허의 느낌, 죽음과 패배이다. 모든 존재는 가능한 한 승리하는 삶을 살고자 한다. 모든 사람이 기쁨 즉 사랑을 원하는 이유가 거기에 있다. 사랑은 기쁨, 즉 최상의 완전성이며 실존이기 때문이다. 간단히 말해서, 사랑은 스피노자가 말한 능력 발휘의 많은 가능성들 중 하나에 불과한 것이다.[133] 스피노자는 거기에서 아무런 두려움 없이 결론들을 이끌어낸다. 그의 설명에 의하면, 신은 "전혀 기쁨도 슬픔도 느끼지 않는다. 그래서 신에게는 아무에게도 사랑도 증오도 느낄 수 없다."[134] 능력이 없어서가 아니라, 오히려 그의 능력은 무한하고 영원한 것이기 때문이다. 그래서 신의 감정은 그 어떤 것에 의해서도 고조될 기쁨, 사랑일 수도 없고, 저하될 슬픔, 증오일 수도 없다.[135] 스피노자의 신은 사랑을 하기에는 또는 당신 외에 다른 어떤 것을 존재하게 하기에는 스스로 넘치고 완전한 분이시다.[136] 그는 창조자이시고, 전체이시며, 전체로 머무는 분이시다.

　우리가 충만한 기쁨, 완전성 또는 능력의 논리에 머무는 한, 유일신, 인격신으로서의 신의 창조론은 사실 이해하기가 그리 간단하지 않다. 신이 최선의 존재라면 그리고 전체라면, 창조 대상이 무엇이든 창조할 이유가 있을까? 무한 존재에 다른 존재를 덧붙일 이유가 어디 있을까? 절대 선에 인간의 선을 보태는 것이 무슨 의미가 있을까? 능력의 논리로 보면, 창조란 적어도 최초의 상황을 개선시키는 조건에서만 의미가 있는 것이다. 그러나 그 일은 전능한 신의 일이 아니다. 왜냐하면 최초의 상황이란 바로 신 자신이며, 신이야말로 절대의, 영원의, 완전한 존재이기 때문이다. 어떤 사람들은 신이 창조 이전에 당신 스스로에 대해서 불만이 있었다고 한다. 마치 학생이 시험지 여백에다 낙서를 하듯이. '더 잘할 수 있었는데'라고 쓰듯이 말이다. 그러나 그런 가정은 불가능한 가정이다. 신은 지금보다 더 잘할 수도 없고, 더 나아가 그만큼 할 수도 없다. 왜냐하면 그만큼 한다는 말은 자신을 창조한다는 말이며, 그 말은 다시 말해서 아무것도 창조하지 않는다는 말이기 때문이다. 아마도 삼위일체의 의미는 그런 것일 것이다. 신이 만약 창조하기로 한다면, 다시 말해서 당신 외에 다른 존재를 창조하기로 한다면, 그것은 당신보다 못한 것이어야 한다. 분명히 말하자면, 신은 이미 선 자체이기 때문에 선을 더할 수도 없으며, 따라서 어떤 일을 한다면 그것은 악이 될 수밖에 없다! 우리가 사는 세상은 바로 그런 신의 창작물인 것이다. 그렇다면 신은 도대체 왜 그런 세상을 만들었다는 말인가?

이 문제는 전통적인 문제이다. 이 문제에 관한 한 아무도 시몬 베유만큼 문제를 정확히 직시하고 제대로 파악해낸 사람은 없었다. 우리가 공간이라고 부르는 "신의 부재", 우리가 시간이라고 부르는 "신을 기다림", 우리가 아름다움이라고 부르는 "신의 지문" 외에 달리 무엇을 세상이라고 할 수 있는가라고 시몬 베유는 반문한다. 신은 물러나 앉음으로써 세상을 창조할 수 있었다. 그렇지 않았다면 오직 신 외에 다른 것이 존재할 수 없었을 것이다. 반면 신이 자리를 차지하고 있었다면 신은 오직 은밀한 부재의 형태로 또는 존재와 사라짐을 공허로 증명하는 사라진 산책자의 형상으로 그렇게 했을 것이다. 그러나 그랬다면 아무것도, 심지어 세상도 존재할 수 없었을 것이다. 세상 또는 현실의 온갖 우상화를 원인 무효화시키는 실속 없는 범신론이 거기에서 느껴진다. "신이 존재하지 않는 이 세상이 신 자체"[137]라는 말이다. "신은 바로 그래서 부재하며",[138] 주기도문의 한 구절 하늘에 계신 우리 아버지가 말해주듯이 언제나 부재하는 것이다. 시몬 베유는 그 표현에서 아주 진지한 몇 가지 결론들을 끌어낸다. "하느님은 다른 데가 아닌 하늘에 계신다. 따라서 우리가 이 땅 위에 있다고 믿는 신은 진정한 신이 아니다. 그것은 거짓 신이다."[139] 알랭이 말했듯이 "어디에나 편재하면서 전적으로 부재하는"[140] 신을 향한 기도는 정신의 사막을 헤매는 것과 같다. 알랭의 제자 시몬 베유는 더 놀라운 말을 한다. "부재하는 존재를 사랑하려면, 사막에 있어야 한다."[141] 그러나 왜 이런 부재가 필요한가? 현실의 창조를 통해서 신을 사라지게 하는 일이 왜 필요했는가? 왜 "악을 통해서 선을 깨고 흐트러뜨리는 일이 필요했는가?"142) 이미 최고선으로서 신이 존재하고 있는데, 굳이 최고선을 깨고 흐트러뜨려 신의 부재인 이 세상을 만들 이유가 어디에 있었을까? 신은 왜 세상을 만드셨을까? 왜 창조하셨을까?

시몬 베유는 대답한다. "신은 세상을 사랑에 의해서, 사랑을 위해서 창조하셨다"고. "신은 다름 아닌 사랑 자체를 그리고 사랑하는 방법을 창조하신 것"143)이라고. 기쁨과 능력을 더함으로써가 아니라, 오히려 스스로 물러나고 거부함으로써. 시몬 베유의 가장 명료하고 분명하고 단호한 텍스트는 아마도 다음의 텍스트일 것이다.

신의 창조는 당신을 확장하는 행위가 아니라, 거부와 은둔의 행위이다. 신과 모든 피조물들은 이제 신 한 분만 못하다. 신은 그 작아짐을 받아들이셨다. 신은 당신의 일부를 비우신 것이다. 신은 당신의 일을 위해서 당신의 일부를 비우신 것이다. "어린 양은 이미 세상이 만들어지는 순간 참살당했다"고 한 사도 요한의 말은 바로 그런 의미이다. 신은 당신 외의 다른 사물들, 당신보다 훨씬 더 못한 존재들에게 존재를 허용하신 것이다. 예수가 우리에게 우리의 존재를 부인하라고 가르치신 것과 같이, 신은 창조로써 당신의 존재를 부인하신 것이다. 우리 자신을 거부해야 한다는 예수의 말씀은 도저히 이해가 불가능한 창조 행위를 이해할 수 있게 해주는 유일한 메아리이다.

신의 그 거부, 의도적 거리, 의도적 지움 그리고 이 세상에서의 신의 은밀한 현존과 표면적 부재를 인정하는 종교가 있다면, 그 종교는 위대한 계시를 여러 가지 다른 언어로 번역해내는 진정한 종교이다. 반면 신이 어디에나 나타나 명령하고 능력을 발휘하는 종교가 있다면, 그 종교는 거짓 종교이다. 아무리 그 종교가 일신교라고 할지라도, 그것은 우상숭배이다.144)

우리는 여기에서 다시 열정을 발견한다. 그러나 여기에서의 열정은 의미가 전혀 다른 열정이다. 그것은 에로스의 열정 또는 연인들의 열정이 아니라, 수난으로서의 예수의 열정, 순교자들의 열정이다. 우리는 여기에서도 사랑을 본다. 그러나 여기에서의 사랑은 연인들의 사랑이 아니라, 십자가의 사랑이다.

시몬 베유의 설명에 의하면 이 사랑은 폭력, 능력으로 지배하는 힘과는 다르다. 투키디데스를 인용하면, "모든 존재는 자연적 필요에 의해서 자신이 가진 힘을 행사한다."[145] 이는 바로 능력의 법칙이며, 세상의 법칙이며, 생명의 법칙이다. "어린아이는 물과도 같아서, 차지할 수 있는 만큼 공간을 차지하는 법이다"라고 언젠가 내 친구가 내게 일깨워준 적이 있다. 그러나 신은 다르다. 신이 그렇게 한다면, 이 세상은 존재할 수 없었을 것이다. 부모도 그렇게 하지 않는다. 부모는 물론 차지할 수 있는 만큼 차지하는 경우도 없지 않다. 부모들도 살아남을 공간은 필요하지 않은가. 그러나 그것은 아주 드문 일이다. 생각보다 부모들은 물러설 줄 알며, 결코 차지할 수 있는 양껏 공간을 온통 차지하지는 않는다. 부모들은 또한 그들이 행사할 수 있는 모든 능력을 행사하지도 않는다. 왜? 사랑 때문이다. 자식들에게 더 나은 자리, 더 많은 힘, 더 많은 자유를 물려주기 위해서이다. 자식들이 약하면 약할수록, 못 가졌으면 못 가졌을수록, 자식들의 존재, 능력, 사랑이 짓밟히지 않도록, 그들이 살아갈 수 있도록 해주기 위해서 더욱 그렇게 한다. 그 일은 반드시 부모들의 일만은 아니다. 갓 태어난 아이에게 조심하지 않을 사람이 어디 있을까? 누군들 그 갓난아기 앞에서 자신의 힘을 억제하지 않겠는가? 그 앞에서 폭력을 행사할 사람이 어디 있을까? 자신의 능력을 마음껏 행사할 사람이 어디 있을까? 약함이 명령한다. 자비의 의미는 바로 거기에 있다. "아주 드문 경우지만, 극도의 순수한 관대함으로 인간은 자신의 능력을 자제할 때가 있다. 인간에게 가능한 일이 어찌 신에게인들 가능하지 않을까?"[146] 시몬 베유의 말이다. 순수한 관대함이라니? 차라리 순수한 사랑이라고 말하자. 관대는 거기에서 비롯되니까. 그렇다면 그 사랑은 어떤 사랑인가? 에로스인가? 아니다. 신은 전혀 부족을 모르는 존재이므로. 그 사랑은 자식이 없는 부모의 사랑이 아니므로. 어른에게 어린아이는 안겨 있으므로. 필리아인가? 역시 아니다. 적어도 일차적인 형태로 보면 아니다. 신의 기쁨은 이미 충만한 기쁨이므로. 부모의 기쁨은 사랑을 소진하게 하는 기쁨이 아니므로. 아이를 안은 어른의 기쁨은 스스로 자족하는 기쁨이므로. 아무리 처음 보는 어린아이라도, 우리는 그 앞에서 평화를 느끼고 기쁨을 느낀다. 그러나 신의 기쁨은 자신을 비우는 물러남, 힘을 자제하는 섬세함, 능력을 감추는 배려에 의해서 입증이 되는 온정과 기쁨이 그냥 솟아나는 기쁨이다. 거기에는 자기주장보다는 자기부정이 있으며, 확장보다는 물러남이 있으며, 가지기보다는 주기가 있으며, 소유보다는 잃음이 있다. 그것은 물과는 반대이고, 어린아이와는 반대이고, 능력과는 반대이고, 욕심을 부리면서 자기주장을 고집하는 생명과는 반대이다. 시몬 베유는 힘과 반대되는 그것을 은총이라고 부르며, 사랑이라고 부른다.

남녀 한 쌍이 서로 가까이 다가간다. 그러면 거기에는 욕망하고, 소유하는 에로스가 있다. 그리고 거기에는 또한 서로 즐기고, 함께 나누는 필리아가 있다. 필리아는 힘에 힘을 더하는, 능력에 능력을 더하는 사랑이다. 상대의 능력 덕분에, 상대의 기쁨 때문에, 상대의 존재 때문에. 사랑받기를 원하지 않는 사람이 어디 있을까? 그러나 상대가 강하게 존재하면, 상대가 그토록 힘에 넘치면, 넘치고 넘치다가 사랑에 성공해서 나와 짝을 이루기에 이르면, 이내 그는 차지할 수 있는 나의 모든 공간과 삶을 차지한 채, 자신의 능력과 실존과 기쁨을, 승리의 사람을 과시하기 시작한다. 그러면 우리는 그 앞에서 엄청난 권태를 느끼게 되며, 갑자기 억압을 느끼게 되며, 침입당한 느낌과 짓눌리는 느낌을 느끼게 되며, 그래서 자신은 점점 더 왜소해짐을 느끼게 되며, 질식을 느낀 나머지 탈출하고 싶은 또는 울고 싶은 충동에 사로잡힌다. 한 걸음 물러나보라! 그는 곧장 물처럼, 아이들처럼 또는 적군처럼 더 바짝 다가설 테니까. 그는 그것을 "사랑"이라고 부른다. 그러나 당신은 갑자기 혼자이고 싶다.

이 지점에서 파브즈의 일기에서 찾아낸 충격적인 글귀 하나를 인용하는 것이 좋겠다. "네가 너의 약점을 보이면, 상대는 너의 약점을 이용해서 너를 강제하려고 들기는커녕 너를 더욱 사랑할 것이다." 이런 사랑이야말로, 드물지만 아주 소중한 사랑, 기적 같은 사랑의 이야기이다. 한 걸음 물러나보라. 그러면 그는 두 걸음 물러설 것이다. 당신이 약해 보이면 약해 보일수록, 그는 가능한 한 최소한의 공간과 힘과 존재만을 차지한 채, 자신의 힘이 미치지 않도록 하기 위해서, 심지어 기쁨도 사랑도 못 느끼게 하기 위해서 최선을 다할 것이며, 당신에게 더 많은 자리를 내줌으로써 당신이 흔들리지 않고 당신이 짓눌림을 당하지 않도록 할 것이며, 당신에게 더 많은 공간과 자유와 공기를 누리게 할 것이다. 사르트르는 불량배를 두고 "거칠게 넘치는 존재"라고 했는데, 이 정의를 받아들인다면 또 하나의 정의가 가능해진다. 말하자면 자비란 거친 넘침과 반대 의미로서, 충만한 자아의 포기이고, 능력과 힘의 포기이다. "신성을 비워낸 신"[147]에 대해서도 마찬가지 말을 할 수 있다고 시몬 베유는 말한다. 세상을 가능하게 하고, 신앙을 견딜 만하게 하는 것이 바로 그것이다. "진정한 신은 자신의 능력을 아무 데에나 발휘하는 신이 아니다."[148] 진리의 신은 사랑 자체이며 그래서 신성은 사랑 안에 있다. "사랑은 모든 것을 허용하며, 거기에 동의하는 사람들에게만 명령한다. 사랑은 포기이다. 신은 포기이다."[149] 사랑은 약하다. 신은 비록 전능하지만 사랑이 약하므로, "신은 약하다."[150] 시몬 베유가 스승인 알랭에게서 찾아낸 주제는 이렇다. "두 도둑 사이에서 죽어가는 신은 얼마나 약하고 초라한가. 신은 항상 박해당하고, 채찍질당하고, 모욕당하며, 언제나 패배한다. 그러나 셋째 날 부활하나니."[151] 여기에 알랭이 말한 장세니즘(Jansénism)이 있다. 알랭에 의하면, 신의 은총에 의하지 않고는 구원을 받을 수 없다고 하는 장세니즘은 "데카르트가 말한 순수 사랑, 순수 관대에 은둔한다. 그것은 정신 외에 다른 것을 주지 않는 신, 숨은 신, 약하고 추방당한 신, 결코 우리에게 무엇을 베푸는 신이 아니라, 우리가 섬겨야 할 신이다."[152] 시몬 베유는 나중에 이를 종교를 벗어난 순수 또는 정화된 무신론이라고 표현한다.[153] 사랑은 힘의 반대이다. 예수의 정신, 갈보리 언덕의 정신이 그렇다. 알랭이 계속해서 말한다. "그런데도 누가 내게 전지전능한 신에 대해서 말한다면, 나는 속세의 신, 초월의 신이 그런 신이라고 대답하겠다. 새로 오시는 신은 모욕당하는, 십자가에 못 박힌 약한 신이다. 정신이 승리할 것이라고, 정신은 능력을 얻게 될 것이라고, 신을 지켜줄 근위병과 죄인을 가둘 감옥을 가지게 될 것이라고, 그래서 마침내 승리의 월계관을 쓰게 될 것이라고 말하지 말라. 아니다. 그가 쓰는 관은 가시관이다."[154] 신의 그 초라함 또는 그 초라한 신성,[155] 이는 스피노자 또는 아리스토텔레스가 생각하는 신의 이미지와는 너무 다르지만, 그럼에도 불구하고 그 신은 우리의 초라함, 우리의 피로 그리고 거의 없는 것이나 마찬가지인 우리의 힘과 사랑을 건드린다. 그래서 비록 미미한 정도에 지나지 않지만 사심 없는 사랑을 가능하게 하거나 적어도 향수를 느끼게 만든다. 신의 사랑은 결핍, 열정 또는 탐욕 즉 에로스도 아니고, 유쾌한 능력, 서로의 실존을 인정하는 데에서 오는 기쁨, 너를 사랑함으로 배가 된 나의 사랑 즉 필리아도 아니다. 신의 사랑은 물러남으로써, 부드러움으로써, 덜 차지함으로써, 덜 드러남으로써, 자신의 힘과 능력과 존재를 억제함으로써, 또 자신을 지우고 자신의 욕구와 쾌락과 행복과 이익을 희생시킴으로써 확인되는 사랑이며, 모든 것을 포기했으니 아무것도 부족함이 없는 사랑이자 자만감에 차지 않는 사랑, 능력을 증대시키기보다는 오히려 제한하거나 부정하는 사랑, 시몬 베유가 말한 포기의 사랑, 이기주의 또는 폭력과는 반대되는 사랑이며, 자기 사랑을 배가시키기보다는 오히려 상쇄시키거나 지워 없애는 사랑, 자아를 강화시키기보다는 자아로부터 자유로운 사랑, 사심 없는 사랑, 거저 주는 사랑, 페늘롱이 말한 순수 사랑,156) 주는 필리아의 사랑, 주되 온전히 주고, 친구에게 주는 것이 아니라 낯선 사람과 모르는 사람과 적에게 주는 사랑이다. 친구에게 주는 것은 잃는 것이 아니라, 다른 방식으로 소유하는 것이며 다른 방식으로 누리는 것이므로.

　기독교적 아가페의 특성을 잘 설명하고 있는 사람은 안데르스 뉘그렌이다. 그에 의하면 아가페는 자발적이고 거저 주는 사랑, 동기가 없고 사심이 없고 이유도 없는 사랑이다.157) 그런 점에서 아가페는 언제나 탐욕적이고, 언제나 이기적이고, 언제나 동기가 뚜렷하고, 자신의 가치와 존재 이유 그리고 희망을 언제나 상대에게서 찾는 에로스와는 다르다. 그뿐만 아니라 아가페는 필리아와도 다르다. 왜냐하면 필리아는 내 친구의 이로움은 바로 나 자신의 이로움이라는 점에서 결코 사심을 버린 사랑도 아니며, 내가 친구에게 즐거움을 줌으로써 즐거움을 느낄 수 있거나 친구들은 그 때문에 나를 더욱 좋아하게 될 것이고, 나도 나를 더욱 자랑스럽게 여기게 될 것이라는 점에서 완전히 거저 주는 사랑도 아니며, 또 완전히 자발적이고 자유로운 사랑도 아니기 때문이다. 필리아는 행복한 두 자아의 만남, 조화로운 두 이기주의의 결합으로 결정되는 사랑이다. 기독교에 의하면 우리를 향한 신의 사랑은 완전히 사심을 벗어나서 거저 주는 자유로운 사랑이다. 신은 얻을 것이 아무것도 없다. 신은 아무것도 부족한 것이 없는 분이며, 더 얻을 것도 없는 분이며, 신은 무한 완전한 분이기 때문이다. 그래서 신은 오히려 우리를 위해서 희생하시며, 우리를 위해서 스스로를 제한하시며, 우리를 위해서 십자가에 못 박혀 죽으신 것이다. 신의 사랑에는 이유 없는 사랑 외에 다른 이유가 없다. 신의 사랑에는 스스로를 거부하는 자신 외에 다른 이유가 없다. 신은 사실 우리의 태도에 따라서

사랑　333

우리를 사랑하지 않는다. 신의 사랑은 사랑을 정당화시켜줄 이유, 즉 우리가 사랑스럽다거나 착하다거나 옳다거나 하는 이유를 우리에게서 찾지 않는다. 신은 죄 지은 이도 사랑하셔서 죄 지은 이를 위해서 아들을 보내지 않으셨던가. 신은 사랑이시고, 그래서 신의 사랑은 다른 이유가 필요 없는 사랑인 것이다. "절대적으로 자발적인 신의 사랑은, 그래서 인간에게서 동기를 찾지 않는다. 말하자면, 신은 인간을 사랑하실 뿐, 인간을 판단하지 않으시고 오직 신을 판단하실 뿐이다."158) 뉘그렌의 말이다. 인간이 사랑스럽기 때문이 아니다. 신은 사랑 자체이기 때문이다. 그 사랑은 반사적인 사랑이 아닌 절대적으로 우선적인 사랑이며, 능동적인 사랑이며, 완전히 자유로운 사랑이다. 대상의 결핍에 의한 사랑이 에로스이며, 대상 때문에 기쁨이 있는 사랑이 필리아라면 신의 사랑은 대상의 가치에 의해서 결정되지 않는, 오직 대상을 사랑함으로써 더욱 커질 뿐인 사랑이다. 신의 사랑은 모든 가치, 모든 결핍, 모든 기쁨의 근원으로서의 사랑이다. 뉘그렌에 의하면, 아가페는 "대상의 가치로부터 독립적이다."159) 그런 다음 그는 이렇게 쓴다.

아가페, 신의 사랑은 창조자의 사랑이다. 신의 사랑은 가치가 있는 대상에게 주어지는 사랑이 아니다. 오히려 신의 사랑은 그 자체로는 아무런 가치가 없는 대상을 선택해서 가치를 부여한다. 아가페는 대상의 가치 확인에 근거한 사랑, 예컨대 에로스와 필리아와 같은 사랑들과는 아무런 관계가 없다. 아가페는 가치를 확인하려고 들지 않으며, 오히려 가치를 창조한다. 아가페는 사랑하면서 가치를 부여한다. 신의 사랑을 받는 인간은 자체로서 아무런 가치가 없다. 인간이 가치를 얻게 되는 것은 신이 인간을 사랑함으로써이다. 아가페는 가치 창조의 원리이다.160)

아가페는 우리, 우리의 삶, 우리의 사랑과 어떤 관계가 있는 것일까라고 물을 수 있다. 적어도 두 사랑 사이의 차이를 들어서 두 사랑을 분명하게 이해할 수는 있다. 드니 루주몽은 뉘그렌의 이론을 빌려서, 아가페의 한 형상인 기독교적 사랑과 에로스의 화신인 연인들의 열정을 대립시키려고 한다.[161] 그러나 그는 간단한 사실 하나를 무시한 듯하다. 즉 우리는 아무하고나 결혼하는 것은 아니라는 사실이다. 남편 또는 아내에 대한 사랑은 그냥 또는 무심결에 얻어지는 것도 아니며, 적과의 결혼을 권하는 사람은 아무도 없다는 것이다. 우리의 애정관계는 에로스와 아가페만으로 간단히 파악되지 않는다. 인간의 사랑은 기독교인 부부이든 아니든 간에 에로스뿐만 아니라 필리아와도 무관하지 않으며, 아가페보다는 필리아 쪽이 강하다고 해도 지나치지 않다. 내가 사랑을 삼등분한 것은 그 때문이다. 물론 그것도 도식적이기는 하다. 그러나 우리의 실제 감정과 그 감정의 변화 또는 한 가지 사랑의 형태에서 다른 사랑의 형태로의 전이를 보다 잘 설명할 수 있는 것은 그것이다. 뉘그렌도 에로스와 아가페를 지나치게 뚜렷이 구분함으로써 한쪽에서 다른 쪽으로 건너갈 수 없는 것처럼 또는 둘 사이에 종합이 불가능한 것처럼 말하고 있는데, 그것은 잘못이다. 성 아우구스티누스, 성 베르나르, 성 토마스 아퀴나스는 보다 현실적이고, 인간적이고, 부드럽다. 그들은 자기 사랑에서 타자 사랑으로, 이해관계의 사랑에서 이해관계를 벗어난 사랑으로, 탐욕에서 온정으로 그리고 자비로, 간단히 말해서 에로스에서 필리아로, 그다음은 필리아에서 아가페로, 물론 미미한 정도이지만 수평선 그림자처럼이라도 건너가는 방법을 제시하고 있다.[162] 자비는 결핍에서 발아하는 에로스와도 우정에서 발아하는 필리아와도 무관하지 않지만, 그럼에도 불구하고 자비는 에로스보다는 필리아와 가깝다. 성 프랑수아 드 살에 의하면, 신을 떠난 인간의 사랑은 자비일 수 없다. 사도 바울도 말했듯이, 자비는 "사욕을 품지 않기"[163] 때문이다. 신이 중심에 자리잡지 못한 사랑은 탐욕에 지나지 않으며, 희망에 지나지 않는다.164) 자비는 우리가 신에 대해서 가지는 우정의 사랑으로써 비로소 시작할 수 있다. 자비는 우리의 사랑을 비추어주고, 우리의 이웃들과 친지들에게까지 파급되는 우정 자체라고 말할 수 있다.165) 여기에서 결정적인 징검다리 역할을 하는 사람은 성 토마스 아퀴나스이다. 자비는 이른바 우정을 넘어서는 온정의 사랑이다. 그래서 그 자비는 우정의 한계, 칸트가 의미하는 감정적 또는 병리적 결정, 반사적 또는 선택적 자발성을 초월한다. 어떤 방법으로? 오늘날 말하는 사랑의 전이 또는 일반화의 방법으로. "어떤 친구에 대해서 우리가 가지고 있는 우정이란 어찌나 대단한지, 그 친구에 대한 우정 때문에 우리는 그와 관계있는 다른 사람들까지도 사랑하게 된다. 어떤 경우에는 그들이 우리를 공격하거나 싫어할 때조차도 말이다. 자비의 우정이란 바로 그런 방법으로 적에게까지 그 영역이 확장될 수 있다. 신을 향한 자비의 우정 때문에, 우리는 적까지도 사랑할 수 있게 되는 것이다."166) 그러나 신이 존재하지 않는다면, 어떻게 되는 것일까?

　모든 인간에게 적용될 수 있는 인간성의 개념은 바로 거기에서 비롯된다. 소위 그리스인들이 필란트로피아(philanthropia)라고 부르는 것이 그것이다. 그리스인들은 필란트로피아를 "인간을 사랑하는 천부적 성향, 인간을 향한 온정과 관계있는 어떤 존재 방식"167)으로 정의한다. 에피쿠로스 학파로부터도 보았듯이, 그렇게 보면 자비란 아주 폭넓은 우정에 다름 아니다.168) 강한 정도는 좀 덜할지라도, 그 대상과 범위는 훨씬 더 많고도 넓다. 그래서 그 사랑은 우주를 향하여 열려 있는 듯하며, "사람 사는 곳들을 두루 섭렵하는 듯하며",169) 아는 사람, 모르는 사람, 가까운 사람, 먼 사람에 상관없이 인류라는 이름으로 공동체적 삶을 사는 우리 모든 사람들, 약하고 부서지기 쉬운 모든 사람들 위를 비추는 기쁨의 빛, 유순의 빛과도 같다. 우리를 닮아서 우리처럼 살고, 우리처럼 고통 받고 그리고 우리처럼 죽어갈 사람들을 어떻게 조금이라도 사랑하지 않을 수 있을까? 비록 대립한다 할지라도, 아니 적이라고 할지라도, 우리는 삶 앞에서 형제이며 죽음 앞에서 형제이다. 자비는 죽을 운명에 있는 인간들의 형제애와도 같은 것이다. 그러니 자비는 이미 대단한 것이다.

  자비의 사랑도 가치를 낳는 사랑, 가치의 근원이 되는 사랑이라는 점에서 우리는 거기에서도 대상의 가치에 종속되지 않는 어떤 사랑의 개념을 읽을 수 있다. 뉘그렌은 "자발적인 사랑, 이유 없는 사랑, 신의 사랑"을 말했던가. 바로 그런 사랑이다. 스피노자에 의하면, 우리는 어떤 것이 좋아서 욕망하는 것이 아니라 우리가 그것을 좋은 것이라고 판단해서 욕망하는 것이다.[170] 나중에 니체는, 사물들을 가치 있게 하고 보물로 만들어주는 것은 욕망의 능력이라고 설명한다.[171] 어떤 것이 그 자체로 사랑스러운 것이어서 우리가 그것을 사랑하는 것은 아니다. 그것이 사랑스럽게 보이는 것은 우리가 그것을 사랑하기 때문이다. 부모들은 자식을 알기 전부터, 자식의 사랑을 받기 전부터, 자식이 어떻게 생겼건 어떤 짓을 하건 사랑한다. 그 사랑은 에로스를 초월하고, 필리아를 초월하거나 또는 적어도 우리가 체험하거나 생각하는 에로스와 필리아, 즉 대상의 가치에 의해서 미리 결정되곤 하는 에로스와 필리아를 초월하는 사랑이다. 사랑이 첫째라고 하는 말은 존재에 해당하는 말이 아니라 가치에 해당하는 말이다. 존재라면 그것은 신일 테니까. 가치는 우리가 사랑하는 데에서 온다. 최상의 가치는 바로 그렇게 얻어지는 것이다. 삶의 알파와 오메가, 가치관의 시작과 끝은 바로 거기에 있다. 그렇다면 이제 사랑이란 사랑하면 할수록 더욱 가치를 얻게 되는 것임을 알 수 있다. 사람들이 사랑스럽기 때문에 사랑해야 하는 것이 아니라, 우리가 사랑하기 때문에 사람들이 사랑스러워 보이는 것이다. 자비란 그런 사랑이다. 자비란 거저 주는 사랑, 자발적인 사랑으로서의 사랑의 진리이며 지평이다.

이기주의적 자기애와 대립적인 이 사랑, 능력의 사랑, 욕심 없는 사랑은 어찌 보면 신비처럼 보일 수도 있고, 과연 그런 사랑이 있는가 의심해볼 수도 있다. 이웃을 내 몸과 같이 사랑하라니? 과연 그런 일이 가능한가? 아마도 그런 사랑은 없을지도 모른다. 그러나 그것은 적어도 사랑의 한 가지 방향을 지시해 줄 수는 있다. 우정에 적용되면 그것은 삶의 방향, 기쁨의 방향, 능력의 방향이 될 수 있겠지만, 자비의 경우에서는 다르다. 자비는 다른 사람의 삶을 위해서 자신의 삶을 포기하라고 한다. 그것은 바로 신비주의자들이 말하는 "자기를 죽이는" 사랑 또는 시몬 베유가 말하는 탈창조(décréation)이다. 신이 창조를 통해서 스스로 전체이기를 포기했듯이, "우리는 무엇인가가 되기를 포기해야 한다."172) 다시 말해서, 이는 정확하게 스피노자의 능력과는 대립적인 사랑이다.

신은 당신의 신성을 비웠다. 우리는 우리가 타고난 거짓 신성을 비워낼 수 있어야 한다.
  우리가 일단 아무것도 아님을 알면, 이제 노력해야 할 것은 아무것도 되지 않으려는 것이다. 우리가 고뇌하고 행동하고 기도하는 것은 최종적으로 그것을 위한 것이다.
  신이시여, 내가 아무것도 되지 않게 하소서.173)

우리는 여기에서 시몬 베유의 인간성 속에 숨은, 말의 일상적 의미에서의 어떤 병리적 충동, 예컨대 죽음의 충동을 볼 수 있다. 그럴 수도 있다. 그러나 일단 받아들이면, 이제 남은 것은 죽음의 충동 또는 공격성을 어떻게 처리하는가 하는 일이다. 프로이트도 말했듯이, 우리가 너무 쉽게 잊어서 그렇지 사실 죽음의 충동은 언제나 승리하며 삶은 필연적으로 그 앞에 무릎을 꿇는다. 우리는 죽음의 충동으로부터 철저히 자유로울 수 없다.174) 죽음의 욕망이 아닌 욕망이 있는가? 폭력이 아닌 생명이 있는가? 사람들은 욕망, 폭력, 공격성(사실 이런 것들이 삶 아닌가?)의 부정이 다름 아닌 사랑이라고 했다. 시몬 베유가 그런 것은 아니다. 우리가 그녀에게서 본 것은 죽음, 폭력, 부정의 내재화 또는 시몬 베유가 쓴 말과는 다른 말을 쓰면, 삶의 충동을 벗어나서 타자에게 자신을 내맡기는 탈창조이다. 그러나 그래도 "우리는 욕망 덩어리이므로"175) 욕망은 남으며, "기쁨과 현실의 감정은 같은 것이므로"176) 기쁨은 남으며, "다른 사람들의 존재에 대한 믿음 자체가 바로 사랑이므로"177) 사랑은 남는다. 다만 차이가 있다면 시몬 베유가 말하는 욕망, 기쁨, 사랑은 이기주의, 희망, 소유를 벗어난,178) 더 나아가 "나의 감옥인"179) 자아를 벗어난, 그래서 가볍고 즐겁고 찬란한 그것들이라는 점에서 차이가 있을 뿐이다. 이제 자아는 더 이상 현실 또는 기쁨의 장애가 되지 않으며, 사랑과 관심을 전적으로 차지하려고 들지 않는다. 그 가벼움, 그 기쁨, 그 빛. 그것들은 바로 현자 또는 성인에게서나 볼 수 있는 것들이다. 시몬 베유가 그 경지에 이르렀는지는 확신할 수 없으며, 그녀 자신은 그런 주장을 한 적도 없다. 그녀는 다만 우리에게 그런 것들을 생각할 기회를 주었을 뿐이다. "내 안의 '나'는 죄이다"180)라고 그녀는 썼다. 다른 곳에서는 "나는 아무것도 아닌 것을 좋아한다. 내가 대단한 어떤 것이라고 생각하면 끔찍하다. 나의 허무, 아무것도 아닌 것을 사랑하자"181)라고 썼다. 한(恨)인가? 금욕인가? 자아의 증오인가? 그렇게 말할 수도 있을 것이다. 그런 것도 있을 수는 있으니까. 그러나 그것이 사랑에 관한 유일한 내용이었다면, 과연 시몬 베유가 우리에게 그렇게 감동적인 작가가 될 수 있었을까? 그녀가 우리에게 그토록 밝게 빛나는 작가가 될 수 있었을까? 거기에는 다른 것, 예컨대 생사 충동의 간섭 또는 더 정확하게 말하면 동일 충동의 양면성이 있다. 사실 그 충돌들은 사실은 하나일 수 있다. 시몬 베유는 설명한다. 자신의 삶을 신에게 맡기는 것은 "자신의 삶을 전혀 만질 수도 없는 것에 맡기는 것이다"라고. 그런 다음 덧붙이기를, "그것은 불가능이며, 죽음이다. 그러나 우리에게 필요한 것은 바로 그것이다."[182] 에로스와 타나토스. 타자가 우리에게 결핍으로 느껴지든지, 필요하게 느껴지든지, 아니면 우리에게 기쁨을 줄 수 있는 경우를 제외하면 대개 에로스는 자아에 집중하며, 반면 타나토스는 다른 사람들에게 집중한다. 우리는 다른 사람들보다는 우리 자신을 훨씬 더 쉽게 사랑하며, 우리 자신보다는 다른 사람들을 훨씬 더 쉽게 미워한다. 시몬 베유는 그래서 탈창조를 외친다. 그녀에 의하면, 자비 안에서의 탈창조란 두 힘 또는 두 대상의 간섭이나 교차로 이해되며, 그 교차점에서의 '나'는 삶의 충동을 독점하지 않고 긍정적 에너지의 흡수를 멈추고, 그 대신 모든 죽음의 충동과 부정적 에너지를 자아에 집중시키는 것을 의미한다. 내가 보기에 시몬 베유의 비종교적 측면은 바로 여기에서 읽힌다. 시몬 베유는 일종의 유물론이라는 프로이트의 발상에 탈창조라는 어떤 것, 그녀가 표현한 것처럼 "긍정과 부정의 뒤집기"를 통합시키고 있는 듯하다.

우리는 뒤집어졌다. 우리는 그렇게 태어났다. 질서를 회복해야 한다. 우리 안에 창조를 탈창조하자.
    객관성과 주관성의 뒤집음.
    마찬가지로, 긍정과 부정의 뒤집음. 이는 또한 우파니샤드의 철학적 방법이기도 하다.
    우리는 거꾸로 태어나서 거꾸로 살고 있다. 우리는 질서의 전복인 죄를 안고 태어나서 죄를 살아가고 있기 때문이다.
    한 알의 씨앗은 죽어야 한다. 그래서 그 에너지에 힘입어 다른 조합들이 생겨날 수 있는 것이다.
    답답한 에너지를 자유롭게 풀어주기 위해서는, 사물의 진정한 관계를 돕는 에

너지가 활동하도록 하기 위해서는 우리는 죽어야 한다.[183]

사물의 진정한 관계란 바로 사물들의 절대적 동등성을 말한다. 왜냐하면 어떤 동등성도 사랑이 없이는 가치가 없으며, 사랑에 의해서 그 모든 것들은 가치를 획득할 수 있기 때문이다. 동등성에 의해서 자비는 정의가 될 수 있다. 시몬 베유는, 성경은 이웃 사랑과 정의를 구분하지 않는다고 밝혔다.[184] 사랑하지 않고도 정의로울 수는 있지만, 정의롭지 않고는 보편적 사랑을 할 수 없다는 점에서 자비는 오직 그 동등성에 의해서 정의와 구분될 수 있다. 또 그 동등성에 의해서 자비는 에로스라는 부당한 욕망과 필리아라는 우정으로부터 자유로운 사랑, 더 사랑하는 것도 없고 덜 사랑하는 것도 없는, 이것이냐 저것이냐의 선택도 없는 보편적 사랑, 편견 없는[185] 사랑, 한계 없는 사랑, 이기적 또는 감정적 이유가 없는 사랑이 될 수 있는 것이다. 그러므로 자비는 항상 선택, 선호, 특별한 관계를 전제하는 우정으로 축소되기를 거부하며, 오히려 적 또는 무관한 사람들까지를 사랑하는 우주적 사랑이 되기를 원한다.[186] 타자의 사랑은 우정이면 충분하다. 페르디낭 프라가 지적했듯이, 라틴어로도, 그리스어로도 "필리아의 사랑으로 너희의 적을 사랑하라"라는 말은 있을 수 없다. 그것은 불가능을 요구하는 것이다. 오히려 다만 "아가페의 사랑으로 너희의 적을 사랑하라"[187]고 말할 수 있을 뿐이다. 어떻게 적의 친구가 될 수 있다는 말인가? 어떻게 우리에게 상처를 줄 수도 있고 우리를 죽일 수도 있는 그들의 존재가 우리의 기쁨이 될 수 있다는 말인가? 그렇다면 우리는 그들을 다른 방식으로 사랑하는 수밖에 없다. 그뿐만 아니라 에로스라는 말 또는 그 비슷한 말도 신약성서에서는 전혀 찾아볼 수 없다.[188] 어떻게 적에 대해서 결핍감을 느낄 수 있다는 말인가? 어떻게 적의 행복, 적의 기쁨, 적의 안녕을 빌 수 있다는 말인가? 그런 점에서 보면 보편 사랑을 요구하는 자비로서의 아가페는 좀 기이한 것 같다. 이웃을 사랑하라. 다시 말해서 세상 모든 사람들을 또는 누구든지, 심지어 적까지도 사랑하라는 요구는 정말 터무니없기까지 하다. 아리스토텔레스에 의하면, "모든 사람들의 친구는 친구가 아니다"[189]라고 했다. 자비는 그와는 다른 것이다. 장켈레비치의 말대로, 자비는 "미덕으로 바뀐 사랑"[190] 또는 내가 생각하는 것처럼 우정이 미덕일 수 있다면 "모든 사람들과 각자에게 확장된 영원하고도 반복적인"[191] 사랑이다. 그 사랑은 물론 사랑하는 애인이나 친구에게, 좋은 사람과 나쁜 사람, 친구와 적의 구분 없이 인류 전체에 해당되는 사랑이다. 그러나 그 사랑은 우정의 경우처럼 어떤 사람들을 위해서 다른 사람들과 싸우는 일을 못하게 하지는 않는다. 사실 우리는 증오와 상관없이 싸울 수도 있으며, 증오가 싸움의 유일한 이유는 아니다. 그럼에도 불구하고 그 사랑은 인간관계에 연민 또는 정의가 이미 열어놓은, 그러나 다만 부정적으로 또는 형식적으로 열어놓았을 뿐인 보편성의 지평을 열어서, 빈 곳을 긍정적이고도 구체적인 내용으로 채우는 자비의 사랑이다. 그 사랑은 상대와 다른 모든 사람들에 대한 기꺼운 수락으로서의 사랑이다. 상대가 누구이든 간에 있는 그대로의 그를.

보편적이라는 점에서 자비는 내게도 해당되지만, 그렇다고 나를 특별히 편애해서는 안 된다. 파스칼은 자신을 증오해야 한다고 말했는데,[192] 그는 사실 자신에 대한 자비의 의무를 저버린 셈이다. 네 이웃을 네 몸과 같이 사랑하라는 말이 무슨 말인가? 자신을 사랑하라는 말 아닌가? "낯선 사람을 자신처럼 사랑하라고 하는 말은 그 역을 생각나게 한다. 낯선 사람을 사랑하듯이, 나 자신을 사랑하라."[193] 시몬 베유의 말이다. 여기에서 다시 파스칼이 생각난다. "한마디로 '나'는 두 가지 특질이 있다. '나'는 자신을 중심으로 삼는다는 점에서 자신에게 정직하지 못하며, 다른 사람들을 복종시키려고 한다는 점에서 옳지 못하다. 각자의 '나'는 다른 모든 사람들의 적이자 폭군을 자처하는 것이다."194) 자비는 그런 폭군과 부정직에 대한 해독제이다. 자비는 '나'의 탈중심(décentrement) 또는 시몬 베유가 말한 **탈창조**를 통해서 싸워야 한다. 다른 사람을 사랑할 줄 모르거나, '나' 자신을 사랑할 줄 모르는 '나'는 증오받아 마땅하다. 그런 사람은 역설적이게도 탐욕에 의해서든, 음욕에 기울어서든 오직 자신밖에 사랑할 줄 모르고, 오직 자신만을 위하는 사람이기 때문이다. 그런 사람은 이기주의자이기 때문이다. 그런 사람은 부정직하기 때문이다. 그런 사람은 폭군적이기 때문이다. 그런 사람은 모든 기쁨을, 모든 사랑을, 모든 빛을 마치 블랙홀이 되어버린 자기의 내부로 빨아들이는 사람이기 때문이다. 자비는 자기애와 양립할 수 있는, 그러면서 이기주의, 부정직 그리고 나의 폭군적 태도와는 명백히 대립하는 사랑이다. 자비는 오히려 자기 사랑을 정화하여 끌어안는 사랑이다. "자기 자신을 낯선 사람 사랑하듯이 사랑하자." 자비를 가장 잘 정의하는 것이 있다면, 다음과 같은 것일 것이다. 자비는 자아를 벗어난, 자아로부터 자유로운 사랑이라고.

비록 자비를 실천하기는 불가능하다고 하더라도, 적어도 자비에 대해서 생각은 해볼 수 있지 않을까? 우리에게 무엇이 부족하고, 우리에게 결핍된 것이 무엇인지 알기 위해서라도.

우리가 바라는 사랑, 우리에게 결핍된 사랑은 바로 그런 사랑이며, 그 사랑이 가치가 있거나, 가치를 획득할 수 있는 이유는 바로 결핍에 있다. 그러나 그 사랑은 "샘을 있게 하는 목마름이며"195) 또는 샘 자체이다. 또한 그 사랑은 모든 결핍으로부터 우리를 자유롭게 하는 사랑이며, 능력으로부터 자유롭게 하는 사랑이다. 아가페는 역시 플라톤이 제대로 보았듯이, 오직 자아의 감옥에 갇혀 언제나 우리를 강제하는 에로스와 필리아와는 달리, 우리가 가능한 대상과 가능한 편애를 초월하여, 더 이상 결핍이 없고 모든 것이 우리를 즐겁게 할 뿐이며 플라톤이 선이라고 불렀고 예수 이래로 다른 사람들이 신이라고 부른 정신 또는 존재의 지대로 건너가게 한다. 그곳은 결코 모습을 확인할 수 없으므로, 현존으로서가 아니라 부재로 또는 요구로 그리고 명령으로 느낄 수 있을 뿐인 사랑의 지대이다. 사랑은 명령받지 않는 대신 명령한다고 나는 말했다. 사랑은 정말 명령한다. 사도 바울도 지적했듯이, 사랑은 어떤 과학보다 소중하고, 어떤 신앙 또는 희망보다도 소중한, 오직 그 자체로 자체를 위해서 가치가 있는 법 자체이다.[196] 이제, 자비에 관한 아주 아름다운 글 하나를 그대로 인용할 때가 되었다. 사랑을 주제로 한 이 긴 장(章)은 사실 다음 인용을 위한 것이었다. 이런 사랑은 불가능하다고 또는 모순적이라고 비판한다면, 할 수 없는 일이다.

내가 인간의 여러 언어를 말하고/천사의 말까지 한다 하더라도/사랑이 없으면/나는 울리는 징과/요란한 꽹과리와 다를 것이 없습니다.

내가 하느님의 말씀을 받아 전할 수 있다 하더라도/온갖 신비를 환히 꿰뚫어 보고/모든 지식을 가졌다 하더라도/산을 옮길 만한 완전한 믿음을 가졌다 하더라도/사랑이 없으면/나는 아무것도 아닙니다.

내가 비록 모든 재산을 남에게 나누어준다 하더라도/또 내가 남을 위하여 불 속에 뛰어든다 하더라도/사랑이 없으면/모두 아무 소용이 없습니다.

사랑은 오래 참습니다./사랑은 친절합니다./사랑은 시기하지 않습니다./사랑은 자랑하지 않습니다./사랑은 교만하지 않습니다.

사랑은 무례하지 않습니다./사랑은 사욕을 품지 않습니다./사랑은 성을 내지 않습니다./사랑은 앙심을 품지 않습니다.

사랑은 불의를 보고 기뻐하지 아니하고/진리를 보고 기뻐합니다./사랑은 모든 것을 덮어주고/모든 것을 믿고/모든 것을 바라고/모든 것을 견디어냅니다.

사랑은 가실 줄을 모릅니다./말씀을 받아 전하는 특권도 사라지고/이상한 언어를 말하는 능력도 끊어지고/지식도 사라질 것입니다.

우리가 아는 것도 불완전하고/말씀을 받아 전하는 것도 불완전하지만

완전한 것이 오면/불완전한 것은 사라집니다.

내가 어렸을 때에는/어린이의 말을 하고/어린이의 생각을 하고/어린이의 판단을 했습니다./그러나 어른이 되어서는/어렸을 때의 것들을 버렸습니다.

우리가 지금은/거울에 비추어 보듯이 희미하게 보지만/그때에 가서는/얼굴을 맞대고 볼 것입니다./지금은/내가 불완전하게 알 뿐이지만/그때에 가서는/하느님께서 나를 아시듯이/나도 완전하게 알게 될 것입니다./그러므로 믿음과 희망과 사랑,/이 세 가지는 언제까지나 남아 있을 것입니다./이 중에서 가장 위대한 것은 사랑입니다.[197]

이 세 가지는 신을 대상으로 삼고 있다는 점에서 전통적으로 세 가지 신앙적 미덕으로 꼽는 것들이다. 그중 두 가지, 즉 믿음과 소망은 이 저서에서는 빠져 있다. 왜냐하면 그 두 가지는 내가 믿지 않는 신과 관계되는 것일 뿐이기 때문이다. 그리고 그 두 가지는 사실 건너뛰어도 되는 것들이다. 미래 또는 위험에 대해서는 용기면 충분하다. 진리 또는 미지에 대해서는 정직성이면 충분하다. 그러나 어떻게 사랑을 무시할 수 있겠는가?[198] 비록 그것이 단지 개념뿐이고, 이상뿐일지라도. 그리고 누가 감히 사랑을 오직 신의 일이라고 말할 수 있겠는가? 사도 바울도 분명히 말했듯이 우리 모두는 그 반대, 다시 말해서 사랑은 오직 이웃 사랑 안에서 비로소 확인 가능함을 알기 때문이다. 성 아우구스티누스, 성 토마스 아퀴나스는 이 사랑의 송가에 주석을 달면서, 세 가지 신앙적 미덕 중 가장 중요한 미덕은 사도 바울이 강조한 바와 마찬가지로 사랑이며, 그것은 그뿐만 아니라 천국에 올라가서든 신 안에서든 의미 있는 유일한 것이라고 했다. 신 안에 있으면 더 이상 신을 믿을 필요가 없을 테

니까 믿음도 그칠 것이고, 천국에 가면 더 이상 소망할 것도 없을 테니까 소망도 그칠 것이다. 그러니 사랑만 남을 수밖에. 천국에 오르면 소망도 믿음도 그치고, 오직 사랑만이 남을 것이다.199) 우리가 천국에 이르면, 소망과 믿음은 우리를 떠난다. 오직 결핍, 기쁨, 자비만이 남을 뿐이다. 예수를 따르려면 사랑이 있어야 한다. 성 토마스 아퀴나스도 지적했듯이, 예수는 "믿음도 소망도 없었다." 예수에게는 오직 "완전한 사랑만 있을"200) 뿐이었다. 우리가 그런 완전성에 이른다는 것은 도저히 불가능하다. 그러나 그렇다고 우리가 가능한 최소한의 순수한 사랑, 거저 주는 사랑 또는 욕심 없는 사랑, 최소한의 자비마저 포기해야 할까?

우리에게 그런 사랑이 전혀 불가능한 것은 아니라고 본다. 칸트가 지적했듯이, 모든 미덕이 마찬가지이다.201) 의무가 그렇듯이 자비도 불가능한 것은 아니다. 아니, 그런 사랑을? 우리가 그런 사랑을 실천할 수 있다는 말인가? 도대체 가까이 다가갈 수 있기나 한 사랑인가? 아무도 알 수 없고, 증명할 수도 없다. 그 사랑은 보뱅이 말했듯이 "어떤 사랑에서도 찾아볼 수 없는 사랑"202) 일지도 모른다. 그럼에도 아무것도 부족함이 없는 사랑, 그래서 우리가 간절히 염원하는 사랑이 그 사랑이다. 부재하면서도 우리를 밝히는 그 사랑은, 그래서 여전히 사랑이다.

"사랑이란 자기를 벗어나서 풍요를 찾는 행위이다."203) 알랭의 말이다. 사랑이 빈곤한 이유 그리고 빈곤이 사랑의 유일한 풍요인 이유가 거기에 있다. 사랑 안에서, 사랑에 의해서 빈곤을 겪는 방법 또는 빈곤에 의해서 풍요해지는 방법은 여러 가지가 있다. 열정의 결핍에 의해서, 받거나 나누는 우정의 기쁨에 의해서, 주는 기쁨, 버리는 자비의 기쁨에 의해서. 그러므로 요약하면, 사랑은 세 가지 방법, 세 가지 형태 또는 세 가지 단계가 있다. 결핍으로서의 에로스의 사랑, 기쁨으로서의 필리아의 사랑, 자비로서의 아가페의 사랑이 그것들이다. 마지막 아가페는 사실 결핍이나 기쁨에서 올 수 있는 다른 사랑의 폭력을 잠재우거나 다른 사랑이 보일 수 있는 거친 자만을 조정하고, 비워내는 사랑이다. 그래서 그것은 유순, 연민 그리고 정의의 후광처럼 보이기도 한다. 배고픔과 같은 사랑이 있는가 하면, 함박웃음처럼 번지는 사랑이 있다. 자비는 웃음과 같은 사랑이다. 그러나 웃음이 나오지 않을 때, 그것은 울고 싶은 충동일 수도 있다.[204] 연민인가? 그렇다. 연민도 자비의 중요한 한 가지 측면일 수 있으며, 감정적인 측면 또는 진정한 이름일 수도 있다. 불교적 전통의 동양은 연민에 자비의 의미를 부여한다. 앞서도 말한 바 있지만, 불교의 동양이 기독교의 서양보다 훨씬 더 명철하고 현실적인 듯하다.[205] 우정, 범위가 확장됨에 따라서 그 정도가 약해지는 순수한 우정만이 우리에게 가능한 보편 사랑인지도 모르겠다. 사도 바울과 초기 기독교인들에 대해서 에피쿠로스 학파 철학자가 대들었다면, 아마도 그런 식으로 대들었을 듯싶다. 만약 자비를 사랑이라고 부를 수 있다면 자비는 아마도 이런 특징을 가지는 사랑일 것이다. 자비는 사랑을 위해서 다른 사람의 고통을 요구하지 않는다. 자비는 장켈레비치가 말한 "불행의 견인선"[206]이 아니다. 자비는 반사적인 연민이 아니라, 자발적인 연민이다. 그런 점에서 자비는 연민을 초월한다. 그런가 하면 자비는 사랑을 하기 위해서 사랑을 받을 필요가 없다. 상호성 또는 이해관계를 떠난다.[207] 자비의 사랑은 반사적인 우정이 아니라, 자발적인 우정이다. 그래서 자비는 고통으로부터 자유로운 연민, 자아로부터 자유로운 우정이다.

  자비의 사랑은 어쩔 수 없는 부재이지만, 역설적이게도 미덕을 필요한 것이게 하는 것은 바로 그 부재이다. 이기적이지 않은 사랑이 존재한다면 그 사랑은 법으로부터 자유로운 사랑이며, 존재하지 않는다면 그 사랑은 우리의 가슴 깊은 곳에 법으로 자리잡는다.[208]

아마도, 거의 언제나 그렇지만 사실 사랑은 부재한다. 그리고 그 점은 이 책의 존재 이유를 설명해주는 것이기도 하다. 사랑이 부족하지 않다면, 도덕론이 무슨 소용이 있겠는가? "사랑의 명령. 그것은 미덕에 대한 가장 짧고도 훌륭한 정의이다."209) 성 아우구스티누스의 정의이다. 그러나 사랑은 종종 부재를 통해서 빛을 발하며, 미덕의 빛과 삶의 어둠도 있게 한다. 미덕의 빛은 이차적인 빛이고, 삶의 어둠은 온전히 그렇지는 않더라도 본질적인 어둠이다. 미덕들은 거의 대부분 우리 안의 사랑의 결핍 때문에 존재 이유가 있으며, 그래서 정당화된다. 그러나 미덕들은 아무래도 사랑이 부재하는 빈자리를 채우지는 못한다. 그것이 바로 미덕들이 필요하기는 하지만, 충분할 수는 없는 이유이다.

그래서 사랑은 우리를 도덕으로 이끄는 동시에, 도덕으로부터 자유롭게 한다. 그래서 도덕은 사랑의 부재에도 불구하고 우리를 사랑으로 이끌며, 사랑에 복종시킨다.

# 주

## 1. 예의

1) 칸트, 『교육에 관한 성찰』, 서문, p. 73(필로넨코 역, 브랭, 1980).
2) 같은 책, p. 70.
3) 칸트, 『실용주의적 관점에서 본 인류학』, 제14장, pp. 35-36(미셸 푸코 역, 브랭, 1979).
4) 칸트, 『미덕론』(필로넨코 역, 브랭, 1968)과 『도덕의 형이상학』 제2부 참조(pp. 151-152).
5) 아리스토텔레스, 『니코마코스 윤리학』, II, 1, 1103a 33(트리코 역, 브랭, 1979, p. 88).
6) 같은 책, 1103b 1(트리코 역, p. 89).
7) 『교육에 관한 성찰』, 서론, p. 70.
8) 라 브뤼예르, 『성격론』 중 '사회와 대화에 대하여', 32, p. 163(가르니에 고전, 가라퐁 판, 1990).
9) 『교육에 관한 성찰』, III, C(p. 129).
10) 『실용주의적 관점에서 본 인류학』, 제14장(p. 35).
11) 칸트, 『순수 이성 비판』, 2, AK, III, p. 489(파코 역, PUF, 1963, p. 512).
12) 같은 책, pp. 489-490(pp. 512-513)
13) 『실용주의적 관점에서 본 인류학』, 제14장(p. 36).
14) 『니코마코스 윤리학』, II, 1, 1103b 21(트리코 역, p. 90).
15) 알랭, 『정의』, 플레야드 총서, '예술과 신들', p. 1080(예의에 관한 정의).
16) 알랭, 『정신과 열정에 관한 81가지 논의』, 플레야드 총서, 『열정과 지혜』, p. 1243.

## 2. 성실

1) 성 아우구스티누스, 『참회록』, XI(트라부코 역, 가르니에 플라마리옹, 1964, 제20장, p. 269).
2) 니체, 『뜻밖의 고찰』, II, p. 207(비앙키스 역, 오비에 몽테뉴, 1964, 재판 1979).
3) 니체에 대한 프랑수아 조르주의 표현. 아로슈 저, 『영혼과 육체』 중 '철학에서의 새로운 판단 기준에 대하여'.
4) 장켈레비치, 『불멸의 가치』, p. 55(쇠유, 1986).
5) 이 책의 제4장, p. 52 참조.
6) 아리스토텔레스, 『행복론』, VII, 2, 1237b 37-40(데카리 역, 몬트리올 대학 출판부, 1984, p. 164).
7) 아리스토텔레스, 『니코마코스 윤리학』, IX, 3, 1165b 32-36(트리코 역, p. 441).
8) 장켈레비치, 『미덕론』, II. 『미덕과 사랑』, 제1권, 제2장, p. 140(플라마리옹, 1986).
9) 같은 책, pp. 140-142.
10) 같은 책, pp. 142-143. 장켈레비치는 '성실성'이라는 항목에서 "스토아 철학자들이 말하는 현자의 끈기"에 대해서 말한다.
11) 같은 책, p. 141.

12) 파스칼, 『팡세』, 673-123(파스칼 인용은 쇠유 출판사의 앵테그랄 총서 중 1963년의 라퓌마 판에 의존하며, 『팡세』의 두 번째 숫자는 브륀슈비크 출판사의 숫자이다).
13) 콩슈, 『몽테뉴와 철학』, pp. 118-119 참조(메가르, 1987) ; 몽테뉴, 『레이몽 스봉의 변명』, pp. 602-603 참조(빌레 소니에, 1978).
14) 『미덕과 사랑』, 1권, p. 154(장켈레비치가 말하는 탁월한 성실성이 여기에서 소개된다).
15) 『불멸의 가치』, p. 60.
16) 콩슈, 『철학의 방향』, p. 106(PUF, 1990).
17) 베르그송, 『도덕과 종교의 두 원천』, pp. 86-90(PUF, 상트네르 판, pp. 1047-1050).
18) 『신앙과 인생』, 2호(1928년 1월), pp. 86-90, 「도덕의 교육과 비종교성」 혹은 『철학 교육』에 실은 저자의 논문 「장 카바예스와 이성의 영웅주의」 참조(PUF, 1989, pp. 287-308).
19) 이 책의 제1장 참조.
20) 스피노자, 『에티카』, III, 정의 27 '감정들에 대하여' 참조(반대되는 설명은 제외하고 약간의 수정을 가해야 할 때도 있었지만, 저자는 아퓐이 가르니에 플라마리옹에서 전집으로 번역하여 출판한 판본을 인용한다).
21) 니체, 『권력에의 의지』, III, 798절(비앙키스 역, 갈리마르, 1937, 제2권, p. 156).

## 3. 신중

1) 용기(혹은 영혼의 힘), 절제, 정의도 마찬가지이다. 이와 같은 분류(프랑스어의 '신중'은 때로 '지혜'와 동의어로 쓰이기도 한다)는 기원전 6세기로 거슬러올라간다. 우리는 이를 플라톤에서 찾아볼 수 있고(『국가』, IV, 427e와 『법률』, I, 631c 참조), 스토아 철학에서는 고전이 되었으며(디오게네스, VII, 126) 그리고 후일 특히 키케로를 통해서 기독교적 사상이 되었으며, 그것은 성 암브로시우스, 성 토마스 아퀴나스에게로 전해진다. 이에 대해서는 오방크의 『아리스토텔레스의 신중』, pp. 35-36(PUF, 1963) ; 로디스-루이스의 『스토아주의 도덕』, pp. 72-86(PUF, 1970) ; 성 토마스 아퀴나스의 『신학 대전』, Ia IIae, 탐구 61(제2권, 세르, 1984년 판과 1993년 판 p. 371 이후) ; 알랭의 1935년 1월 19일자 '프로포'(플레야드 총서, 『프로포』, I, '네 가지 미덕', pp. 1245-1247)와 미덕에 대한 매우 아름다운 정의(플레야드 총서, 『예술과 신들』 중 '정의', p. 1098) 참조.
2) 칸트, 『도덕형이상학의 기초』, II, p. 87(델보스-필로넨코 역, 브랭, 1980) ; 『실천 이성 비판』, I, 제1장 정리 2에 대한 주석, p. 37(피카베 역, PUF, 1971) ; 『이성의 한계 안에서의 종교』, II, pp. 82-83 ; 『미덕론』, p. 101, 132(지블랭 역, 브랭, 1972) ; 그리고 오방크의 잡지 『형이상학과 도덕』 중 '칸트의 신중', pp. 156-182 참조(1975).
3) 칸트, 『인류애라는 미명과 거짓말할 권리』, pp. 67-73(길레르미트 역, 브랭, 1980).
4) 베버, 『학자와 정치』, 불역본, 10-18 총서, 1963, p. 172 이후 참조.
5) 아리스토텔레스, 『니코마코스 윤리학』, VI, 5, 1140a-b ; 오방크의 대표적 연구서 『아리스토텔레스의 신중』 (파리 : PUF, 1963).

6) 『신학 대전』, Ia IIae, 탐구 57의 5항과 탐구 61의 2항 ; IIa IIae 탐구 47-56 참조(특히 탐구 47의 5-8항까지) ; E. 질송, 『도덕주의자 성 토마스 아퀴나스』, p. 266 이후(브랭, 1974).
7) 우리가 논하는 것은 사실 목적에 대해서가 아니라 방법에 대해서이다. 『니코마코스 윤리학』, III, 5, 1112b, 11-19. 『신학 대전』, Ia IIae, 탐구 57의 5항 참조. "행동을 잘한다는 것은 단순히 무엇인가를 하는 것이 아니라, 올바르게 행동한다는 것을 뜻한다. 다시 말해서 충동이나 열정에 의해서가 아니라, 훌륭한 선택에 의해서 행동해야 한다는 것이다. 그러나 여기에서의 선택이란 목적을 전제한 방법의 선택을 말한다. 따라서 선택은 두 가지 요소를 요구한다. 즉 목표의 정당성과 방법의 선택이 그것들이다. 올바른 행동을 위해서는 지적인 덕―이성에 어느 정도의 완벽성을 부여하는 지적인 덕―이 필요한 이유가 그 때문이다. 신중은 바로 그런 미덕이다."(세르 판 제2권 p. 352)
8) 『니코마코스 윤리학』, VI, 13, 1144a 6-9. "도덕은 우리가 추구하는 목적의 공정성을 보증하고, 신중은 목적에 도달하기 위한 방법의 정당성을 보증한다."(트리코 역, p. 308). 같은 책, X, 8, 1178A 18(p. 516). "신중은 정당성을 보증한다."
9) 스토베의 증언(『아리스토텔레스의 신중』, p. 33) 참조. 그리고 스토아 학파의 '프로네시스'에 대해서는 역시 피에르 오방크의 연구 발표(『기욤 뷔데 제7차 회의』, pp. 291-292[벨 레트르, 1964]) 참조.
10) 『니코마코스 윤리학』, VI, 5(트리코 역, p. 285). 예를 들면, 현대 과학이 확률론이라는 형태로 서로 공격을 하는 것은 거기에서 필연성을 찾기 위함이다. 모든 선택과 행위가 각각 개별적인 것인 데에 반해서, 아리스토텔레스에게 정당성을 부여하는 확률론은 수적으로 많아야 한다.
11) 피에르 오방크의 앞의 책, p. 78.
12) 에피쿠로스, 『메노이케우스에게 보내는 편지』, 130(콩슈 역).
13) 같은 책, 132 ; 『주요 학설』 V-X ; 그리고 『바티칸의 판결』 71 참조.
14) 같은 책, 129.
15) 키케로, 『법』, XXIII(아핀 역, 가르니에 플라마리옹 재출판, 1965, p. 149).
16) 키케로, 『공화정에 관하여』, VI, 제1장 ; 『신의 본성에 관하여』, II, 22, 58 ; 『법률에 관하여』, I, 23. 그리고 『아리스토텔레스의 신중』, p. 95.
17) 『아리스토텔레스의 신중』, p. 137.
18) 『실천 이성 비판』, 분석, 제1장, p. 37.
19) 『니코마코스 윤리학』, VI, 13, 1144b 31(트리코 역, p. 313).
20) 브뤼게스가 인용한 『가톨릭 도덕 사전』(CLD, 샹브레 레 투르, 1991) 중 논문 「신중」(p. 346) 참조. "Prudentia, amor ea quibus adjuvatur ab eis quibus impeditur, sagaciter seligens"의 대략적인 의미는 "신중이란 자신에게 유익한 것과 해로운 것을 총명하게 분리할 줄 아는 사랑이다."
21) 한스 요나스의 『책임의 원칙』(세르, 1990)와 J.-M. 베니에의 『인문주의의 분열』(데카르트 출판사, 1993, pp. 111-121) 참조. 베니에는 나와 한스 요나스를 대립시켰는데, 그 점은 잘못되었다. 윤리학이(특히 오늘날의 전례 없이 발전한 기술의 잠재력으로 보면) 현재를 돌보는 것은

사실이지만, 그 말은 미래와 미구(未久)의 세대들을 돌보지 말라는 말은 아니다. 오로지 살아 있는 존재들만이 의무가 있다. 그러나 요나스의 책이 보여주듯이, 대상은 아직 살고 있지 않은 것들, 우리가 아무런 죄의식 없이 그 존재를 위협하고 있는 미래의 인류이다. 나는 미래와의 모든 관계를 우리가 면제받아야 한다거나 면제받을 수 있다고는 결코 생각해본 적이 없다. 나는 오히려 종종 그리고 아주 명확하게 그 반대를 주장했다(예를 들면 『이카로스 신화』, pp. 149-150 ; 『삶』, pp. 214-224 ; 『철학 교육』, pp. 350-352 ; 『사랑과 고독』, p. 26 ; 『가치와 진리』, pp. 145-146, 158-160 참조). 미래가 우리와 관계할 때에만 우리는 정치적으로 도덕적으로, 미래에 대해서 책임이 있다. 그것은 희망-유혹-유토피아와는 다르다. 따라서 이는 희망이 아닌 의지와 관련된 것이다. 나의 미래뿐만 아니라 남의 의지까지도 포함해서 미래를 준비하고 보호하려는(모든 의지가 그렇듯이) 현재의 의지가 바로 신중이다.

22) 이는 그의 도장에 새겨져 있던 구절이다.

## 4. 절제

1) 스피노자, 『에티카』, IV, 명제 45에 대한 주석(아퓐 역).
2) 같은 책, 같은 곳.
3) 아리스토텔레스, 『니코마코스 윤리학』, II, 7, 1107b 4-8/III, 14, 1119a 5-20 참조.
4) 에피쿠로스, 『메노이케우스에게 보내는 편지』, 130 ; 아리스토텔레스가 『니코마코스 윤리학』(III, 13-15)에서 절제에 대해서 쓴 내용과 비교할 것 ; 아리스토텔레스의 독립심(autarkeia)에 대해서는 『니코마코스 윤리학』, I, 5, 1097b 8 이후 참조.
5) 이와 같은 구분에 대해서는 『가치와 진리』의 저자의 글 「도덕 혹은 윤리학」 참조(PUF, 1994, pp. 183-205). 자신에 대한 염려에 대해서는 미셸 푸코의 『성의 역사』, 특히 제2-3권 참조(갈리마르, 1984).
6) 생리적 욕망과 그렇지 않은 욕망에 대해서는 에피쿠로스의 『메노이케우스에서 보내는 편지』, 127 이후와 『주요 학문』, XXIX 참조. 쾌락주의의 욕망의 분류에 대해서는, 콩슈의 『에피쿠로스, 서간들과 격언들』, 서문 참조(PUF, 1987, pp. 63-69).
7) 루크레티우스가 에피쿠로스에 대해서 한 말. "Et finem statuit cuppedinis alque timoris."(『사물의 본성에 관하여』, VI, 25)
8) 몽테뉴, 『수상록』, III, 13, p. 1110(몽테뉴에 관한 모든 출전은 빌레 소니에가 출판하고 PUF가 1978년에 재출간한 판본에 의거한다).
9) 『메노이케우스에게 보내는 편지』, pp. 130-131.
10) 『사물의 본성에 관하여』, V, 1117-1119.
11) 성 토마스 아퀴나스, 『신학 대전』, IIa IIae, 탐구 141의 8항(제3권 pp. 814-815).
12) 같은 책, 4항(p. 811).
13) 같은 책, IIa IIae, 탐구 142의 1항, pp. 815-816 ; 『니코마코스 윤리학』, II, 7, 1107b 4-8과 III, 14, 1119a 5-21 참조.

14) 『에티카』, III, 명제 56의 주석과 V, 명제 42와 그 주석.
15) 같은 책, V, 명제 8, 12.
16) 알랭, 『예술과 신들』 중 '정의', 플레야드 총서, p. 1094(특히 절제에 대한 정의).
17) 『수상록』, I, 30('절제에 대하여') ; 칸트, 『미덕론』의 서론, XVII(p. 81) 참조.

## 5. 용기

1) 출전을 찾지 못함. 그러나 이 문장의 출전을 찾으면서 저자는 『구원받은 로마 혹은 카틸리나』, V, 3에서 같은 내용을 발견했다. "죽음 앞에서의 용기는 위대한 영웅을 만들거나, 아니면 대단한 범죄자를 만든다."(전집, 5권, p. 264, 가르니에, 1877)
2) 아리스토텔레스(『니코마코스 윤리학』, III, 9, 1115a ; 『행복론』, III, 1, 1229b), 성 토마스 아퀴나스(『신학 대전』, IIa IIae, 탐구 123의 4, 5항), 장켈레비치(『미덕론』, II, 1 ; 『미덕과 사랑』, 2장, pp. 134-135) 참조.
3) 칸트, 『이성의 한계 안에서의 종교』, I부, 일반론(지블랭 역, 브랭, 1972, p. 68) ; 『실천 이성 비판』, I, 정리 4의 주석 2(pp. 35-40) ; 『도덕형이상학의 기초』, II(델보스-필로넨코 역, 브랭, 1980, 특히 p. 76, 96).
4) 데카르트, 『정념론』, II의 59항과 III의 171항 ; 칸트, 『미덕론』, 서론 XII ; 『도덕형이상학의 기초』, I의 pp. 55-57과 64-65. 칸트의 "병적"이라는 말은 비정상적이거나 정말로 병적인 것을 의미하는 것이 아니라, 어원에 가까운 정열(pathos)이나 혹은 일반적으로 감각적인 충동에서 기인한 모든 것을 가리킨다(『순수 이성 비판』, p. 541 참조).
5) 『신학 대전』, IIa IIae, 탐구 123의 2항(p. 735, 제3권).
6) 같은 책 참조. 그리고 성 토마스 아퀴나스에 의해서 인용된 두 구절은 『니코마코스 윤리학』, II, 3, 1105a 32 ; 키케로의 『수사학』, 『발명에 관하여』, II, 54 참조.
7) 『알랭의 프로포』, p. 131(NRF, 1920, 저자는 이 훌륭한 말을 플레야드 선집에서는 찾아낼 수 없었다).
8) 플라톤, 『라케스』 전체 ; 『프로타고라스』, 349의 d-350c와 358의 d-360e ; 『국가』, IV, 429의 a-430c ; 『법률』, XII, 963a-964d 참조. 플라톤의 (그리고 일반 철학사에서의) 용기는 『미덕과 사랑』(『미덕론』, II), 제2장 ; 잡지 『오트라망』의 '도덕' 시리즈 6호에 실린 스모에스와 마통의 논문 참조.
9) 장켈레비치의 앞의 책, 제2장(특히 pp. 90-103) ; 아리스토텔레스는 이미 "용기란 지식이라고 말한 소크라테스는 옳지 않다"고 말한 바 있다(『큰 도덕』, I, 20, 1190b 26-34[달리미에 역], ; 『윤리학 대저』, p. 89[달리미에 역, 아를레아, 1992]).
10) 같은 책, p. 110.
11) 『철학 교육』 중 저자의 「장 카바예스 혹은 이성의 영웅주의」, 특히 pp. 302-308 참조.
12) 에피쿠로스, 『메노이케우스에게 보내는 편지』, 135 ; 스피노자, 『에티카』, V. (장켈레비치의 앞의 책 pp. 98-99에도 불구하고) 에피쿠로스나 스피노자에게 용기(현자의 순수 아포비아

[aphobia]와는 의미가 다른 용기)를 위한 자리가 없다는 것을 의미하지는 않는다. 오히려 용기는 지혜가 차지하지 못하는 자리를 차지하곤 한다.
13) 『에티카』, III, 59(포트라 역, 쇠유, 1988), 주석 ; 같은 책, IV, 명제 63과 증명 참조.
14) 같은 책, III, 9와 주석 ; 같은 책, V, 명제 10 및 명제 41의 주석.
15) 장켈레비치가 용기에 대해서 그의 책의 초반부에서 쓴 것과는 반대이다. 앞의 책, p. 89.
16) 같은 책, p. 96.
17) 알랭, 「심정과 정신이라는 주제에 대해서 H. 몽도르 의사에게 보낸 편지」(플레야드 총서, 『예술과 신들』, p. 733).
18) 『에티카』, IV, 명제 13의 주석.
19) 『큰 도덕』(달리미에 역, p. 92), I, 20, 1191a 33-36. 여기에서 나는 장켈레비치의 상당히 자유로운 번역을 그대로 인용한다(앞의 책, p. 107). 『니코마코스 윤리학』, III, 9, 1115a 33-35 ; 『수사학』, II, 5, 1382a 25-30도 참조. 허세를 부리는 이런 유형의 인물에 대해서 라 퐁텐은 「사자와 사냥꾼」이라는 우화를 썼는데, 이 이야기의 도덕성은 기억될 만하다. "용기에 대한 진정한 시험은/사람의 손끝으로 만져지는 위험으로만 가능하다./어떤 이는 위험이 느껴지면 즉시/말투를 바꾸며 달아난다."(『우화집』, 제1권, p. 281[누벨 리브레리 드 프랑스, 1958])
20) 같은 책, p. 107.
21) 같은 책, p. 108.
22) 에픽테토스와 마르쿠스 아우렐리우스와 장켈레비치, 『내가 무엇을 아는가? 거의 아무것도 모른다』, 제3권(푸앵 쇠유, 1980). 『의지의 의지』(특히 제2장) ; 『미덕 개론』, II, I, p. 125 참조.
23) 데카르트, 『정념론』, III, 173항 참조. 그리고 『철학의 원리』에서 엘리자베스 공주에게 헌사된 편지. "공포는 신앙심을, 절망은 용기를 준다" 참조(알키에, 3권, p. 33, AT, p. 22).
24) 같은 책.
25) 『니코마코스 윤리학』, III, 11, 1116a 1-4.
26) 프랑스어 번역본으로는 세 가지가 있다. 바르엘르미 생-틸레르 번역본(루뱅, 1970, p. 80) ; 트리코 번역본(브랭, 1979, p. 156) ; 부알캉 번역본(가르니에 플라마리옹, 1965, p. 83)과 『니코마코스 윤리학』, III, 10, 1115b 12-13, 23 참조.
27) 『니코마코스 윤리학』, III, 1116b-1117a.
28) 『니코마코스 윤리학』, 주석본, pp. 34-35(고티에 & 졸리프 주석, 루뱅, 1970, II, 1).
29) 실뱅 마통, 앞의 논문, pp. 34-35.
30) 저자는 여기에서 해석의 문제들, 특히 『니코마코스 윤리학』의 두 구절(1115b 33-1116a 3과 1117a 10-27. 그리스 학자가 아닌 경우 되도록 고티에와 졸리프의 번역본 p. 77, 81을 참조할 것을 권유한다)을 어떻게 해결해야 할 것인가를 고민하면서 머뭇거릴 수가 없다. 다만 분명한 사실 하나는 허무주의자는 비겁자라는 것이다. 왜냐하면 그는 모든 것을 두려워하기 때문이다. 그러나 비록 용감해 보이기는 하지만 낙천주의자가 더 용감하다는 이야기는 아니다. "낙천주의자라고 해서 결코 더 용감할 수는 없다." 간단히 말해서 낙천주의는 확신이라는 측면에서 보면 용기와 유사하지만, 그 연약한 측면에서 보면 용기와는 다른 것으로 보이기도 한다. 물론 그렇다고, 마통이 그의 훌륭한 글에서 지적했듯이, 용기가 희망과 모순되는 것이

라고는 생각하지 않는다. 그 점은 누구나 아는 사실이다. 낙천주의자들도 용감할 수 있다. 그러나 이 텍스트에서 중요한 것은, 용기와 희망은 서로 다른 것일 뿐만 아니라 서로 독립적인 것이라는 사실이다(이 부분에 대해서는 고티에와 졸리프의 번역 주석본, II, 1, pp. 232-234 참조[루뱅, 1970]). 무엇인가를 희망하는 사람은 용기 있는 사람이 될 수 있다. 그러나 진정 용감한 사람의 과감성과 용기는 단순히 희망에서 비롯되는 것이 아니어야 한다. 이는 『큰 도덕』(I, 20. 1191a 11-21, p. 91)에 잘 나타나 있다. 그 설명에 의하면 "희망이 없다고 용기를 보여주지 못하는 사람은 진정으로 용기 있는 사람이 아니다." 희망이나 기다림 때문에 용기를 증명하는 사람도 따라서 용감한 사람이 아니다. 왜냐하면 그런 사람의 용기는 희망이 사라지면 함께 사라지는 용기이기 때문이다. 언제나 그렇듯이 아리스토텔레스는 그런 우리의 공통된 경험을 잘 표현한다. 그는 확실한 승리의 경우뿐만 아니라 확실한 패배 속에서도 용기 있는 사람만이 진정으로 용기 있는 사람이라고 말한다. 물론 절망적인 용기가 유일한 용기라고 말할 수는 없다. 그러나 어쨌든 그것은 용기를 단순한 확신과 구별시키는 시금석이다.

31) 라블레, 『가르강튀아』, 제43장(앵테그랄 문고본, p. 168).
32) 알랭, 『전쟁의 추억』, 플레야드 총서, 『열정과 지혜』, p. 441.
33) 알랭, 『쥘 라뇨의 추억』, 2장, 플레야드 총서, 『열정과 지혜』, p. 751, 758. p. 738, 748도 참조.
34) 『니코마코스 윤리학』, II, 7, 1107a 33-1107b 4와 III, 9-10, 1115a-1116a 15 ; 『행복론』, III, 1, 1228a 23-1229b 26.
35) 『에티카』, IV, 명제 69와 주석(스피노자에 의하면 자유인이란 오로지 이성에 의해서 행동하는 사람이다).

## 6. 정의

1) 1912년 12월 2일자 프로포(『프로포』, 플레야드 총서, II, p. 280) ; 알랭, 『정신과 열정에 관한 81가지 논의』, IV, 7과 VI, 4(『열정과 지혜』, 플레야드 총서, p. 1184, 1228) 참조.
2) 칸트, 『도덕형이상학의 기초』, I, pp. 55-56.
3) 같은 책, p. 57.
4) 칸트, 『법의 이론』(필로넨코 역, 브랭, 1971) 서론, III, IV 특히 p. 94, 98.
5) 아리스토텔레스, 『니코마코스 윤리학』, V, 3, 1129b 25-31(pp. 218-219).
6) 『법의 이론』, II, 1, 주석 E(p. 214) ; 도스토예프스키, 『카라마조프의 형제들』(불역 폴리오 판, 1990, 제1권, pp. 343-344), II, 제5권, 제4장 ; 베르그송, 『도덕과 종교의 두 원천』, p. 76(PUF, 상트네르 판, 1970, p. 1039) ; 카뮈, 『반항하는 인간』(플레야드 총서, pp. 465-466), II ; 장켈레비치, 『미덕론』, II, 제2, 5장, p. 47.
7) 에피쿠로스, 『주요 학문』, 31-38.
8) 벤담, 『도덕과 입법의 원리 서설』(런던 대학 출판부, 1970) ; 밀, 『공리주의』(플라마리옹, 1988. 특히 제5장) ; 흄, 『도덕 원리 탐구』(바랑제-살텔 역, 가르니에 플라마리옹, 1991, pp. 85-109), III ; 흄, 『인성론』(르루아 & 오비에 역, 1983, p. 593 이후), III, 2부 참조.

9) 존 롤스, 『정의론』(불역, 쇠유, 1987, 특히 제1부 5와 87). 프랑스에서는 아직 많이 읽히지 않은 이 중요한 저서는 현대 정치사상의 한 고전이다. 이 책은 특히 앵글로색슨 사회에 많은 연구와 토론을 불러일으켰다. 이 점에 대해서는 반 파리스의 저서 『올바른 사회란 어떤 사회인가』(쇠유, 1991) 참조.
10) 『니코마코스 윤리학』, V, 2/V, 9(트리코 역, pp. 246-247).
11) 같은 책, 2, 1129 a 34(트리코 역, p. 216) ; 『큰 도덕』, I, 23, 1193b(『윤리학 대저』, p. 111 이후) 참조.
12) 같은 책, 3, 1129b 12(p. 217).
13) 파스칼, 『팡세』, 645-312 ; 저자가 파스칼의 『정치에 관한 팡세』에 부친 서문(리바주-포슈, 1992) 참조.
14) 『리바이어던』의 라틴어 판, II, 26장(트리코 역, 시레, 1971, p. 295, 주석 81).
15) 홉스(『리바이어던』, II, 26장), 스피노자(『정치론』, 제3-4장), 그리고 루소(『사회계약론』, II, 제6장)이 보여주는 것처럼 법이란 실증주의와 의지주의의 결합이다. 더불어 바티폴의 『법 철학』, pp. 11-15, 22-24 참조(PUF, 크세주 문고, 1981 재판).
16) 『팡세』, 81-299.
17) 플라톤, 『국가』, IV. 플라톤에서부터 롤스에 이르기까지 정의에 대한 각각 다른 이론들에 대한 일반적 이론에 대해서는 제라르 포드뱅의 매우 교훈적인 작은 책 『정의』 참조(캥테트, 1993).
18) 『팡세』, 103-298.
19) 같은 책, 85-878.
20) 플라톤, 『크리톤』, 48-54.
21) 『법의 이론』, II, 1, 주석 E(p. 216).
22) 『팡세』, 562-534.
23) 『정신과 열정에 관한 81가지 논의』, VI, 4(플레야드 총서, 『열정과 지혜』, pp. 1229-1230).
24) 같은 책, 5, pp. 1230-1231. 시몬 베유(시몬 베유는 알랭의 제자였다)에게서도 같은 생각을 엿볼 수 있다. "정의라는 미덕은, 힘의 관계에서 우위에 있다고 하더라도 마치 동등한 것처럼 행동하는 데에 있다."(『신을 기다리며』, p. 129[파야르, 1966, "인생의 책" 1977년 재판]).
25) 『정신과 열정에 관한 81가지 논의』, VI, p. 1230.
26) 『법의 이론』, 서론, C(p. 104, 필로넨코의 번역에 저자가 약간의 수정을 가함) ; 칸트, 『이론과 실천』(길레르미트 역, 브랭, 1980, p. 30), II, pp. 289-290. "법이란 전체의 자유에 동의하는 조건에서의 개인의 자유이다. 따라서 전체의 자유는 일반 법칙에 의거할 때 비로소 가능하다."
27) 알랭의 앞의 책, p. 1228 참조.
28) 『이론과 실천』, II, 귀결, pp. 38-39 ; 『법의 이론』, 일반적 주석 A(p. 201)와 52(p. 223) 참조. 사회계약론은 어떤 사실을 설명하기 위한 것이 아니라, 합법성을 설립하기 위한 것이라는 루소의 생각은 칸트의 생각과 비슷하다(『사회계약론』, I, 1, 플레야드, pp. 351-352). 문제의 초점이 다른 스피노자는 역사적이고 본원적인 계약에 너무 기댄다. 그 점에 대해서는 마트롱의 『스피노자 철학에서 개인과 공동체』, pp. 307-330 참조(미뉘, 1969).

29) 길레르미트가 그의 『이론과 실천』(pp. 86-87)의 주석에 인용한 칸트의 『성찰』, Ak. XVIII, 7416호, p. 368과 7734호, p. 503.
30) 같은 책, 같은 곳.
31) 『정의론』, 특히 제3부와 제4부 20-30 참조. 롤스의 분석은 대단히 칸트적이다. 예를 들면, 불역본 서문 p. 20 그리고 항상 암시적이어서 논쟁의 여지가 남곤 하는 칸트에 대한 그의 해석 참조.
32) 『정의론』, 24, pp. 168-169.
33) 『팡세』, 597-455, 978-100.
34) 이것은 롤스가 상호적 무관심이라고 부르는 것인데(『정의론』, 3부, p. 40, 22, 162), 이는 자비와 정의를 명확하게 구별시켜주는 것이다.
35) 『정의론』, 24, p. 171.
36) 『사회계약론』, I, 6(원초적 계약에 대해서)과 II, 6(법의 일반성에 대해서) 참조.
37) 『팡세』, 597-455.
38) 『카라마조프의 형제들』, II, V, 4('반항'), pp. 332-333(몽고 역, 폴리오 판, 1권 1990).
39) 『니코마코스 윤리학』, V, 7, 1131b 16-20(p. 231)과 10, 1134a-b(p. 249).
40) 스피노자, 『신학정치론』, 제16장(아핀 역, 가르니에 플라마리옹, 재출판, 1965, p. 269).
41) 『정치론』, 제2장, 23(아핀 역, 가르니에 플라마리옹, 1966, p. 24).
42) 이 점에 대해서는 『일반 철학 백과사전』, II의 '정의'라는 항목과 '철학적 개념들'(PUF, 1990, 1권, pp. 1406-1407) ; 성 토마스 아퀴나스, 『신학 대전』, IIa IIae, 탐구 58, 1항 참조(제3권, pp. 383-384). 성 토마스 아퀴나스는 법학자들의 정의(definition)에서 출발한다. "정의(justice)란 개인에게 권리를 부여하기 위한 영원불변한 의지이다." 이 정의를 올바른 것으로 보는 그는 다시 성 암브로시우스에 의거하여 말하기를 "정의란 개인에게 그의 의무를 돌려주는 미덕"이라고 한다(같은 책, 11항, pp. 392-393).
43) 스피노자, 『에티카』, IV, 명제 37의 주석 2 ; 『정치론』 II, 23 참조.
44) 같은 책.
45) 『리바이어던』, I, 제13장, p. 126.
46) "이성의 지배를 받는 사람들, 즉 이성의 인도를 받으면서 자신들에게 유익한 것을 찾는 사람들은 다른 사람들을 개의치 않는 동시에 자신에게 유익한 것을 추구하지 않으며, 그래서 그들은 진실되고 정당하다."(『에티카』, IV, 명제 18의 주석)
47) 아리스토텔레스 이후 우리는 배분적 정의와 교환적(라틴어의 콤무타티오[commutatio]에서 유래된 교환이라는 이 단어에 대해서 아리스토텔레스는 '교정하는' 혹은 '쌍무적'이라는 의미를 부여한다) 정의를 전통적으로 구별해왔다. 배분적 정의는 한 집단의 구성원들 간에 부와 명예를 재분배하는 것이다. 이는 평등 원칙에 준거하는 것이 아니라, 비율(예를 들면, 공동의 이익에 더 많은 기여를 한 사람의 경우, 다른 사람보다 더 많이 가지는 것이 정당할 수 있다)에 의거한다. 반대로 교환적 정의는 교환을 지배하는 정의이다. 교환적 정의는 개개인의 차이점이 어떻든 간에 교환되는 물건들 사이의 균등성을 존중해야 한다(『니코마코스 윤리학』, V, 5-7, 1130b-1132b). 우리는 성 토마스 아퀴나스에게서도 같은 내용을 찾아볼 수 있다. 그의

설명에 의하면 "배분적 정의가 사회의 공동 이익을 부분적으로 분배하는 것이라면, 교환적 정의는 두 사람 사이의 상호 균등한 교환이다."(『신학 대전』, IIa IIae, 탐구 61, p. 405)

48) 『도덕 원리 탐구』, III, 2, pp. 108-109.
49) 같은 책, p. 85 이후 참조.
50) 같은 책, 1, pp. 85-95.
51) 『니코마코스 윤리학』(고티에 & 졸리프 역, 1958, p. 213), VIII, 1, 1155a, 26-27.
52) 『도덕 원리 탐구』, III, 1, p. 86
53) 같은 책, 2, p. 106("정의의 대상인 소유권은……").
54) 『정의론』, 22, p. 160, 161.
55) 『도덕 원리 탐구』, III, 1, p. 88. 여기에서도 롤스는 흄의 생각에 동의하는 듯하다. 『정의론』, 22, pp. 160-161.
56) 토도로프, 『극단의 앞에서』(쇠유, 1991). 인용된 문구는 p. 218, 330 참조.
57) 예를 들면, 로베르 앙텔므가 어느 유형수의 경험에서 얻은 교훈을 적어놓은 아름다운 책 『인간』 참조(갈리마르, 1957 초판, 1990 재판, 특히 p. 93). 그는 다음과 같이 쓰고 있다. "인간에 대한 전적인 존경과 단호한 경멸 그리고 인간에 대한 사랑과 경멸을 배운 것은 다른 곳이 아닌 수용소 안에서였다. 나치는 우리를 궁지에 몰아넣었지만, 그럼에도 우리는 본연의 모습을 잃지 않았다. 그들은 우리의 선택을 막지는 못했다.……수용소에 갇혔다고 해서 그런 것을 모르게 할 수는 없었다. 사실 오히려 그 반대였다."
58) 『인간』, p. 94. 친구 알베르토에 대한 프리모 레비의 증언(『만약 그가』, p.61[불역, 쥘리아르, 1988]) 참조.
59) 같은 책, p. 93.
60) 『도덕 원리 탐구』, IV, p. 117. "법률적 제도나 준칙도 없이, 정의나 명예와 무관하게 인간과 인간이 서로를 죽이는 것은 불가능하다. 원칙은 평화 시에만 있는 것이 아니라 전쟁 시에도 있다. 공동의 이익과 유용성을 지키기 위해서는 선과 악의 규범을 만들지 않을 수 없다."
61) 같은 책, III, 1, p. 93.
62) 같은 책, p. 93.
63) 그러나 그들에게 아무런 권리도 없다는 것은 아니다. 이 점에 대해서는 『에스프리』지에 게재된 저자의 논문 「동물의 권리에 대하여」를 참조하기 바란다.
64) 같은 책, 같은 곳 p. 94.
65) 몽테뉴, 『수상록』, III, 6 ; 『팡세』, 729-931, 905-385 참조. 파스칼과 마찬가지로 몽테뉴도 가치를 명확히 정의할 수는 없다고 한다. 그러나 우리가 이상적이고 완벽한 정의는 모른다고 할지라도, 불의만큼은 명확하게 알아볼 수 있다. 파스칼에 의하면 "정의가 무엇이라고 말할 수는 없지만, 정의가 아닌 것은 알 수 있다."(729-931)
66) 『수상록』, II, 12, p. 499.
67) 같은 책, 같은 곳.
68) 같은 책, p. 94.
69) 루크레티우스, 『사물의 본성에 관하여』, V, 1011-1023(에르누 역). 약자의 보호를 중시하는 루

크레티우스와 실용주의의 에피쿠로스는 구분된다. 이에 대해서는 레옹 로뱅의 『사물의 본성에 관하여』에 대한 주석』, 제3권, pp. 138-140 참조(에르누와의 공저, 레 벨 레트르, 1962).
70) 『팡세』, 103-298. 용어의 철학적 의미에서 시니시즘(Cynicism, 냉소주의 또는 견유주의[犬儒主義]. 견유주의란 문명을 거부하고 자연에 가까운 생활을 주장하는 태도를 가리킨다/역주)에 대한 저자의 생각은 저자의 저서 『가치와 진리(견유학파 연구)』(PUF, 1994) ; 파스칼의 정치사상에 대해서는 그의 『정치에 대한 팡세』에 저자가 붙인 서문 참조(리바주-포슈, 1992).
71) 같은 책, 같은 곳.
72) 『니코마코스 윤리학』, V, 14, 1137a 31-1138a 3.
73) 아리스토텔레스, 『수사학』, I, 13(귀엘 바네멜리크 역, 르 리브르 드 포슈, 1991, p. 165).
74) 『니코마코스 윤리학』, V, 14, 1137b 34-1138a 3(트리코 역, p. 268).
75) 장켈레비치가 번역한 『미덕론』, II, 2 참조(1986년 재판, p. 79). 주석에서 그는 『큰 도덕』, II, 2를 언급한다. 그러나 저자가 참조한 판본(달리미에 역, 아를레아, 1992)에서는 그런 내용을 찾을 수 없었다. 반면 『수사학』, I, 13, 17, 1347b(p. 166)에서는 유사한 표현을 찾아볼 수 있었다. "공정함이란 인간의 행동을 용서하는 태도이다."
76) 『니코마코스 윤리학』, V, 2-5, 1129a-131a.
77) 같은 책, 특히 3, 1129b 11-1130a 13.
78) 같은 책, 3, 1129b 27-29(p. 219).

## 7. 후의

1) 이 책의 제6장 참조.
2) 샹포르, 『금언과 팡세』, 제2장, 160(가르니에 플라마리옹, 1968, p. 82).
3) 나는 이 책의 제목으로 '작은 미덕'을 생각하고 있었다.
4) 『프랑스어 역사 사전』에서 '연대적(Solidaire)'이라는 항목 참조(A. 레이 감수, 로베르 사전 출판사, 1992).
5) 같은 책, 같은 곳.
6) 파스칼, 『팡세』, 139-143.
7) 장켈레비치, 『미덕론』, II, 제2, 6장, p. 314.
8) 같은 책, p. 327.
9) 아리스토텔레스, 『니코마코스 윤리학』, IV, 1-3, 1119b 22-1122a 16('너그러움에 관하여'), 7-9, 1123a 33('아량에 관하여') ; 『행복론』, III, 4, 5 ; 『큰 도덕』, I, 23-25 참조.
10) 데카르트, 『정념론』, III, 153항('무엇이 후의인가?'). 후의의 이중적 성격(미덕적/열정적)에 대해서는 161항 참조.
11) 같은 책, 156항, 187항('개인에 대한 호의를 가지는 것도 일종의 후의이다') 참조.
12) 같은 책, 161항.
13) 데카르트, 『크리스틴 드 쉬에드에게 보낸 편지』 중 1647년 11월 20일자 서간(알키에 판, 가르

니에, 1973, 제3권, p. 746).
14) 같은 책, 같은 곳.
15) 저자의 『절망과 지복에 대한 연구』, 제2권 제4장, 특히 pp. 67-93, 142-149 참조(PUF, 1988).
16) 칸트, 『실천 이성 비판』 중 '순수한 실천 이성의 동기들'(p. 87) ; 이 책의 제18장 참조.
17) 몽테뉴, 『수상록』, I, 28('우정에 대하여'), p. 190.
18) 같은 책, 같은 곳.
19) 도덕에 대한 개념에 대해서는 『가치와 진리(견유학파 연구)』 중 저자의 논문 「도덕 혹은 윤리」(pp. 183-205) 참조.
20) 다른 의미에 대해서는 스피노자, 『에티카』, III, 명제 27의 증명, 주석, 귀결 참조.
21) 이 책의 제1장 참조.
22) 성 아우구스티누스, 『참회록』, III, 1.
23) 『에티카』, IV, 명제 18의 주석.
24) 같은 책, III과 IV의 '오성의 개혁에 대한 개론'의 초반부 ; 『신, 인간 그리고 인간의 행복에 관한 소고』, II, 5 참조.
25) 같은 책, III, 명제 59의 주석(아퓐 역).
26) 같은 책, 같은 곳. 영혼의 견고함에 대한 스피노자의 견해에 대해서는 이 책 5장 참조.
27) 같은 책, IV, 명제 20과 그것의 주석 그리고 명제 21 참조.
28) 같은 책, 명제 20-25.
29) 스피노자, 『신학정치론』 제1장과 『올덴부르크에게 보낸 편지』 73, 75, 78 ; 실뱅 자크의 『스피노자와 글쓰기에 대한 해석』, pp. 190-199(PUF, 1965) ; 마트롱의 『무지한 사람들의 구원과 예수』 참조(오비에 몽테뉴, 1971). 있을 수 있는 오해를 피하기 위해서, 스피노자는 예수의 신성함이나 그의 부활을 결코 믿지 않았음을 밝힌다(『올덴부르크에게 보낸 편지』 73, 78 참조).
30) 『에티카』, III, 명제 19, 21, 25, 28, 29와 그 증명.
31) 같은 책, 명제 22, 명제 27의 주석과 귀결 ; 귀결 3의 주석과 감정에 대한 정의 35 ; 이 책 제8장 참조.
32) 같은 책, IV, 명제 18의 주석.
33) 같은 책, 명제 41, 45와 II의 명제 11, 13, 39에 대한 주석 그리고 감정에 대한 정의 3과 정의 7.
34) 같은 책, 명제 18, 37에 대한 주석 그리고 명제 73에 대한 주석.
35) 같은 책, 명제 46의 증명과 주석 그리고 명제 45의 귀결 1.
36) "이성의 인도를 받으며 사는 사람은 할 수 있는 한 사랑과 후의로 다른 사람이 그에 대해서 가지는 증오, 분노, 멸시를 갚아주려고 노력한다"라는 의미의 라틴어 원문은 "amore contra, sive generositate compensare"이다.
37) 같은 책, IV, 명제 73의 주석(명제 73의 주석은 명제 37, 명제 46과 관계있다).
38) 같은 책, III, 감정에 대한 정의 6 ; III, 명제 30과 명제 55(명제 53도 참조)에 대한 주석 ; 감정에 대한 정의 25.
39) 왜냐하면 "인간은 현재뿐만 아니라 과거나 미래의 어떤 이미지에 의해서, 기쁨과 슬픔을 느낄 수 있기 때문이다."(같은 책, III, 명제 18) 증명에 의하면, 인간은 사물의 이미지에 의해서

영향을 받으며, 그것이 존재하지 않는다 해도 그것을 현재의 것처럼 여긴다고 한다.
40) "사랑에 빠진 사람은 필연적으로 사랑의 대상을 바로 눈앞에 두고 싶어한다."(같은 책, III, 명제 13의 주석)
41) 같은 책, III, 명제 13의 주석.
42) 같은 책, V, 명제 41.
43) 같은 책, 명제 10의 주석.
44) 같은 책, 같은 곳.
45) 같은 책, 같은 곳.
46) 같은 책, IV, 명제 37의 주석 1과 명제 41. 대부분의 번역가들이 pietas를 도덕성으로 번역한다. 그것은 스피노자가 명제에 부여한 정의(이 정의는 종교나 그 어떤 신앙적 감정과도 아무런 연관이 없는 것이다)와 일치하는 것으로서, 인간과 관련된 동시에(이 경우 그것은 문자 그대로 도덕성이다) 신과 관련된다(이 경우의 그것은 신앙심이다).
47) 같은 책, 서문 명제 50, 58의 주석 ; V, 명제 10의 주석, 명제 41의 주석과 증명, 스피노자와 니체의 관계에 대해서는 『예루살렘의 마리아』에 실린 저자의 논문 「니체와 스피노자」(부렐 & 르 리데 감수, 세르, 1991) ; 『스피노자의 도덕』 중 p. 45의 설명 참조(실뱅 자크, PUF, 1972).
48) 『에티카』, III, 서문과 IV, 명제 18과 그것의 주석.
49) 네그리의 『야만성이 가지는 변칙, 스피노자에게서의 힘과 권력』, p. 262 참조(PUF, 1982).
50) 『에티카』, IV, 명제 50, 73의 주석.
51) 흄, 『도덕 원리 탐구』, III, 1, p. 87 ; 이 책 제6장 참조.
52) 같은 책, V, 2 ; 『에티카』, III, 명제 27과 그것의 주석(스피노자에게서의 이런 종류의 모방적 기능에 대해서는 저자의 『절망과 지복에 대한 연구』, 제2권, 제4장, pp. 102-109 참조) ; 프로이트, 『문명 속의 불안』.


## 8. 연민

1) 셸러, 『공감의 본질과 형식』, I, 1(페요, 1950, p. 17).
2) 같은 책, p. 18.
3) 같은 책, I, 9, p. 205 이하 참조.
4) 같은 책, I, 1, p. 17.
5) 『일반 철학 백과사전』(p. 2848), II, 2, 항목 '연민' 참조. 그리고 삽입된 부분은 W. 라훌라의 『붓다의 가르침과 팔정도』(쇠유, 논점-지혜 총서, 1978년 재판) pp. 69-70, 104와 L. 실번, 『불교』(색인으로 지시되어 있는 '동정심'에 대한 많은 참고 지시들) 참조(파야르, 1977).
6) 예를 들면, 디오게네스, 『철학자들의 삶과 사상』, 제7권, 제125장과 키케로, 『토스쿠롬 담론』, 제3권, 제10, 21장(플레야드 총서, 『스토아의 철학자들』, p. 850, 1149, 1193 참조). 그러나 연민은 스토아 철학자들이 이해하는 의미(악인들이나 무지한 사람들에 대한 증오나 분노의 부재)로 보면, 저자가 "자비"라고 부르는 것과 매우 유사하다(이 책 제9장, 마르쿠스 아우렐리우스의

연민에 대한 내용 참조 ; 그리고 P. 아도의 『안쪽 성채, 마르쿠스 아우렐리우스 사상 입문』, p. 240 참조[파야르, 1992]).
7) 『토스쿠롬 담론』, 제4권 제26장 (플레야드 총서, 『스토아 철학자들』, p. 350). 에피쿠로스 학파도 동일한 견해이다. "우리 서로 눈물을 통해서가 아닌 염려를 통해서 친구들과 공감합시다."(『바티칸의 판결』, 66, 뵐케 역 ; 그러나 콩슈는 다르게 해석한다. 즉 "탄식이 아닌 숙고로 우리의 친구들과 공감합시다.")
8) 스피노자, 『에티카』, IV, 명제 50(미스라이 역). 아쀤은 commiseratio를 commis ration으로 번역하고 있는데, 적절한 번역이다. 스피노자가 그것을 "타인의 손실을 아파하는 슬픔"(같은 책, III, 명제 27의 주석), "우리와 비슷한 타인에게 발생한 재난에 수반되는 슬픔"(같은 책, 감정에 대한 정의 18)이라고 정의하는데, 그렇다면 그것은 동정심(게리노, 미스하리, 포트라 등 대부분의 번역자들이 선택한 용어)으로 번역하는 것도 적절하며, 그 말의 의도에 매우 충실한 번역이다. 저자의 생각으로는, 그 말이 매우 일상적으로 사용되는 말일 뿐만 아니라, 스피노자에게 가장 본질적인 슬픔이라는 용어에 한층 더 합치되는 것 같다.
9) 같은 책, 같은 곳의 귀결.
10) 같은 책, III, 명제 22, 27의 주석.
11) 같은 책, IV, 명제 37, 46.
12) 같은 책, 명제 50의 주석 ; 그리고 어느 경우에도 놀랄 만큼 정확하고 명확한, 마트롱의 『스피노자 철학에서 개인과 공동체』, pp. 145-148과 특히 pp. 156-159 참조(미뉘, 1969).
13) 같은 책 ; 그리고 『스피노자의 도덕』, pp. 76-77(PUF, 1959, 1972 재판) ; 마지막으로 (회개에 관해서는) 마트롱의 『무지한 사람들의 구원과 예수』, pp. 111-113 참조.
14) 『에티카』, IV, 명제 58의 주석(거기에는 이렇게 쓰여 있다. "동정심과 마찬가지로 수치심도 미덕은 아니다. 그러나 그것은 좋은 것이다").
15) 같은 책, III, 감정에 관한 정의 35, 43.
16) 물론 니체의 주장과는 정반대이다. 예를 들면, 『도덕의 계보학』, I, 2 ; 그리고 L. 페리와 A. 르노가 감수하여 발표한 공저 『왜 우리는 니체주의자가 아닌가』에서 저자가 쓴 부분(특히 pp. 66-68) 참조(그라세, 1991) ; 니체와 스피노자의 관계(니체는 스피노자를 항상 선배로 여기기는 했지만, 또한 두려움과 원한에 휩쓸려 그를 적으로 여기기도 했다)에 관해서도 역시 D. 부렐과 J. 르 리데가 감수한 공저 『예루살렘의 마리아(니체와 유대교 ; 유대인 지식인들과 니체』에 실은 저자의 글 「니체와 스피노자」, pp. 47-66 참조(세르, 1991).
17) 1990년 10월 5일자 프로포, 『프로포』, I, p. 60(상반되는 설명을 제외하고는, 알랭에 대한 우리의 참고 사항은 플레야드 판의 네 권에 의거한다). 알랭과 스피노자의 관계에 관해서는, O. 블로크가 감수하여 발표한 공저 『20세기의 스피노자』 속의 저자의 글 「신과 우상(스피노자와 마주 선 알랭과 시몬 베유)」, pp. 13-39 참조(PUF, 1993).
18) 1910년 2월 3일자 프로포, 『프로포』, II, p. 161.
19) 1927년 11월 5일자 프로포, 『프로포』, I, p. 750.
20) 『스피노자의 도덕』 중 제5장의 제안을 다시 보자. 실뱅 자크는 세상 모든 사람들의 도덕적 (특히 그 도덕의 유대-기독교적 형태에) "가치를 스피노자는 결코 부인하지 않았다"고 정당하

게 지적하고 있다. pp. 116-117 참조.
21) 스피노자, 『신학정치론』, 제4장(p. 93).
22) 같은 책, 제14장 ; 그리고 『무지한 사람들의 구원과 예수』, 제2-3장 ; 『스피노자의 도덕』, 마지막 주석 참조.
23) 『에티카』, III, 감정 24의 정의. 라틴어 텍스트. Misericordia est Amor, quatenus hominem ita afficit, ut ex bono alterius gaudeat, et contra ut ex alterius malo contristetur.
24) 같은 책, 감정 18의 정의와 설명.
25) 같은 책, 감정 6, 감정 18, 감정 24의 정의.
26) 같은 책, 명제 21과 명제 22의 주석.
27) 같은 책, 감정 6의 정의.
28) 같은 책, 명제 27의 귀결 2.
29) 같은 책, 같은 곳, 귀결 3. "만일 어떤 대상이 우리의 연민을 불러일으킨다면, 우리는 할 수 있는 한 그의 불행을 덜어주려고 노력할 것이다." 모든 점에서 볼 때, 스피노자는 데카르트와 거리가 아주 멀지 않다. 『정념론』, III, 185-189 참조.
30) 장켈레비치, 『미덕론』, II, 6(pp. 168-169).
31) 예를 들면, 니체, 『안티크리스트』, 7절 참조. "기독교는 연민의 종교로 불린다. 연민은 생활 감각 에너지를 높이는 활력 보강의 감정과는 정반대의 것이다. 그것은 원기를 꺾는 효과가 있다.……그것은 무르익었다가 시들게 하는 것을 그 안에 가지고 있으며, 인생의 낙오자들과 죄인들을 옹호하고자 무장하면서도 인생에 불길하면서도 애매한 양상을 부여한다. 그런데도 연민은 미덕이라고까지도 불린다(아리스토텔레스의 도덕적 입장에서 보면 연민은 오히려 허약함이다)" ; 그리고 니체, 『선과 악을 넘어서』, 260절 ; 『권력에의 의지』, III, 227 참조(비앙키스 역, 갈리마르, 1937, 제2권, p. 80).
32) 보브나그르, 『인간 정신의 인식 서설』, 반성록과 잠언집, 82(가르니에 플라마리옹, 1981, p. 189).
33) 쇼펜하우어, 『도덕의 기초에 관하여』, 특히 제3, 4장, 16-19절과 22절. 그리고 『의지와 표상으로서의 세계』, 제4권 제67장.
34) 『에스프리』지에 발표된 저자의 글 「동물의 권리에 관하여」 참조.
35) 『제2의 구조주의 인류학』, 제2장, 특히 pp. 50-56(플롱, 1973).
36) 몽테뉴, 『수상록』, II, 11(I, 1, p. 8 참조). "나는 자비와 관용에 대해서는 잘 수긍이 가지 않는다. 반면 나는 연민에 마음이 쏠리는 것 같다." ; 레비-스트로스와 불교의 관계에 관해서는 『슬픈 열대』(플롱, 1955, pp. 471-480)를 그리고 레비-스트로스와 몽테뉴의 관계에 관해서는 『스라소니 이야기』 참조(플롱, 1991, 제18장, p. 227 이하).
37) 『도덕의 기초에 관하여』, III, 19(뷔르도 역, 오비에-몽테뉴, 1978, pp. 162-164). 『불평등 기원론』의 인용.
38) 같은 책, pp. 45-46 ; 『슬픈 열대』(제38장, pp. 451-454) 참조.
39) 루소, 『인간 불평등 기원론』, I, pp. 154-157(플레야드 판 전집 3권), 저자는 인용을 할 때 글을 현대 어법으로 바꿔놓았다.

40) 같은 책, p. 154(또는 pp. 155-156). 루소의 연민에 대해서는 『문자학』에서 자크 데리다가 행하는 훌륭한 분석 참조(미뉘, 1967, 2권, 3장, pp. 243-272).
41) 루소, 앞의 책, p. 156.
42) 같은 책, p. 155 ; 네덜란드 태생이지만 영국에서 살았던 작가 버나드 맨더빌(1670-1773)은 모든 도덕적 가치를 자존심과 자기애로 귀결시키는 파괴적 시각으로 인해서 스캔들을 일으켰던 『꿀벌의 우화』의 작가이다. 폴레트 카리브의 『버나드 맨더빌』 참조(브랭, 1980).
43) 아리스토텔레스, 『수사학』(p. 218), II, 8 1386b. 그렇기 때문에 연민은 (두려움과 더불어) 비극의 근원이다. 아리스토텔레스, 『시학』, 1449b 27-28, 1452a, 1453b 등 참조.
44) 같은 책, 1386a(번역본 p. 221 인용). 이런 견해는 특히 17-18세기에 절정에 달한다. 예를 들면 다음과 같은 글들이 그 점을 반증한다. 라 로슈푸코의 잠언 264 : "연민은 흔히 타인의 불행에서 느끼는 우리 자신의 불행에 대한 감정이다. 그것은 우리가 당할 수도 있는 불행에 대한 고도의 예감이며……." 샹포르의 『극 예술론』의 잠언 36 : "연민이란 우리가 당할 수도 있었을 타인의 불행을 보고, 우리 자신을 은밀히 되돌아보는 것일 뿐이다." 같은 견해를 보이는 라 브뤼예르도 연민의 한계를 매우 잘 파악하고 있는 듯하다. "만일 우리를 우리 자신에게로 되돌아가게 하고, 우리를 불행한 사람들의 위치에 서게 하는 것이 연민이라면, 불행한 사람들은 그런 우리에게서 많은 위안을 얻어야 할 텐데 왜 그러지 못할까"(『성격론』, '마음에 관하여', 48) 반면 보브나르그는 연민을 전적으로 부정한다. "연민은 단지 슬픔과 사랑이 뒤섞인 감정일 뿐이다. 사람들의 생각과는 달리, 우리는 우리 자신을 되돌아볼 필요가 없다. 아픔을 보고 연민을 느낄 수 있다면, 비참을 겪는다면 더할 것 아닌가? 정신에 직접적으로 영향을 미치는 사건들은 없는가? 새로운 것들은 오히려 우리의 반성을 방해하고, 따라서 우리의 영혼은 사심 없는 감정을 모른다."(『인간 정신의 인식 서설』, II, '연민에 대하여', p. 96과 p. 259 참조) ; 20세기의 알랭도 마찬가지의 거부감을 보인다. "연민을 느낀다는 말은 자신을 돌아본다는 말이고, 따라서 연민을 다른 사람의 입장에 서는 것이라고 말한다면, 그것은 대단히 잘못된 표현이다. 만약 그런 성찰이 가능하다고 해도, 그것은 연민 이후에야 이루어진다. 다른 사람의 고통을 보면 육체는 곧바로 거기에 대처하는데, 그것은 말하자면 이름도 없는 어떤 불안감이다. 인간은 자신에게 생기는 이런 마음의 변동을 마치 어떤 병의 징후처럼 스스로 알아차리며……"(1923년 2월 20일자 프로포, 플레야드 총서 『프로포』, I, p. 469 참조).
45) 아렌트, 『혁명에 관한 시론』, 제2장(불역본, 갈리마르, pp. 99-141 중 인용은 pp. 127-128).
46) 같은 책, p. 121.
47) 같은 책, p. 122.
48) 같은 책, pp. 121-122(여기에서 아렌트는 도스토예프스키의 '대심판관'[『카라마조프의 형제들』]에서 '종교 재판관의 웅변적인 동정'과 '예수 그리스도의 말없는 연민'을 대립시킨다).
49) 루크레티우스, 『사물의 본성에 관하여』, II, 1-19.
50) 이는 특히 (그것도 대단히 수준 높은!) 데카르트에 해당한다. 『정념론』, 187 참조.
51) 『에티카』, IV, 부록, 제17장 ; 마트롱, 『스피노자 철학에서 개인과 공동체』 p. 157 참조.
52) 같은 책, III, 감정 35의 정의. "호의는 우리가 연민을 느끼는 사람에게 선의를 베풀려는 욕망이다."

53) 칸트, 『미덕론』, 34-35절(pp. 134-135).
54) 같은 책, 35절. "비록 타인의 고통이나 심지어 기쁨을 함께 나눌 의무는 없다고 하더라도, 그래도 그들의 운명에 능동적으로 참여하는 것은 우리의 의무이며, 그래서 결국은 공감의 자연스러운 (미학적) 느낌을 우리 마음속에 개발하는 것은 하나의 간접적인 의무이다.……또한 필수품이 부족한 불행한 사람들이 있는 곳을 피하지 않고 그곳을 찾는 것은 하나의 의무이며, 또 고통을 모면하려고 병원이나 감옥 등을 피해서는 안 된다. 어찌 그런 공감을 외면할 수 있겠는가? 공감은 의무만으로는 안 되는 어떤 것을 이루기 위해서 태생적으로 우리 마음속에 뿌리내린 감정이다."
55) 스피노자조차 그런 최후의 결합은 모순적인 것이 아니라고 한다. 『에티카』, III, 37번 명제와 예증("슬픔이 크면 클수록 그 슬픔에서 벗어나려고 하는 인간의 행동력도 더욱 커진다"). 로랑 보브, 『철학 교육』, 5호 중 「스피노자와 저항의 문제」, 1993년 5-6월, p. 3 이하 참조.
56) 성 아우구스티누스의 아름다운 이 표현은 복음서의 정신을 잘 요약하고 있다.(『요한의 첫째 편지의 주석』, VII, 8장[아가에스 역, 세르, '기독교의 근원' 총서, 1961, pp. 328-329])

## 9. 자비

1) 『모뤼스에게 보내는 편지』 중 1649년 2월 5일자(알키에 출판사, 제3권, pp. 881-882) ; 아리스토텔레스의 생각도 같다(『니코마코스 윤리학』[트리코 역], VI, 1139b 6-11, p. 279).
2) 이 책의 제3장 p. 49와 각주 22.
3) J. 코렐뤼스, 『스피노자의 생애』(플레야드 총서, p. 1510).
4) 「요한의 복음서」, 8 : 1-11.
5) 라 로슈푸코, 『잠언과 성찰』, 330.
6) 1944년 2월, 나치의 사형 집행반 앞에서 총살당하기 전 '붉은 벽보물'의 23명의 단원 중 한 사람이 한 말이다. 그것을 아라공이 「추억을 위한 노래」(1955년에 쓰인, 성실과 자비의 시)에서 시적으로 재구성했다(그러나 여기에서는 총살당한 사람들의 편지에 의거하고 있다). (『미완의 소설』, pp. 227-228[갈리마르, 1956, 재판 1975]).
7) 『담화』, I, 18(9)(플레야드 총서, 『스토아 철학자들』), p. 850 ; 같은 책, I, 28, 29, p. 871 ; II, 22, 36, p. 948.
8) 파스칼, 『팡세』, VIII, 59(플레야드 총서, 『스토아 철학자들』, p. 1211) ; II, 13, p. 1149 ; V, 28, p. 1176 ; V, 27, p. 1183 ; VII, 63, p. 1198, VIII, 17, pp. 1203-1204, IX, 42, pp. 1220-1221 ; XI, 18, pp. 1236-1238.
9) 「루가의 복음서」, 23 : 34(『예루살렘 상서』, 번역판, 세르, 1973).
10) 장켈레비치, 『용서』(오비에, 1967), pp. 98-99
11) 플라톤, 『프로타고라스』, 358c-d ; 『메논』, 77b ; 『티마이오스』, 86d-e ; 『법률』, V의 731/734b와 IX의 860d 등 참조. 이 유명한 주장은 일종의 그리스식 지혜로서, 특히 스토아 철학자들이 즐겨 사용하는 것이다.

12) 장켈레비치, 『미덕론』, III('순수와 악의') p. 167 ; 『용서』, 제2장 참조.
13) 스피노자, 『에티카』, III, 감정 7의 정의. "증오는 어떤 외적인 원인에 대한 생각이 수반하는 슬픔이다." 그리고 『정념론』, II, 140번 항목 참조.
14) 이와 같은 구별에 관해서는 칸트의 『이성의 한계 안에서의 종교』 I, 3, p. 58 참조(지블랭 역, 브랭, 1972).
15) 『용서』, p. 209.
16) 특히 『삶』, 제4장 가운데에서도 pp. 67-89와 142-149 참조 ; 그리고 『가치와 진리』에 수록된 저자의 글 「기계 영혼 혹은 육체란」(pp. 124-127) 참조.
17) 『에티카』, III, 명제 49의 증명과 주석 ; IV의 명제 50, 73에 대한 주석.
18) 스피노자, 『정치론』, I, 4(p. 12). 저자는 이 책과 어느 정도 거리를 유지한다.
19) 이 낱말에 대한 저자의 의미는 스피노자가 일반적으로 그 낱말에 부여한 의미는 아니다. 스피노자가 그 단어에 부여한 의미는 우리가 앞서 사용했던 연민(compassion)과 일치한다(이 책의 제8장 참조). 그렇지만 스피노자 역시, 저자가 그 낱말에 부여했던 의미로 긍휼(misericordia)을 사용하는 일이 있음(『신학정치론』, 제14장, p. 244 참조)을 주목하자. 또 어떤 경우 긍휼은 특히 복수(復讐)의 반대말로 사용된다. 『정치론』, I, 5(아쀤은 이 책에서 긍휼을 동정심[pitié]으로 번역하고 있다)과 『에티카』, IV, 부록 13장.
20) 『신학정치론』에서 인간 중심적 언어를 사용하는 그는 특히 그렇다(제14장, p. 244).
21) 『에티카』, I의 부록과 IV의 명제 64에 대한 증명과 귀결 ; 그리고 B. 루세의 『용서』에 관한 토론 보고서에 수록되어 있는 「용서의 철학적 가능성(스피노자, 칸트, 헤겔)」(M. 페렝 판, 보셍, 신학 논점 총서, 45호, 1987), pp. 188-189 참조.
22) 『블리엔베르크에게 보낸 편지』, 23(아쀤 역, 제4권, p. 220).
23) 그것에 대해서는 저자가 다른 책에서 이미 상세하게 다룬 바 있다. 『삶』, 4장, 특히 pp. 84-93 참조.
24) 『에티카』, IV, 명제 45와 귀결 1 ; 『신학정치론』, 제7장, pp. 144-145.
25) 『용서』, p. 92. 이 책은 주석에서 R. 미스라이의 『역사 앞에 선 유대인 의식 : 용서』(세계 유대인 회의, 1965, p. 286)와 스피노자의 『정치론』, 제1권,제 4장을 참조한다고 밝히고 있다(방금 앞 단락 도입부에서 저자가 인용한 이 책의 라틴어 부분을 아쀤은 "사람들의 행동을 조롱하거나 한탄하고 싫어하는 것이 아니라, 그 행동에 대해 진정한 인식을 하게 되는 것"으로 번역하고 있다).
26) 같은 책, p. 203.
27) 같은 책, p. 204 이하.
28) 장켈레비치, 『절대 가치』, pp. 14-15 참조.
29) 『용서』, pp. 204-205(특히 여기에서는 나치의 살인범들이 문제이다). 또한 『절대 가치』, p. 50 이하와 『미덕론』, 제3권, p. 172.
30) "모욕에 대해서 서로 증오하면서 복수하려는 사람은 분명히 불쌍한 사람이다. 그와 반대로, 증오를 사랑으로 이기려고 노력하는 사람, 즉 기쁨으로 싸우는 사람은……."(『에티카』, IV, 명제 46의 주석)

31) 같은 책, 명제 46의 증명과 주석 ; 부록 제13장과 제14장.
32) 「루가의 복음서」, 23 : 24 ; 「사도행전」, 7 : 60 ; 그리고 위고의 『레 미제라블』(1권 2, 12)에서 비엥 브뉘 대주교 참조.
33) 「마태오의 복음서」, 5 : 39과 10 : 34를 비교해보라.

## 10. 감사

1) 스피노자, 『에티카』, III, 감정에 대한 정의 6 참조. "사랑은 외적 원인에 수반되는 일종의 기쁨이다."
2) 이는 스피노자가 "인간이 자기 자신 또는 자신의 힘을 아는 데에서 얻는 기쁨"(『에티카』, III, 감정에 대한 정의 25)이라고 정의하는 "acquiescentia in se ipso"이다. 번역자들은 대체적으로 그것을 자기만족 정도로 번역한다. 이는 자기 자신에 대해서 스스로 감사의 마음을 가지는 것이다. 에피쿠로스는 자신 외에 다른 목적과 원인이 없는 영혼의 평온과 그 안에서 느끼는 기쁨이라고 말한다. 그래서 저자의 생각으로는 그것을 자신감으로 번역할 수도 있다고 본다. 그러나 자기애와는 구분해야 할 것이다. 자기애에 대해서는 『에티카』, IV, 명제 52의 증명과 주석 ; III, 명제 55의 주석 참조.
3) 같은 책, V, 명제 24 참조.
4) 니체, 『권력에의 의지』, IV, 462, 463, 464절 참조(비앙키스 역, 1937, 제2권, pp. 343-345).
5) 루소, 『인간 불평등 기원론』(플레야드 판, II, p. 182). "감사는 이행하는 의무이지, 강요할 수 있는 의무가 아니다."
6) 『에티카』, IV, 명제 71의 주석.
7) 같은 책, III, 감정 34의 정의(게리노 역, 파리 : 펠레탕, 1930. 이 번역서는 아뀐의 번역서만큼이나 훌륭할 뿐만 아니라, 때로는 더 정확한 데가 있다. 이 훌륭한 번역서는 1993년 이브레아 출판사에서 재판되었다). 그리고 같은 책, 명제 39와 명제 41, 명제 41의 주석(거기에는 "상호적 사랑"이라는 표현이 있다) 참조.
8) 칸트, 『미덕론』, '감사의 의무에 대하여', p. 132.
9) 『에티카』, III, 명제 41의 주석.
10) 같은 책, IV 명제 71의 주석.
11) 같은 책, 마지막 주석.
12) 같은 책, III, 명제 41의 주석. "그런 이유에서 인간들은 선행보다는 훨씬 더 많이 복수를 결심한다."
13) 라 로슈푸코, 『잠언과 성찰』, 228.
14) 브뤼에르, 『존재와 정신』, p. 60, 198 참조(PUF, 에피메테우스 총서, 1983).
15) 에피쿠로스, 『루킬리우스에게 보낸 편지』 중 세네카가 인용한 구절(15-9). 『바티칸의 판결』, 69("배은망덕한 영혼은 그 사람에게 삶의 변화에 갈증을 느끼게 한다")와 콩슈의 주석(『에피쿠로스의 서한과 잠언』, pp. 52-53[PUF, 1987])도 참조.

16) 『루킬리우스에게 보낸 편지』, 45-13.
17) 파스칼, 『팡세』, 47-172(라퓌마 판).
18) 에피쿠로스, 『메노이케우스에게 보내는 편지』, 122(콩슈 역). 우리와 마찬가지로 에피쿠로스에게도 감사는 현재를 목표로 한다. 비록 우리가 참조한 에피쿠로스의 텍스트에서 보면 감사가 주로 기억과 결부되어 있는 것처럼 보이지만, 그럼에도 불구하고 마찬가지이다. 왜냐하면 기억이라는 것도 결국 현재에 대한 현재의 기억이기 때문이다.
19) 『메노이케우스에게 보내는 편지』, 135.
20) 에피쿠로스, 『바티칸의 판결』 55. "애도"에 관해서는 잡지 『오트르망』 128호에 발표한 저자의 글 「산다는 것, 그것은 잃는 것이다」 참조.
21) 『에피쿠로스 반박』 28 ; 『에피쿠로스, 이론과 잠언』(솔로빈 역, 헤르만, 1965, p. 139).
22) 루소는 앞의 각주 5 참조 ; 칸트는 『미덕론』 32절(pp. 132-133).
23) 칸트, 『미덕론』 36절(pp. 136-137).
24) "대부분의 사람들"의 경우 감사는 "단지 더 큰 혜택을 받으려는 은밀한 욕망"에 불과하다 (『잠언과 성찰』 298 ; 223-226).
25) 같은 책, 564.
26) 『에티카』, IV, 명제 71의 주석(아퓐 역) ; 또한 명제 70의 증명과 주석 참조.
27) 장켈레비치, 『미덕론』, II-2, p. 250과 I, p. 112 이하 참조.
28) 『바티칸의 판결』, 52. 저자는 특히 『기욤-뷔데 제8차 학회 보고서』(레 벨 레트르, 1969, p. 232)에 장 볼락이 번역하여 수록한 내용을 재번역해서 실었다.

## 11. 겸손

1) 몽테뉴, 『수상록』, II-2, pp. 345-346.
2) 같은 책, p. 604 ; III-13, pp. 1115-1116(몽테뉴의 『수상록』 중 가장 긴 마지막 결론 부분이다. 몽테뉴의 결론은 즐거운 겸손을 다룬다).
3) 스피노자, 『에티카』, III, 감정에 대한 정의 26(여기에서도 나는 아퓐 번역본을 참조한다).
4) 같은 책, 명제 55(더불어 주석 참조).
5) 같은 책, IV, 명제 53.
6) 같은 책, 명제 54의 주석.
7) 같은 책, 같은 곳.
8) 같은 책, 명제 53의 증명. '미덕의 겸손'과 '악덕의 겸손' 사이의 차이에 대해서는 『정념론』, III, 155항과 159항 참조.
9) 아리스토텔레스, 『니코마코스 윤리학』, IV, 9.
10) 『에티카』, III, 감정에 관한 정의 29.
11) 같은 책, 감정에 관한 정의 28.
12) 스피노자의 이 말은 『마태오의 복음서』, 11 : 29("나는 마음이 온유하고 겸손하니")를 생각나

게 하기 때문이다.
13) "슬픔이 크면 그만큼 그 슬픔을 이겨내려는 인간의 의지도 커진다. 슬픔을 이기려는 저항이 그만큼 커지기 때문이다."(『에티카』, III, 명제 37의 증명) 일종의 '저항의 역동성'이 거기에 있다. 여기에 대해서는 『철학 교육』, 5-6월 호, 1993(5호 pp. 3-20) 참조.
14) 『에티카』, IV, 명제 52의 주석.
15) 칸트, 『미덕론』, 제1부 서문(pp. 92-93).
16) 같은 책, 제2부 제11장, p. 19.
17) 같은 책, 제12장, p. 111.
18) 같은 책, 같은 곳.
19) 같은 책, 같은 곳.
20) 같은 책, 같은 곳.
21) 같은 책, p. 110.
22) 같은 책, p. 111.
23) 『에티카』, III, 감정에 대한 정의 29 ; 같은 책, IV, 22장 ; 데카르트의 『정념론』 항목 159.
24) 니체, 『우상의 황혼』, 금언 31.
25) 『정념론』, III, 항목 155와 항목 157 ; 기독교적 전통의 겸손에 대해서는 잡지 『오트르망』의 '도덕 편' 8호에 실린 장-루이 크레티앵의 아름다운 글 참조.
26) 『에티카』, IV, 명제 58의 주석.
27) 니체, 『선과 악을 넘어서』(비앙키스 역, 10-18 총서, 1973), 금언 260.
28) 같은 책, 같은 곳.
29) 장켈레비치, 『미덕론』, II-1, 4장('겸손과 겸허', p. 286).
30) 같은 책, p. 285.
31) 『성서 어휘 사전』 중 '겸손', p. 555(세르, 1971).
32) 장켈레비치의 앞의 책, p. 287, 401.
33) 같은 책, p. 289.
34) 같은 책, pp. 308-309.


## 12. 단순

1) 실레시우스, 『천사의 순례』, p. 289. 이 이행시는 뮈니에가 2개 언어 대역 출판을 해냈다(파리 : 아르퓌엔, 1993, pp. 64-65). 그러나 저자는 프레오가 번역한 하이데거의 『이성의 원리』, 제5장에 수록된 이행시 — 저자의 생각으로는 아주 훌륭한 번역이다 — 를 인용했다(갈리마르, 텔 총서, 1983, p. 103).
2) 『괴테의 지혜』(리히텐베르거 역, 라 르네상스 뒤 리브르, 1930).
3) 『철학자와 마술사』(미뉘, 1985), p. 52 ; 『현실과 그 표리』(갈리마르, 1976).
4) 빌레르가 감수하여 출판한 기념비적인 작품 『금욕주의적 신비주의 영성 사전』, '소박성' 항목,

p. 921 참조(파리 : 보셴, 1990).
5) 보뱅, 『세상과 거리 두기』, p. 12(레트르 비브, 1993).
6) 몽테뉴, 『수상록』, I, 제26장, p. 169. 다음 내용을 참조하는 것도 좋다. "내가 좋아하는 말투는 입에서 나오는 그대로 종이 위에 옮겨진 소박하고 순진한 말투이며, 풍부하면서도 힘차고 짧으면서도 빈틈없고 또 까다롭지 않으면서 잘 다듬어진 격렬하고 거친 말투이며······."(같은 책, p. 171)
7) 같은 책, p. 172.
8) 데카르트, 『방법서설』, 제4권, AT, 70-71(알키에 판, p. 642).
9) 페늘롱, 『재치 있는 편지들』, 제26권, '소박에 관하여'(플레야드 총서, 제1권, 1983, p. 677).
10) 같은 책, p. 683.
11) 같은 책, p. 677.
12) 같은 책, p. 677, 679.
13) 같은 책, p. 686.
14) 장켈레비치, 『미덕론』, 3권('순수와 악의'), p. 404 이하.
15) 『장엄과 성찰』, 잠언 289.
16) 『마태오의 복음서』, 4 : 26-28(또는 『루가의 복음서』, 12 : 22-27 참조).
17) 『세상과 거리 두기』, p. 37.
18) 『마태오의 복음서』, 6 : 34.
19) 보뱅, 『무의 예찬』, p. 15(파타 모르가나, 1990).


## 13. 관용

1) 이 말은 다윈의 진화론이 진리라는 말은 아니다. 다만 그 이론이 거짓이라고 하더라도 증명이 불가능하다는 것을 의미한다(여기에 대해서는 칼 포퍼의 『과학적 발견의 논리』 참조[불역, 페요, 1973]). 또한 이 말은 다윈의 진화론이 전적으로 과학적이라는 의미가 아니라(역시 칼 포퍼의 『미완의 탐색』, 제37장 참조[불역, 프레스 포케트, 1989]), 이론의 일부분이 일반적 견해 또는 관용을 벗어나고 있음을 의미한다.
2) 라 로슈푸코, 『잠언과 성찰』, 잠언 19.
3) 장켈레비치, 『미덕론』, II-2, p. 92.
4) 포퍼, 『열린사회와 그 적들』, 제1권 제7장 주석 4(불역, 쇠유, 1979, p. 222).
5) 롤스, 『정의론』, II-4, 35절, p. 256.
6) 장켈레비치, 『미덕론』, p. 93.
7) 같은 책, p. 222. 그리고 『정의론』 중에서 특히 pp. 254-256 참조.
8) 장켈레비치, 『미덕론』, p. 93 참조.
9) 몽테스키외, 『법의 정신』, 제3권 제1-9장 ; 한나 아렌트, 『전체주의의 기원』(불역, 쇠유, 정치 쟁점 총서, 1972), 제3권 '전체주의의 체제' 중 제4장('이데올로기와 공포 : 새로운 유형의 체제'),

p. 203 이하 참조. 스탈린주의의 특수한 경우에 관해서는 『이카로스 신화』, 제2장 참조.
10) 알랭, 『정의』 중 p. 1095의 '관용에 관한 정의.'
11) 『전체주의의 기원』, p. 224.
12) 이 모든 것에 대해서는 『가치와 진리(견유학과 연구)』 참조.
13) 몽테뉴, 『수상록』, III-11, p. 1032 ; 벨, 『관용에 대하여(예수의 말씀에 관한 철학적 해설 '그들을 들어오게 하라')』, p. 189(그로스, 1992) ; 볼테르, 『철학 사전』, '관용' 항목, pp. 362-363(포모 판, 갈리마르 플라마리옹, 1964). 볼테르의 『관용론』, 특히 제21, 22, 25장, p. 132 이하 참조(포모 판, 갈리마르 플라마리옹, 1989), 칼 포퍼의 『추측과 반박』(불역, 페요, 1985), pp. 36-37도 참조.
14) 『철학 사전』, p. 368 ; 18세기 관용의 개념에 대해서는 카시러의 『계몽주의 철학』, 제4권, 제2장 pp. 223-247 참조(불역, 페야르, 1986).
15) 스피노자, 『신학정치론』(특히 제20장) ; 로크, 『관용에 관한 편지』(최근 이 책은 스피츠가 쓴 장문의 서문과 함께 갈리마르 플라마리옹 사에서 재판되었다[1992]).
16) 『신학정치론』, 제20장, p. 332.
17) 같은 책, p. 336.
18) 『진리의 빛』(불역, 플롱, 1993, p. 95), 요한 바오로 2세의 교서.
19) 같은 교서, p. 4, 133, 156, 163, 172 참조.
20) 같은 교서, p. 150.
21) 같은 교서, p. 146, 149. p. 157, 170, 180도 참조.
22) 같은 교서, 특히 35-37절(자율에 대하여)과 53절(문학적, 역사적 상대론에 대하여) 참조.
23) 같은 교서, 29절, 37절, 109-117절.
24) 같은 교서, p. 172.
25) 같은 교서, p. 180.
26) 같은 교서, p. 157. pp. 152-153도 참조.
27) 같은 교서, pp. 109-112.
28) 같은 교서, p. 182.
29) 콩도르세, 『인간 정신의 진보에 관한 역사적 개요』, 8장, p. 129(브랭, 1970).
30) 인용은 랄랑드의 『철학 어휘 사전』 중 '관용'의 항목에서 발췌한 것이다(PUF, 1968, pp. 1133-1136) ; 장켈레비치의 『미덕론』, p. 86에서도 동일한 유형의 혼란을 예시하고 있다.
31) 장켈레비치, 『미덕론』, p. 86, 94.
32) 랄랑드의 『철학 어휘 사전』, p. 1134 참조(장켈레비치의 『미덕론』 p. 87을 참조해보면 장켈레비치도 같은 견해임을 알 수 있다).
33) 『미덕론』, pp. 101-102.
34) 같은 책, 제1장, p. 15 이하 참조. 저자가 '예의'에 대해서 이야기하면서 사용한 "작은 미덕"이라는 표현은 장켈레비치가 '관용'에 대해서 말하면서 사용한 표현이다(p. 86 참조).

## 14. 순수

1) 성 아우구스티누스, 『참회록』, XI-14.
2) 루크레티우스, 『사물의 본성에 관하여』, IV, 1075, 1081.
3) 베유, 『중력과 은총』(10-18 총서, 1979), p. 69.
4) 니체, 『차라투스트라는 이렇게 말했다』, I.
5) 『중력과 은총』, p. 71.
6) 같은 책, 같은 곳.
7) 칸트, 『순수 이성과 종교』, 1부, 일반 주석, p. 68(지블랭 역, 브랭, 1972).
8) 같은 책, pp. 56-57, 68-69 ; 『도덕형이상학의 기초』의 여러 페이지.
9) 스피노자, 『에티카』, III, 감정에 관한 정의 6. "사랑은 외적인 원인이 가져다주는 기쁨이다." 오직 타인을 소유하는 데에서만 기쁨을 느끼는 사람은 결국 타인을 사랑하지 않는 것이다. 그는 오직 타인을 소유하려고만 할 뿐이며(그는 타인이 존재한다고 생각하는 데에서 기쁨을 느끼는 것이 아니라, 타인이 그에게 소속된다고 생각하는 데에서 기쁨을 느낀다), 그래서 단지 타인을 소유할 때에만 기뻐하는 그는 결국 자기 자신만을 좋아할 뿐이다. 물론 그렇다고 이 말이 성적 욕망 그 자체를 비난하는 것은 아니다. 이 점에 관해서는 알렉상드르 마트롱이 훌륭하게 정리한 책 『18세기 인류학과 정치학』의 「스피노자와 성적 욕망」이라는 글을 참조하라(파리 : 브랭, 1986, pp. 201-230).
10) 에로스, 필리아, 아가페에 관해서는 이 책의 제18장을 참조하라. 이 세 그리스어는 사랑을 의미하는 각기 다른 말이다. 즉 에로스는 결핍 혹은 사랑의 정열을 의미하며, 필리아는 우정을, 아가페(이것은 라틴어로는 카리타스[caritas], 프랑스어로는 샤리테[charité]로 옮길 수 있다)는 이웃에 대한 값없는 사랑을 의미한다.
11) De diligendo Deo, XIV, 28절의 재인용. 장켈레비치, 『미덕론』, II-2, 6장, p. 230.
12) 인용은 『재치 있는 편지들』, XXII, '순수한 사랑에 관하여', pp. 656-671에서 발췌한 것이다(페늘롱, 플레야드 전집 1권, 파리 : 갈리마르, 1983).
13) 『사물의 본성에 관하여』, IV-1058. 에피쿠로스 학파의 철학자들이 보기에는 쾌락이 고통, 실망, 고뇌와 섞이지 않는다면 그 쾌락도 순수한 것이다. 정념은 그것들을 금한다.
14) 같은 책, 1071.
15) 이 표현은 몽테뉴의 표현이다(『수상록』, III-5, p. 849). 그러나 루크레티우스는 그 표현을 인정하지 않는다(『사물의 본성에 관하여』, IV, 1278 이하 참조). 또 몽테뉴의 "남편의 우정"이라는 표현(III-9, 975)도 에피쿠로스 철학자들은 달가워하지 않는다.
16) 『에티카』, III, 명제 35에 대한 증명과 주석.
17) 플라톤, 『파이드로스』, 소크라테스의 첫 번째 담론, 237a-241d.
18) 『중력과 은총』, p. 71.
19) 같은 책, pp. 71-72.
20) 같은 책, p. 124.
21) 사도 바울, 『로마인들에게 보낸 편지』, 14 : 14.

22) 사도 바울, 「디도에게 보낸 편지」, 1 : 15.
23) 『중력과 은총』, p. 124.
24) 페늘롱의 앞의 책, p. 672.
25) 같은 책, p. 662.
26) 같은 책, p. 663.
27) 시몬 베유에게서도 찾아볼 수 있는 이 사상은 나머지 많은 사상들을 요약해주고 있다. 『시몬 베유 연구』(1983년 9월) 4호에 발표된 에메 포레의 글 「시몬 베유와 정화의 개념」과 조르주 샤로의 글 「시몬 베유, 순수와 사랑의 만남」 참조 ; 그리고 『신을 기다리며』, p. 40 참조(페야르, 1966, 생활의 양서 총서, 1977).
28) 『에티카』, V, 명제 42.

## 15. 유순

1) 디드로, 『팔코네에게 보낸 편지』(1767년 7월)를 샤를 기요가 『디드로 자신』에서 인용(쇠유, 1957, p. 37).
2) 이것은 츠베탄 토도로프가 수용소의 경험을 바탕으로 도덕에 관해서 숙고하면서 깨달은 것이다(『극단의 앞에서』, pp. 328-330[쇠유, 1991]).
3) 같은 책, p. 329.
4) 힐레섬, 『전복된 삶(일기 1941-1943)』, pp. 185-186(불역, 쇠유, 1985).
5) 이는 카뮈가 자신의 어머니를 회상하면서 한 말, "그의 어머니는 그리스도이다"와 놀랍게 일치한다(『최초의 인간』, p. 154와 p. 283[갈리마르, 1944]).
6) 『극단의 앞에서』, p. 330 참조. 토도로프는 덧붙여 말한다. "내가 말하는 부부란 두 남자로 혹은 두 여자로 구성될 수도 있으며, 따라서 부부는 남자와 여자로만 구성되어야 한다고 보지는 않는다." 물론 인류는 생식기관을 가지고 있으며, 남성과 여성으로 구분된다. 그러나 성의 차이가 어떤 특별한 성적 태도를 강요할 수는 없다.
7) 레비-스트로스, 『슬픈 열대』, p. 473(플롱, 1973).
8) 우리 시대의 중요한 정신적 지도자 중 하나인 스바미 프라즈난파드(1891-1974)에 대해서는 프라카슈의 『일체의 체험』(불역, 파리 : 로리지넬, 1986) ; 그의 서한집 제2권 「열린 눈」에 붙인 저자의 서문 「바라보는 기술」과 「수동성에 관하여」(로리지넬, 1989, pp. 177-179) ; 풍부하면서도 정확한 설명을 원한다면 루마노프의 『스바미 프라즈난파드』와 아르노 데자르댕의 책들을 참조하기 바란다.
9) 베유, 『신을 기다리며』, pp. 126-132(페야르, 1977) ; 『중력과 은총』의 여러 페이지 참조.
10) 스피노자, 『에티카』, IV, 명제 37의 주석 1.
11) 몽테뉴, 『수상록』, II-11, p. 435.
12) 『인간 불평등 기원론』, I(p. 156). 장 스타로빈스키가 주석에서 지적했듯이, 「마태오의 복음서」, 7 : 12과 「루가의 복음서」, 6 : 31은 시사적이다.

13) 루소, 같은 책 참조. 루소에 의하면 이 금언은 연민에서 착상을 얻은 것이다. 그러나 이 금언과 연민이 완전히 뒤섞일 수는 없을 것 같다. 연민은 다른 사람의 고통을 전제한다. 따라서 유순은 연민을 앞질러 오지만, 그럼에도 불구하고 유순은 연민을 피한다. 그래서 유순은 대상 없는 연민, 고통을 벗어난 연민이다.
14) 자클린 드 로미이의 대단히 학술적인 훌륭한 저서 『그리스 사상에 나타난 온화함』 참조(파리 : 레 벨 레트르, 1979).
15) 같은 책, p. 38.
16) 같은 책, p. 1.
17) 플라톤은 유순보다는 정의와 인식을 좋아했다. 그럼에도 불구하고 아리스토텔레스는 유순의 손을 들어주었다. 거기에 대해서는 여러 가지 차이를 고려한 로미이의 풍부한 분석(로미이의 앞의 책, p. 176 이하) 참조. 에피쿠로스는 여느 때와 마찬가지로 아리스토텔레스의 편에 선다. '에피쿠로스의 전설적인 유순'에 대해서는 뵐케의 『아리스토텔레스에서 파네티우스에 이르는 그리스 철학자들이 말하는 타인과의 관계』(브랭, 1961, pp. 98-101)와 『바티칸의 판결』 36(에르마르크에게 내린 판결) 참조.
18) 아리스토텔레스, 『행복론』, II-3, 1220b 35 이하. III-3, 1231b 5-27(pp. 89-90, 131-132) ; 『니코마코스 윤리학』, IV-11, 1125b 26-1126 b 9(트리코 역, pp. 196-199) ; 로미이의 앞의 책 pp. 189-196 참조.
19) 로미이의 앞의 책 p. 195 ; 『니코마코스 윤리학』, IV-11, 1125b 31-1126a 2.
20) 『니코마코스 윤리학』, IV-11, 1125b 32-34.
21) 같은 책, 1126a 7-8.
22) 물론 이는 복음서의 가르침—따르기에는 너무 극단적인—과는 반대이다. "'눈은 눈으로, 이는 이로' 하신 말씀을 너희는 들었다. 그러나 나는 이렇게 말한다. 앙갚음하지 마라. 누가 오른뺨을 치거든 왼뺨마저 돌려 대고 또 재판에 걸어 속옷을 가지려고 하거든 겉옷까지도 내주어라."(『마태오의 복음서』, 5 : 38-40)
23) 『중력과 은총』 중 '폭력' p. 90 참조.
24) 같은 책, p. 90.
25) 같은 책, p. 91.
26) 콩슈, 『도덕의 원리』, 29, 30장, pp. 124-130(메가레, 1982). 중요한 것은 사형을 없애는 것이 아니라, 불행을 방지하는 것이다. 사형 제도를 비록 폐지한다고 하더라도 뉘른베르크의 재판관들이 다시 나타나서 부활시킬 수도 있는 것이다.
27) 『중력과 은총』, p. 91.
28) 『마태오의 복음서』, 5 : 4.

## 16. 정직

1) 진리라는 의미를 가지는 그리스어 alètheia와, 신을 대상으로 하는 기독교적 전통에서의 믿음

인 신학 삼덕(믿음, 소망, 사랑)—향주덕(向主德)이라고도 한다—을 뜻하는 프랑스어 vertu théologale에서 따온 조어이다.
2) 이는 몽테뉴의 『수상록』 첫 단락 첫 문장이다(p. 3 참조).
3) 라 로슈푸코, 『잠언과 성찰』 중 '성찰' 5(신뢰에 대하여, 리브르 드 포슈, 1965, p. 141).
4) 『잠언과 성찰』 62.
5) 『수상록』, II-17, p. 647.
6) 같은 책, 같은 곳.
7) 같은 책, pp. 647-648.
8) 같은 책, p. 648.
9) 아리스토텔레스, 『니코마코스 윤리학』, IV-13, 1127a 13-1127b 32(트리코 역, pp. 202-206).
10) 같은 책, II-7, 1108a 19-22(p. 111) ; 『행복론』, III-7, 1233b 38-1234a 4(p. 141) 참조.
11) 『행복론』, IV-13, 제4권, 제13장, 1127a 23-25(p. 203).
12) 같은 책, 1127a 29-30(p. 203).
13) 같은 책, 1127b 22-32(pp. 205-206)
14) 악한 사람의 이기주의와는 다른 유덕한 사람의 자기애에 관해서는 『니코마코스 윤리학』, IX-4(1166 a-1166 b, pp. 441-447)과 8(1168 a, pp. 455-460) 참조.
15) 『니코마코스 윤리학』, IV-8, 28-30(p. 192). 고결, 즉 영혼의 위대함은 현대 윤리학 용어집에서 거의 사라졌다. 다만 너무 구닥다리 냄새가 나지 않는 예를 들면, 다음과 같은 예를 들 수는 있다. 즉 『삼총사』(또는 『20년 후』와 『10년 후 또는 브라즐론 자작』)에서 볼 수 있는 아토스의 미덕은 아량이고, 달타냥의 미덕은 신중이고, 아라미스의 미덕은 예외이며, 마지막으로 포르토스의 미덕은 용기라고 할 수 있다.
16) 『니코마코스 윤리학』, IV-7, 1123b 15-1124a 19(pp. 187-190) 참조.
17) 스피노자, 『에티카』, IV, 명제 72.
18) 같은 책, 명제 72의 예증.
19) 같은 책, 명제 72의 주석.
20) 같은 책, III, 감정에 관한 정의 1.
21) 같은 책, IV, 명제 2-4(특히 4번 명제의 귀결).
22) 같은 책, 명제 72의 증명.
23) 스피노자, 『정치론』, II-12.
24) 『에티카』, III, 명제 9의 주석.
25) 같은 책, I, 감정에 관한 정의 1과 설명.
26) 저자는 스피노자의 '미세리코르디아(misericordia)'를 '연민'으로 번역하고 있다. 같은 책, 감정에 관한 정의 24와 이 책의 제8장 참조.
27) 스피노자, 『신학정치론』, 제14장.
28) 『에티카』, IV 명제 20의 증명과 주석 참조.
29) 같은 책, 명제 66의 증명과 귀결 및 주석.
30) 칸트, 『미덕론』, I, 제1권 제2부 9절, pp. 103-106 ; 칸트, 『인류애라는 미명과 거짓말할 권리』,

pp. 67-73(길레르미트 역, 브랭, 1980).
31) 길레르미트가 번역한 칸트의 앞의 책, p. 71-73.
32) 칸트의 재인용. 길레르미트가 번역한 칸트의 앞의 책, p. 67.
33) 같은 책, pp. 67-71. 『미덕론』, 9절, pp. 103-104도 참조.
34) 칸트, 『미덕론』, 9절, p. 104.
35) 장켈레비치, 『미덕론』, II-1, 3장 '진실성', p. 283.
36) 같은 책, pp. 249-250.
37) 같은 책, 같은 곳.
38) 같은 책, p. 249.
39) 같은 책, p. 251.
40) 사르트르, 『존재와 무』, I, 제2장(갈리마르, 1969, pp. 85-111). 특히, 철학 프로필 총서로 출간된 『사르트르, 부정직』에 수록된 마르크 베첼의 훌륭한 글을 주의 깊게 읽기 바란다(아티에, 1985).
41) 『존재와 무』, p. 111.
42) 같은 책, 주석 1.
43) 파스칼, 『팡세』, 926-582를 생각나게 한다.
44) 『에티카』, V, 명제 32에 대한 필연적 귀결.
45) 같은 책, 명제 24.
46) 프로이트가 퍼트넘에게 보낸 1914년 3월 30일자 편지. 미졸라는 『프로이트의 말들』에 그것을 그대로 인용해놓고 있다(아세트, 1982, pp. 147-148).
47) 『프로이트의 말들』, p. 177. '끝난 분석과 끝나지 않은 분석'
48) 알랭, 『정의』 중 '정신에 관한 정의'(p. 1056).
49) 『에티카』, III, 명제 9와 39의 주석.

## 17. 유머

1) 장켈레비치, 『미덕론』, II-1, 제4장('겸손과 겸양'), p. 338.
2) 이 책의 제16장 각주 48 참조.
3) 몽테뉴, 『수상록』(그는 여기에서 쥐베날을 참조하고 있다), I-50, p. 303 ; 빌레의 주석 2(p. 1261) 참조.
4) 같은 책, 같은 곳.
5) 같은 책, pp. 303-304.
6) 같은 책, p. 304.
7) 스피노자, 『정치론』, I-4. "비웃지 말라, 울지 말라, 증오하지 말라, 다만 이해하라." 스피노자의 『에티카』에서는 웃음과 농담이 오히려 "순수한 기쁨"으로 설명되었다. 그러나 그때의 웃음은 야유와는 명백히 구분되는 웃음이다(『에티카』, IV, 명제 45의 주석 ; 『신학정치론』, II, 제11

장, 1-2절 참조, 플레야드 총서, pp. 116-117).
8) 키르케고르, 『철학적 단편에 대한 비학술적 추신』, VII-493(티소 역, 『전집』, XI, 1977) ; 유머와 야유에 관해서는 저자의 저서 『삶』, 제5장, pp. 193-198 참조.
9) 릴케, 『젊은 시인에게 보내는 편지』(『전집』, 제1권, 불역판, p. 320, 1966).
10) 『철학적 단편에 대한 비학술적 추신』, VII-544(p. 235) ; p. 234의 각주도 참조.
11) 테오도르 리프스의 재인용 : 루이지 피란델로, 『유머와 에세이』(불역, 미셸 드 몰, 1988, p. 31).
12) 피란델로의 앞의 책, 특히 p. 13과 비교. "수사적 문체로서의 아이러니는 진정한 유머와는 완전히 대립적이다. 아이러니는 말과 의도 사이의 모순, 허구적인 모순을 드러낸다. 반대로 유머는 결코 허구적이지 않으며, 오히려 본질을……."
13) 『가치와 진리』 중 '우디 앨런의 환상, 진실, 미끼로 쓰는 새', p. 16(PUF, 1994).
14) 『정치론』, I-4.
15) 프로이트, 『정신과 무의식과의 관계』의 부록 '유머', p. 402(불역, 갈리마르, "이데 총서", 1981).
16) 같은 책, p. 405, 408 참조.
17) 같은 책, p. 402.
18) 같은 책, pp. 402-403.
19) 같은 책, p. 408.
20) 같은 책, p. 403.
21) 이것은 프로이트가 든 예이다. 앞의 책, p. 385, 399.
22) 같은 책, p. 402.
23) 같은 책, 같은 곳.
24) 보뱅, 『세상과 거리 두기』, pp. 50-51(파리:레트르 비브르, 1993).
25) 잡지 『미학』, 1969, t. 22, pp. 37-54(인용은 pp. 51-52). 유머러스한 언어의 구조에 관한 노게즈의 글이 실려 있다. 또한 에스카르피, 『유머』(크세즈 문고, PUF, 1972, pp. 114-117) ; 장켈레비치의 『아이러니』, 제3장, 4절 참조(샹 플라마리옹, 1991, pp. 171-172). 장켈레비치가 지적하고 있듯이 "일반적으로 '유머'라는 낱말은 아이러니에는 없는 친절과 애정의 뉘앙스가 있다. 아이러니는 관용을 배제하며, 그 대신에 악의와 신랄함이 그 자리를 차지한다. 아이러니는 가시를 가지고 있으며, 경멸적이고, 공격적이다. 반대로 유머는 호의적이며, 호감을 전제한다. 유머야말로 비난도 야유도 아닌, '이성의 웃음'이다. 아이러니는 염세적이며, 인간들에 대해서 논전의 태도를 유지하는 반면, 유머는 웃음의 대상에 연민을 보낸다. 즉 유머는 조소의 대상과 은밀한 공모관계에 있다." 장켈레비치는 유머와 아이러니를 때로 혼동하는 것 같기도 하지만, 그래도 둘은 서로 다르다. 그 점은 피란델로가 그의 책에서 강조하는 점이기도 하다(피란델로의 앞의 책, p. 15). "비록 아이러니가 유익한 목적에 사용된다고 해도, 아이러니는 빈정거림과 비꼼의 의미를 못 벗어난다. 유머 작가들도 빈정거리거나 비꼴 수 있지만, 그럼에도 유머의 목적은 빈정거림이나 비꼼에 있지 않다."
26) 『철학적 단편에 대한 비학술적 추신』, VII-544, p. 235.
27) 프로이트의 재인용. 미졸라 『프로이트의 말들』 중 '마리 보나파르트에게 보낸 1937년 8월 13일자 편지', (아셰트, 1982, p. 235). 우디 앨런의 인용들은 그의 『작업』, 1, 2에서 차용한 것이다

(불역, 쇠유, 푸앵 비르걸 총서, 1986).
28) 같은 책, 같은 곳.
29) 같은 책, VII-279(티소 역, p. 272).
30) 같은 책, VII, 544-546.
31) 같은 책, VII, 492.
32) 같은 책, VII-278.
33) 같은 책, VII, 490-512.

## 18. 사랑

1) 칸트, 『순수 이성 비판』 중 '순수 실천 이성의 원동력'에 관한 부분(피카베 역, PUF, 1971, p. 87)과 『미덕론』, 서문, VII-c, '남자들의 사랑에 대하여'(pp. 73-74) 참조. "사랑은 감정의 일이지, 의지의 일이 아니다. 나는 사랑을 이유가 있어서 하는 것도 아니고, 의지가 있어서 하는 것도 아니며, 사랑을 해야 하기 때문에 하는 것도 아니다. 그러므로 사랑의 의무라는 말은 난센스이다."

2) 구속으로서의 의무에 대해서는 칸트의 『실천 이성 비판』 분석(1, 3장)과 『미덕론』, 서문-I 참조. 특히 『미덕론』의 서문에서 칸트는 도덕규범은 오직 이성적 존재들에게만 의무의 형태를 띨 수 있다고 밝히고 있다. "신성이 부족한 그들은 비록 도덕규범의 권위는 인정한다고 하더라도 언제라도 도덕규범을 위반할 수 있으며, 그들이 도덕규범을 존중하지 않는 것은 아니지만 그렇다고 즐거이 그러는 것은 아니다. 말하자면, 의무는 강제성이 있다."(pp. 49-50) 제4장 (p. 56)에서도 같은 말을 한다. 즉 "의무란 무슨 일을 의지와 상관없이 강제로 하는 것이다." 반대로 미덕은 즐거운 마음을 전제한다(이 점에서는 아리스토텔레스 및 고대인들과 칸트는 다르다). 그렇다면 결국 의무와 미덕은 서로 상대적이다. 예컨대, 오직 의무로밖에 주지 못하는 사람은, **비록 주지만 관대한 사람이라고 할 수 없으며**(자기 것을 내어주는 수전노는 그래도 자기 것을 전혀 내어줄 줄 모르는 수전노보다는 낫다), 반대로 진정으로 관대한 사람은 선의를 베풀 때든 물건을 다른 사람에게 줄 때든 간에, 억지로 또는 의무로 그렇게 하지 않는다(그는 **기꺼이** 주는 것이다). 이 양극단은 단지 이론적 분류일 뿐이다. 아무런 강제도 없는 순수 미덕이란 (성자의 경우가 아니고는) 있을 수 없으며, 아무런 미덕적 바탕이 없는 의무에의 복종(그것은 기쁨도, 사랑도, 뜨거운 가슴도 없는 도덕성, 온통 거짓으로만 가득한 도덕성일 텐데, 그런 슬픈 도덕성이 있을 수 있을까?)도 있을 수 없다. 실제로는, 누구나 체험할 수 있는 내용이지만, 정도의 차이가 있을 뿐이며, 양극단의 중간에서 어느 쪽에 더 기우는가 하는 것만을 가늠할 수 있을 뿐이다. 단순한 도덕적 미덕(칸트가 말하는 미덕으로서, 의무에 의해서 행동하는 것)과 윤리적 미덕(아리스토텔레스나 스피노자가 말하는 미덕으로서, 선을 즐거이 행하는 미덕)이라는 두 가지 형태의 미덕에 대해서도 같은 말을 할 수가 있다. 우리에게는 물론 둘 다 필요하다. 오히려 슬프게도 전자가 더 필요하다. 후자의 미덕은 좀더 어렵다. 여기에 대해서는 저자의 책 『삶』(pp. 115-133)과 『가치와 진리』(PUF, 1994, pp. 183-

205) 참조.
3) 니체, 『선과 악을 넘어서』, 금언 153(p. 130).
4) 『실천 이성 비판』, 분석, 제3장(p. 89).
5) 칸트, 『미덕론』, 서문, c(p. 73).
6) 『실천 이성 비판』 중 '순수 실천 이성의 원동력.'
7) 같은 책, pp. 87-88.
8) 이 책의 제1장 참조.
9) 성 아우구스티누스의 이 표현은 타협주의와는 아무런 관계가 없으며, 오히려 아주 자유로우면서도 강경한 표현이다(『요한의 첫째 편지』의 주석, VII, 8, [아가에세 역, 세르, 1961, pp. 328-329]).
10) 『마태오의 복음서』, 5 : 17.
11) 스피노자, 『신학정치론』, 제4장(아핀, 가르니에 플라마리옹, 1965, p. 93). "그는 그들을 법의 구속에서 해방시켜서 그것을 확증하여 마음속 깊은 곳에 영원히 새겨넣는다." 이런 관점에 관한 니체와 스피노자의 차이에 대해서는 『왜 우리는 니체주의자가 아닌가』(페리/르노 감수, 그라세, 철학 학교 총서, 1991)에 실린 저자의 글(특히 pp. 65-68)과 니체와 유대교에 관한 토론회에서의 저자의 발표 참조(부렐 & 르 리데 편집, 『니체와 스피노자』, 세르, 1991, pp. 47-66).
12) 도덕과 윤리의 차이에 대해서는 (또한 유사 사랑으로서의 도덕에 대해서는) 저자의 글 「도덕인가 윤리인가?」(『가치와 진실』, pp. 183-205) 참조.
13) 파스칼, 『팡세』, 513-4 ; 흄, 『인성론』, 제3권, 제1부, 제1-2장(르루아 역, 오비에, pp. 569-592)과 『도덕과 입법의 원리 서설』, 부록 I(바랑제-살텔 역, 가르니에 플라마리옹, 1991, pp. 205-216) ; 베르그송, 『도덕과 종교의 두 원천』, pp. 85-99(PUF, 1970). 아리스토텔레스는 그들보다 앞서 "유일한 원칙은 욕망뿐이다"라고 했으며, 이어서 "지성도 욕망 없이는 움직이지 않는다"고 지적한 바 있다(『영혼에 관하여』, III-10-433a와 II-3-414b, 1-5. p. 81[트리코 역, 브랭, 1982, p. 204 참조]). 이는 에피쿠로스, 루크레티우스, 아리스토텔레스가 일치된 점이 많음을 반증하는 대목이다.
14) 플라톤, 『향연』, 198c-199b.
15) 『향연』, 177d("나는 오직 사랑밖에 모르며"), 198d(여기에서 소크라테스는 "자신이 사랑에 정통한 사람"이라고 밝힌다), 212b("나는 다른 무엇보다도 사랑에 빠져 있다") 또한 『리시스』 204b-c 참조.
16) 같은 책, 178a-197e(나는 여기에서 주로 에밀 샹브리 역, 가르니에 플라마리옹, 1964년 판의 『향연』을 인용하고 있다. 그러나 그러면서 나는 로뱅이 번역해서 벨 레트르에서 출판한 판본을 수정해서 사용하기도 했다). 다양한 담론들의 분석과 주석에 대해서는 로뱅의 번역본을 참조하기 바란다. 헤시오도스, 파르메니데스, 엠페도클레스의 사랑의 우주적 역할에 대해서는 아리스토텔레스의 『형이상학』, A-4-984b, 23-985a 10 참조(트리코 역 pp. 36-37). 그리고 마지막으로 『향연』의 훌륭한 개작 『미친 사랑』 참조(위베르 오페티, 카트린 토뱅, 파리 : 프랑스와 부랭, 1993).
17) 『향연』, 189a-193e.

18) 로뱅의 앞의 책, pp. LIX-LXIII 참조.
19) 흄, 『인간의 이해력에 관한 철학 논고』, 10절.
20) 『사물의 본성에 대하여』, IV, 1105-1112.
21) 같은 책, 1133-1134.
22) 『향연』, 199b.
23) 같은 책, 199d-200b. 이 말은 필리아(philia)에도 해당되는 말이다(『리시스』, 221d-e 참조).
24) 같은 책, 201b.
25) 같은 책, 200e.
26) 같은 책, 같은 곳.
27) 플로티노스, 『엔네아데스』, III-5, 논설 50 중 번역자 아도가 붙인 서문과 pp. 142-143 참조(아도 역, 세르, 1990). 사랑에 대한 플로티노스의 이론과 플라톤의 관계에 대해서는 아도의 서문 외에 『플로티노스와 단순한 시각』, 제4장(성 아우구스티누스 연구회, 1989), 『벌거벗은 목소리』, p. 329 이후 참조(미뉘, 1990).
28) 『향연』, 206e.
29) 같은 책, 251d.
30) 같은 책, 200a-201c와 204a-206a.
31) 라캉의 앞의 책 참조.
32) 『향연』, 206b-207a.
33) 같은 책, 207 a-d.
34) 같은 책, 207d-208a.
35) 같은 책, 208e-209e.
36) 같은 책, 210a.
37) 죽음의 욕망으로서의 사랑에 관해서는 로뱅의 『플라톤의 애정론』, p. 182 참조(PUF, 1964). 그리고 선의 표현으로서의 미에 관해서는 같은 책 p. 188 참조.
38) 플라톤, 『파이드로스』, 237-241. 소크라테스의 첫 번째, 두 번째 대화 참조. 소크라테스의 두 번째 대화(244-257)는, 물론 방법은 다르지만(희망보다는 향수[鄕愁]의 방법을 통해서), 『향연』의 종교적, 관념론적 영감을 되찾는다. 이 두 대화의 비교에 관해서는 로뱅이 쓴 『플라톤의 애정론』의 제1장 참조.
39) 『파이드로스』, 240e-241d.
40) 이 용어는 프로이트가 알키비아데스가 그의 대화(212-222)에서 전개한 의미를 차용한 것이거나 또는 거기에 대한 소크라테스의 해석을 라캉이 재해석한 것이기도 하다(라캉의 앞의 책, pp. 179-213, 460 참조).
41) 『향연』, 200e.
42) 루주몽, 『사랑과 서양』, I-9(10-18 총서, 1974, p. 36).
43) 알랑디, 『사랑』, p. 144(그노엘, 1962).
44) 스탕달, 『연애론』, 제2-12장과 제15장의 주석(가르니에 플라마리옹, 1965) ; 앙드레 브르통, 『미친 사랑』(갈리마르, 1937, 1971).

45) 『사랑과 서양』, I-11, p. 42. "서양의 낭만주의자는 고통, 특히 사랑의 고통을 통해서 깨달음(인식)을 얻는다."
46) 같은 책, pp. 36-37.
47) 바그너, 「트리스탄과 이졸데」의 재인용 ; 『사랑과 서양』, p. 40.
48) 플라톤의 '죽음의 사랑'(『파이돈』, 64)에 대해서는 저자의 저서 『삶』, 4장, pp. 21-29 참조.
49) 프루스트, 『잃어버린 시간을 찾아서』, 3권 p. 419(플레야드 총서, 1954).
50) 같은 책, p. 506 ; 『연애론』, 제6장, p. 43 참조("당신이 떠나고, 결정 작용은 다시 시작되나······").
51) 『사랑과 서양』, I-89. p. 33.
52) 같은 책, I-11, p. 43.
53) 같은 책, p. 37 ; 플라톤도 마찬가지이다. 플라톤 역시 "사랑은 일종의 죽음이다" 혹은 "죽음의 욕망을 지향하는 경향이 있다"고 한다(로뱅, 『플라톤의 애정론』, p. 182).
54) 조세프 베디에가 피아자 출판사를 통해서 1926년에 개정판을 냈다.
55) 로세, 『잔인성의 원칙』, p. 54(미뉘, 1988).
56) 스피노자, 『에티카』, IV, 명제 21.
57) 누구에게나 마찬가지로, 플라톤에게도 행복은 결국 욕망하는 것을 소유할 때 얻어진다(『향연』, 204e-205a).
58) 같은 책, 200e.
59) 같은 책, 200 b-e.
60) 사르트르, 『존재와 무』, p. 652(갈리마르, 1969).
61) 같은 책, p. 467.
62) 『철학 교육』, pp. 350-353 참조.
63) 『에티카』, III, 감정에 대한 정의 12(정의 13의 설명) ; 그리고 IV, 명제 47의 증명과 주석.
64) 『향연』, 199d-e.
65) 같은 책, 200d.
66) 같은 책, 200d-e 참조.
67) 아리스토텔레스, 『니코마코스 윤리학』, VIII-IX 참조, 인용은 VIII, 제9-10장 1159a 25-34(트리코 역 pp. 404-405)에서 했다. 또한 『행복론』, VII과 『큰 도덕』, II, 제11-16장 참조. 고대(그리스, 로마 시대)의 우정에 관해서는 장 크로드 프래스의 『필리아, 고대 철학에서의 우정의 개념』(아리스토텔레스에 관한 내용의 pp. 189-286, 브랭, 1984) 그리고 뵐케의 『아리스토텔레스에서 파네티우스에 이르는 그리스 철학에서의 타자와의 관계에 대하여』(브랭, 1961) 참조. 마지막으로 피에르 오방크가 『아리스토텔레스와 신중』의 부록에 담은 몇 페이지 안 되지만 소중한 내용 참조(PUF, 1963).
68) 『에티카』, III, 명제 9의 주석과 감정에 관한 정의 1.
69) 같은 책, 명제 6-13의 논증과 주석 그리고 감정에 대한 일반적 정의와 설명 참조, '해석학자들에게 반박하는 스피노자'에 대해서는 『철학 교육』, p. 245 이하 참조.
70) 같은 책, 감정에 관한 정의 6과 설명.
71) 같은 책, 감정들에 관한 일반적 정의.

72) 같은 책, 명제 59의 주석 참조.
73) 루주몽에 의하면 특히 유럽어가 그렇다(『사랑의 신화』, 알뱅 미셸, 1961 pp. 15-16 참조).
74) 『연애론』, 제2장 p. 34.
75) 『에티카』, III, 감정들에 관한 정의 6.
76) 『향연』, 204d-e.
77) 『에티카』, III, 명제 41과 그것의 주석 참조.
78) 같은 책, 명제 58-59의 증명과 주석 참조.
79) 이 책의 제10장.
80) 『에티카』, III, 감정에 관한 정의 6과 설명 ; 『정념론』, II, 항목 79-80과 비교 요망(AT. 387).
81) 같은 책, 명제 19와 증명, 명제 21 참조.
82) 같은 책, I, 공리 3과 명제 28.
83) 같은 책, 공리 4.
84) 『니코마코스 윤리학』, VIII-9, 1159a, 27-33(트리코 역 pp. 404-405) ; VIII-14, 1161b, 26, p. 419 ; 특히 IX-4 1166a 7-9, p. 443 참조. 친구란 "내가 간절히 그 삶과 존재를 희망하는 사람"으로 정의될 수 있다. 또한 나의 기쁨과 슬픔을 함께 나누는 사람으로 정의할 수 있다(이는 특히 어머니들에게서 확인되는 감정이기도 하다).
85) 같은 책, VIII-9, 1159a, 27-33(트리코 역 pp. 404-405).
86) 같은 책, VIII-14, 1161b. 16-1162a 15(트리코 역 pp. 420-421) ; 『행복론』, VII-10. 1242a 23-b 1(데카리 역, 브랭, 1984, pp. 184-185). 『행복론』에서 아리스토텔레스는 "가족은 우정"이며 "우정의 근원, 국가와 정의의 근원은 바로 가정에 있다"고 지적한다.
87) 『니코마코스 윤리학』, VIII-5, 1157a 6-15(p. 393)과 IX-1, 1164 a 2-13(p. 432).
88) 같은 책, VIII-4, 1156b 6-35(pp. 390-392).
89) 같은 책, VIII-2, 1155b 27-31(p. 387) 참조. "무생물들에 대해서는 우정이라는 단어를 사용하지 않는다. 무생물들은 그것들이 우리를 사랑하는지, 그렇지 않은지 또는 우리가 그것들의 행복(유용성)을 바랄 필요가 있는지, 그렇지 않은지를 아는 것이 중요하지 않기 때문이다(포도주를 들고 "포도주여, 행복하라!"라고 기원한다면 우스운 일이다. 물론 우리는 포도주를 잘 간수하지만, 그것은 마시기 위한 것일 뿐이다!). 반면에 우리는 친구에게는 행복을 기원한다(고티에 & 졸리프 역, 루뱅, 1958. p. 215). 아리스토텔레스에 따르면, 우리는 동물들과 우정을 가질 수 없으며(『니코마코스 윤리학』, VIII-13, 1161b 2-3, p. 416), 신들과 우정을 지킬 수 없다(『니코마코스 윤리학』, VIII-9, p. 403 ; 『큰 도덕』, II-11, 1208b 28-32 참조. "신들이나 무생물들이 우정의 대상일 수 있다고 생각한다면, 그것은 잘못된 생각이다. 사실 우정이란 같은 감정으로 보답할 때에만 존재할 수 있다. 신들에 대한 우정이 불가능한 것은 바로 거기에 있다. 신들에 대한 우정은 보답할 수 없다. 제우스에게 우정을 느낀다고 말하는 것은 얼마나 터무니없는 말인가!"(pp. 193-194) 성 토마스 아퀴나스와 아리스토텔레스의 다른 점은 여기에 있다. 왜냐하면 성 토마스 아퀴나스는 "자비란 신에 대한 인간의 우정"이라고 『신학대전』(IIa, IIae, 탐구 23-1항, 제3권, p. 160, 1985)에서 밝히고 있기 때문이다. 물론 성 토마스 아퀴나스가 말하는 신은 제우스가 아닌 "사랑의 상호성"이 가능한 신이다. 그렇지만 아리스

토텔레스에게조차 상호성의 욕구는 우정의 절대 조건이 아니다. 가령, 어머니의 예가 바로 그렇다. 어머니는 갓난아이에게서 사랑받지 못하더라도 아이를 사랑하며, 심지어 어떤 사정 때문에 유모나 다른 사람에게 아이를 맡기는 경우조차, 누가 인정해주지 않음에도 불구하고 계속해서 아이를 사랑한다. 이것은 "우정은 사랑받는 데에 있는 것이 아니라 오히려 사랑하는 데에 있다"고 한 아리스토텔레스의 말을 확인시켜주는 좋은 예이다(『니코마코스 윤리학』, VIII-9, 1159a 28-32, pp. 404-405 ; 『행복론』, VII-5, 1239a 34-40, pp. 170-171 참조).

90) 『니코마코스 윤리학』, VIII-9, 1159 a 25-28, p. 404.
91) 같은 책, VIII-2, 1155b 31-1155a 5(p. 387). 온정의 사랑은 일방적임에도 불구하고(예컨대 갓난아이에 대한 어머니의 사랑) 여전히 필리아의 사랑이다. 같은 책, VIII-9, 1159a 27-33(pp. 404-405).
92) 같은 책, IX-12, 1171b 29-1172a 8(pp. 473-474) ; 『정치학』, III-9, 1280b 39 참조.
93) 『행복론』, VII-2, 1237a 30-627 참조. "현재의 우정은 서로의 동등한 인식과 쾌락을 수반하는 상호적 선택이다.……우정은 불변하는 어떤 것이다.……따라서 확신이 없는 영원한 우정이란 있을 수 없으며, 거꾸로 영원한 우정 없는 확신 역시 있을 수 없다."(pp. 162-163)
94) 나는 루주몽의 표현을 차용했다(나와 마찬가지로 그도 행동으로서의 사랑과 열정으로서의 사랑을 대립시키고 있다. 『사랑과 서양』, VII). 그럼에도 아리스토텔레스와 대립적인 것은 아니다. "사랑하는 것은 사랑받는 것보다 더 낫다. 왜냐하면 사랑하는 것은 일종의 쾌락의 활동인 반면, 사랑받는 것은 아무런 활동이라고 할 수 없기 때문이다."(『큰 도덕』, II-11, 1210b 6-8, p. 201) 아리스토텔레스의 활동으로서의 사랑에 관해서는 뵐케의 앞서 밝힌 『타자와의 관계』, p. 33 참조.
95) 『니코마코스 윤리학』, VIII-14, 1162a 16-33(트리코 역, pp. 420-421). 플라슬리에르가 지적하고 있듯이, "두 번의 결혼을 잘 이끌어간" 아리스토텔레스는 "철학자들이 보기에도 부부의 사랑을 미덕의 길(aréte)로서의 필리아의 영역에 통합시킴으로써 그것을 부활시켰다."(『그리스에서의 사랑』, 아세트, 1960, pp. 198-199) ; 성 토마스 아퀴나스에게는 결혼이란 "우정이며, 다른 어떤 것보다도 내밀한 것"이었다(질송, 『토마스주의』, 브랭, 1979, p. 347).
96) 『행복론』, VII-2, 1237a 37-38(p. 162).
97) 『차라투스트라는 이렇게 말했다』, I, '아이와 결혼에 대하여.'
98) 1990년 5월 16-17일 그르노블에서 이제르 가족계획 협회가 기획하여 개최한 '사랑의 말'에 관한 토론. 토론의 내용(사람들은 내게 그 토론회의 결론을 의뢰했고, 여기에서의 어떤 내용은 그때의 결과물이다)은 1991년 『사랑의 말』(파리 : 실로스)이라는 제목의 책으로 출판되었다.
99) 『사랑과 서양』, VII-4, p. 262.
100) 몽테뉴, 『수상록』, III-9, p. 975. 몽테뉴의 사랑과 우정에 대해서는 I, 제28장('우정론') 참조.
101) 『사랑과 서양』, I-11, p. 41. 라틴어 인용은 성 아우구스티누스의 『참회록』, III-1에서 발췌한 것이다. "나는 아직도 사랑하지 못했다. 그리고 나는 사랑하고 싶었다(Nondum amabam et amare amabam)."
102) 같은 책, pp. 41-42 참조.

103) 지드의 『지상의 양식』의 한 구절. "가족이여! 나는 너를 증오한다. 닫힌 가정을, 폐쇄된 문을, 행복에 집착하는 소유욕을"(리브르 드 포슈, IV, 1966, pp. 66-70).
104) 알랭, 『가족적 감정』, 플레야드 총서, 『정열과 지혜』, p. 335.
105) 클로드 레비-스트로스의 『멀어진 시선』(플롱, 1983) 중 '가족'(p. 91) 참조. "어쨌든 성서의 한 구절 '네 고향과 친척과 아비의 집을 떠나……'(『창세기』 12 : 1)라는 말씀은 사회적 상태의 황금률로 작용한다." 사실 근친상간 금지는 가족들에게 "가족 내의 결합이 아닌, 서로 다른 가족과의 결합을 강제하고 있음"(같은 책, p. 83)을 알 수 있다. 레비-스트로스에 의하면, 근친상간 금지는 인간을 "자연에서 문화로, 동물적 조건에서 인간의 조건으로"(같은 책 ; 『친족의 기본 구조』, 플롱, 1973, 특히 서문과 제1-2장도 참조) 옮겨가게 해준 일반 법칙이다.
106) 『신학 대전』, Ia IIae, 탐구 26, 4항(세르, 제2권, p. 194) ; 질송, 『토마스주의』(pp. 335-344) 참조.
107) 같은 책, p. 340.
108) 『신학 대전』(제2권, p. 194)과 아리스토텔레스의 『수사학』(II, 제4장, §2)을 비교해보라. "사랑이란 나의 이익이 아닌 상대방의 이익을 위해서, 나의 행복이 아닌 상대방의 행복을 위해서 행동하는 것이고, 상대방이 그렇게 될 수 있도록 보살펴주는 것이다." (『신학 대전』, 뤼엘-바네멜리크 역, 로슈, p. 197) ; 『니코마코스 윤리학』, IX-4 참조. "친구란 좋은 것 또는 좋다고 여기는 것을 해주고 싶은 상대이다."(트리코 역, p. 443)
109) 『신학 대전』, 귀결 1, p. 194 ; 사랑을 같은 방식으로 구분한 사람은 17세기의 성 프랑수아 드 살이다. "사랑은 두 가지가 있다. 하나는 호의적 사랑이고, 다른 하나는 탐욕적 사랑이다. 탐욕적 사랑이란 이익을 위한 사랑을 말한다. 반면에 호의적 사랑이란 상대의 행복을 위한 사랑이다. 호의적 사랑이란 다른 사람의 행복을 바라는 마음 아닐까?"(『신의 사랑』, I-13, 플레야드 총서, p. 392) ; 우정의 사랑이란 상호적인 동시에 내적인 호의적 사랑에 다름 아니다. "상대에게서 아무것도 받는 것이 없이 주기만 하는 사랑은 문자 그대로 호의적 사랑이다. 그러나 주고받는 관계에서 베풀어지는 호의적 사랑은 말하자면 우정이다. 그러나 상호성은 세 가지 점을 충족시켜야 한다. 우선 그들은 서로 사랑해야 하고, 그들은 서로 사랑한다는 사실을 알아야 하며, 마지막으로 그들은 서로 의사소통 그리고 친밀성을 공유해야 한다(같은 책, p. 393).
110) 『신학 대전』, 귀결 3, p. 194.
111) 『니코마코스 윤리학』, VIII-9, 1159a 27-33(pp. 404-405).
112) 같은 책, VIII-15, 1162b 35(p. 425).
113) 필라우티아(Philautia. 이기주의의 의미에서 아닌, 현자로서의 자신을 사랑하는 자기애)에 관해서는 아리스토텔레스의 『니코마코스 윤리학』, IX, 4와 8 참조.
114) 『신의 애정론』, 제8장(알베르 베갱, 『성 베르나르의 신비주의 작품들』, 쇠유, 1953, 1992, p. 60) ; 성 베르나르의 사랑의 단계에 대해서는 질송의 『성 베르나르와 신비주의 신학』(브랭, 1986, pp. 53-61, 108-112) 참조.
115) 『신의 애정론』, 제9-10장(pp. 63-68), 제12장 참조.
116) 『니코마코스 윤리학』, VII, 제1, 4, 7, 12장 ; 프레스의 앞의 책, p. 257 이후 ; 뷜케의 앞의 책, pp. 59-61(그에 의하면 "우정이란 미덕 중의 미덕일 뿐만 아니라, 고귀한 것 중의 고귀한 것이

다.") ; 『신학 대전』, Ia, IIae, 탐구 26, 2-4항, 제2권 192-194 그리고 IIa IIae, 탐구 23, 제3권, pp. 159-167 ; 질송, 『토마스주의』(p. 335 이후) (특히 p. 338의 주석 5 "우정이란 열정이 아니라 미덕이다" 참조)

117) 알랭, 『신들』, IV-10, 플레야드 총서, 『예술과 신들』, p. 1352.

118) 『니코마코스 윤리학』, VIII-1, 1155 a 28-29.

119) 에피쿠로스, 『바티칸의 판결』, 23(로디스 루이스 역) ; 『에피쿠로스와 그의 학파』(갈리마르, 사상 총서, 1975, p. 364) ; 『기욤 뷔데 제8차 총회』(벨 레트르, 1969, pp. 223-226). 에피쿠로스의 도덕과 우정의 관계에 대해서는 저자의 저서 『절망과 축복론』, 제2권, 제4장, pp. 124-131 참조.

120) 이 책의 서문.

121) 『니코마코스 윤리학』, IX, 제4, 8장;성 베르나르, 『신의 애정론』, 제8장 ; 필로티아의 한계에 관해서는 장켈레비치의 『미덕론』, II-2('미덕과 사랑'), 제6장, 3-4절, pp. 179-206 참조.

122) 오스텐에게 보낸 『편지』 43과 알베르트 부르흐에게 보낸 『편지』 76(아핀 역, 가르니에 플라마리옹, 제3권, 1966, p. 275, 342 ; 『신학정치론』, XIV 참조. 스피노자와 예수(예수는 신이 아니며, 신의 아들도 아니다. 예수는 위대한 정신적 스승이다)의 관계에 대해서는 실뱅 자크의 『스피노자와 글쓰기에 대한 해석』(pp. 190-199) ; 마트롱의 『무지한 사람들의 구원과 예수』.

123) 『마태오의 복음서』, 5 : 43-44와 『루가의 복음서』, 6 : 27 참조.

124) 사랑의 이미지나 십자가에 못 박힌 예수에 대해서는 『고린토인들에게 보낸 첫째 편지』, 1 : 23 참조.

125) 『요한의 첫째 편지』 4 : 8, 16 ; 어휘나 그것과 관련된 교리 문제에 대해서는 『금욕과 신비주의 정신 사전』(빌레 감수, 보셴, 1953, pp. 507-691) 중 제2권 '자비' 항목 참조 ; 또는 토마스 아퀴나스의 관점을 벗어나지 않는 앙리는 성 토마스 아퀴나스의 자비론 서설(『신학 대전』, I Ia IIae, 탐구 23-46, 제3권, pp. 153-157)을 썼다. 앙리에 의하면 "세속 문학에서는 거의 찾아볼 수 없는 아가페라는 명사는 신약성서의 고유한 단어라고 해도 좋은 단어"라고 한다. 신약성서에는 아가페라는 단어가 117번 나타나는데, 그중 75번은 바울서에, 25번은 요한서에 나타난다. 아가페에 대해서는 비록 지나치게 일방적인가 하면 또는 지나치게 체계적인 뉘그렌의 『에로스와 아가페』(오비에, 1962)를 참조하기 바란다. 그리고 앞에서 인용한 루주몽의 두 권의 책에도 많은 내용이 있다. 그리스 전통(그리스 전통은 인류애 또는 타인 사랑에 대해서 말한다)에 대해서는 콩슈의 『삶과 철학』(PUF, 1992, pp. 195-202)을 참조하기 바라고, 앞에서 인용한 뷜케의 『타인과의 사랑』 중 '고대의 지혜와 기독교의 자비'(pp. 185-188) 역시 참조하기 바란다. 유대인의 전통에 대해서는 카트린 샬리에의 논문 「공정과 선함」(잡지 『오트르망』 중 도덕 편, 11호(『자비』, 1993년 4월, p. 20 이후) 참조.

126) 데카르트, 『형이상학적 명상』, III, V ; 라이프니츠, 『형이상학 논고』, 크1, 『모나드론』 크41 ; 그리고 베르나르 세브의 『신의 존재에 대한 철학적 질문』(PUF, 1994) 중 데카르트와 라이프니츠를 다루고 있는 제1장을 참조.

127) 아리스토텔레스, 『형이상학』, A-7, 1072b 3(트리코 역, 브랭, 1981, p. 678).

128) 같은 책, 7-9(pp. 672-706) ; 뉘그렌의 『에로스와 아가페』 중 '에로스에 대한 아리스토텔레스

의 개념'(제1권, pp. 203-207) 참조.
129) 이 장의 각주 27 참조.
130) 『큰 도덕』, II-11, 1208b 30-32(pp. 193-194).
131) 『니코마코스 윤리학』, IX, 4-9.
132) 『에티카』, III, 명제 11의 주석과 감정에 관한 정의 2와 2부의 정의 6 참조.
133) 같은 책, 명제 6 이후와 제1부의 명제 11의 주석 참조.
134) 같은 책, V, 명제 17의 증명과 필연적 귀결.
135) 같은 책, I, 정의 6, 명제 11(증명과 주석 포함), 명제 20의 필연적 귀결 2.
136) 같은 책, 명제 15와 18 ; V, 명제 35.
137) 『중력과 은총』(UGE, pp. 112, 10-18 총서, 1979)
138) 『신을 기다리며』, pp. 216.
139) 같은 책, pp. 215.
140) 『신들』, IV-2(플레야드 총서, p. 1324). 시몬 베유와 그의 스승인 알랭의 관계, 범신론과 신-권능의 관계에 대해서는 『20세기의 스피노자』에 실린 저자의 논문 「신과 우상(스피노자 앞에서의 알랭과 시몬 베유)」(PUF, 1993, pp. 13-39).
141) 『중력과 은총』, p. 112.
142) 같은 책, p. 75.
143) 같은 책, 같은 곳.
144) 같은 책, pp. 131-132. 창조-은둔, 즉 신의 부재로서의 세상의 테마는 유대의 신비주의적 전통이었던 것 같다. 이 주제에 관해서는 프로이트의 『시몬 베유 수첩』 중 제10권(1987년 9월 3호)에 수록된 '유대의 신비주의적 전통과 시몬 베유'를 참조하기 바란다. 시몬 베유에게는 영향보다는 만남이 중요했던 것 같다. 비종교적인 또는 불가지론자인 시몬 베유의 부모는 유대교에 대해서 상당히 반감을 가지고 있었던 듯하다.
145) 『중력과 은총』, p. 20 ; 『신을 기다리며』 p. 127("자연적 요구에 의해서 사람들은 누구나 능력껏 지배하려고 든다."). 투키디데스의 인용은 『펠로폰네소스 전쟁사』, V-105에서 발췌했다.
146) 『신을 기다리며』, p. 131.
147) 『중력과 은총』, p. 43. 사도 바울의 「필립비인들에게 보낸 편지」, 2 : 7의 내용 "오히려 당신의 것을 다 내어놓고/종의 신분을 취하셔서/우리와 똑같은 모습이 되셨습니다"와 비교하기 바란다.
148) 『신을 기다리며』, p. 130.
149) 베유, 『초자연적 인식』, p. 267(갈리마르, 1950).
150) 『중력과 은총』, p. 114.
151) 알랭, 『로라앙의 수첩』, 제2권, p. 313(갈리마르, 1964) ; 그리고 '알랭 동호인 모임'에서의 저자의 발표 '알랭의 실존과 정신'을 참조하기 바란다. 그 글은 『동호인 보고서』 77호(베시네, 1994년 6월)에 실렸다.
152) 알랭, 『바닷가 대담』(플레야드 총서, 『열정과 지혜』, pp. 169-1370)
153) 『중력과 은총』에서의 같은 제목의 장 참조.

154) 알랭, 『신화학 서설』(플레야드 총서, 『예술과 신』, pp. 1178-1179).
155) 『바닷가 대담』, 1368 ; 『신들』, p. 1352.
156) 『편지들』 중 편지 XXIII, XXIV(플레야드 총서, 제1권, p. 656 이하) ; 그리고 이 책의 제14장.
157) 뉘그렌의 앞의 책, 제1권 pp. 78-79 ; 에로스와의 비교를 위해서는 p. 235의 묘사와 제3권의 p. 299 이하 참조.
158) 같은 책, 제1권, p. 74.
159) 같은 책, p. 75.
160) 같은 책, p. 77.
161) 『사랑과 서양』, VII, 4-5(p. 262, 10-18 총서).
162) 이 세 저자와 그들에 대한 뉘그렌의 비평(루터파의 관점에서 쓴 비평)에 대해서는 『에로스와 아가페』, 제3권, 제2장 '성 아우구스티누스' 편과 제4장 '토마스 아퀴나스와 성 베르나르 드 클레르보' 편 참조. 그리고 결론 부분의 p. 312 이하 참조. 뉘그렌은 기독교의 카리타스(카리타스는 초기 기독교의 아가페보다는 헬레니즘 시대의 에로스에 더 가깝다)를 루터파의 사랑의 개념과 대립시킨다. 루터파의 사랑의 개념은 "기독교의 아가페에 의해서 완전히 결정되며", 그래서 루터파의 사랑의 개념 안에서는 "에로스의 어떤 특질도 찾아볼 수 없다." 세 박사들에 대해서는 각각의 박사들을 다룬 질송의 다음 책들을 참조하기 바란다. 『성 아우구스티누스 입문』(브랭, 1982), 『성 베르나르의 신비 신학』(브랭, 1986), 『성 토마스 아퀴나스 철학 입문』(브랭, 1979).
163) 「고린토인들에게 보낸 첫째 편지」, 13 : 5.
164) "희망을 가지고 실천한 사랑도 물론 신에게 상달되지만, 그 사랑은 우리가 되돌려 받은 사랑이며……따라서 그 사랑은 탐욕적 사랑이며, 이해관계에 의한 사랑이다."(성 프랑수아 드 살, 『신의 애정론』, II-17, 플레야드 총서, pp. 459-462)
165) 같은 책, II-22, p. 476 참조. 자비란 "우정이지, 이해관계에 의한 사랑이 아니다. 우리는 오직 자비로 신을 사랑해야 하며, 그 사랑은 신을 위한 신의 사랑이어야 한다."(그 사랑은 희망을 가지고 하는 사랑과는 다르다. pp. 459-460 참조) 성 프랑수아 드 살이 말하고 있듯이, "지고지순한 사랑은 자비에만 있을 뿐이며, 기대하는 사랑은 불완전한 사랑이다."(p. 462) 성 베르나르와 마찬가지로 성 프랑수아 드 살도 하나의 사랑에서 다른 사랑으로 건너가는 일은 가능하다고 한다. "신은 우리를 원죄의 이집트 땅에서 벗어나게 해서, 집집마다 젖과 꿀이 흐르게 하는가 하면 걸음걸음마다 사랑을 체험하게 하면서, 모든 영혼이 약속의 땅으로 들어갈 때까지, 다시 말해서 성스러운 자비를 체험할 때까지 우리를 안내한다."(p. 476)
166) 『신학 대전』, IIa IIae, 탐구 23, 항목 1(제3권, p. 150).
167) 『정의』, 412e(로뱅 역, 플레야드 총서, 제2권, p. 1395) ; 콩슈, 『삶과 철학』, pp. 199-201 참조.
168) 사실 에피쿠로스는 우정의 성질을 약간 변화시켜서 필란트로피아에 접근시키려고 하는 듯하다(그러나 현재 확인 가능한 텍스트들을 통해서는 그런 의지를 충분히 증명하기는 힘들다) ; 여기에 대해서는 로디스-루이스의 『에피쿠로스와 그 학파』(갈리마르, 이데아 총서, 1975. p. 362 이하)와 살렘의 『에피쿠로스의 윤리학』(브랭, 1989, pp. 152-159) 참조.
169) 에피쿠로스, 『바티칸의 판결』 52.

170) 『에티카』, III, 명제 9의 주석.
171) 『차라투스트라는 이렇게 말했다』, I 중 '101가지 목적에 대하여.'
172) 『중력과 은총』, p. 42.
173) 같은 책, p. 43 ; 그리고 이 부분에 관한 더 자세한 내용은 가스통 캉피네의 훌륭한 저서(이 책은 시몬 베유를 다른 어떤 책들보다도 잘 소개하고 있다) 『시몬 베유의 신비주의 철학』(라 콜롱브, 1950) ; 그리고 강단 분위기의 내용에 관해서는 밀코스 베토의 책, 『시몬 베유의 종교적 형이상학』(브랭, 1971) 참조.
174) 프로이트는 그의 대저 『정신분석 입문』(페요, 1981) 중 '쾌락의 원칙을 넘어서'에서 그것을 잘 설명하고 있다.
175) 『신을 기다리며』, p. 216.
176) 『중력과 은총』, p. 70.
177) 같은 책, p. 69.
178) 『중력과 은총』, pp. 29-30('시간의 포기') ; 『신을 기다리며』, p. 71 ; 『신의 사랑에 관한 단상』(갈리마르, 1962, pp. 13-14).
179) 『신을 기다리며』, pp. 216-217.
180) 『중력과 은총』, p. 39.
181) 같은 책, p. 114.
182) 같은 책, pp. 112-113.
183) 같은 책, pp. 43-44.
184) 『신을 기다리며』, p. 125.
185) 사랑의 어휘에 대해서는 『정신 사전』(보셍 출판사)의 '자비' 항목 참조(제2권, 1953, pp. 508-510).
186) 『신을 기다리며』, p. 198. "인간에 대한 애정과 자비는 다르다. 자비는 차별이 없다." ; 알랭의 『정신과 정열에 관한 81가지 논의』, IV-8(플레야드 총서, 『열정과 지혜』, p. 1187).
187) 앞에서 언급한 보셍 출판사의 『정신 사전』 '자비'(p. 509) 참조. 이 말은 『마태오의 복음서』와 『루가의 복음서』에 나오는 유명한 말로서 프랑스어로는 "적을 사랑하라" 정도로 번역한다.
188) 이는 장 프라의 지적이다. 앞에서 인용한 프라의 책 p. 510.
189) 『니코마코스 윤리학』, IX-10, 1171a 15-20(트리코 역, p. 470).
190) 장켈레비치, 『미덕론』, II-2, 제6장('사랑', p. 171).
191) 같은 책, 같은 곳.
192) 『팡세』, 220-468, 271-545, 597-455.
193) 『중력과 은총』, p. 68 ; 알랭 뱅송의 『시몬 베유 수첩』 중 제14권 3호(1991년 9월), 「파스칼, 페기, 시몬 베유의 작품에 나타난 자비」, pp. 234-254 참조.
194) 『팡세』, 597-455.
195) 장 루이 크레티엥, 『벌거벗은 목소리』, p. 329.
196) 「갈라디아인들에게 보낸 편지」, 5 : 14. "모든 율법은 '네 이웃을 네 몸같이 사랑하여라' 하

신 한 마디 말씀으로 요약됩니다.……" ;「로마인들에게 보낸 편지」 13 : 8에서 10절 말씀도 비슷한 내용이다. "남에게 해야 할 의무를 다하십시오. 그러나 아무리 해도 다할 수 없는 의무가 한 가지 있습니다. 그것은 사랑의 의무입니다. 남을 사랑하는 사람은 이미 율법을 완성했습니다.……그밖에도 다른 계명이 많이 있지만 그 모든 계명은 '네 이웃을 네 몸같이 사랑하라'는 이 한 마디로 요약될 수 있습니다." ; 사도 바울에 대해서는 스타니슬라브 브르통의 훌륭한 책 『사도 바울』(PUF, 철학 총서, 1988)을, 바울의 아가페 사랑에 관해서는 앞에서 인용한 안데르스 뉘그렌의 책 제1권 pp. 108-156 참조 ; 마지막으로 지나가는 길에 말하자면, 예수의 정신을 충실히 실행하려고 했던 스피노자는 특히 바울의 말씀에서 자기 자신을 발견했다고 한다. 거기에 대해서는 실뱅 자크의 『스피노자와 글쓰기에 대한 해석』(PUF, 1965, pp. 170-171) 참조.

197) 사도 바울의 「고린토인들에게 보낸 첫째 편지」, 제13장. 특히 이 대목은 소위 '사랑의 송가'라고 부르기도 한다. 여기에서 사랑은 그리스어의 아가페와 비슷한 의미이다.
198) 이 책의 각주 197 참조.
199) 『참회록』 I-7과 「설교」, 158, 9 ;「신학 대전」 IIa IIae, 탐구 18, 항목 2(세르, 제3권, p. 125).
200) 『신학 대전』, Ia IIae, 탐구 65, 항목 5(제2권, pp. 395-396) ; 반면에 프랑수아 드 살은, 희망의 사랑은 언제나 불완전하다고 한다(『신의 애정론』, II-17, 플레야드 총서, pp. 459-462).
201) 『도덕형이상학의 기초』(pp. 75-77) ;「이성의 한계 안에서의 종교」, I-3(pp. 59-60). 여기에는 특히 사도 바울이 인용되어 있다 ; 이상으로서의 사랑에 대해서는 『실천 이성 비판』 중 '순수실천 이성의 원동력' 참조(pp. 87-88).
202) 크리스티앙 보뱅, 『부족의 부분』(갈리마르, 1989, p. 24).
203) 알랭, 『정신과 열정에 관한 81가지 논의』, V-4(플레야드 총서, 『열정과 지혜』, p. 1199).
204) 웃음의 두 가지 유형에 관해서는 앞의 책 제17장(p. 279 이후) 참조.
205) 이 책의 제8장 끝부분 참조.
206) 장켈레비치, 『미덕론』, II-2, p. 168.
207) 『바티칸의 판결』 23과 39 ; 디오게네스, X-120 참조.
208) 다시 스피노자의 표현을 쓰자면 그렇다는 말이다. 사도 바울의 「로마인들에게 보낸 편지」, 3 : 28과 7 : 6 참조 ; 스피노자의 『신학정치론』, 제4장(아푕 역, 갈리마르 플라마리옹, 1965, p. 93).
209) 성 아우구스티누스, 『신국론』, XV-22(세세 역, 샤르팡티에, 1855, 제3권, p. 175).

# 인명 색인

간디 Gandhi, Mohandas Karamchand  231
괴테 Goethe, Johann Wolfgang von  182
굴드 Gould, Glen  221

뉘그렌 Nygren, Anders  333-335, 337
니체 Nietzsche, Friedrich Wilhelm  27, 37, 132, 134, 136-137, 175-178, 214-215, 220-221, 266, 276, 307, 337

데모크리토스 Dēmokritos  255
데카르트 Descartes, René  63, 71, 116-119, 145, 184-185, 187, 302, 324
도스토옙스키 Dostoevsky, Fyodor Mikhailovich  78, 93
디드로 Diderot, Denis  15, 223

라 로슈푸코 La Rochefoucauld, François de  148, 165, 169, 195, 237
라 브뤼예르 La Bruyère, Jean de  20
라블레 Rabelais, François  73
라이프니츠 Leibniz, Gottfried Wilhelm  324
라캉 Lacan, Jaques  281
랭보 Rimbaud, Jean Nicolas Arthur  56
레비-스트로스 Lévi-Strauss, Claude  138, 227
로베스피에르 Robespierre, Maximilien  141
로크 Locke, John  89, 202
롤스 Rawls, John  78, 91-92, 97
루소 Rousseau, Jean Jaques  81, 89, 92, 138-139, 143, 165, 169, 228
루주몽 Rougemont, Denis de  287-288, 310, 335
루크레티우스 Lucretius Carus, Titus  55, 104, 214, 218-219, 276-278

릴케 Rilke, Rainer Maria  227, 257, 276

(그루초)마르크스 Marx, Groucho  258, 262
(칼)마르크스 Marx, Karl Heinrich  37, 97
마르쿠스 아우렐리우스 Marcus Aurelius  150
망디아르그 Mandiargues, Pieyre de  219
맨더빌 Mandeville, Bernard  139
모차르트 Mozart, Wolfgang Amadeus  88, 157, 163, 166-167, 188, 221
몽테뉴 Montaigne, Michel Eyquem de  30, 37, 54, 83, 102-103, 120-121, 134, 138, 171-172, 177, 184, 201, 228, 236, 238-239, 255, 260, 312
몽테스키외 Montesquieu, Charles  199
밀 Mill, John Stuart  78

바울 Paul  316, 323, 335, 344-345, 347
바흐 Bach, Johann Sebastian  166-167, 221
베르그송 Bergson, Henri Louis  25, 35, 78, 270
베르메르 Vermeer, Jan  221
베버 Weber, Max  42, 231
베유 Weil, Simone  177, 215-216, 219, 221, 223, 228, 231, 248, 327-329, 331-332, 338-343
베토벤 Beethoven, Ludwig van  167
벤담 Bentham, Jeremy  78
보뱅 Bobin, Christian  183, 190, 222, 346
보브나르그 Vauvenargues, Luc de Clapiers  137
볼테르 Voltaire  58, 201-202
부처 Buddha  32, 132, 138, 144, 225, 248
브루노 Bruno, Giordano  205

사르트르 Sartre, Jean Paul  32, 154, 250-251, 292, 331
살 Sales, François de  335
생-쥐스트 Saint-Just, Louis Antoine Léon de  141
샤르 Char, René  308
세네카 Seneca, Lucius Annaeus  167
셰익스피어 Shakespeare, William  122, 260
셸러 Scheler, Max  130-131
소크라테스 Socrates  37, 43, 82, 151, 248, 258, 272-274, 278-280, 284, 291, 295
솔로몬 Solomon  83
쇼펜하우어 Schopenhauer, Arthur  137-138, 143
슈베르트 Schubert, Franz Peter  167, 225
스탈린 Stalin, Iosif Vissarionovich Dzhugashvili  37, 200, 203
스탕달 Stendhal  287-289, 299-300, 306
스테파누스 Stephanus  159
스피노자 Spinoza, Baruch  32, 37, 50-51, 56, 65, 67-68, 70, 75, 89, 93-94, 108, 122, 124-127, 132-135, 141-143, 145-146, 154-156, 164-166, 170, 172-174, 176-178, 202-203, 222, 228, 241-243, 248, 251-252, 256, 259-260, 269, 276, 290, 297-299, 301-303, 305, 322, 325-326, 332, 337-338
시모니데스 Simōnidēs  93

아가톤 Agathon  272-273
아렌트 Arendt, Hannah  132, 140-141, 199-200
아리스토텔레스 Aristoteles  19-21, 28-29, 43-44, 46-47, 52, 64, 68, 72-74, 78-80, 83, 87-89, 93, 96, 105-106, 117, 130, 140, 173, 229-230, 239-240, 262, 297, 304-305, 310, 314-315, 317, 319, 321, 325, 332, 342
아리스토파네스(문법학자) Aristophanes  184
아리스토파네스(시인) Aristophanes  257, 273-276, 279, 281
아우구스티누스 Augustinus, Aurelius  26, 48, 69, 93, 116, 179, 211, 312, 335, 345, 348
아인슈타인 Einstein, Albert  157
아퀴나스 Aquinas, Thomas  43, 56, 64, 116, 314, 317, 335-336, 345-346
알랭 Alain  22-23, 56, 64, 68, 73-74, 76, 87-88, 134, 193, 199-200, 252, 254, 265, 313, 327, 331-332, 346
앙텔므 Antelme, Robert  99
앨런 Allen, Woody  258-259, 263-265, 291
에피쿠로스 Epikouros  27, 44-46, 52-53, 55, 65-67, 78, 104, 167-168, 170, 184, 248, 319
에픽테토스 Epiktētos  37, 119, 150, 180
엘뤼아르 Éluard, Paul  67, 221
엠페도클레스 Empedoklēs  273
예수 Jesus  37, 115, 125, 141, 144, 151, 159, 225, 248, 269, 320, 322-323
와일드 Wilde, Oscar  148
요한 바오로 2세 Joannes Paulus II  203-205

장켈레비치 Jankélévitch, Vladimir  17, 29-31, 66, 68-69, 78, 115, 136, 151, 153-154, 158, 178-179, 187, 195, 197, 209, 245-247, 249, 253, 342, 347

카뮈 Camus, Albert  78
카바예스 Cavaillès, Jean  35, 66, 69, 177
칸트 Kant, Immanuel  18-21, 34-35, 41-42, 47, 61, 63, 77-78, 83, 89-90, 145, 153, 169, 175-177, 217, 241, 243-246, 260, 266-268, 270, 336, 346
콩도르세 Condorcet, Marquis de  207
콩슈 Conche, Marcel  33, 233
콩스탕 Constant, Benjamin  244-245
크루스 Cruz, Juan de la  177
클로델 Claudel, Paul  207
키르케고르 Kierkegaard, Søren Aabye  256-

257, 261, 264
키케로 Cicero, Marcus Tullius  45-46, 64

**토**도로프 Todorov, Tzvetan  98, 224, 226
투키디데스 Thukydides  228, 329
트뤼포 Truffaut, François  287

**파**르메니데스 Parmenides  273
파스칼 Pascal, Blaise  30, 80, 84, 86, 92, 104, 115, 167, 172, 177, 179-180, 214, 270, 276, 342
페늘롱 Fénelon, François  185-186, 218, 333
포퍼 Popper, Karl Raimund  195, 197
푸코 Foucault, Michel Paul  53
프라즈난파드 Prajnanpad, Swami  227
프란체스코 Francesco, d'Assisi  55, 88, 137, 175, 177, 187
프로이트 Freud, Sigmund  27, 36, 46, 122, 127, 140, 178, 220, 260-261, 264, 267, 276, 313, 317, 338, 340

프루동 Proudhon, Pierre Joseph  86
프루스트 Proust, Marcel  168, 276, 288-289
플라톤 Platon  52, 64, 66, 80, 83, 152, 203, 219, 272-274, 276, 278-285, 288, 290-292, 295-297, 304, 314, 325, 343
플로베르 Flaubert, Gustave  289
플로티노스 Plotinos  280, 284, 325

**하**스킬 Haskil, Clara  166, 188
하이든 Haydn, Franz Joseph  167
헤겔 Hegel, Georg Wilhelm Friedrich  32, 224, 260
헤라클레이토스 Herakleitos  255
헤시오도스 Hēsiodos  273
홉스 Hobbes, Thomas  80, 94
흄 Hume, David  94-97, 100-103, 127, 260, 270, 277
히틀러 Hitler, Adolf  194-195, 231, 233
힐레쉼 Hillesum, Etty  177, 223, 225